AQUARELLMALEREI
Landschaften

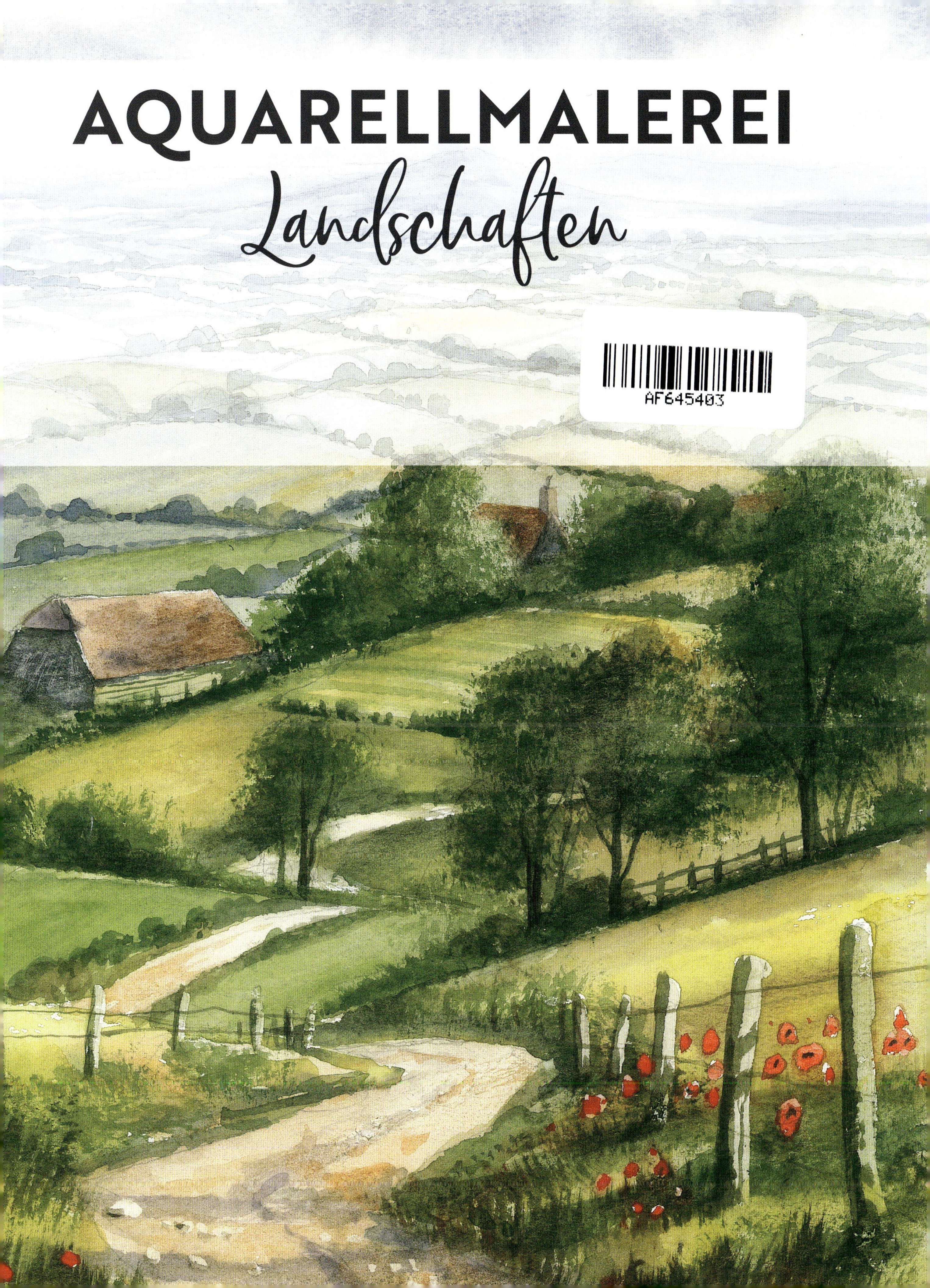

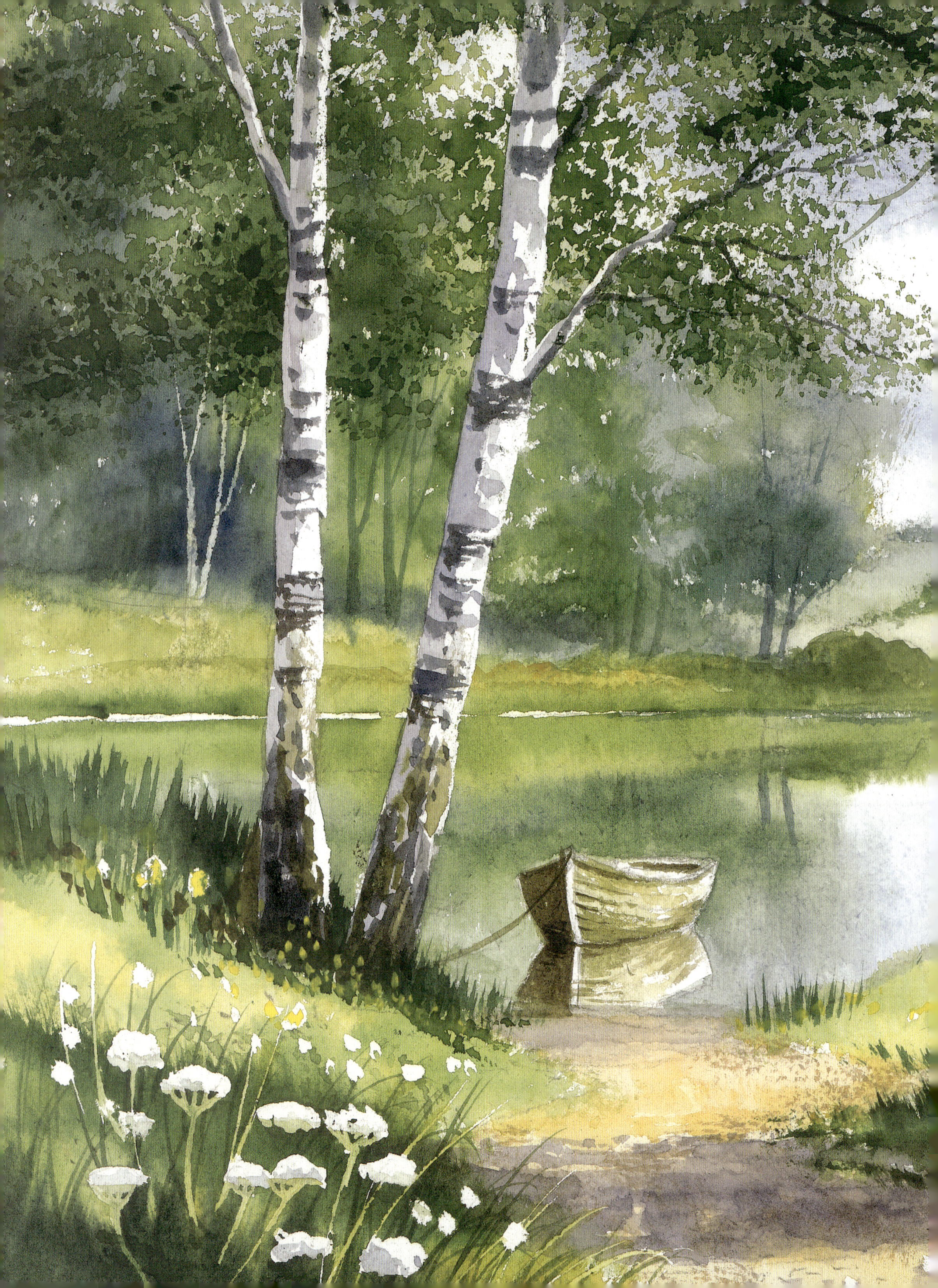

Terry Harrison

AQUARELLMALEREI
Landschaften

Eindrucksvolle Bilder
Schritt für Schritt malen

Die Originalausgabe ist unter dem Titel *Ready to paint with Terry Harrison* (2022) erschienen bei:

Search Press Limited
Wellwood, North Farm Road,
Tunbridge Wells, Kent TN2 3DR

Für die deutsche Ausgabe:
Projektmanagement: Maria Möllenkamp
Übersetzung: Tina Bungeroth, ZweiKonzept GbR
Lektorat: Britta Sopp, ZweiKonzept GbR
Satz: satz & repro Grieb, München
Umschlaggestaltung: Regina Degenkolbe
Herstellung: Kathleen Baumann
Printed in China

★★★★★

Sind Sie mit diesem Titel zufrieden? Dann würden wir uns über Ihre Weiterempfehlung freuen. Erzählen Sie es im Freundeskreis, berichten Sie Ihrem Buchhändler oder bewerten Sie beim Onlinekauf. Und wenn Sie Kritik, Korrekturen, Aktualisierungen haben, freuen wir uns über Ihre Nachricht an:
Christian Verlag, Postfach 40 02 09,80702 München
oder per E-Mail an lektorat@verlagshaus.de.

Unser komplettes Programm finden Sie unter

www.christophorus-verlag.de

In diesem Buch wird aus Gründen der besseren Lesbarkeit das generische Maskulinum verwendet. Weibliche und anderweitige Geschlechteridentitäten werden dabei ausdrücklich mitgemeint, soweit es für die Aussage erforderlich ist.

Die Deutsche Nationalbibliothek verzeichnet diese Publikation in der Deutschen Nationalbibliografie; detaillierte bibliografische Daten sind im Internet über http://dnb.d-nb.de abrufbar.

ISBN 978-3-86230-454-7

Besuchen Sie Terry Harrison und den Christophorus Verlag im Internet:
www.terryharrisonart.com
www.christophorus-verlag.de & www.selbstgemacht.de

Gegenüber: **Mühle im Winter**

INHALT

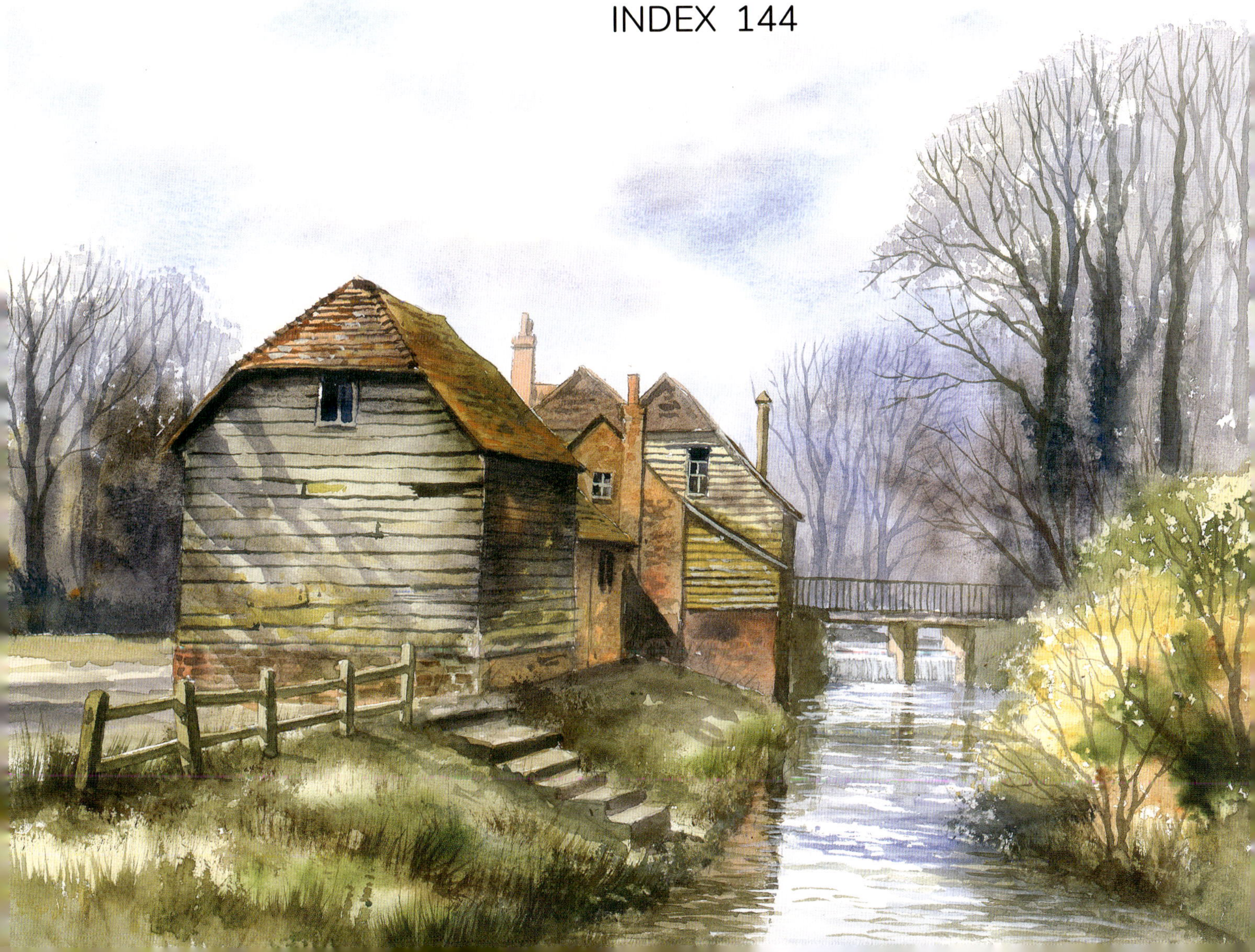

EINLEITUNG

Terry Harrison, einer unserer beliebtesten Autoren, ist 2017 leider viel zu früh verstorben. Seine Frau Fiona Peart, die ebenfalls Künstlerin und Autorin ist, schrieb an seine vielen Fans: »Sein Vermächtnis wird weiterleben in all euren Bildern, zu denen er euch inspiriert hat, und in all den wunderbaren Erinnerungen, die er uns geschenkt hat.« Es wird auch in dem riesigen Wissensschatz fortbestehen, den er in seinen populären Büchern weitergegeben hat.

Terrys Markenzeichen war seine pragmatische Herangehensweise an den Malunterricht. Nach seinem Abschluss an der Farnham Art School arbeitete er als Grafiker, gab aber 1984 seinen Beruf auf, um mehr Zeit für seine Malerei zu haben. So begann seine neue Karriere: Er gab Malvorführungen vor Kunst-Interessierten und unterrichtete im Rahmen von Malreisen. Terrys Humor und Herzlichkeit waren sehr geschätzt, aber es war der Erfolg seiner Ratschläge, die ihn bei Künstlern, vom Anfänger bis zum fortgeschrittenen Maler, so beliebt machten. Selbst ein äußerst begabter Künstler, gab er immer großzügig Tipps und zeigte Techniken, die das Malen einfacher machten.

Dieses Buch enthält fünfzehn von Terrys schönsten Aquarell-Landschaftsdarstellungen, mit Motiven von Feldern bis zum Meer und von Glockenblumenwäldern bis zu dekorativen Türen und Toren. Für jedes Motiv gibt es in der Buchmitte eine Umrisszeichnung als Vorlage. Außerdem gibt es zusätzlich eine Vorlage für das Bild rechts. Diese Umrisszeichnungen muss man nur auf Aquarellpapier übertragen, Terrys Ratschläge zum Material und den Techniken lesen, und schon kann es losgehen.

Terrys eigenes Pinselsortiment ist nach wie vor auf seiner Website erhältlich, aber Sie können auch Alternativen aus anderen Sortimenten verwenden, die im Kapitel zum Material ausführlich beschrieben werden.

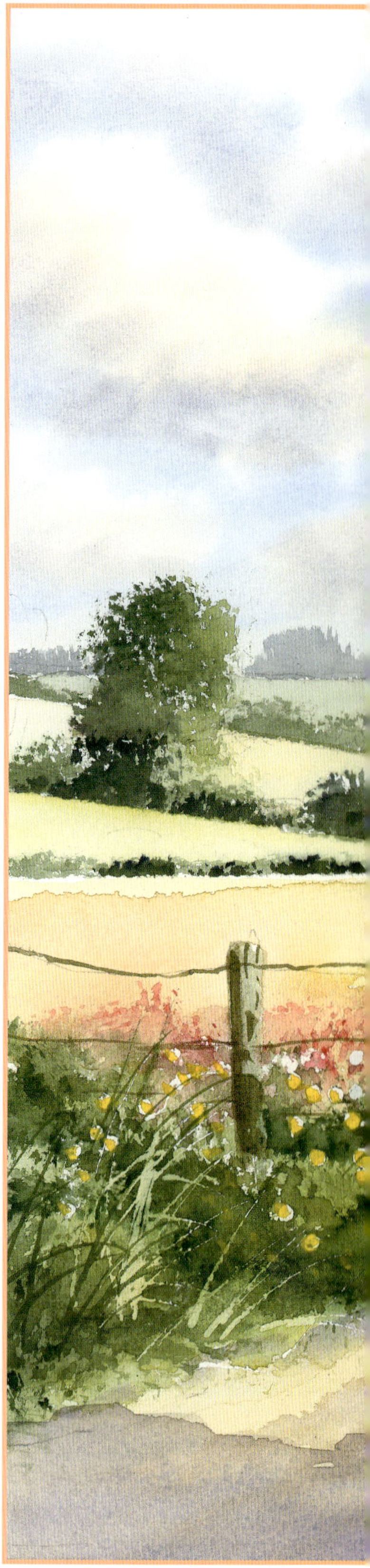

VORLAGE 16

Blick über die Hecke

45 x 33 cm

Diese aus einiger Entfernung betrachtete Dorfszene mit ihren ländlichen Gebäuden, die sich um die Kirche gruppieren, wird von dem überhängenden Baum und dem von ihm auf die Straße geworfenen Schatten eingerahmt. Viele verschiedene Sommerblumen sind in helles Sonnenlicht getaucht und verleihen der Szenerie Farbe und Wärme.

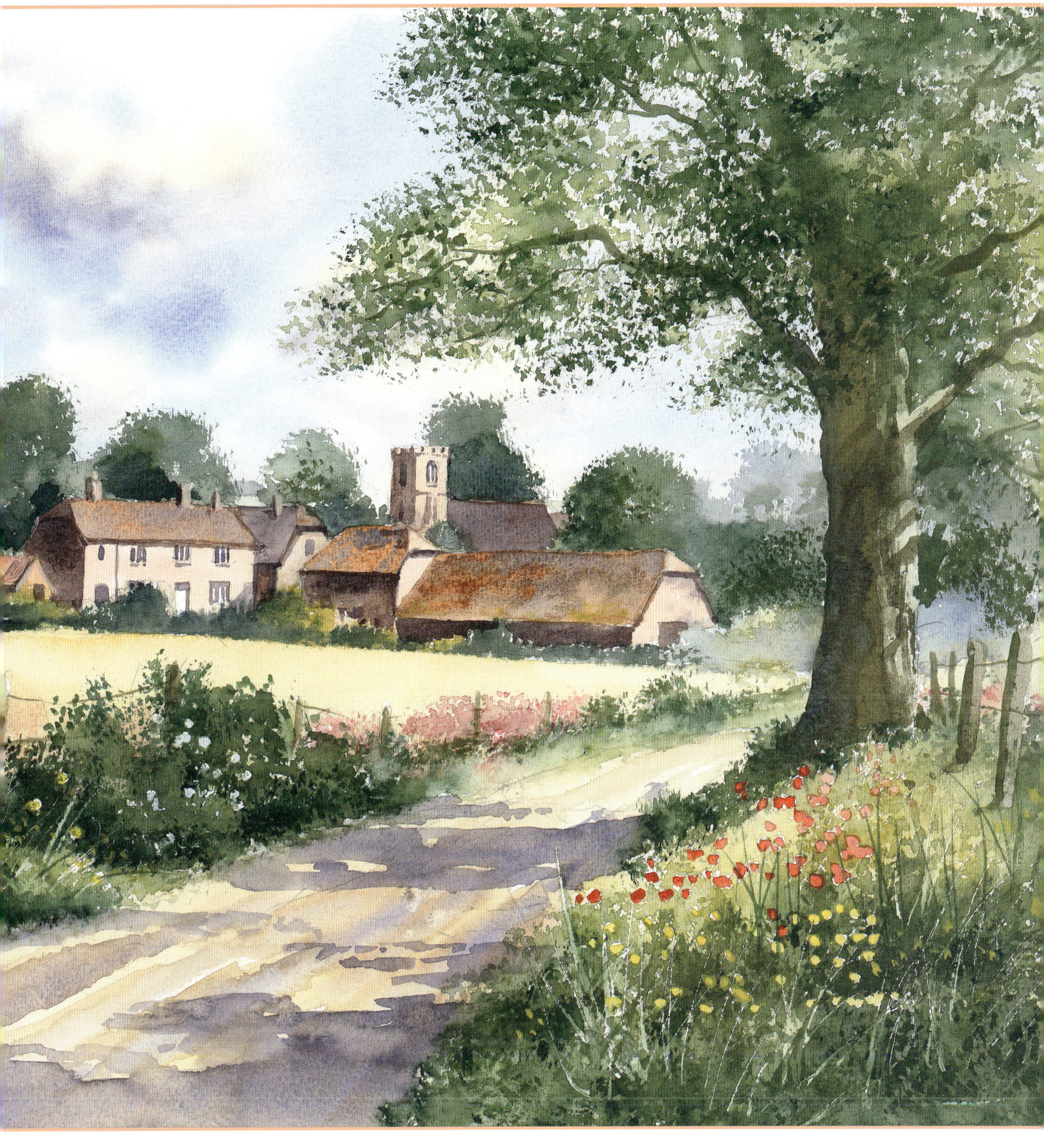

MATERIAL

Papier

Aquarellpapier gibt es mit drei Oberflächen: satiniert bzw. glatt (heiß gepresst), Feinkorn bzw. matt (kalt gepresst) mit ein wenig Struktur und rau, das, wie der Name schon sagt, stark strukturiert ist. Ich habe für alle Beispielbilder in diesem Buch raues Papier verwendet, da es für einige der Struktureffekte, die ich gern für Landschaften verwende, hilfreich ist.

Aquarellpapier gibt es auch in verschiedenen Gewichten, und die leichteren Papiere neigen dazu, sich beim Auftragen von Aquarelllasuren zu wellen. Eine Möglichkeit, dies zu verhindern, besteht darin, das Papier aufzuspannen, indem man es anfeuchtet und mit Klebeband am Malbrett befestigt, sodass es sich beim Trocknen glattzieht. Ich arbeite lieber mit schwererem Papier, das sich im nassen Zustand nicht so leicht wellt. Alle Beispielbilder in diesem Buch wurden auf Aquarellpapier mit einer Grammatur von 300 g/m2 gemalt.

Farben

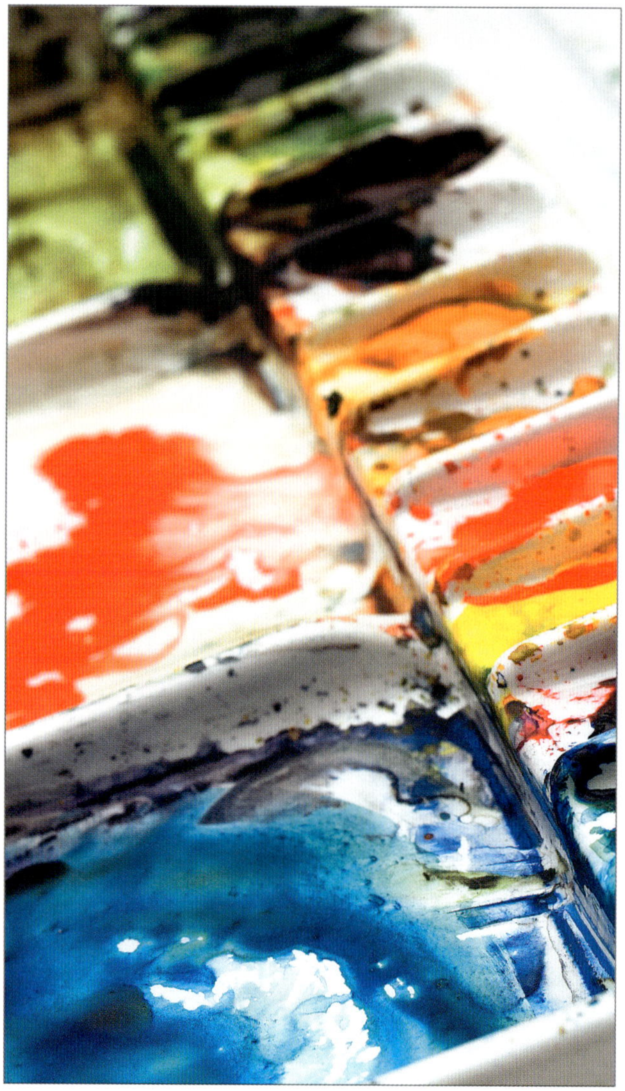

Es gibt im Wesentlichen zwei Qualitäten von Aquarellfarben: Künstlerqualität und Studienqualität. Viele Anfänger entscheiden sich für die Studienqualität, weil sie preisgünstiger ist. Ich rate Ihnen jedoch, die besten Farben zu kaufen, die Sie sich leisten können. Aquarellfarben in Künstlerqualität weisen einen höheren Pigmentgehalt auf, sie fließen besser und liefern lebendigere Ergebnisse.

Eine weitere Entscheidung ist die zwischen Tuben oder Näpfchen. Wenn man im Atelier arbeitet, große Flächen lasiert und größere Pinsel verwendet, sollte man Tubenfarben verwenden. Wenn man dagegen im Freien malt, sind Näpfchen besser geeignet, denn diese gibt es in kompakten Sets, die beim Malen draußen einfach praktischer sind. Ich habe für alle Aquarelle in diesem Buch Tubenfarben in Künstlerqualität verwendet.

Für Landschaftsmotive braucht man keine große Farbauswahl. Ich verwende eine begrenzte Palette und mische alle Farben aus dieser Auswahl. Für die Bilder in diesem Buch habe ich Französisch Ultramarin, Umbra gebrannt, Siena natur, Kadmiumgelb, Siena gebrannt, Kadmiumrot, Permanent Rosa, Kobaltblau und Alizarin-Karmesin verwendet. Bei einigen Gemälden habe ich Farben hinzugefügt, die ich weniger häufig verwende: Ultramarinviolett und Permanent Saftgrün. Ich habe auch einige Farben meiner eigenen Marke verwendet: drei Grüntöne und eine Schattenfarbe, aber Sie können diese durch Ihre Lieblingsmarken ersetzen. Es handelt sich um: Country Olive (oder Olivgrün), Midnight Green (oder Hookersgrün), Sunlit Green (oder Grüngold) und Shadow (oder eine Mischung aus Französisch Ultramarin, Siena gebrannt und Permanent Rosa).

Pinsel

Für einige der Projekte in diesem Buch habe ich Pinsel aus meinem eigenen Sortiment verwendet, für andere Pinsel von Winsor & Newton. Wo ich meine eigenen Pinsel angegeben habe, können Sie auch Pinsel aus anderen Sortimenten verwenden, solange Sie auf die beschriebenen Eigenschaften achten. Mein **Golden Leaf**-Pinsel ist mein bevorzugter Pinsel für große Flächen, da er viel Farbe aufnimmt, aber Sie können auch einen Mop-Pinsel aus Fehhaar oder einen Rundpinsel Nr. 16 verwenden. Mein **Fan Gogh** ist ein dicker, fächerförmiger Pinsel; Sie könnten auch einen anderen Fächerpinsel verwenden. Für bestimmte Struktureffekte verwende ich auch meinen Fan Stippler; Sie könnten hierfür auch einen Fächerpinsel nehmen. Der **19 mm-Flachpinsel** wurde bei einigen Projekten zum Malen von Wasser und zur Darstellung von Spiegelungen eingesetzt. Meine **großen, mittleren und kleinen Detailpinsel** sind gut für den allgemeinen Gebrauch geeignet. Stattdessen können Sie auch die Pinsel Nr. 12, 8 und 4 verwenden. Mein **Foliage**-Pinsel eignet sich zum Tupfen, aber Sie können stattdessen auch einen kleinen Borstenpinsel nehmen. Mein **Wizard**-Pinsel besteht aus einer Naturhaarmischung; zwanzig Prozent der Haare sind etwas länger als der Rest, sodass kleine Spitzen entstehen. Dieser Effektpinsel eignet sich gut für Gräser und Reflexionen. Für feine Details verwende ich meinen **Half-Rigger**, ähnlich einem Schlepper, aber etwas kürzer. Ich habe auch einen 10 mm-Flachpinsel eingesetzt, außerdem bei einigen Projekten einen **13 mm-Flachpinsel** mit einem Griff aus klarem Acrylharz, der sich zum Abkratzen von Farbe eignet. Schließlich verwende ich einen **speziellen Pinsel für die Arbeit mit Maskierflüssigkeit**, um meine guten Pinsel nicht zu beschädigen.

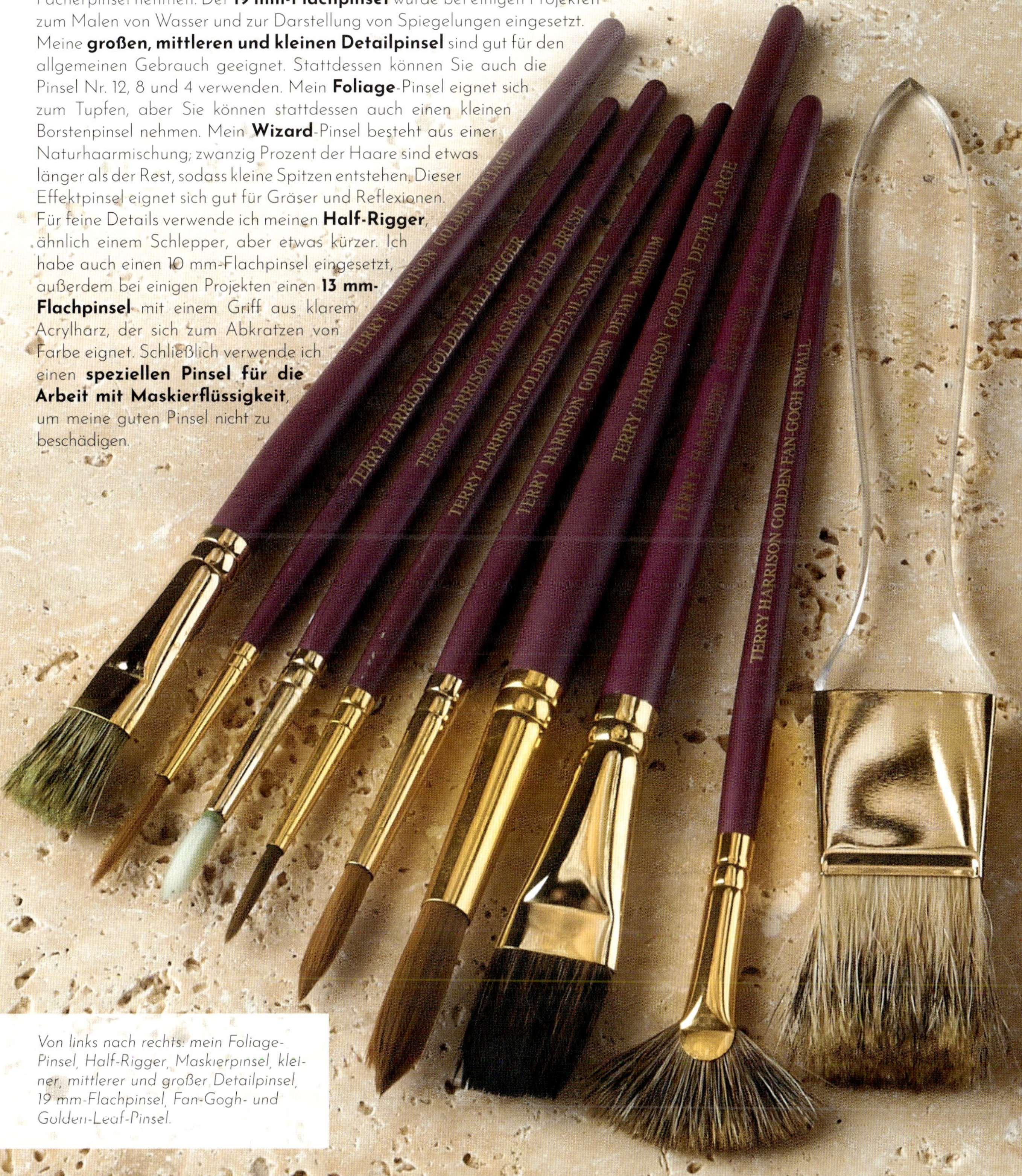

Von links nach rechts: mein Foliage-Pinsel, Half-Rigger, Maskierpinsel, kleiner, mittlerer und großer Detailpinsel, 19 mm-Flachpinsel, Fan-Gogh- und Golden-Leaf-Pinsel.

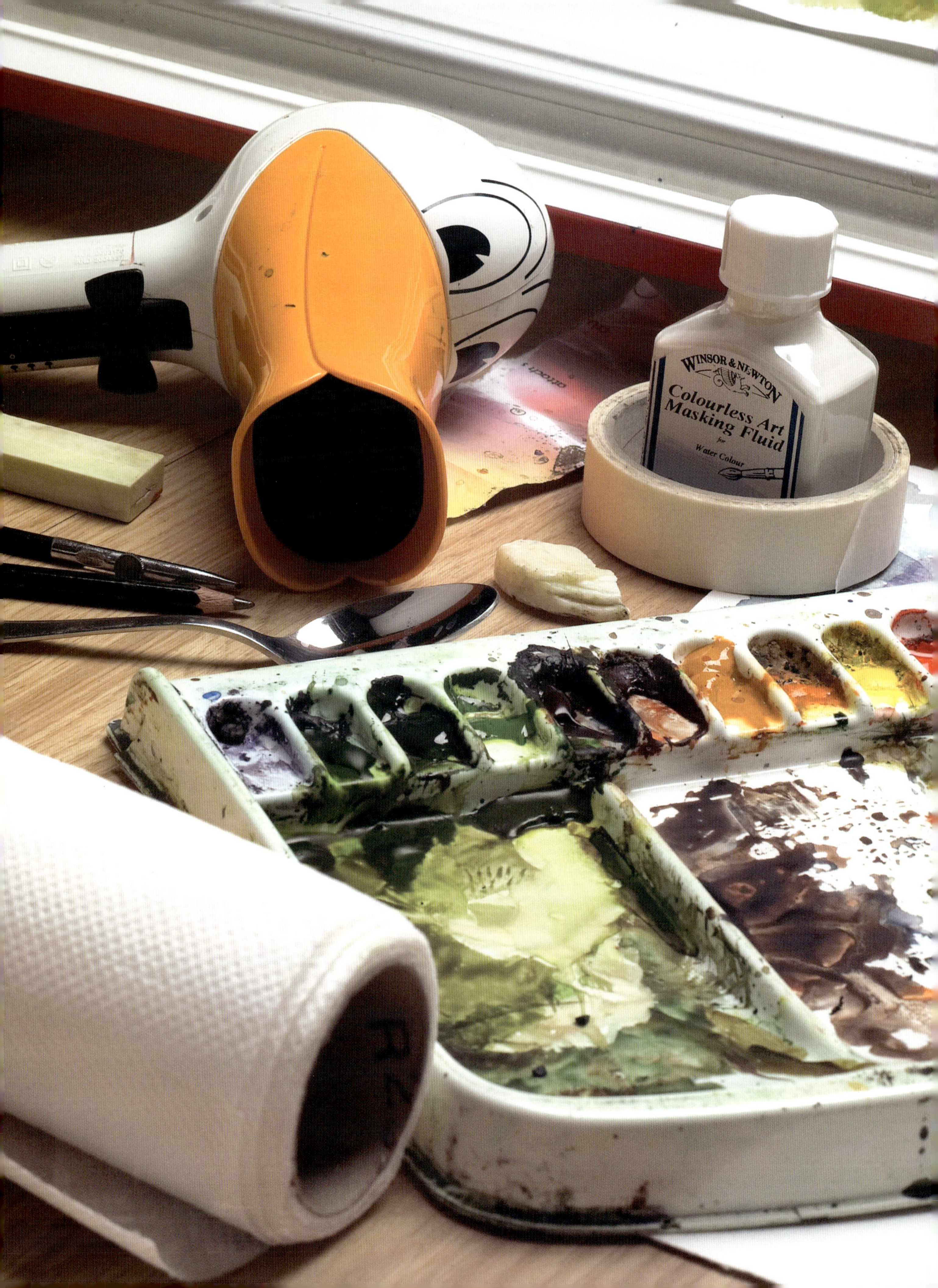
WINSOR & NEWTON
Colourless Art
Masking Fluid
for
Water Colour

Andere Materialien

Karton und Klebeband Ich befestige mein Aquarellpapier mit Kreppband auf einem Malbrett.

Farben Ich ordne meine Tubenfarben auf einer Plastikpalette an und mische die Farbtöne in den Vertiefungen.

Abdeckpapier Verwenden Sie ein Stück von übrigem Aquarellpapier oder Zeitschriftenseiten als Abdeckpapier.

Maskierflüssigkeit Sie wird herangezogen, um Bereiche weiß auszusparen. Man trägt sie mit einem Pinsel oder für gerade Linien mit einer Reißfeder auf. Feuchten Sie den Pinsel an und bestreichen Sie ihn mit Seife, bevor Sie ihn in die Maskierflüssigkeit tauchen. So lässt sie sich später leicht auswaschen. Für einen strukturierten Effekt können Sie die Maskierflüssigkeit auch mit einem kleinen Naturschwamm auftragen.

Bleistift und Radiergummi Diese werden beim Übertragen des Bildes verwendet. Hier kann auch ein Löffelstiel hilfreich sein.

Föhn Den Trocknungsprozess kann man mit einem Föhn beschleunigen.

Küchenpapier Davon sollten Sie immer etwas griffbereit haben – damit kann man sowohl verschüttete Flüssigkeiten aufwischen als auch noch feuchte Farbe vom Bild abnehmen.

Plastikkarte Großartig für Spezialeffekte: Damit kann man für bestimmt Effekte Farbe abkratzen, z. B. für die Textur von Felsen und Klippen.

Sauberes Wasser In meinem Atelier wasche ich meine Pinsel in einem Eimer aus, denn je mehr Wasser man verwendet, desto sauberer werden die Pinsel. Daher macht es wenig Sinn, ein kleines Marmeladenglas zu wählen. Außerdem bleibt das Wasser in einem Eimer länger sauber, sodass die Farben nicht trüb werden. Die Alternative ist, zwei Wassergläser zu verwenden, eines zum Waschen der Pinsel und das zweite zum Mischen der Farben mit sauberem Wasser. Lassen Sie Ihre Pinsel niemals im Wasser stehen, da sich sonst die Pinselspitze verbiegt und das Wasser in den Holzstiel eindringt. Das Holz dehnt sich dann aus und die Farbe am Stiel wird rissig und blättert ab.

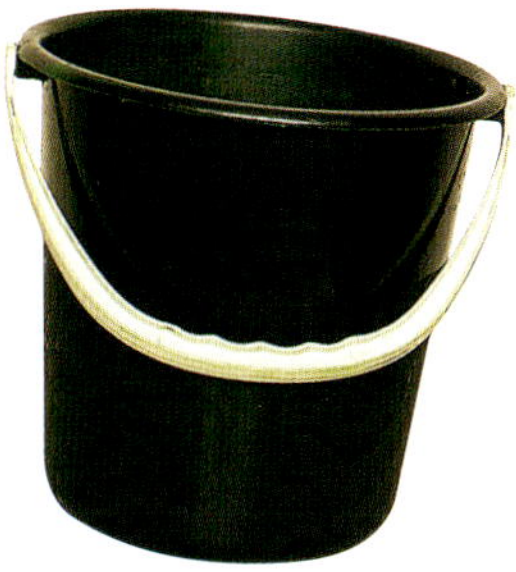

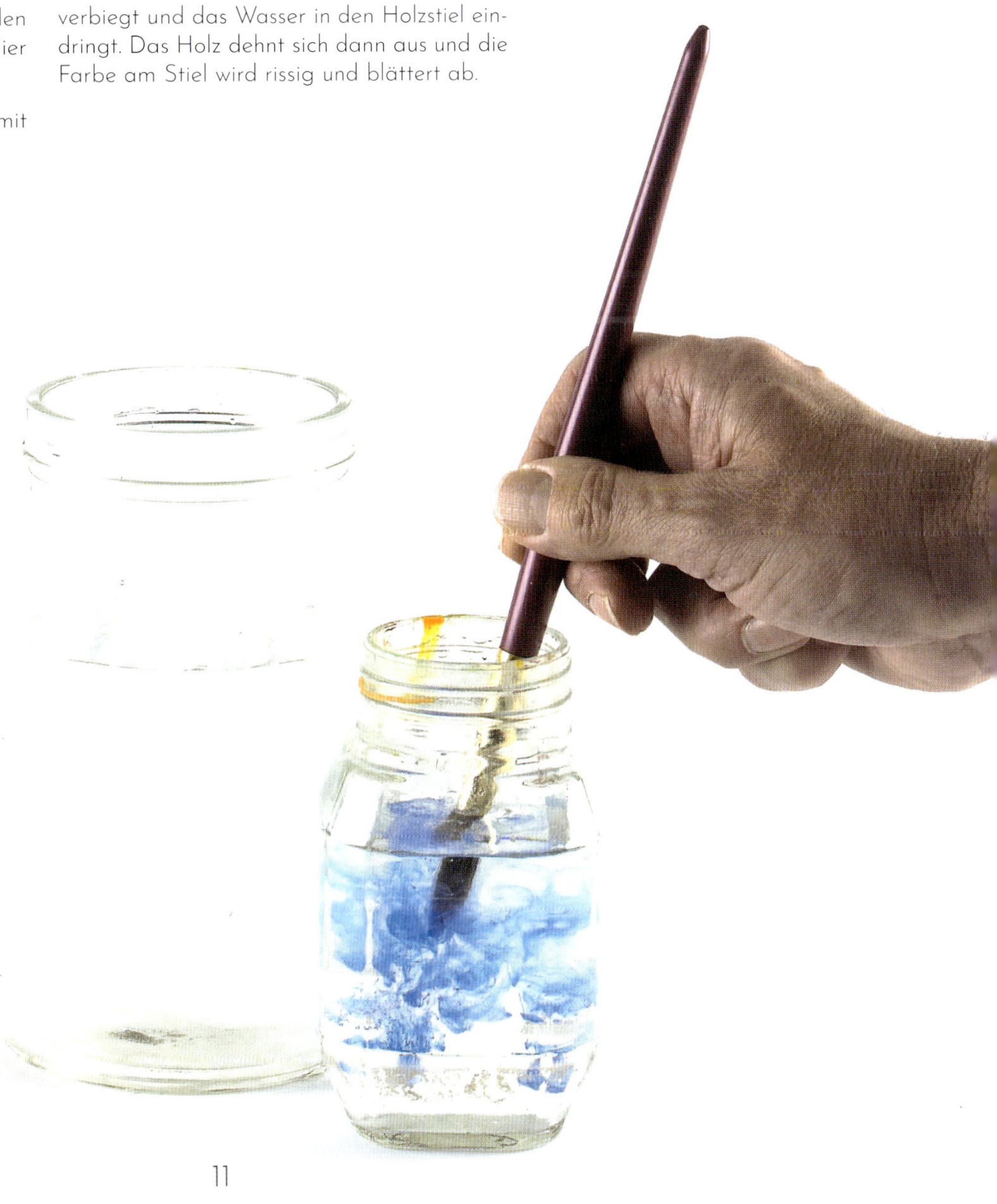

TECHNIKEN

Auf diesen Seiten werden die grundlegenden Techniken für das Aquarellmalen erläutert. Am Anfang jedes Kapitels werden zusätzliche Techniken gezeigt, die für bestimmte Motive nützlich sind.

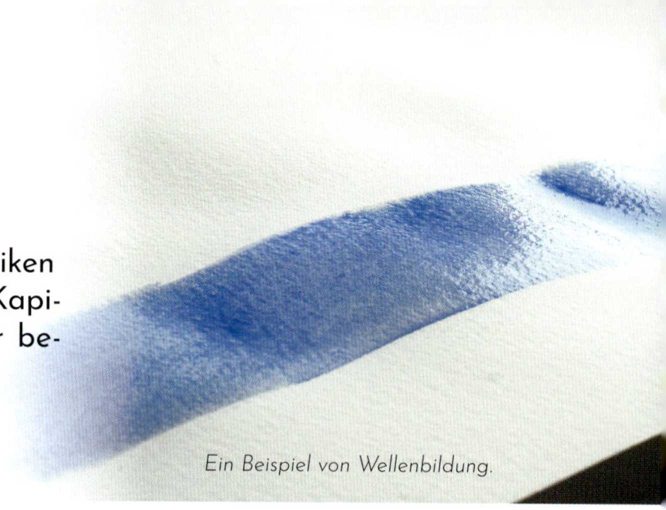

Ein Beispiel von Wellenbildung.

Das Papier für das Malen vorbereiten

Papier wellt sich, wenn man es mit nasser Farbe bestreicht: Die Fasern des Papiers saugen das Wasser auf und dehnen sich aus. Wenn das Papier ungleichmäßig angefeuchtet wird, dehnen sich die Fasern in unterschiedlichem Maße aus, und es kommt zu Wellenbildung. Künstlern wird deshalb geraten, das Papier aufzuspannen, indem man es befeuchtet, mit Klebeband auf einem Zeichenbrett fixiert und trocknen lässt. Beim Trocknen schrumpft das Papier, aber da es an den Rändern mit Klebeband fixiert ist, trocknet es ganz glatt. Dennoch kann es manchmal beim Auftragen von Lasuren zu Wellenbildung kommen, außerdem wird durch das Aufspannen die bemalbare Papierfläche kleiner. Aus diesen Gründen mache ich mir nicht die Mühe, das Papier zu spannen.

Die einfachste Methode, ein Aquarellbild, das sich verzogen hat, wieder zu glätten, besteht darin, es mit der Vorderseite nach unten zu legen, die Rückseite anzufeuchten (nicht zu nass machen) und das Wasser einziehen zu lassen. Wenn sich das Papier dann vollständig ausgedehnt hat, wird ein Malbrett darübergelegt und mit einem Stapel Bücher beschwert. Wenn man das Bild so über Nacht trocknen lässt, ist es ganz glatt.

Eine andere Möglichkeit ist die Verwendung eines schweren Papiers. Ich male auf 300 g/m²-Papier, aber wenn Sie das Wellen ganz vermeiden wollen, nehmen Sie ein noch schwereres Papier.

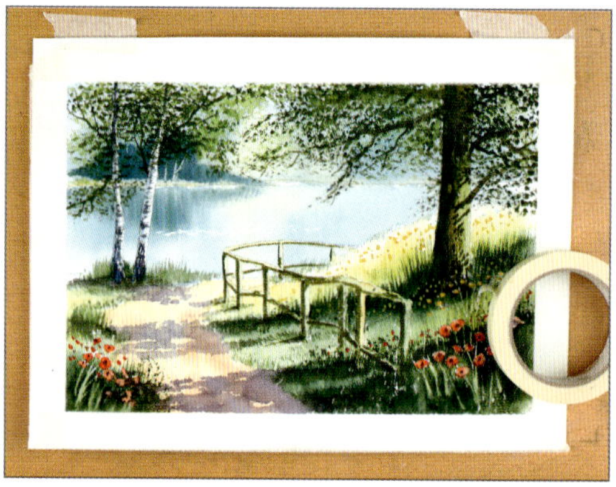

Wellenbildung kann man auch vermeiden, indem man das Papier nur innerhalb des Bildbereichs abklebt. Kleben Sie dafür nur die Oberkante des Papiers auf das Malbrett (siehe oben). Dann kleben Sie den Bildbereich mit Klebeband ab. Das ergibt schöne, gerade Ränder und verhindert, dass sich das Papier durch die nassen Farbaufträge verzieht.

Lasuren

Ein Himmel mit einer Verlaufslasur

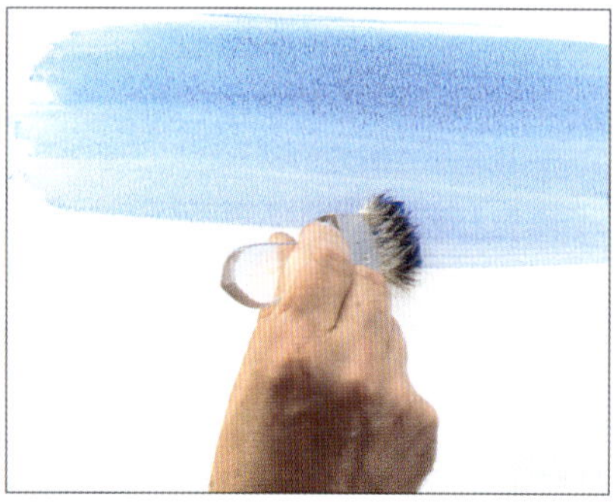

1 Feuchten Sie die Himmelsfläche zunächst mit sauberem Wasser und dem Mop-Pinsel aus Fehhaar an. Nehmen Sie mit dem Pinsel gleichmäßig Ultramarin auf. Beginnen Sie oben und streichen Sie den Pinsel von einer Seite zur anderen.

2 Je weiter Sie auf dem Papier nach unten malen, desto heller wird der Himmel, da der Pinsel immer weniger Farbe enthält. Durch die Nass-in-Nass-Technik entsteht ein gleichmäßiger Verlauf. Hier sieht man gut, wie man mit dieser Technik eine Lasur für einen klaren Himmel anlegt.

Eine Lasur mit Farbwechsel

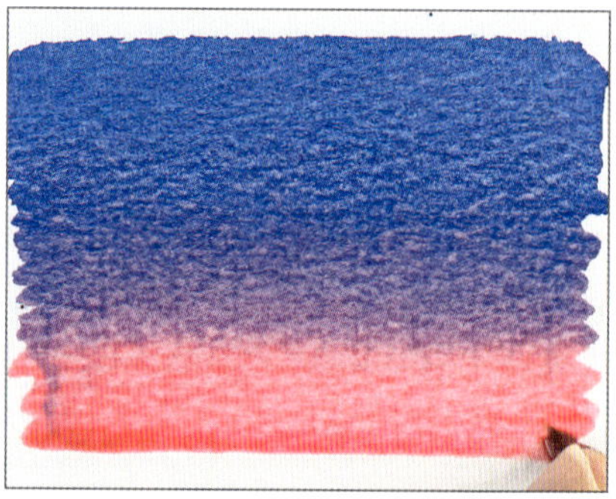

1 Beginnen Sie mit einer gleichmäßigen einfarbigen Lasur. Waschen Sie dann den Pinsel aus, nehmen Sie eine zweite Farbe auf und malen Sie diese in die noch feuchte Fläche am unteren Ende der ersten Farbe. Die zweite Farbe vermischt sich mit der ersten, während Sie den Pinsel horizontal über das Papier nach unten bewegen. Waschen Sie den Pinsel erneut aus und nehmen Sie die reine zweite Farbe von der Palette auf, sodass sie am unteren Ende der Lasur unvermischt ist.

Nass-in-Nass-Technik

Für diese Technik müssen beide Farbaufträge nass sein. Wenn Sie nasse Farbe auf einen nur feuchten Untergrund auftragen, fließt die Farbe nicht gleichmäßig in die erste Farbe, sondern es entstehen unerwünschte Effekte wie »Blumenkohl« und harte Kanten.

Mit einer zweiten Farbe lasieren

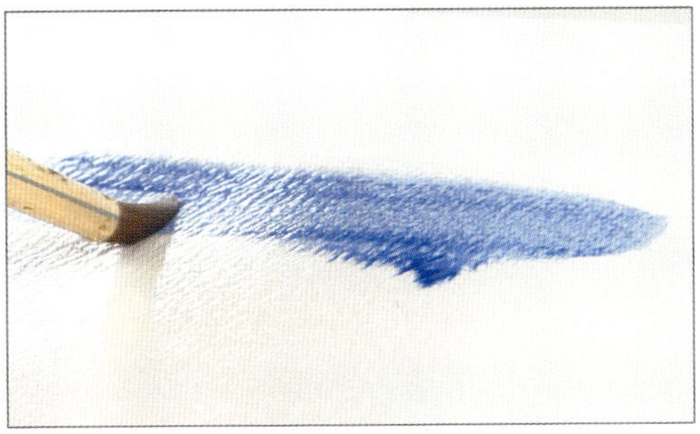

1 Feuchten Sie das Papier zuerst gut an. Dies verlangsamt das Trocknen der ersten Farbe, sodass Sie genug Zeit haben, bevor die Farbe trocknet. Tragen Sie die erste Farbe auf, hier ein Himmelblau.

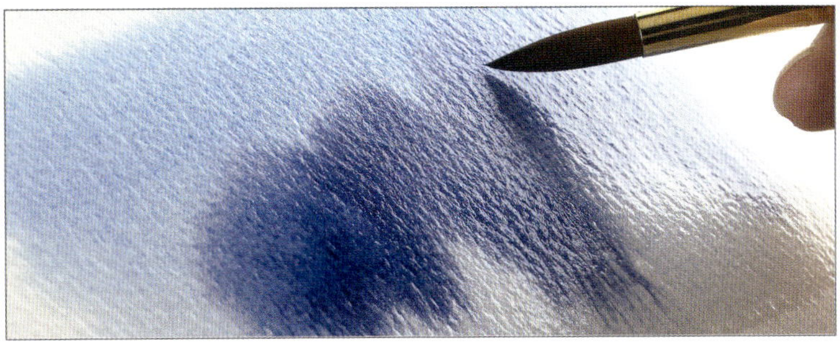

2 Nehmen Sie mit dem Pinsel die zweite Farbe auf und tupfen sie auf das Papier in die erste Farbe. Die zweite Farbe breitet sich in der ersten aus, und es entsteht ein weicher, wolkenähnlicher Effekt.

Ein Nass-in-Nass-Himmel

Mit der Nass-in-Nass-Technik kann man sehr gut Wolken darstellen, weil sie weiche Ränder erzeugt. Wie Sie später in diesem Buch sehen werden, eignet sie sich auch hervorragend für den Effekt von dichtem Laub bei Wäldern und für Struktureffekte bei Gebäuden.

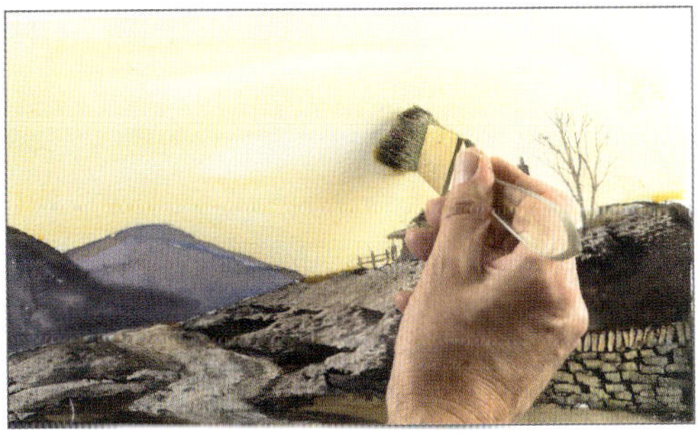

1 Malen Sie mit einem großen Pinsel, z. B. dem Mop-Pinsel aus Fehhaar, eine stark verdünnte Lasur von Siena natur über die gesamte Himmelsfläche.

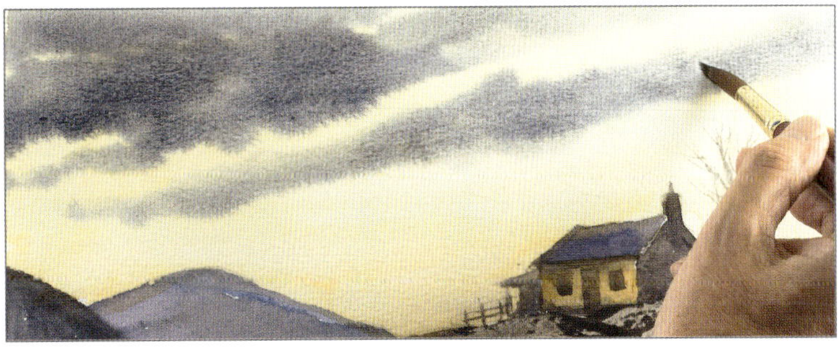

2 Mischen Sie die Wolkenfarbe aus Ultramarin und Umbra gebrannt. Nehmen Sie die Farbe mit dem Pinsel Nr. 12 auf und malen Sie diagonale Wolkenformen über den Himmel, solange das Siena natur noch nass ist.

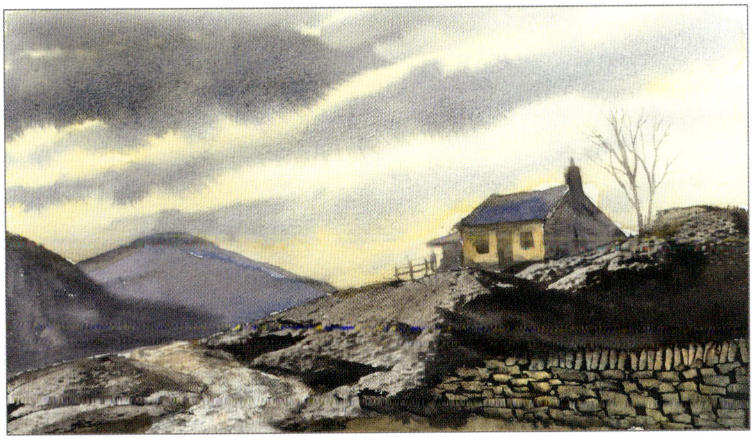

3 Lassen Sie das Bild trocknen, bevor Sie den Rest der Szenerie malen. Die Wolken werden zunehmend weicher in die Himmelsfarbe übergehen, während die Farbe trocknet.

Nass-auf-Trocken-Technik

Diese Technik eignet sich für das Hinzufügen von Details zu einem Aquarell. Wenn die Hintergrundfarbe noch nass ist, wird die Farbe, die Sie hinzufügen, in sie hinein verlaufen, wodurch unerwünschte Nass-in-Nass-Effekte entstehen.

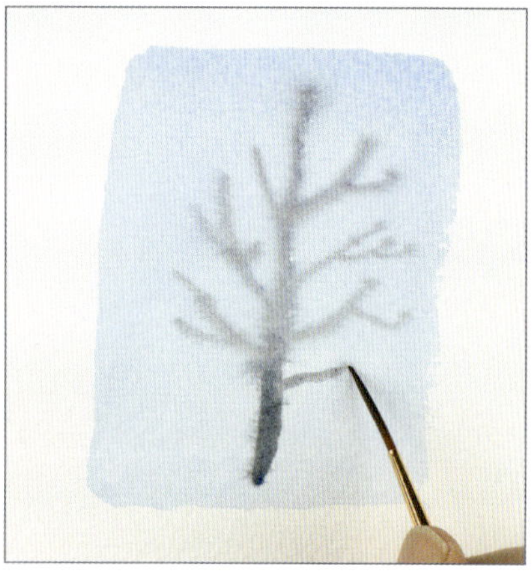

Hier wird ein Baum in einen nassen Hintergrund gemalt. Dadurch verläuft die Farbe weich, und Details und Klarheit gehen verloren.

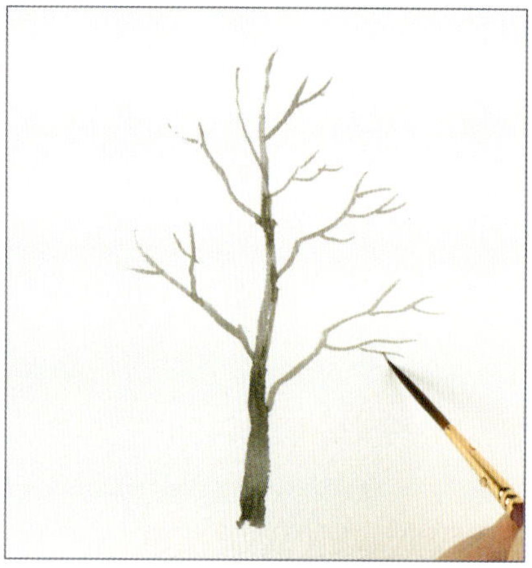

Hier wird der Baum mit demselben Schlepper-Pinsel gemalt, aber auf einen trockenen Untergrund. Das ermöglicht eine kontrolliertere, detailliertere Darstellung.

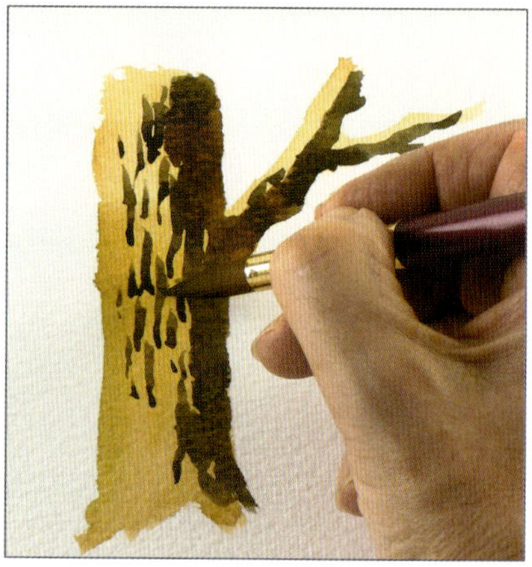

Die Nass-auf-Trocken-Technik eignet sich auch gut, um Texturen auf einem Baumstamm zu erzeugen, wie hier gezeigt. Da die erste Farbe trocken ist, kann ich die zweite Farbe klar und abgegrenzt auftragen.

Details auf Ziegeldach malen

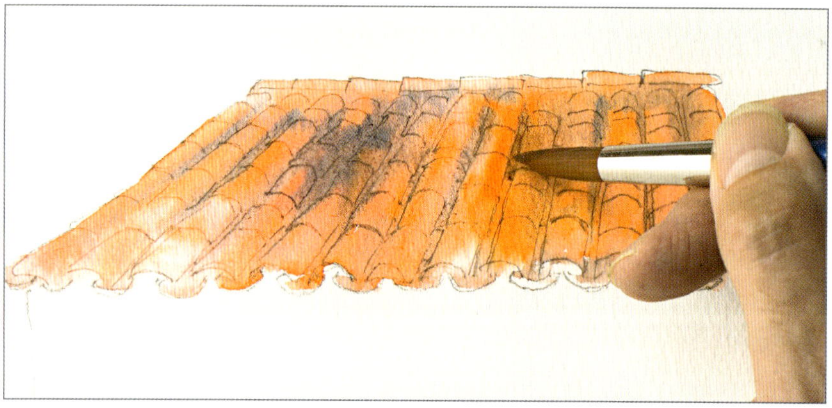

1 Dieses Dach wurde zunächst mit der Nass-in-Nass-Technik gemalt. Mit einem Rundpinsel Nr. 12 wurde eine Lasur mit Winsor Orange aufgetragen. Dann wurde Kobaltblau nass in nass hinzugefügt, um den Verwitterungseffekt auf den alten Ziegel zu erzeugen. Immer noch nass in nass wurden die Rinnen zwischen den Ziegeln in Kobaltblau gemalt. Dann durfte alles trocknen.

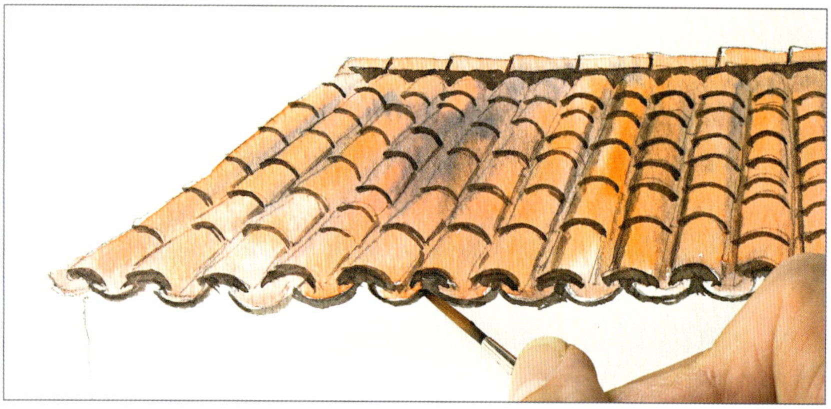

2 Nachdem dieser Untergrund trocken war, habe ich mit dem Schlepper und einer kräftigen Mischung aus Umbra und Ultramarin die Details gemalt: zunächst die Trennung zwischen den Firstziegeln und den Schatten darunter. Dann habe ich die Dachziegel mit kleinen Halbmondformen und die vertikalen Schatten zwischen den Ziegeln mit einer etwas dunkleren Mischung der gleichen Farben gemalt. Zum Schluss habe ich unter dem Dach die umgekehrten Ziegel gemalt, die das Wasser ableiten.

Trockenpinseltechnik

Mit dieser Technik lassen sich interessante Texturen erzeugen. Die Farbe wird mit einem »durstigen« Pinsel aufgenommen, der nur leicht feucht, aber nicht nass ist. Der Pinsel wird über die Oberfläche des rauen Papiers gezogen, wo er einen gesprenkelten Effekt hinterlässt. Während des Malens sollten Sie immer wieder das überschüssige Wasser mit Küchenpapier aus dem Pinsel nehmen.

Textur auf Baumrinde malen

Dieses Bild zeigt, wie gut man mit der Trockenpinseltechnik Baumstämme malen kann. Die Details entstanden mit dem trockenen Pinsel, daher sollten Sie den Pinsel nicht zu nass machen. Stellen Sie sicher, dass die Oberfläche trocken ist, bevor Sie beginnen.

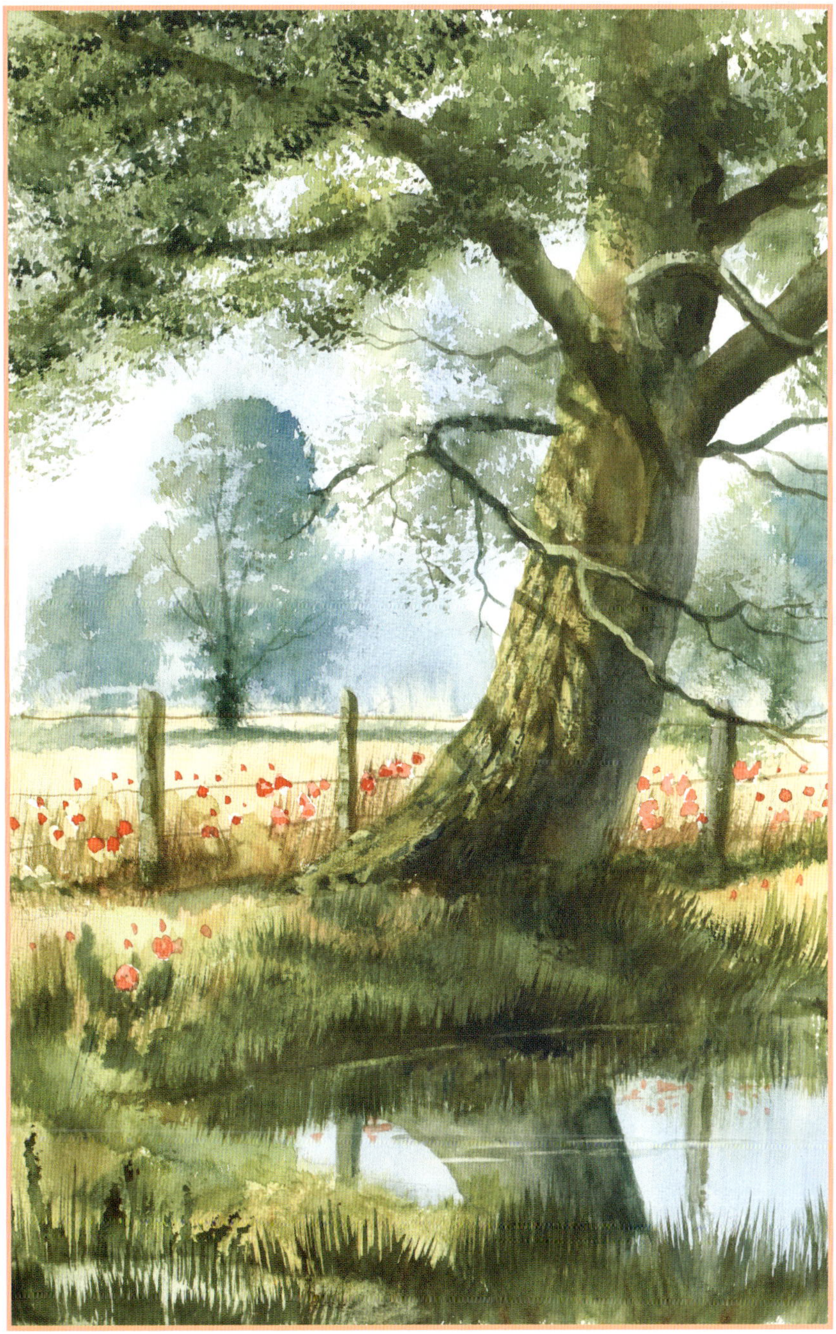

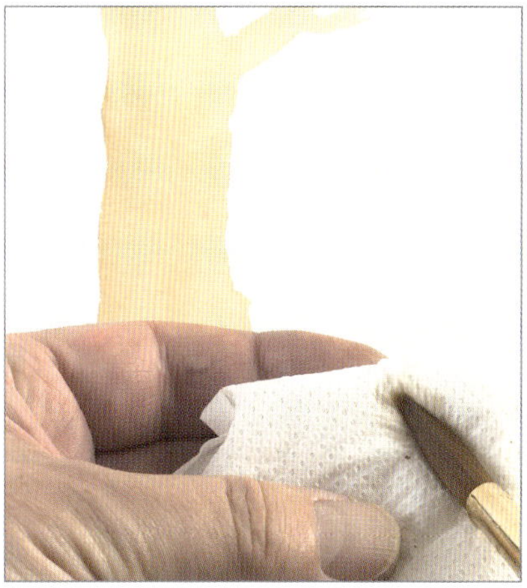

1 Malen Sie den Baumstamm mit einer ersten Lasur und lassen Sie den Auftrag trocknen. Waschen Sie den Pinsel mit klarem Wasser aus und tupfen ihn dann auf Küchenpapier ab, um das überschüssige Wasser aufzusaugen.

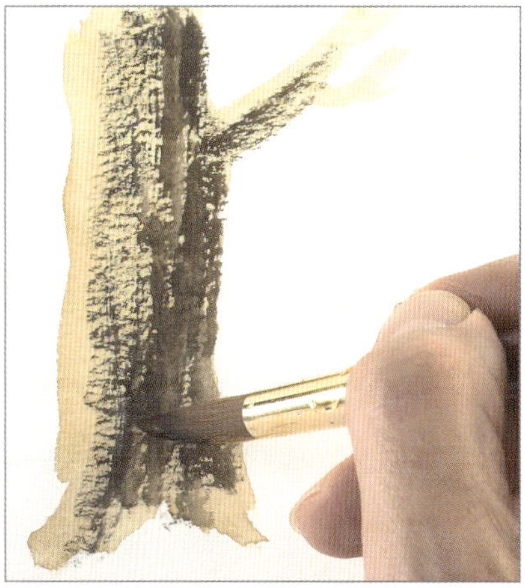

2 Nehmen Sie mit dem Pinsel die zweite Farbe auf und ziehen Sie ihn auf dem Papier über die getrocknete Lasur, um einen gesprenkelten Effekt zu erzeugen. Sie können dann die im Schatten liegende Seite weiter abdunkeln.

Abdecken

Beim Abdecken geht es darum, bestimmte Teile des Papiers weiß auszusparen, sodass der abgedeckte Bereich einfach übermalt werden kann. Maskierflüssigkeit sollten Sie nicht auf feuchtem Papier verwenden, weil sie in das Papier einzieht und trocknet. Beim Entfernen reißt dann die Papieroberfläche auf. Lassen Sie die Maskierflüssigkeit auch nicht länger als zwei oder drei Tage auf dem Papier, weil sie zu hart wird und sich nur noch schwer entfernen lässt. Dasselbe kann passieren, wenn Sie die Maskierflüssigkeit mit einem Föhn trocknen. Außerdem kann Maskierflüssigkeit Ihre guten Pinsel ruinieren. Um das zu vermeiden, feuchten Sie den Pinsel an und reiben ihn mit ganz normaler Seife ein, bevor Sie ihn in die Maskierflüssigkeit tauchen. Die Maskierflüssigkeit lässt sich dann leicht auswaschen, wenn Sie sie nicht mehr verwenden. Auf dem Pinsel getrocknete Maskierflüssigkeit lässt sich durch Waschen mit Seife nicht entfernen, aber Sie können den Pinsel mit Feuerzeugbenzin reinigen. In diesem Abschnitt zeige ich Ihnen auch, wie Sie ein Abdeckpapier verwenden.

Maskierflüssigkeit mit einem Pinsel auftragen

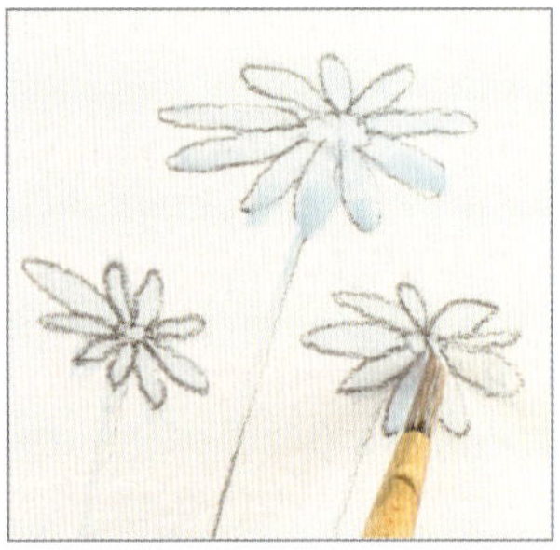

1 Tragen Sie die Maskierflüssigkeit dort auf, wo das Papier weiß bleiben soll.

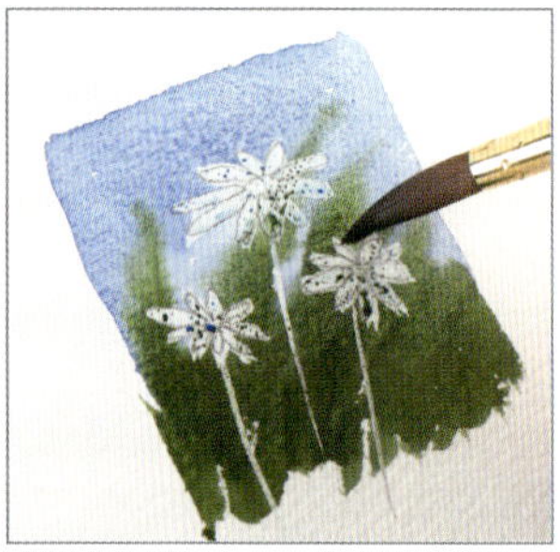

2 Warten Sie, bis sie an der Luft getrocknet ist, und übermalen sie dann.

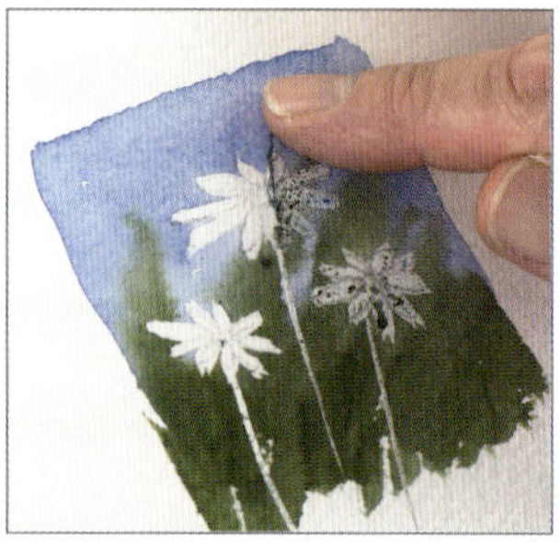

3 Lassen Sie die Farben trocknen. Reiben Sie dann die Maskierflüssigkeit mit einem sauberen Finger ab.

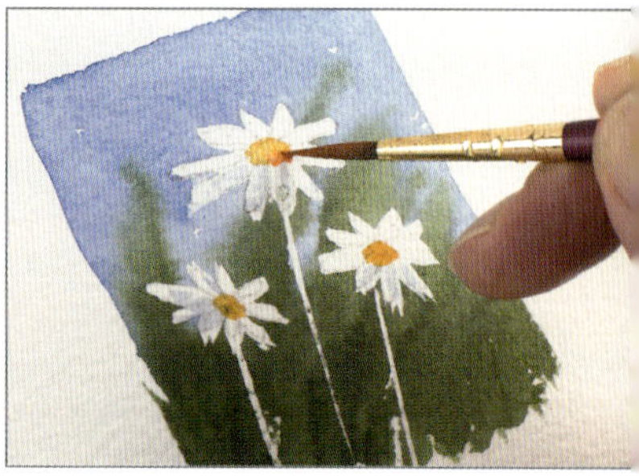

4 Anschließend können Sie eine weitere Farbe in die weißen Flächen malen. Ich habe mit Ultramarin helle Schattierungen und mit Kadmiumgelb die Blütenmitten in diese Gänseblümchen gemalt.

Maskierflüssigkeit mit einer Reißfeder auftragen

Wenn Sie eine Reißfeder verwenden, sollte der Spalt in der Feder nicht zu groß sein, weil sonst die Maskierflüssigkeit in Klecksen herauskommt.

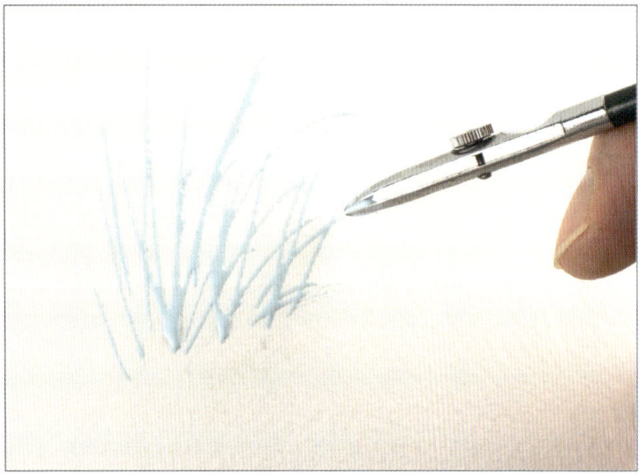

1 Füllen Sie die Feder, indem Sie sie in die Maskierflüssigkeit tauchen. Achten Sie darauf, dass sie nicht zu voll wir, sonst läuft zu viel Flüssigkeit heraus. Malen Sie die Gräser.

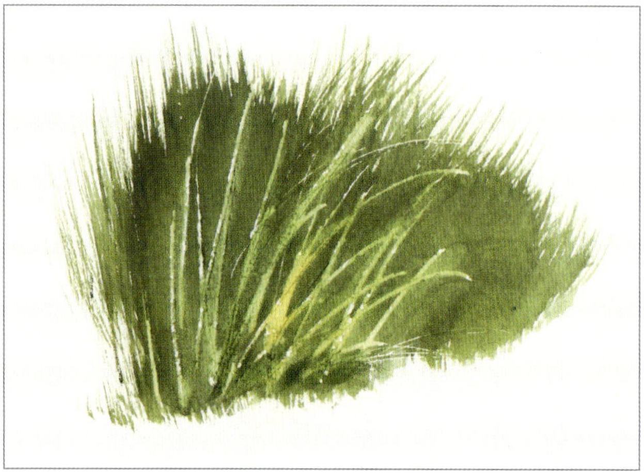

2 Wenn die Maskierflüssigkeit getrocknet ist, malen Sie die Gräser in einer Aufwärtsbewegung mit der dunkleren Grünmischung darüber. Trocknen lassen und dann die Maskierflüssigkeit abreiben. In die weißen Bereiche können Sie nun eine hellere Grünmischung und etwas Gelb auftragen.

Maskierflüssigkeit mit Küchenpapier auftragen

Sie können mit Küchenpapier Maskierflüssigkeit auf Bäume tupfen, um den Effekt von an den Ästen haftendem Schnee zu erzielen.

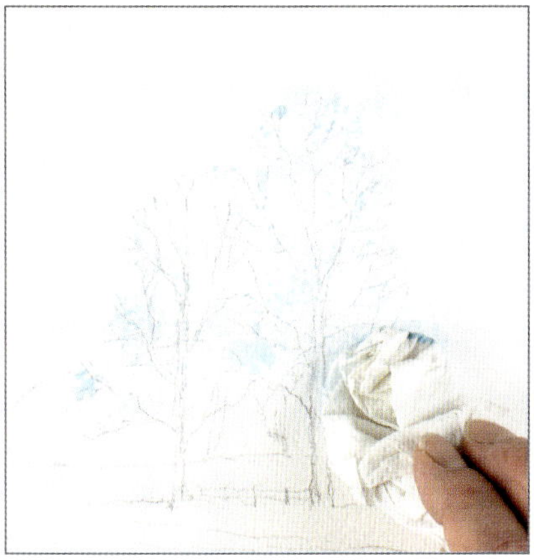

1 Zeichnen Sie das Motiv. Tauchen Sie ein zerknülltes Stück Küchenpapier in Maskierflüssigkeit und tupfen Sie es mit sanftem Druck auf die Bäume. Trocknen lassen.

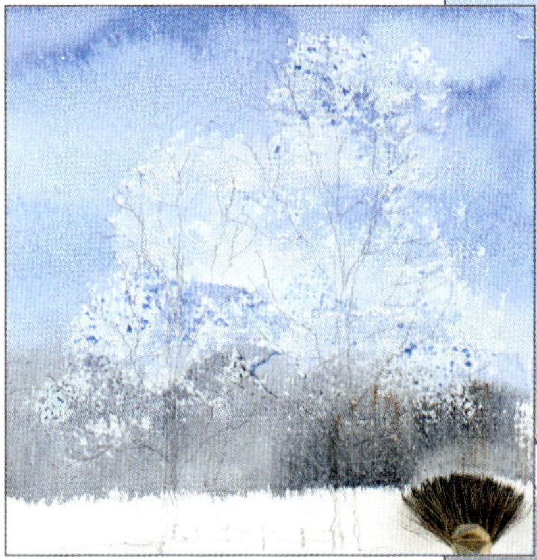

2 Malen Sie nun mit dem Pinsel Nr. 12 und Ultramarin den Himmel über die Maskierflüssigkeit. Während der Himmel noch feucht ist, malen Sie mit dem Fächerpinsel eine graue Mischung aus Ultramarin und Umbra in den unteren Teil des Himmels.

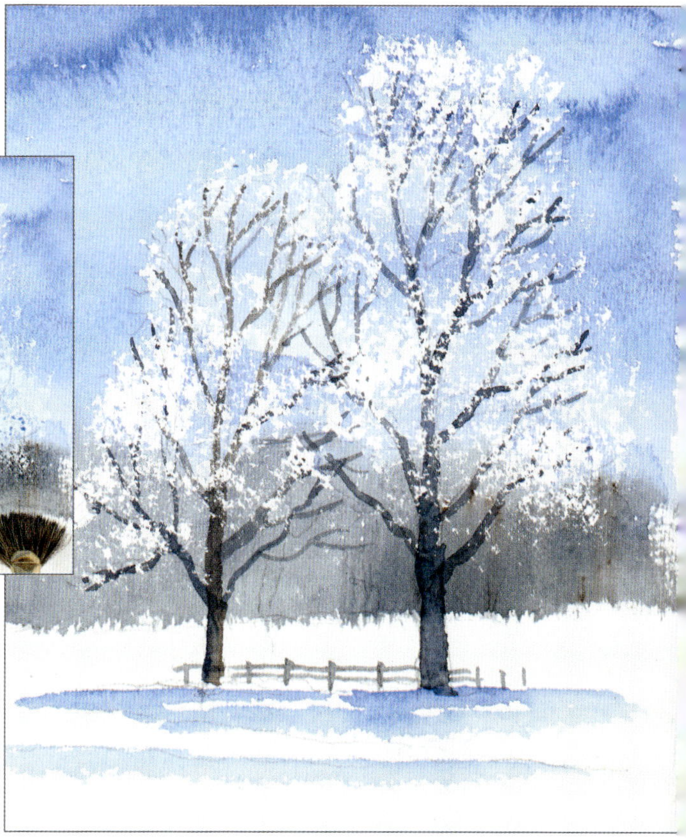

3 Gestalten Sie mit dem großen Pinsel und Ultramarin die Schatten auf den Schnee im Vordergrund. Trocknen lassen. Malen Sie mit dem Schlepperpinsel und einer dunklen Mischung aus Umbra gebrannt und Ultramarin die Stämme und Äste ein. Lassen Sie alles trocknen und reiben Sie dann die Maskierflüssigkeit ab.

Hecken mit einem Abdeckpapier malen

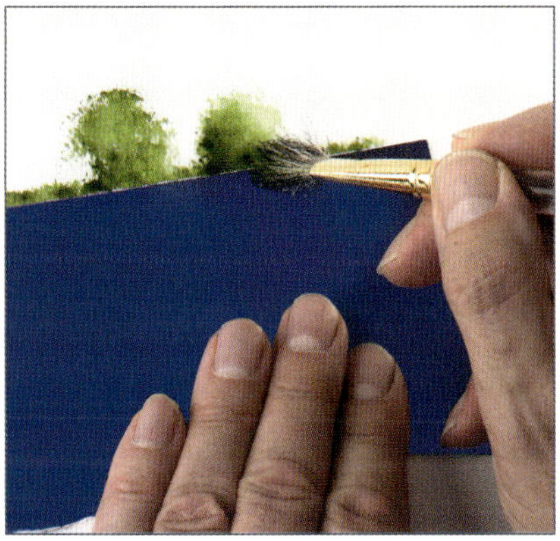

1 Legen Sie ein Stück glänzendes, beschichtetes Zeitschriftenpapier mit einer geraden Kante auf Ihr Aquarellpapier und halten es fest. Malen Sie wie abgebildet eine Hecke und Büsche direkt über dem Abdeckpapier.

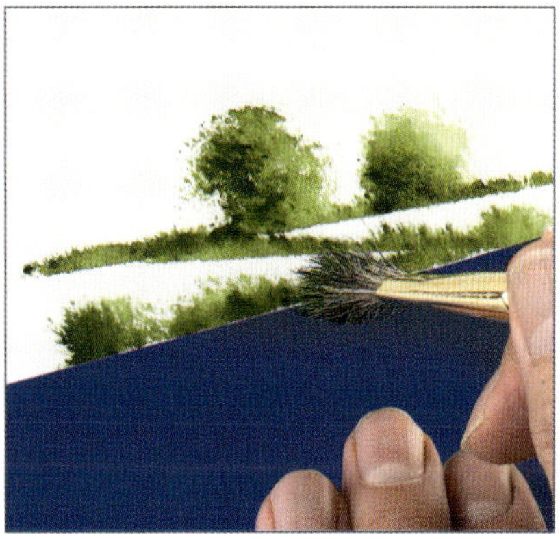

2 Verschieben Sie die Abdeckung vorsichtig und verändern Sie dabei den Winkel. Gestalten Sie dann auf dieselbe Weise weiter vorn im Bild eine weitere Hecke. Fahren Sie so fort.

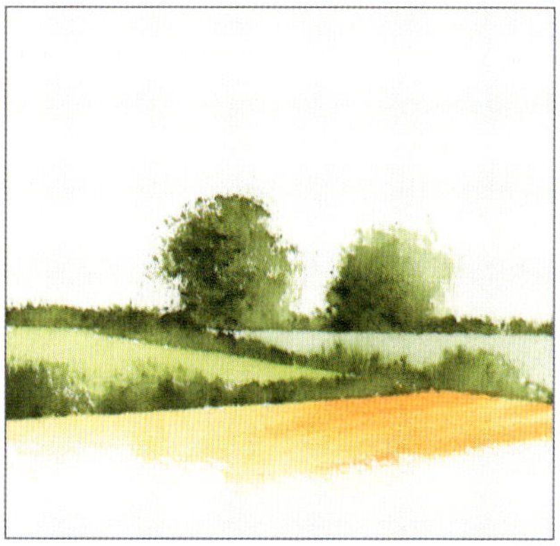

3 Füllen Sie die Felder zwischen den Hecken mit verschiedenen Farben aus. In den Vordergrund sollten die Farben zunehmend wärmer gestaltet werden. So entsteht der Eindruck einer Vielzahl von sich in die Ferne erstreckenden Feldern.

Farbe abnehmen

Da Aquarellfarbe wasserlöslich ist, kann man die Farbe wieder anfeuchten und auf verschiedene Weise entfernen, zum Beispiel mit Küchenpapier oder einem feuchten Pinsel. Beachten Sie, dass manche Farben intensiv färben und sich schwieriger entfernen lassen. Daher sollten Sie das Abnehmen von Farbe auf einem separaten Papier üben.

Mit einem feuchten Pinsel

Lassen Sie das Bild trocknen. Feuchten Sie einen Flachpinsel an und tupfen überschüssiges Wasser auf Küchenpapier ab. Verwenden Sie nun die gerade Kante der Pinselhaare, um einen Stamm und Zweige aus dem gemalten Laubhintergrund herauszunehmen. Anschließend können Sie wie bei dem anderen Baum Schatten hinzufügen.

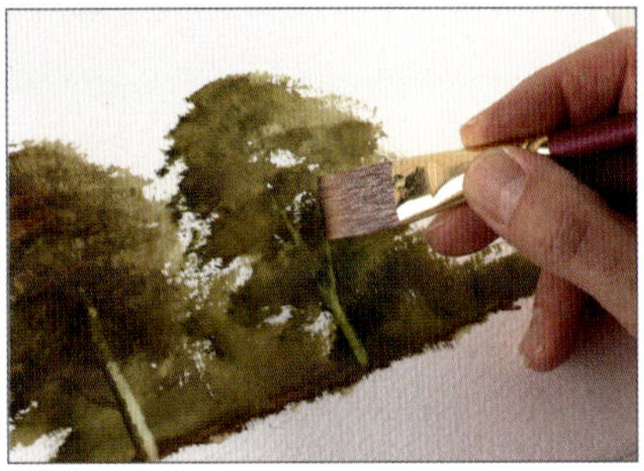

Mit Küchenpapier

Manchmal kann ein Objekt, wie z. B. ein Baum, zu dominant und vordergründig erscheinen. Um diesen Effekt zu reduzieren, lassen Sie den Baumstamm trocknen und feuchten ihn dann mit einem Pinsel und sauberem Wasser an, um die Farbe zu lösen. Nehmen Sie die Farbe mit Küchenpapier von dem nassen Baumstamm ab.

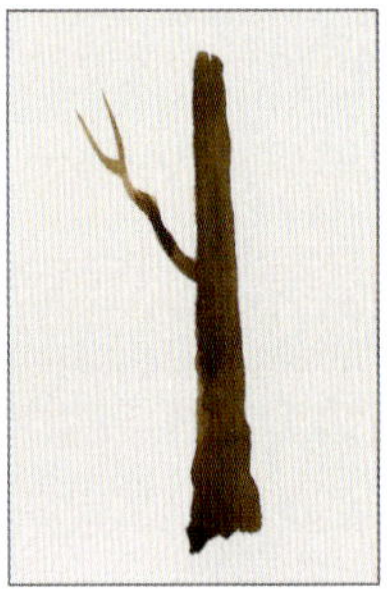

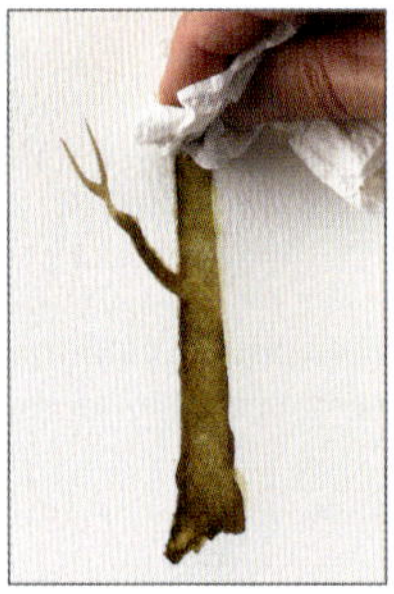

Glanzlichter mit Küchenpapier

Wenn Sie einen Himmel nass in nass malen, können Sie an der Oberseite der Wolken mit zerknülltem Küchenpapier Highlights herausnehmen (siehe Abbildung).

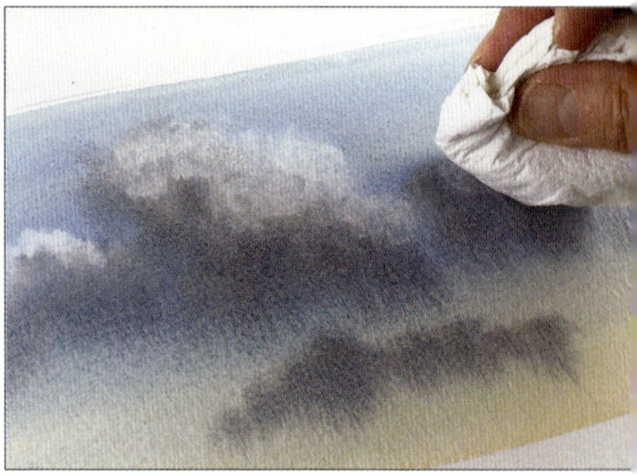

Sonnenuntergänge mit einer Münze in Küchenpapier

Hier habe ich nass in nass einen Himmel bei Sonnenuntergang gemalt. Dann habe ich mit dieser Technik die Sonne herausgetupft.

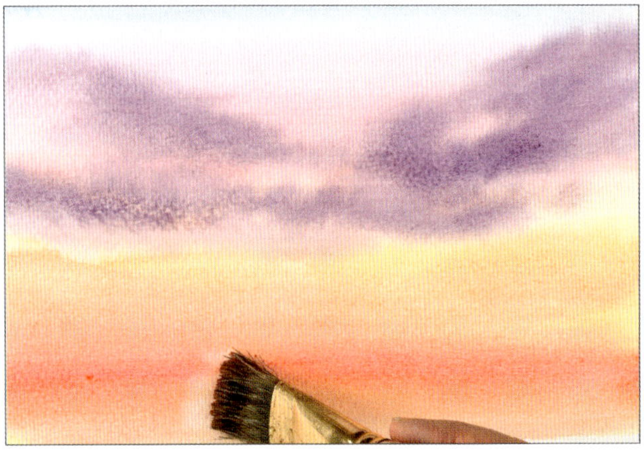

1 Feuchten Sie den Himmelsbereich mit dem Mop-Pinsel aus Fehhaar und sauberem Wasser an. Malen Sie dann Kadmiumgelb mit ein wenig Siena natur in horizontalen Bewegungen über den unteren Teil. Während die Farbe noch nass ist, tragen Sie ober- und unterhalb der gelben Fläche Permanent Rosa auf. Malen Sie im oberen Teil des Himmels mit horizontalen Strichen Kobaltblau auf und vermalen es in das nasse Rosa. Malen Sie mit der Schattenfarbe Wolken in den noch feuchten Hintergrund. Gestalten Sie mit einer Mischung aus Kadmiumgelb und Permanent Rosa in den unteren Bereich des nassen Himmels.

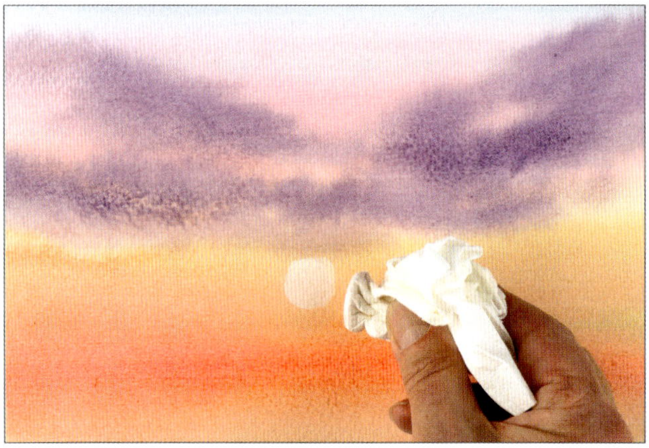

2 Wickeln Sie eine Münze in Küchenpapier und nehmen Sie damit die Farbe ab, sodass ein Kreis für die Sonne entsteht.

Die Vorlage übertragen

Wählen Sie vor jedem Malprojekt die passende Umrisszeichnung in der Mitte oder auf der Rückseite des Buches aus. Das Übertragen der Vorlage ist ganz einfach: Legen Sie ein Blatt Pauspapier mit der Vorderseite nach unten auf das Aquarellpapier. Nehmen Sie dann die Umrisszeichnung aus dem Buch und legen Sie sie mit der Vorderseite nach oben auf das Grafitpapier.

Fixieren Sie nur den oberen Teil der Vorlage mit Klebeband, und ziehen Sie dann mit einem Prägestift die Linien nach. Sie können den Umriss immer wieder verwenden.

Wenn Sie die Umrisszeichnungen lieber nicht aus dem Buch herausnehmen wollen, kopieren Sie die Vorlagen mit Pauspapier, und gehen Sie dann wie eben beschrieben vor, um die Umrisse auf Ihr Aquarellpapier zu übertragen. Ich habe zum Übertragen einen Prägestift verwendet, aber Sie können auch einen Löffelstiel die Hülle eines Kugelschreibers nehmen.

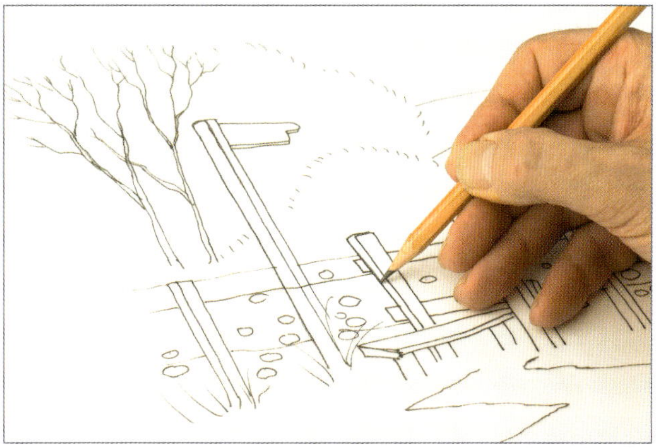

1 Legen Sie das Pauspapier mit der Vorderseite nach unten auf ein Stück Restpapier. Ziehen Sie die Linien auf der Rückseite mit einem 4B- oder 2B-Bleistift nach. Dies ist ein Ausschnitt aus dem Bild Mohnfeld auf Seite 22. Sie können diese Durchzeichnung mehrmals wiederverwenden, ohne die Bleistiftlinien erneut nachzuziehen.

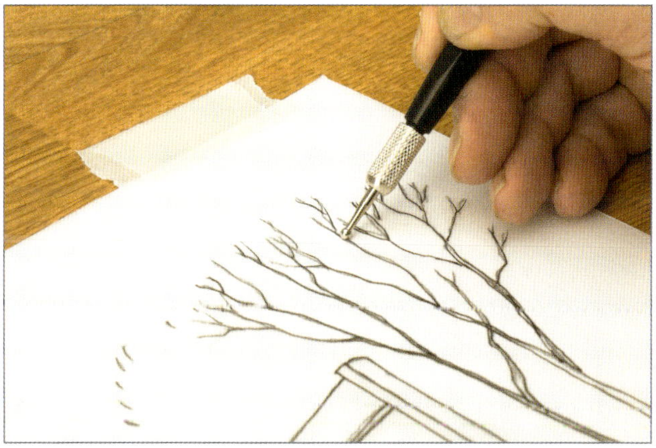

2 Kleben Sie ein Blatt Aquarellpapier auf ein Brett. Legen Sie die Durchzeichnung mit der Vorderseite nach oben darauf und fixieren nur die Oberkante mit Klebeband. Ziehen Sie mit einem Prägestift die Linien nach.

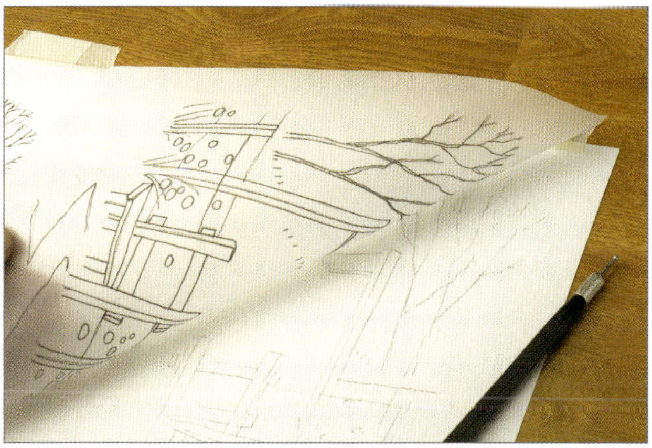

3 Während der Arbeit können Sie die Durchzeichnung etwas anheben, um zu sehen, wie die Linien auf dem Aquarellpapier erscheinen.

Felder

In diesem Abschnitt malen Sie ein Mohnfeld mit einem Zauntritt, eine Szene, in der Sie ein offenes Tor in ein Feld und eine blühende Wiese einlädt. Im ersten Projekt verwenden Sie die auf Seite 17 gezeigte Technik, bei der mit Hilfe eines Abdeckpapiers Hecken gemalt und so ein Patchwork aus Feldern geschaffen wird. Auf diesen beiden Seiten hier finden Sie einige weitere Tipps und Techniken für die nächsten Projekte.

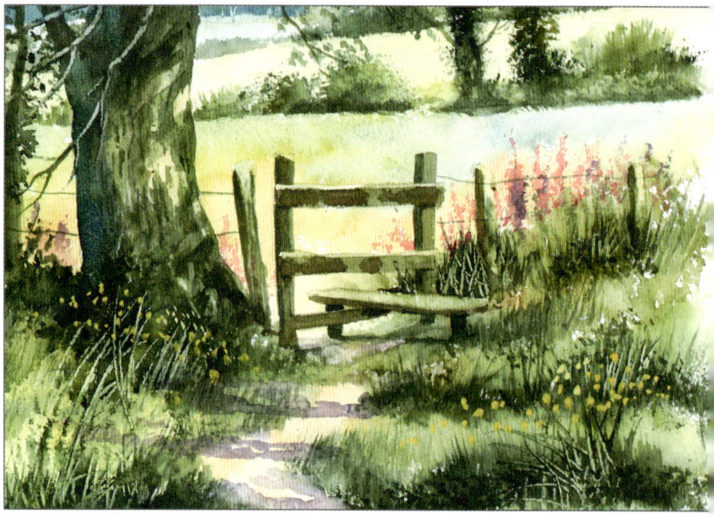

Einen Zauntritt malen

Eines meiner Lieblingsmotive ist ein Zauntritt auf dem Land. Es ist keine komplizierte Konstruktion, und es gibt unendlich viele Varianten. Wenn man einen Zauntritt malt, sollte man bedenken, dass mit seiner Hilfe über einen Zaun klettern kann. Der Grund für den Zaun wiederum ist es, Tiere auf einem Feld zu halten. Vergessen Sie also nicht, den Zaun zu malen!

Mohnblumen nass in nass malen

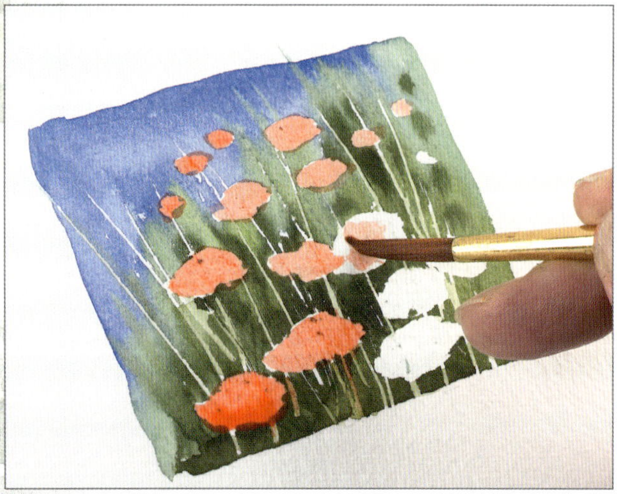

1 Entfernen Sie die getrocknete Maskierflüssigkeit, um die Mohnblumen zu malen. Tupfen Sie stark verdünntes Kadmiumrot in die weißen Flächen.

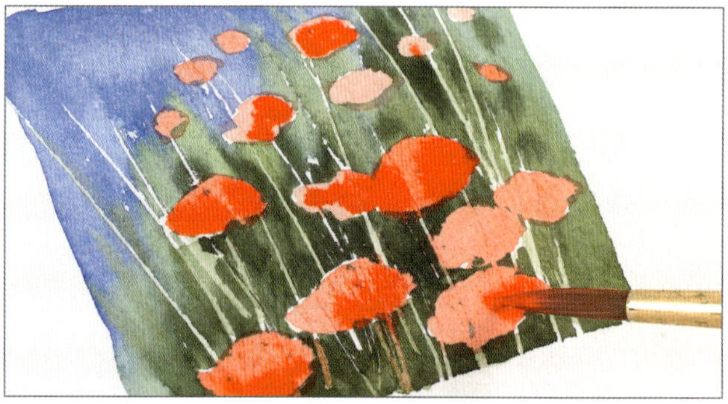

2 Während die Farbe noch nass ist, geben Sie weniger verdünntes Kadmiumrot dazu.

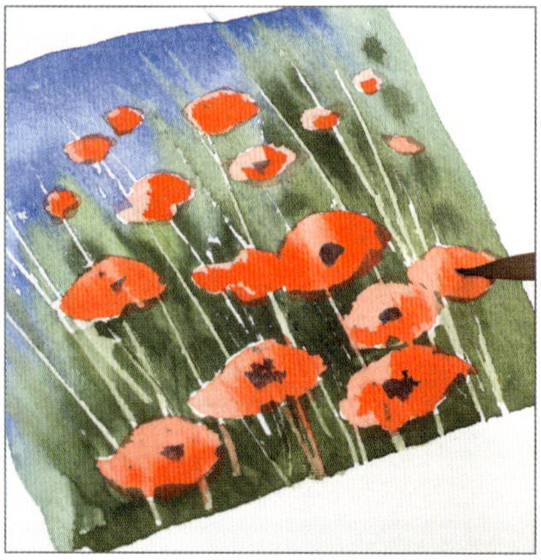

3 Lassen Sie die Mohnblumen trocknen. Malen Sie die Blütenmitten mit einer Schattenfarbe, z. B. einem violetten Grau. Tun Sie das aber nicht bei allen Mohnblumen, denn einige sind in eine andere Richtung geneigt.

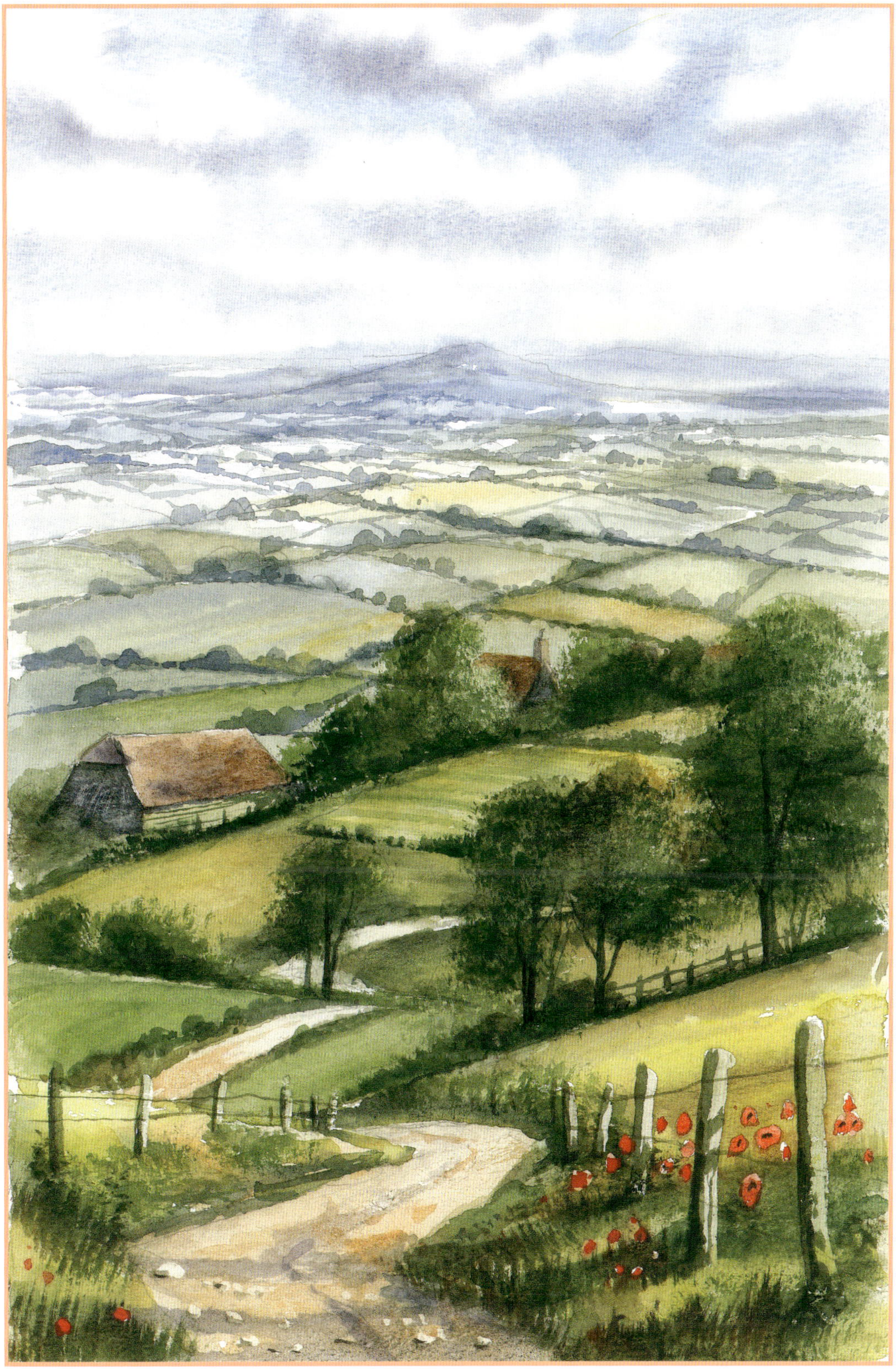

Bildtiefe und Entfernung

In diesem Gemälde habe ich die Felder genutzt, um den Eindruck von Distanz zu erzeugen, indem ich die weiter entfernten Felder klein und blass und eher in bläulichen Tönen gehalten habe. Die Felder im Vordergrund sind viel größer und farbintensiver. Sie sind in einem Winkel angeordnet, sodass ein Zickzackmuster entsteht, das den Blick in die Ferne lenkt. Der Feldweg führt ebenfalls in das Bild hinein. Dabei verschwindet er inmitten der Felder und taucht wieder auf. Die hinzugefügten Gebäude legen den Maßstab im Motiv fest.

Mohnfeld

VORLAGE 1

Dies ist eine typische »Terry Harrison«-Szene, wie ich sie gerne male. Das Motiv ist einfach zu malen, mit einer sanften, hügeligen Landschaft, einem Flickenteppich von Feldern und einem hellen Farbtupfer im Vordergrund. Das Ganze wird von einem meiner Lieblingsmotive umrahmt, einem Fußweg mit Zauntritt und Wegweiser.

MATERIAL

Aquarellpapier, rau, 300 g/m^2

Farben: Ultramarinblau, Umbra, Olivgrün, Hookersgrün, Grüngold, Siena natur, Siena gebrannt, Schatten, Kadmiumrot

Mop-Pinsel aus Fehhaar, kleiner Borstenpinsel, Rundpinsel Nr. 8, Schlepperpinsel, Fächerpinsel, Effektpinsel

Abdeckband

Maskierflüssigkeit, Maskierpinsel und Linierstift

Küchenpapier

Zeitschriftenseite

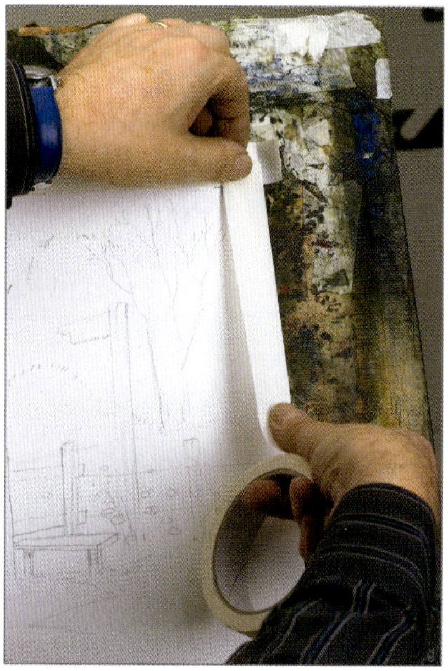

1 Übertragen Sie den Umriss auf Aquarellpapier, und befestigen Sie das Papier mit Klebeband auf Ihrem Malbrett. Kleben Sie die Ränder des Bildes mit schwach klebendem Abdeckband ab. Dadurch entstehen schöne, saubere Ränder.

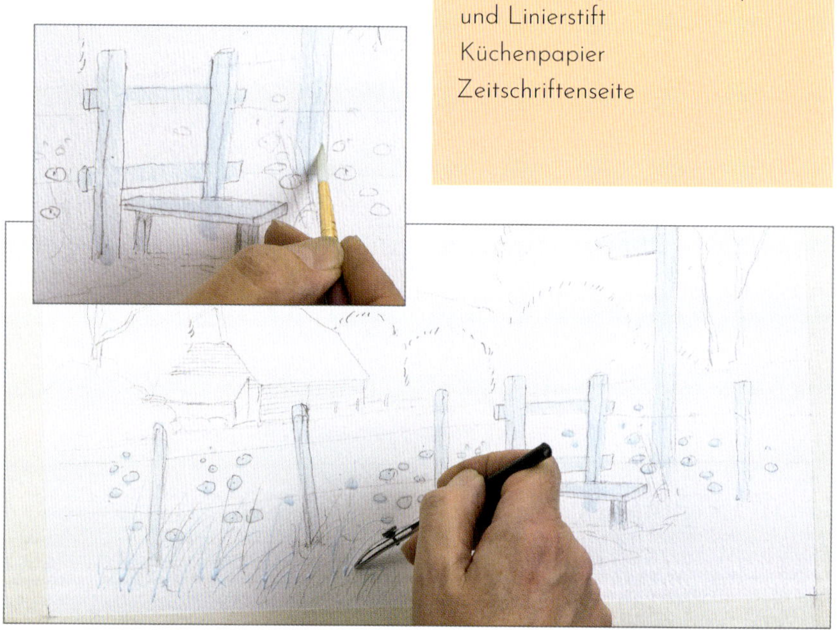

2 Tauchen Sie einen kleinen Nylon-Maskierpinsel in Seife. So lässt sich die Maskierflüssigkeit nach dem Malen leicht entfernen. Übermalen Sie damit alle Holzteile im Bild wie abgebildet. Decken Sie dann auch die Blumen ab. Natürlich können Sie auch mehr Blumen malen als in der Umrisszeichnung vorhanden. Ziehen Sie mit einem in Maskierflüssigkeit getauchten Linierstift die Gräser. Tauchen Sie dafür den Stift etwa 6 mm tief ein und nehmen Sie nicht zu viel Flüssigkeit auf, sonst entstehen Kleckse.

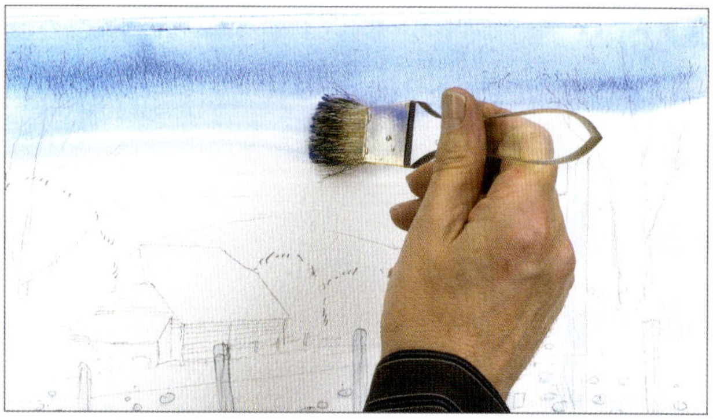

3 Feuchten Sie den Himmel zunächst mit sauberem Wasser an, und tragen Sie mit dem Mop-Pinsel Ultramarin in horizontalen Strichen auf.

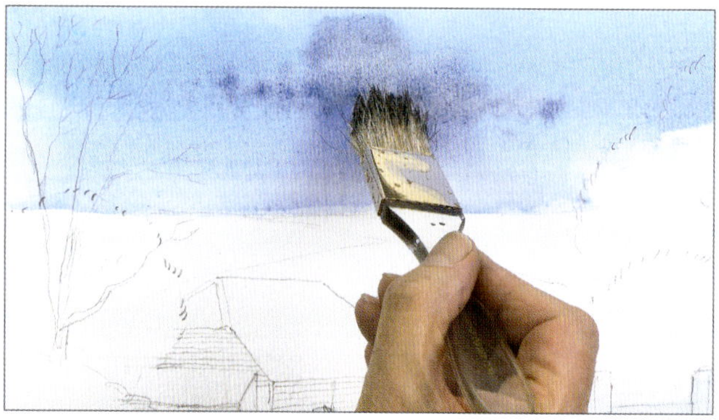

4 Während die Farbe noch nass ist, fügen Sie mit demselben Pinsel und einer Mischung aus Umbra gebrannt und Ultramarin die Wolken hinzu.

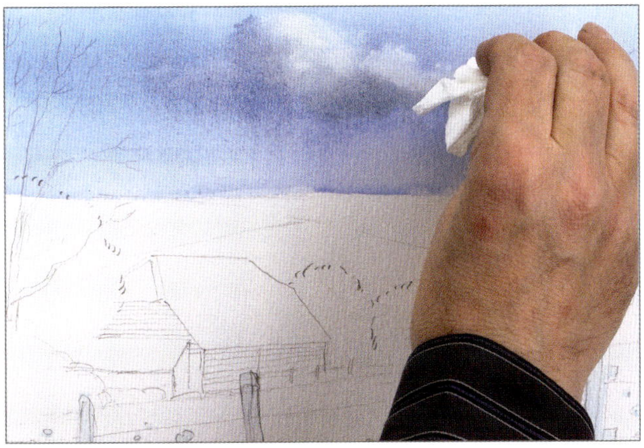

5 Nehmen Sie mit einem Stück Küchenpapier etwas Farbe ab, sodass Lichter in den Wolken entstehen.

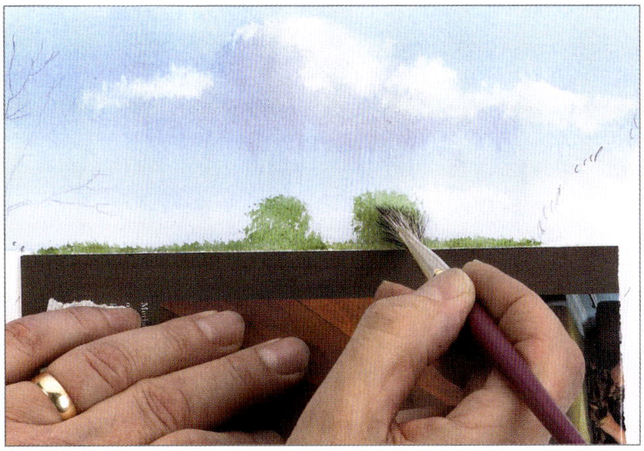

6 Decken Sie einen Bereich entlang des Horizonts mit einer Zeitschriftenseite ab. Tauchen Sie den kleinen Borstenpinsel in stark verdünntes Olivgrün und tupfen Sie wie gezeigt entlang des Abdeckpapier-Randes. Malen Sie Baumformen hinzu.

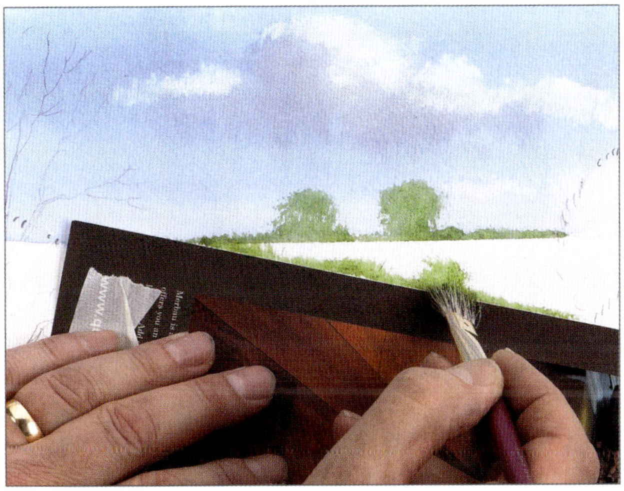

7 Verändern Sie den Winkel der Zeitschriftenseite und malen Sie Hecken.

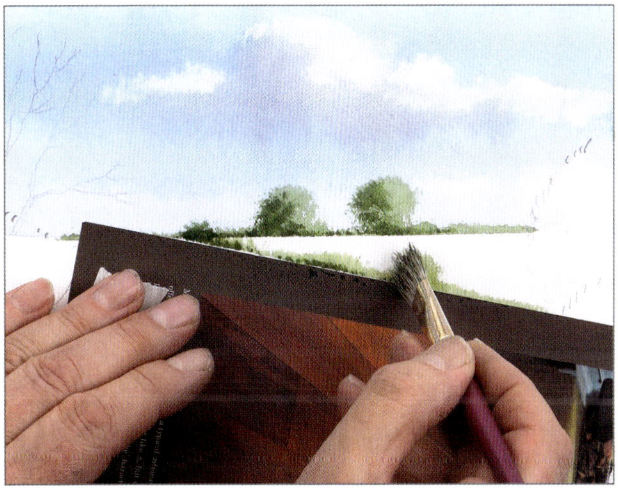

8 Malen Sie nass in nass weiter und fügen den Bäumen und Hecken mit Hookersgrün Schatten hinzu. Lassen Sie das Bild trocknen.

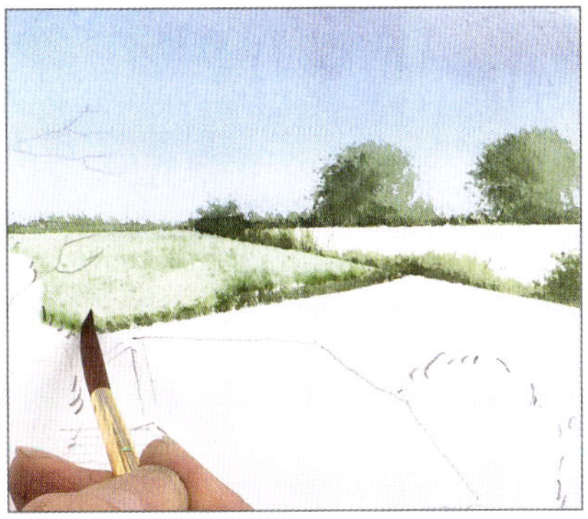

9 Tragen Sie mit dem Pinsel Nr. 8 und Hookersgrün eine sehr zarte Lavur auf, um das erste Feld zu kolorieren.

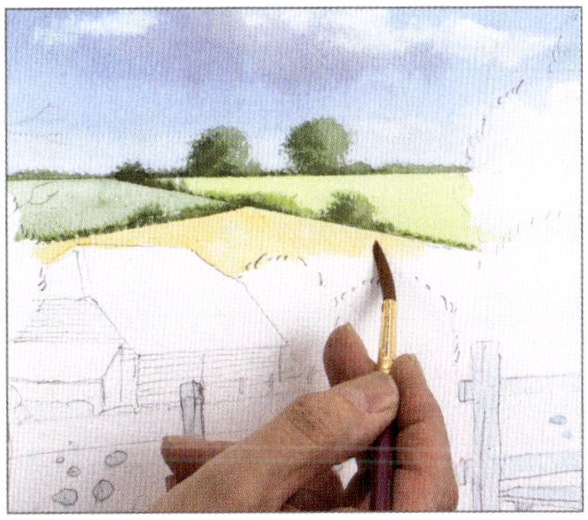

10 Malen Sie das zweite Feld mit einer dünnen Schicht Grüngold und das dritte, im Vordergrund befindliche, mit Siena natur.

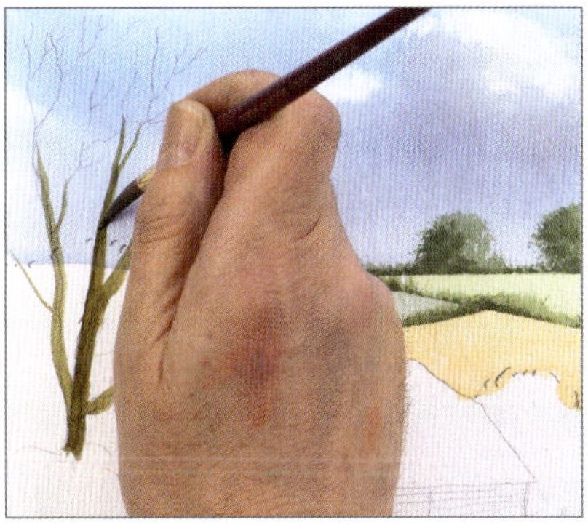

11 Malen Sie mit demselben Pinsel die Bäume mit einer grünlichen Mischung aus Olivgrün und Umbra gebrannt ein. Wenn Sie möchten, können Sie Äste hinzufügen.

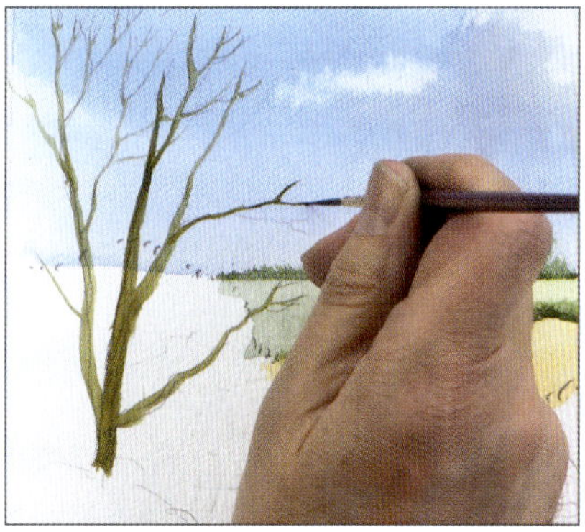

12 Verwenden Sie einen Schlepperpinsel, um die Zweige zu malen.

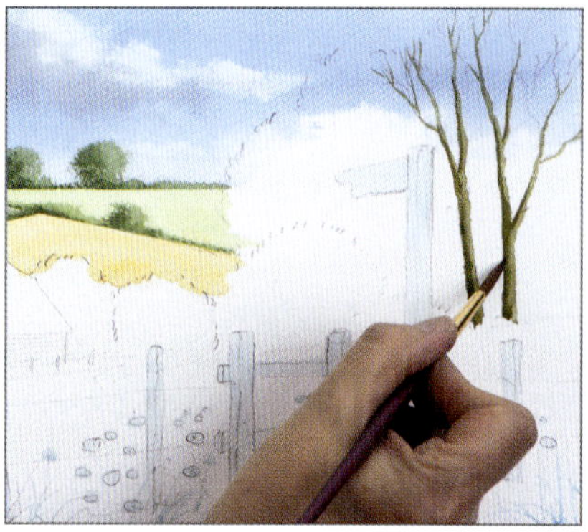

13 Malen Sie auf dieselbe Weise die Bäume rechts. Schattieren Sie jeweils die linke Seite mit einer dunkleren Mischung aus Olivgrün und Umbra gebrannt.

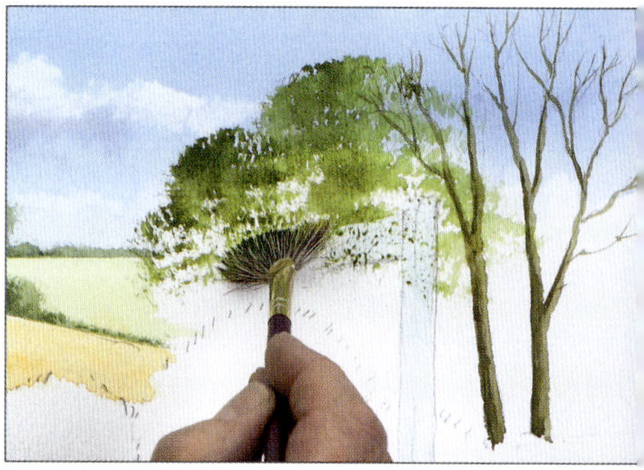

14 Nehmen Sie mit dem Fächerpinsel zwei Farben auf, indem Sie die linke Pinselseite in Olivgrün tauchen und die rechte Seite in Grüngold. Gestalten Sie die Bäume hinter dem Wegweiser mit einer tupfenden Bewegung.

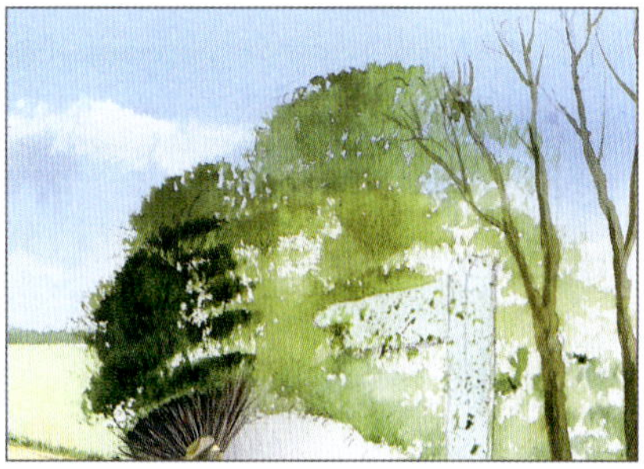

15 Fügen Sie auf der linken Seite der Bäume hinter dem Wegweiser Hookersgrün hinzu.

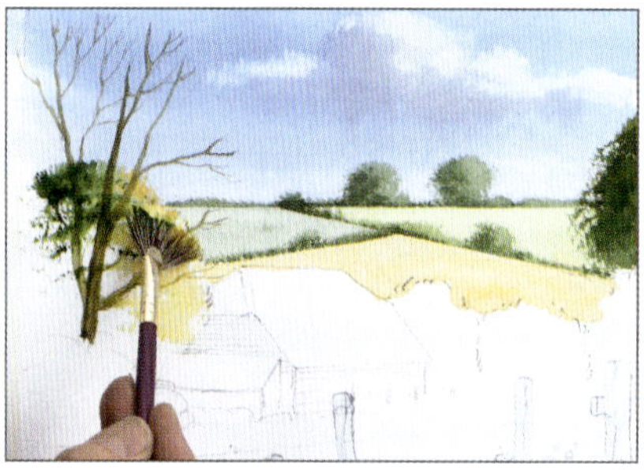

16 Malen Sie weiter mit dem Fächerpinsel und tragen auf der sonnenbeschienenen rechten Seite des links gelegenen Baums Siena natur auf und Hookersgrün auf seiner linken Seite.

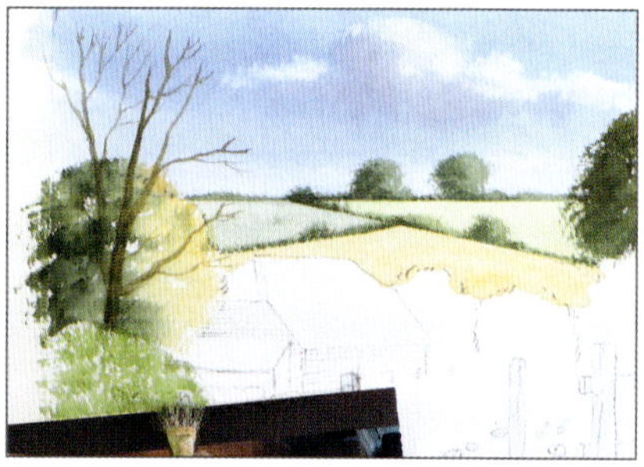

17 Decken Sie das Feld mit einer Zeitschriftenseite ab. Malen Sie mit dem kleinen Borstenpinsel und verdünntem Olivgrün einen Busch vor den linken Baum.

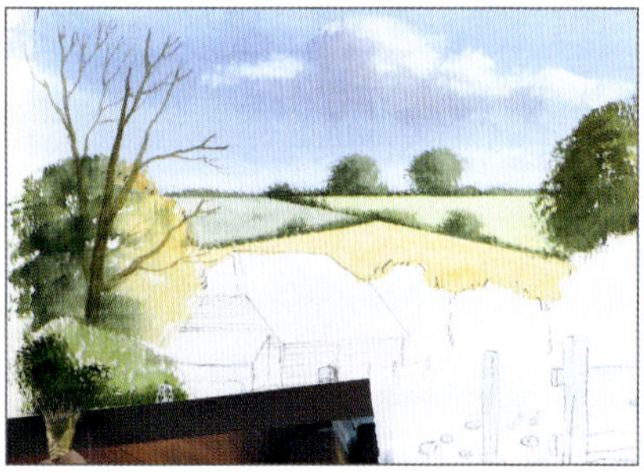

18 Schattieren Sie die linke Seite und die Unterseite des Busches mit intensiverem, weniger verdünnten Olivgrün.

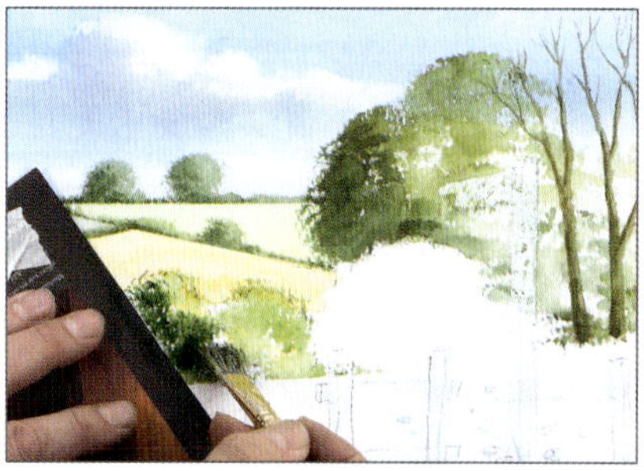

19 Decken Sie das Dach der Scheune mit der Zeitschriftenseite ab. Malen Sie die Büsche auf der rechten Seite wie zuvor beschrieben. Dunkeln Sie die schattierte linke Seite mit Hookersgrün weiter ab.

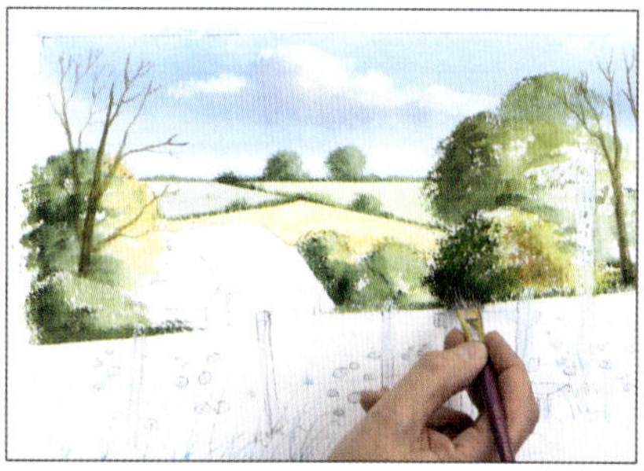

20 Malen Sie mit Grüngold und einem Hauch von Siena gebrannt weitere Büsche auf der rechten Seite und schattieren die linke Seite mit Hookersgrün.

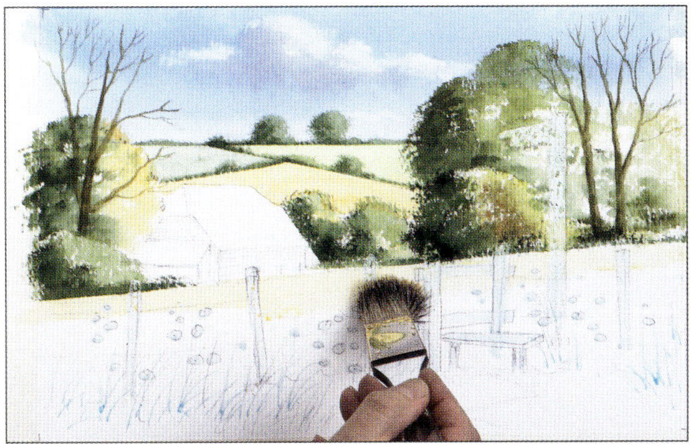

21 Legen Sie den hinteren Teil des Kornfeldes mit dem Mop-Pinsel und einer zarten Lasur aus Siena natur an.

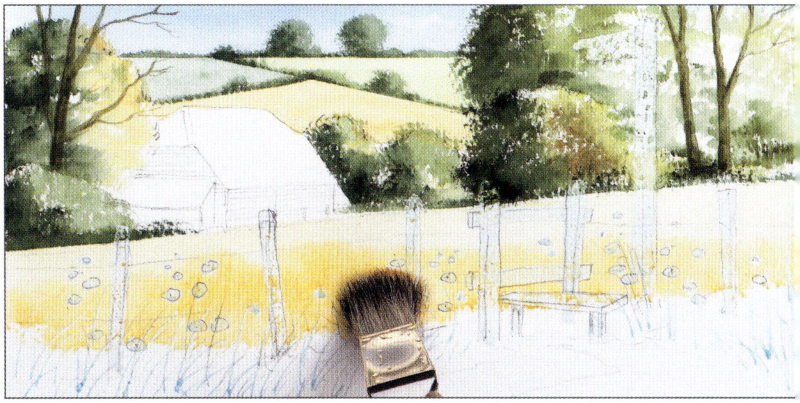

22 Je weiter Sie in den Vordergrund kommen, desto weniger verdünnen Sie die Farbe.

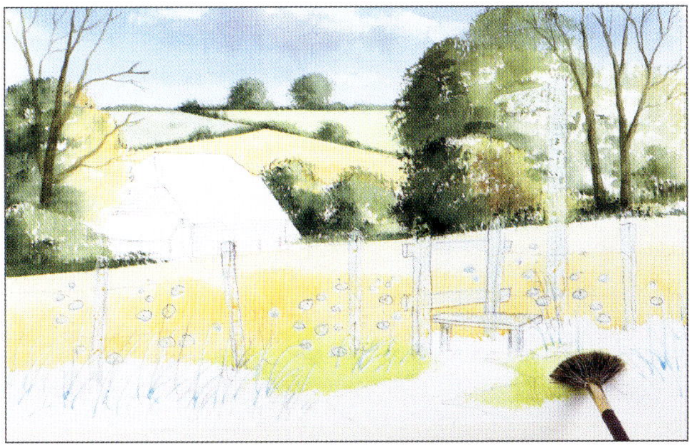

23 Tragen Sie mit dem Fächerpinsel Grüngold entlang der Zaunlinie und auf der anderen Seite des Fußweges auf.

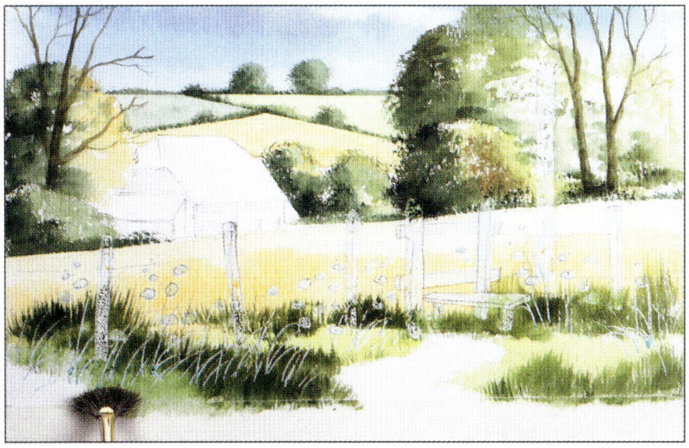

24 Setzen Sie mit demselben Pinsel und Olivgrün die Gräser mit einer Aufwärtsbewegung in den Vordergrund. Verwenden Sie unten links ein helleres Olivgrün.

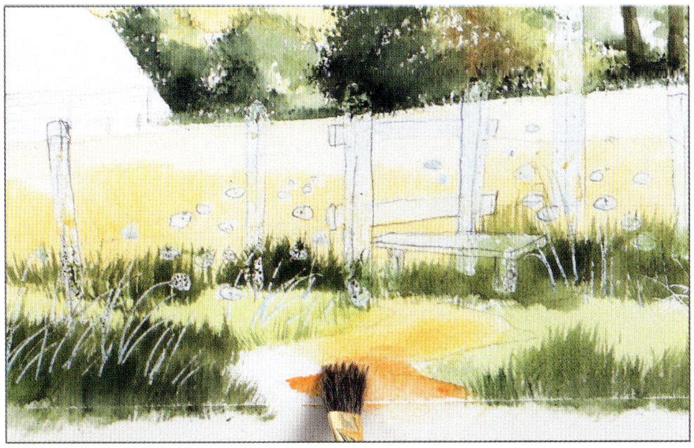

25 Malen Sie den Fußweg mit dem Effektpinsel, weiter hinten mit Siena natur und zum Vordergrund hin mit Siena gebrannt.

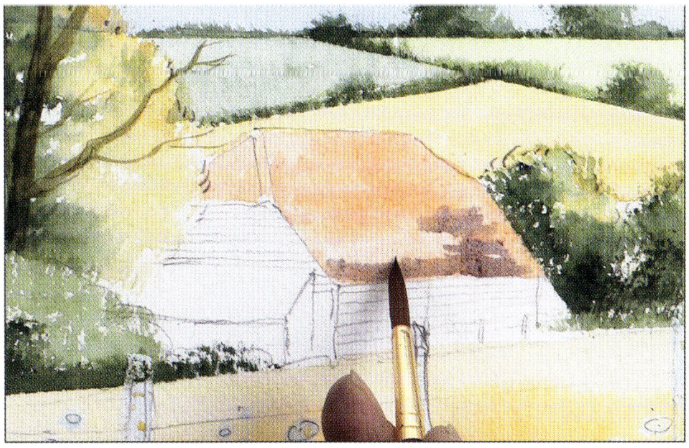

26 Legen Sie das Scheunendach mit dem Pinsel Nr. 8 und einer zarten Lasur von Siena gebrannt an. Deuten Sie die Dachziegel mit nass in nass eingetupfter Schattenfarbe an.

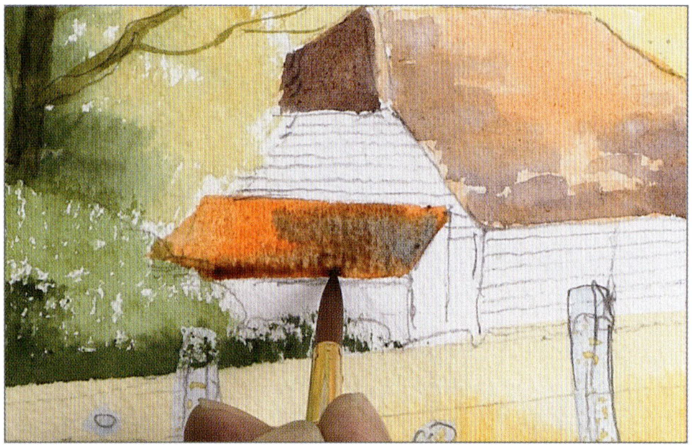

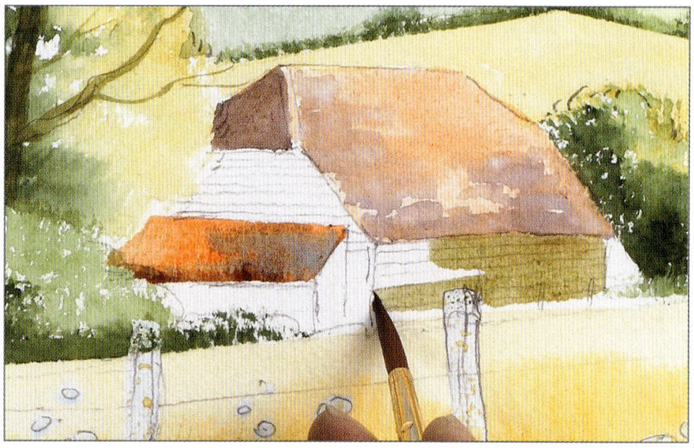

27 Malen Sie eine intensivere Mischung von Siena gebrannt auf das Dach des kleinen Anbaus. Geben Sie nass in nass einen Hauch Ultramarin hinzu. Diese Farbe erzeugt einen interessanten, als Granulierung bezeichneten Struktureffekt.

28 Die Vorderseite der Scheune wird mit einer Mischung aus Umbra gebrannt und Olivgrün gemalt.

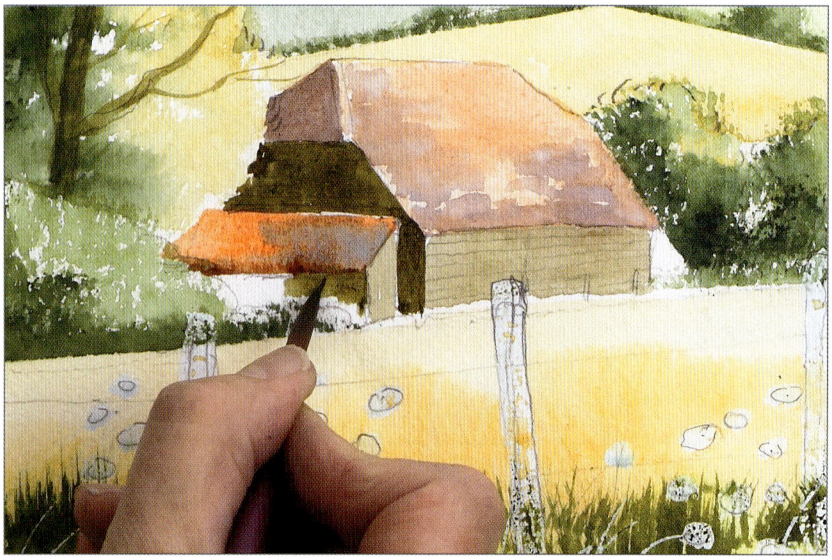

29 Malen Sie die Vorderseite des Anbaus mit einer kräftigeren Mischung derselben Farben. Lassen Sie das Bild trocknen.

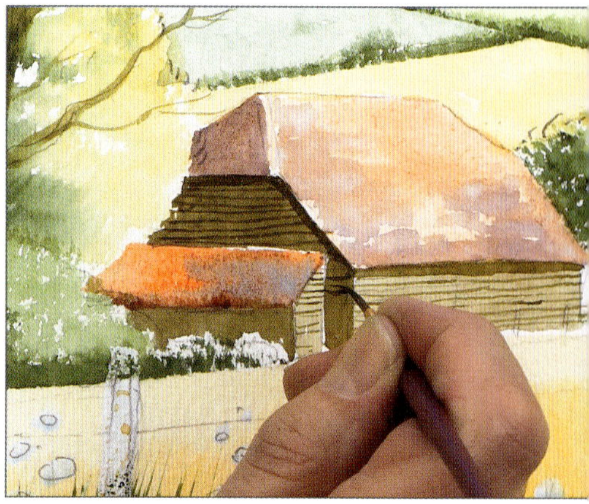

30 Legen Sie den Schatten unter dem Dach mit dem Schlepper und derselben kräftigen Mischung an. Ziehen Sie für die Holzverschalung vorsichtig nass auf trocken gestrichelte Linien. Für die Verschalung auf der Giebelseite verstärken Sie die Mischung.

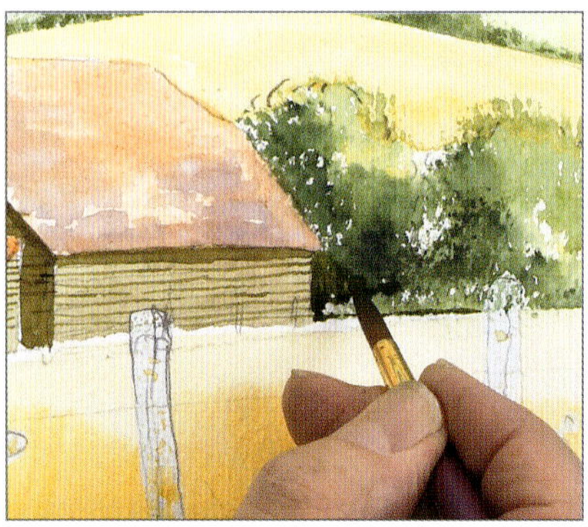

31 Verwenden Sie Hookersgrün, um das weiße Dreieck auszufüllen, das durch das Abkleben entstanden ist.

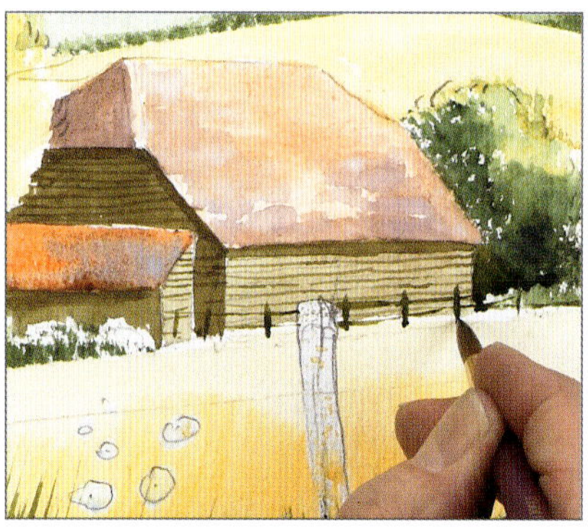

32 Malen Sie mit derselben Farbe den Zaun.

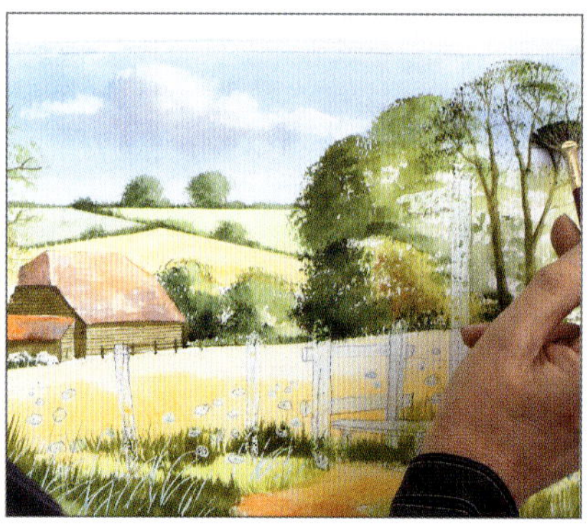

33 Nehmen Sie mit dem Fächerpinsel rechts Grüngold und links Hookersgrün auf. Stricheln Sie behutsam Laub auf die größeren Bäume und lassen dabei einige Stellen frei.

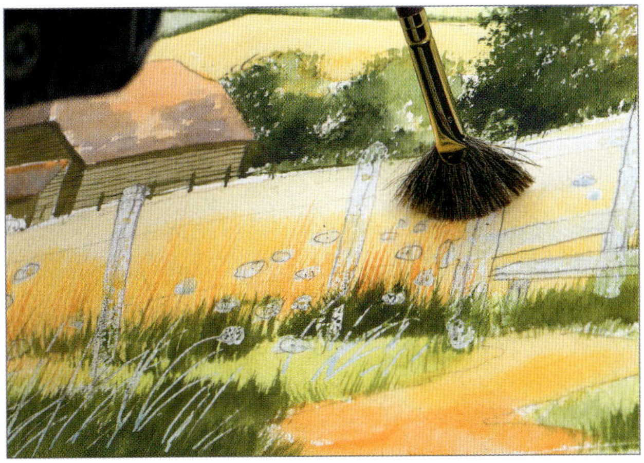

34 Nehmen Sie mit dem Fächerpinsel etwas Siena natur und Siena gebrannt auf und setzen Sie mit einer Aufwärtsbewegung das auf dem Feld stehende Getreide.

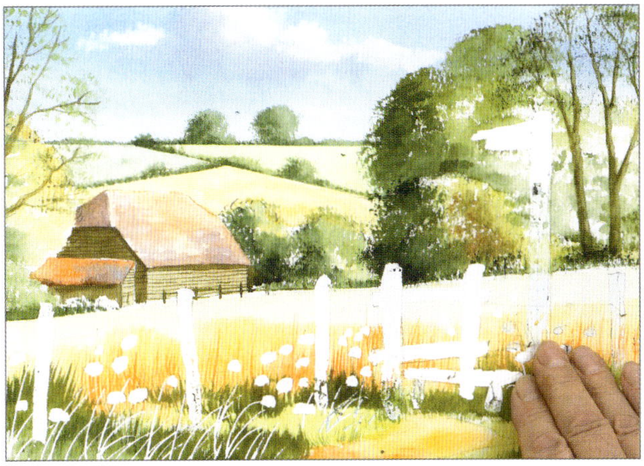

35 Wenn die Farbe trocken ist, entfernen Sie die Maskierflüssigkeit, indem Sie sie mit sauberen Fingern abreiben.

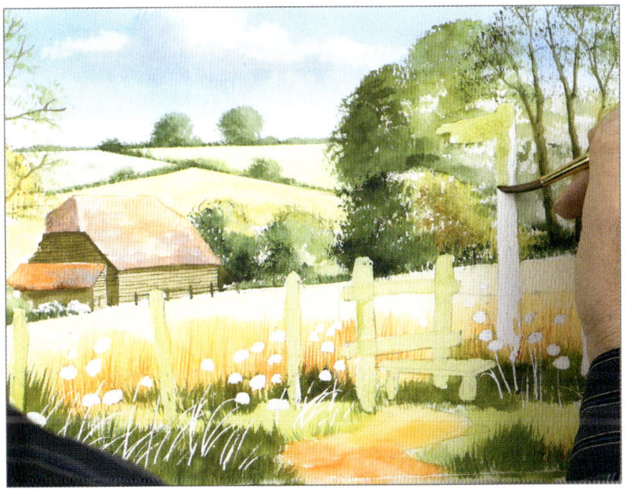

36 Legen Sie mit dem Pinsel Nr. 8 eine dünne Lasur aus Siena natur und Grüngold über alle Holzteile.

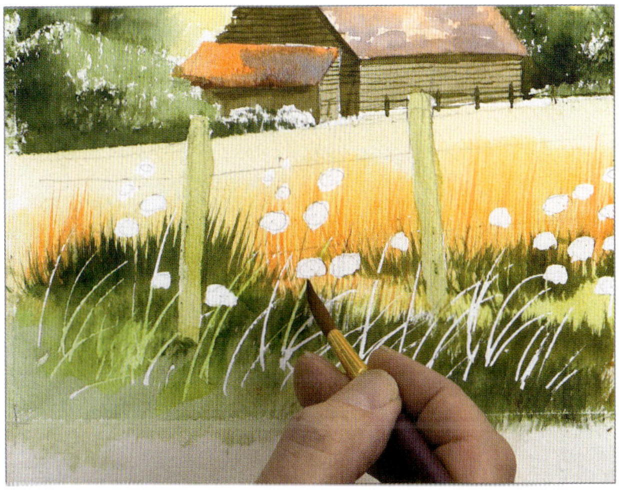

37 Lasieren Sie Grüngold über die Gräser und sparen dabei die Blütenköpfe aus. Lassen Sie das Bild trocknen.

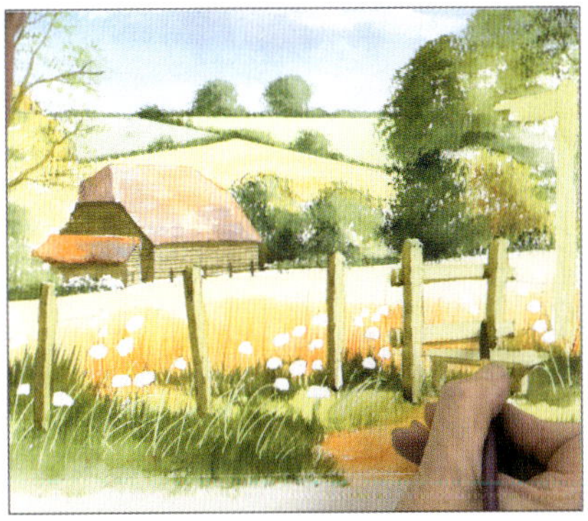

38 Malen Sie mit Olivgrün und Umbra gebrannt die Schattenseiten der Zaunpfähle und Schatten, die die Zaunpfähle auf die horizontalen Streben des Zauntritts werfen.

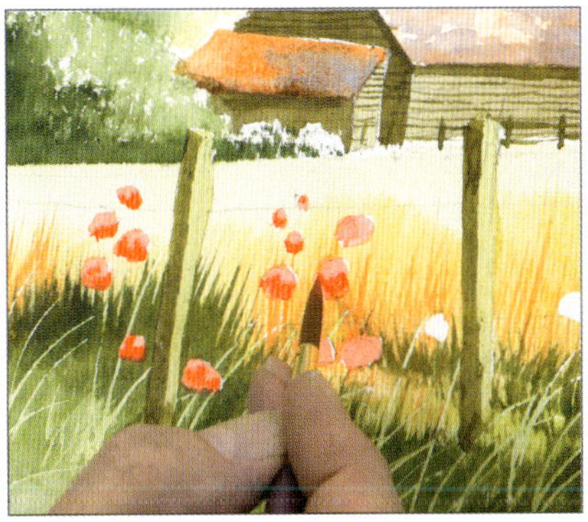

39 Malen Sie die Mohnblumen mit einer verdünnten Lasur aus Kadmiumrot und tropfen dann nass in nass intensiveres Kadmiumrot ein.

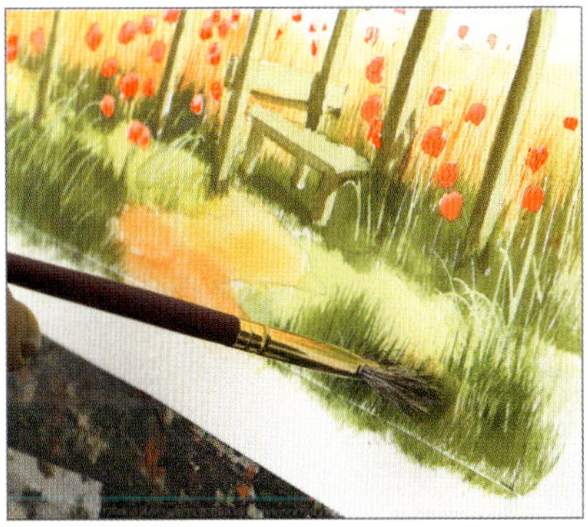

40 Geben Sie den Gräsern mit Hookersgrün und dem Fächerpinsel mehr Textur.

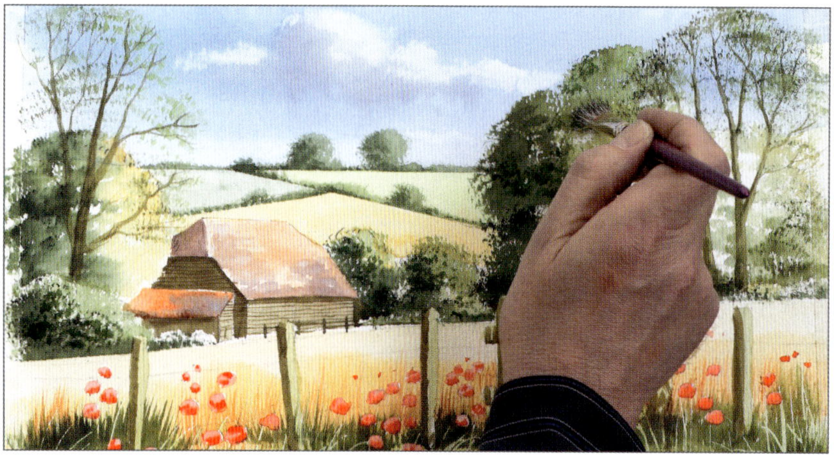

41 Wechseln Sie zum kleinen Borstenpinsel und stricheln mit Hookersgrün das Laub an die Bäume.

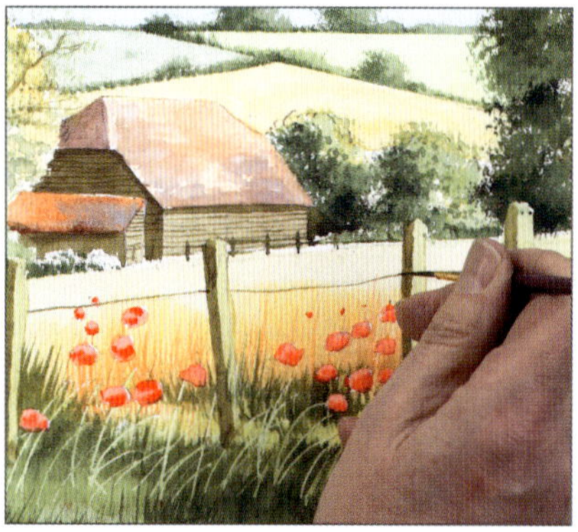

42 Ziehen Sie den Zaundraht mit dem Schlepper und Umbra gebrannt mit einem Hauch von Olivgrün.

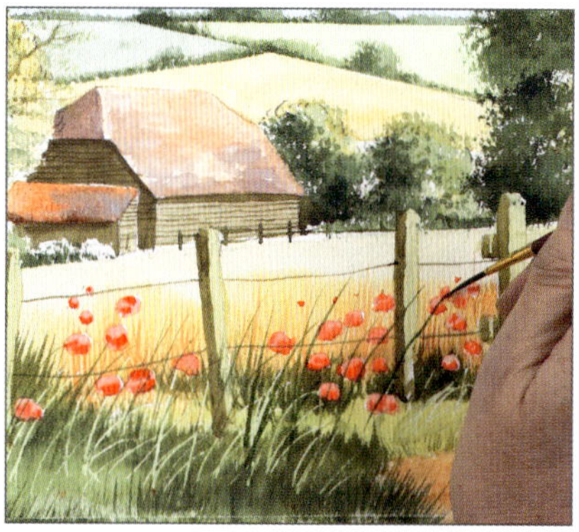

43 Immer noch mit dem Schlepper malen Sie jetzt mit einer Aufwärtsbewegung mit Olivgrün die hohen Gräser zwischen die Mohnblumen.

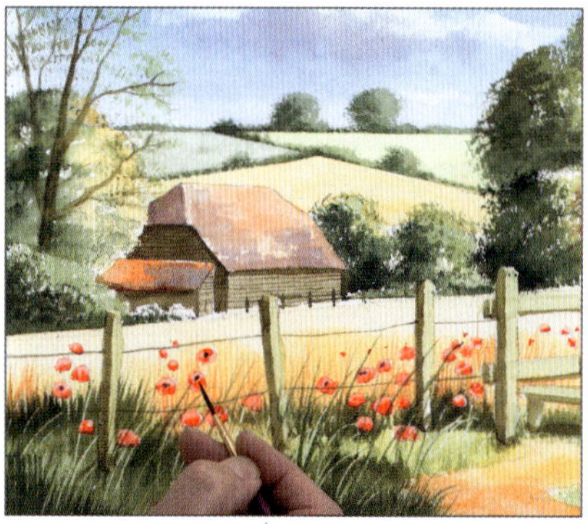

44 Setzen Sie mit der Spitze des Schleppers und der Schattenfarbe die Blütenmitten in die Mohnblumen.

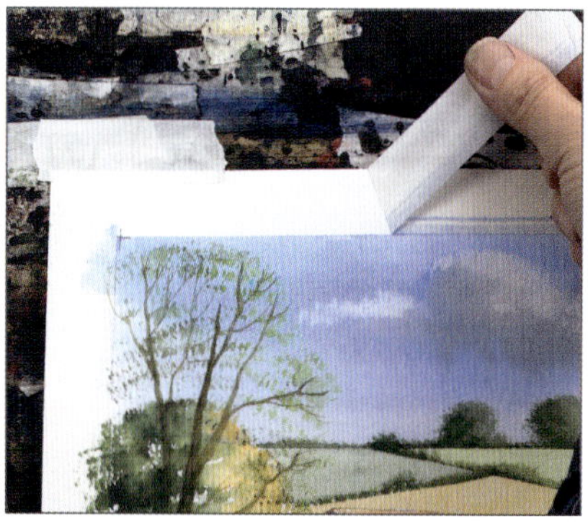

45 Entfernen Sie das Abdeckband, um die Ränder des Bildes freizulegen. Ziehen Sie das Klebeband vorsichtig vom Bild ab.

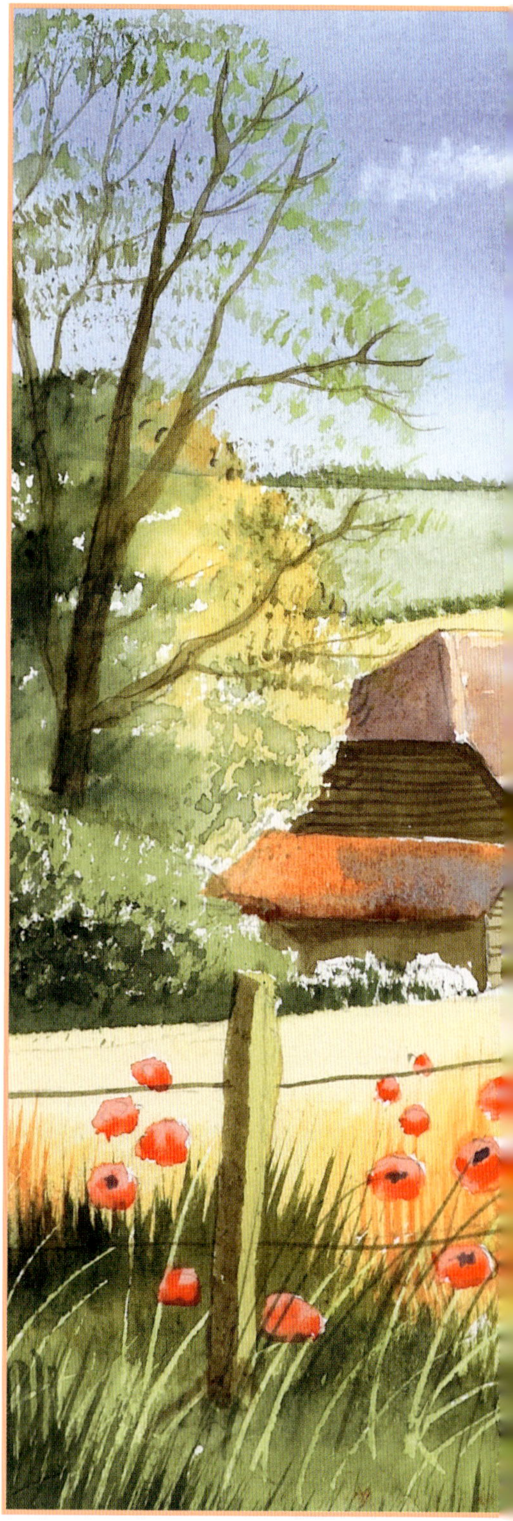

Das fertige Aquarell.

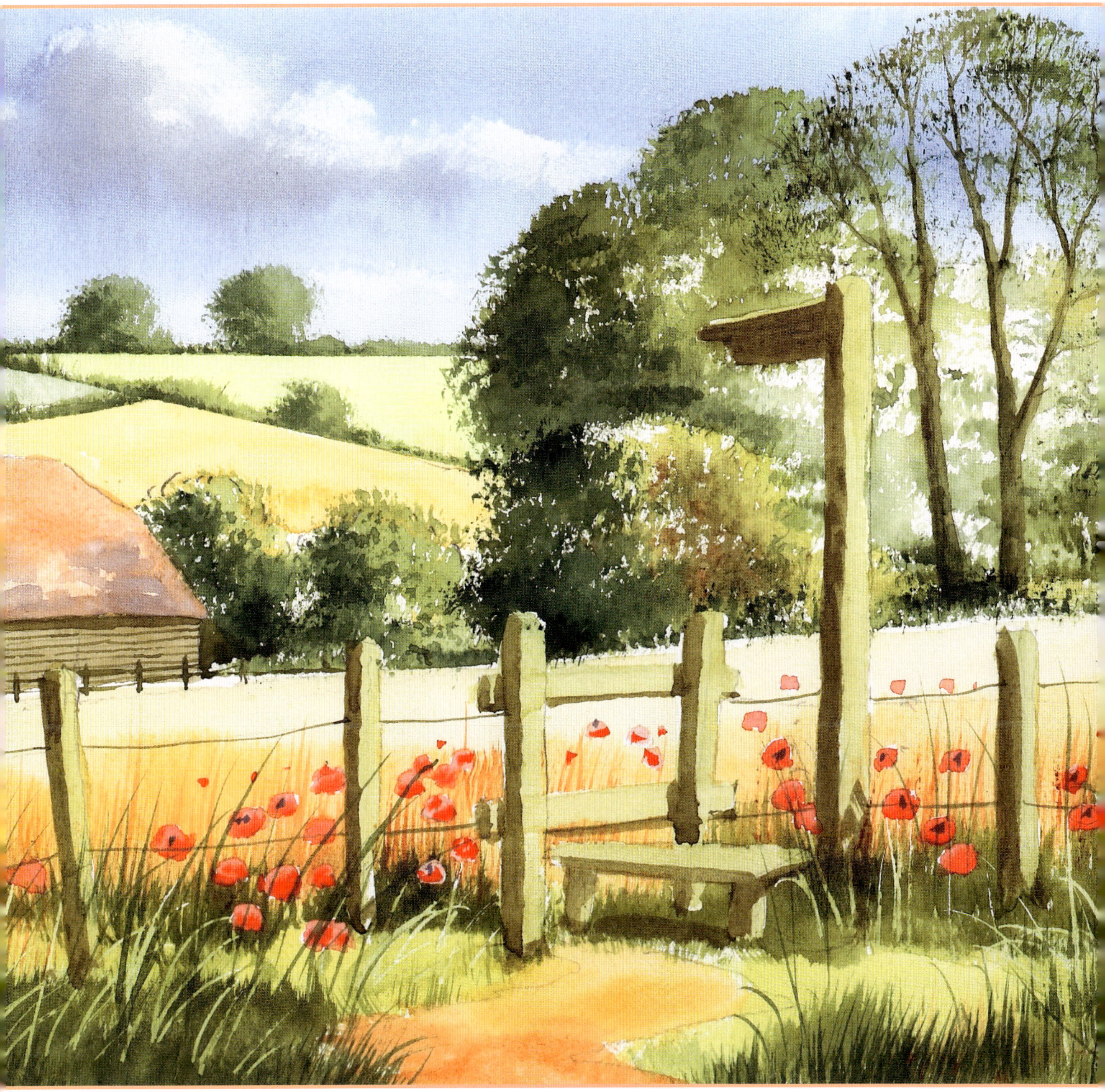

Das offene Tor

VORLAGE 2

Wenn Sie nach einem Motiv suchen, das den Vordergrund ausfüllt und den Betrachter in das Bild hineinführt, ist ein offenes Tor ideal. Ein Zauntritt ist eine weitere Möglichkeit, den Betrachter weiter in ein Bild einzuladen. Bei dieser Sommerlandschaft können Sie die Abdecktechnik für entfernt liegende Bäume und Hecken anwenden. Die Bäume im Mittelgrund rahmen das Bauernhaus ein und werden mit dem Mop-Pinsel aus Fehhaar gemalt. Das Holz des Zauns und des Tores im Vordergrund wird mit Maskierflüssigkeit abgedeckt, und die Vegetation hinter dem Zaun und dem Tor wird sehr dunkel gemalt, sodass beim Entfernen der Maskierflüssigkeit ein starker Kontrast entsteht.

Ein Feldweg in der Mitte des Bildes führt Sie zum Bildschwerpunkt, aber er könnte die Komposition auch in zwei Hälften teilen. Um dies zu vermeiden, legen Sie am unteren Rand des Bildes ein paar Schatten über den Weg, um eine Seite mit der anderen zu verbinden.

MATERIAL

Aquarellpapier, rau, 300 g/m²

Farben: Ultramarinblau, Umbra gebrannt, Siena natur, Siena gebrannt, Schattenfarbe, Hookersgrün, Kobaltblau, Olivgrün, Grüngold, Kadmiumrot

Mop-Pinsel aus Fehhaar, Rundpinsel Nr. 4, 8, 12, kleiner Borstenpinsel, Schlepperpinsel

Maskierflüssigkeit, Maskierpinsel und Linierstift

Abdeckpapier

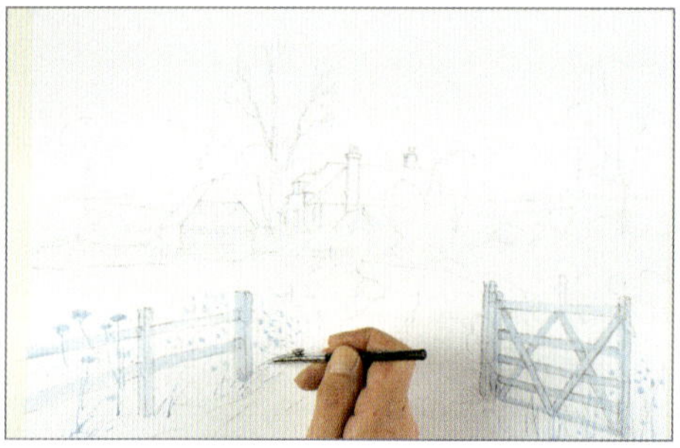

1 Übertragen Sie das Motiv auf Aquarellpapier. Tragen Sie mit einem Pinsel Maskierflüssigkeit auf den Zaun, die Blumenköpfe und das Tor auf. Dann ziehen Sie mit einem Linierstift die Gräser und Halme im Vordergrund.

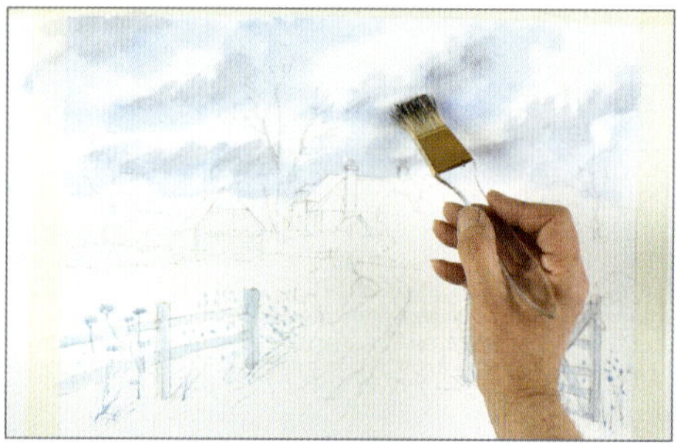

2 Streichen Sie mit dem Mop-Pinsel aus Fehhaar klares Wasser in den Himmelsbereich. Malen Sie dann Ultramarinblau auf und lassen dabei Raum für die Wolken. Während das Bild noch feucht ist, mischen Sie Ultramarin und Umbra gebrannt und malen damit die Wolkenschatten.

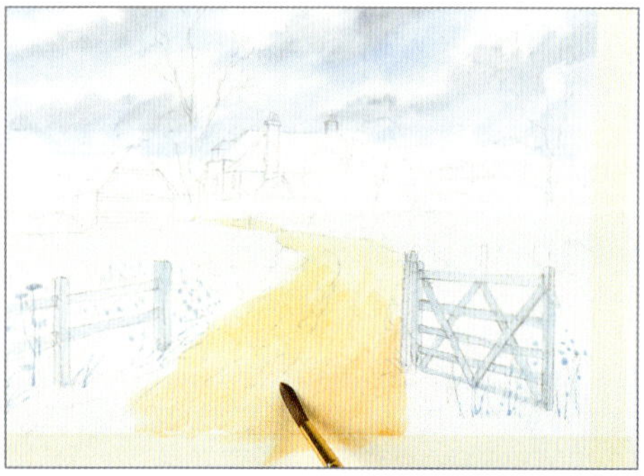

3 Feuchten Sie mit dem Pinsel Nr. 12 den Bereich des Weges mit sauberem Wasser an. Tragen Sie dann vom entfernten Ende her stark verdünntes Siena natur auf und verstärken die Farbkonzentration nach und nach. Geben Sie im Vordergrund Siena gebrannt und Siena natur hinzu.

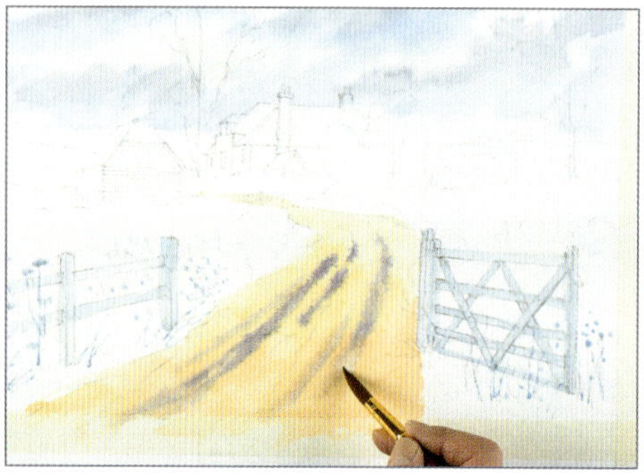

4 Arbeiten Sie weiter nass in nass und zeichnen mit der Schattenfarbe die Furchen in den Feldweg. Trocknen lassen.

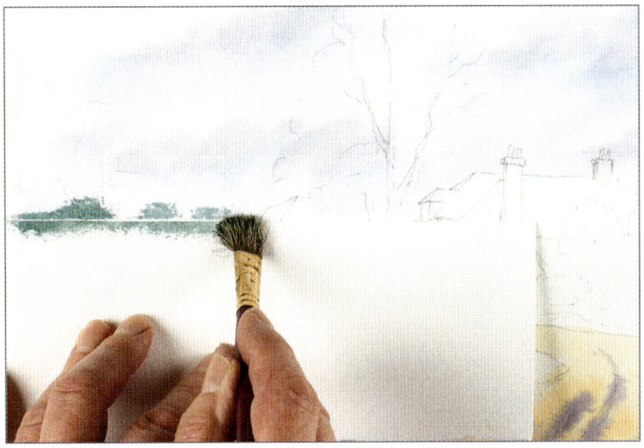

5 Erstellen Sie eine verdünnte Mischung aus Hookersgrün und Kobaltblau. Legen Sie am Horizont ein Abdeckpapier auf, und tupfen Sie mit dem kleinen Borstenpinsel am Rand entlang, um Bäume anzudeuten.

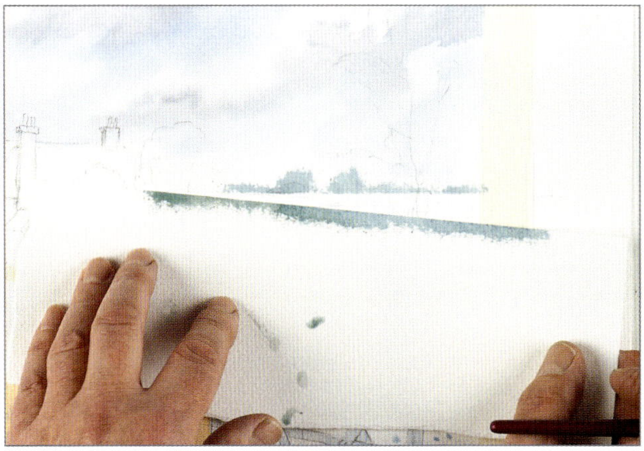

6 Malen Sie den rechten Teil des Horizonts auf dieselbe Weise. Verschieben Sie dann das Abdeckpapier in einem Winkel, um nach vorn hin die an die Felder grenzenden Hecken aufzutupfen.

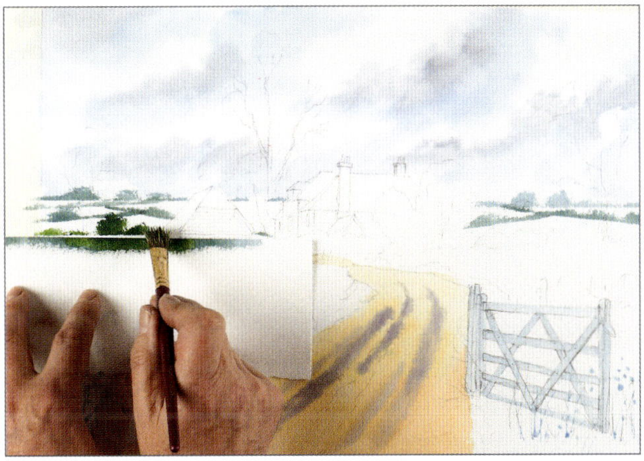

7 Verändern Sie den Winkel des Abdeckpapiers immer wieder. Lassen Sie die Farbmischung aus Olivgrün und Kobaltblau in den Vordergrund hin immer intensiver werden.

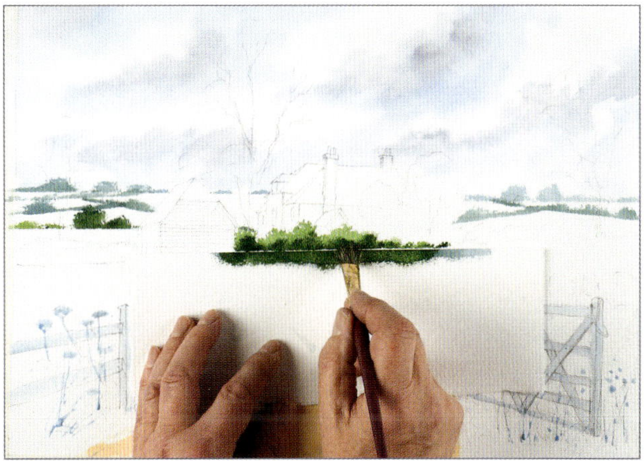

8 Stricheln Sie die Hecke vor dem Haus mit einer hellen Mischung aus Olivgrün und Kobaltblau. Während dieser Auftrag noch nass ist, stricheln Sie mit Hookersgrün eine dunklere Farbe an die Unterseite der Hecke. Setzen Sie diese Hecke auf dieselbe Weise nach links und rechts fort.

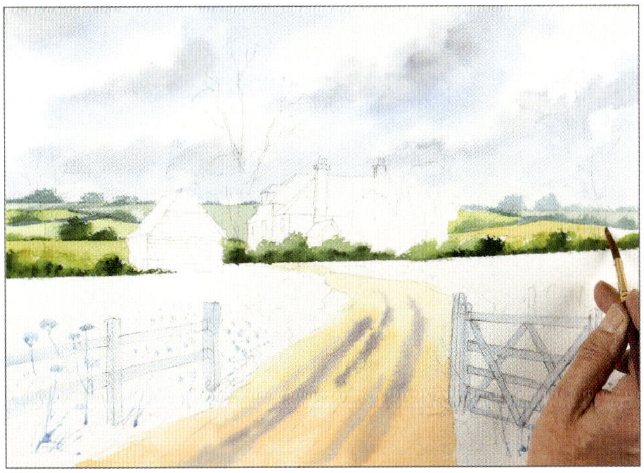

9 Legen Sie die Felder mit dem Pinsel Nr. 8 und verschiedenen Farben an. Beginnen Sie dabei in der Ferne mit hellem Hookersgrün und verwenden nach vorn hin Grüngold und dann Siena natur.

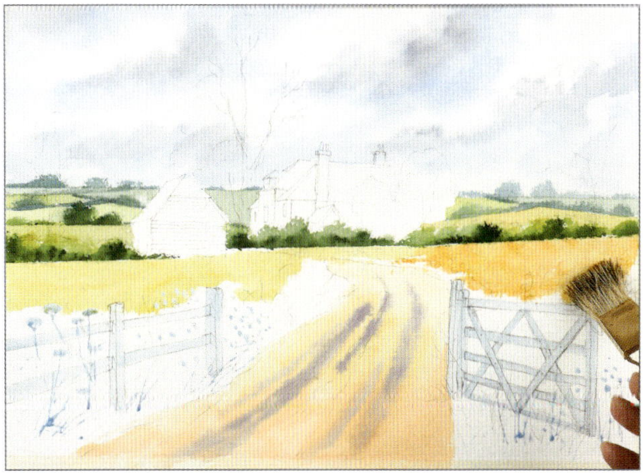

10 Legen Sie mit dem Mop-Pinsel und einer Mischung aus Siena natur und Grüngold das Feld im Mittelgrund an. Fügen Sie auf der rechten Seite Siena gebrannt hinzu.

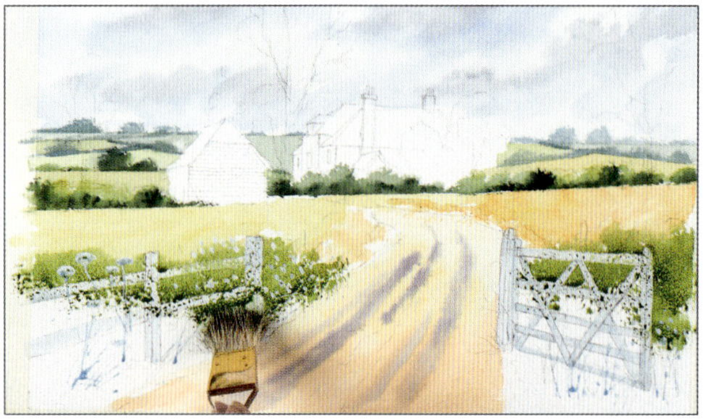

11 Mischen Sie Olivgrün und Grüngold und malen Sie damit über den abgeklebten Tor- und Zaunbereich.

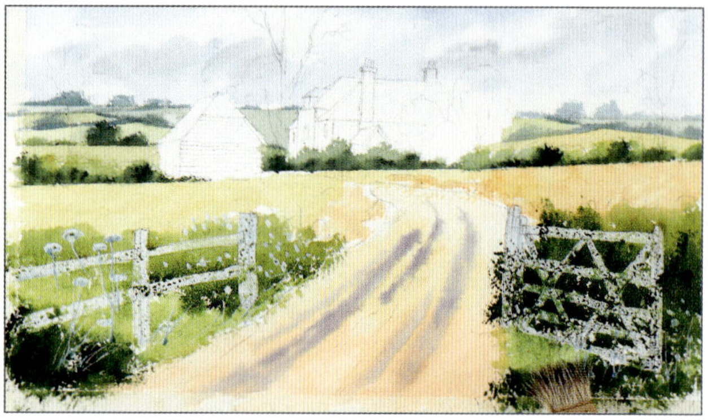

12 Tragen Sie nach vorn hin Hookersgrün auf. Lassen Sie dabei auf beiden Seiten Lücken und füllen diese dann mit Grüngold, um einen Fleck Sonnenlicht anzudeuten.

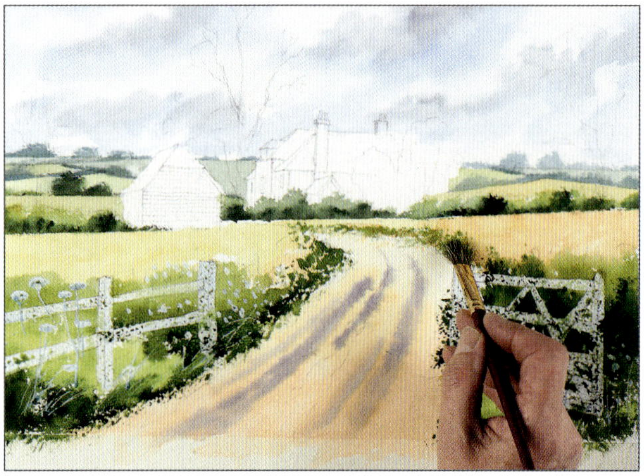

13 Stricheln Sie mit Hookersgrün am Wegrand entlang in die Ferne. Wechseln Sie zum kleinen Borstenpinsel und tupfen Sie Olivgrün entlang des rechten Wegrandes.

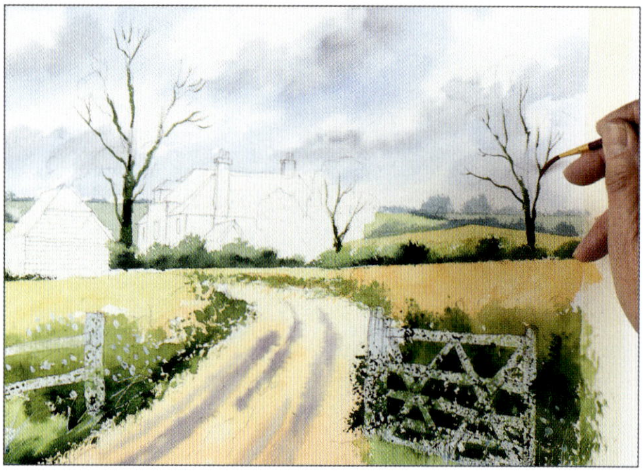

14 Malen Sie mit dem Schlepper und Hookersgrün die Stämme und Äste der Bäume.

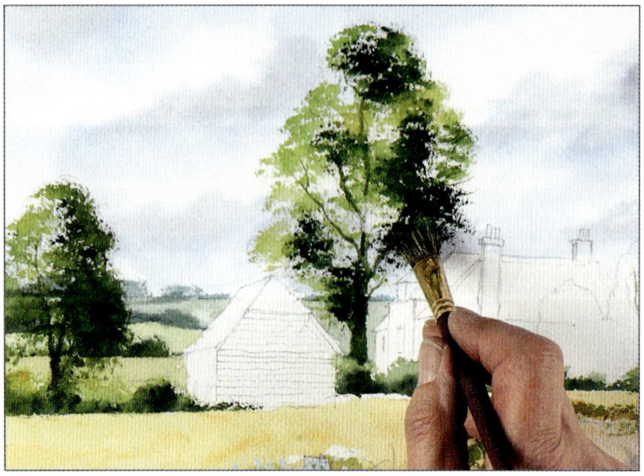

15 Stricheln Sie mit dem kleinen Borstenpinsel das Laub an die Bäume. Beginnen Sie mit Grüngold und fügen Sie für die im Schatten liegenden Bereiche rechts Hookersgrün hinzu.

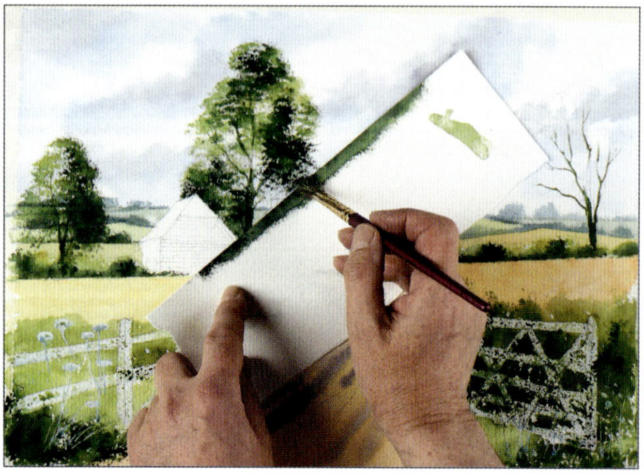

16 Legen Sie ein Abdeckpapier über den Rand des Scheunendachs und tupfen Sie darüber. Gehen Sie dann beim Dach des Hauses ebenso vor. Versäubern Sie die Kanten mit dem Pinsel Nr. 4.

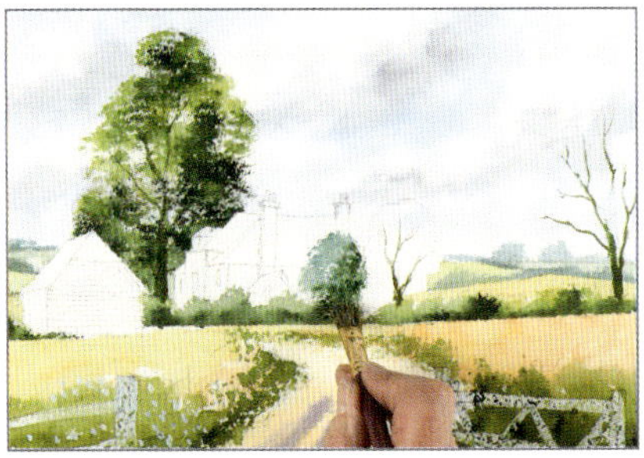

17 Mischen Sie aus Kobaltblau und Grüngold ein Blaugrün und malen damit einen Baum vor das Haus. Fügen Sie auf der rechten Seite Hookersgrün hinzu.

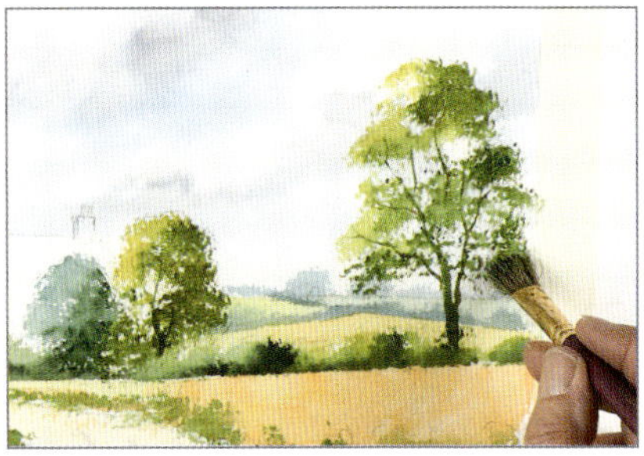

18 Stricheln Sie das Laub der Bäume rechts im Bild mit Siena natur und Grüngold auf der sonnenbeschienenen linken Seite, dann mit Hookersgrün und Siena gebrannt auf der rechten Seite.

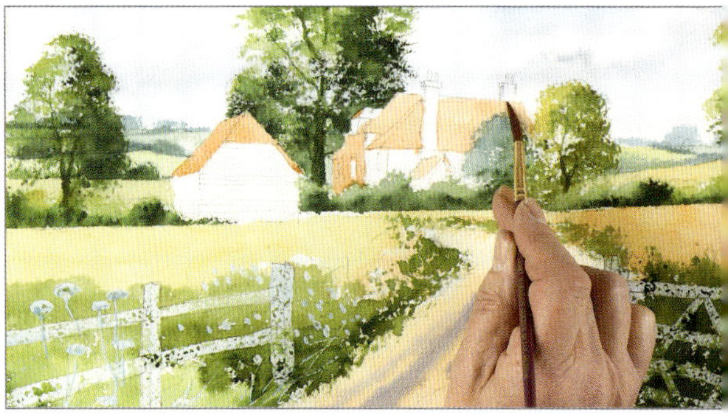

19 Verdünnen Sie Siena gebrannt und legen damit und dem Pinsel Nr. 8 die Dächer an.

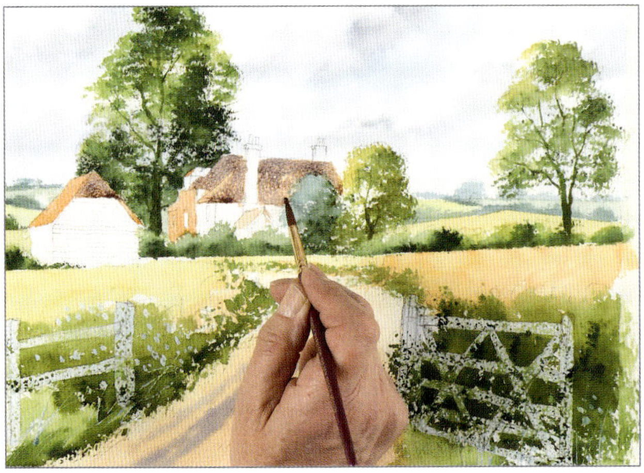

20 Während diese Lasur noch feucht ist, tropfen Sie die Schattenfarbe ein. Dadurch werden die Dächer abgedunkelt und erhalten Textur.

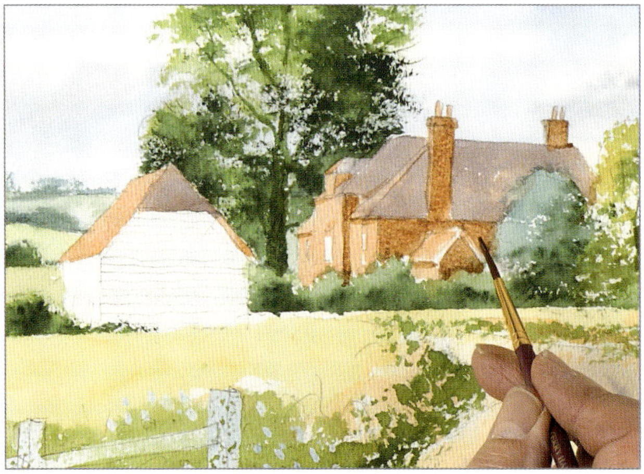

21 Malen Sie mit dem Pinsel Nr. 4 und intensiverem Siena gebrannt die im Schatten liegenden Teile des Hauses.

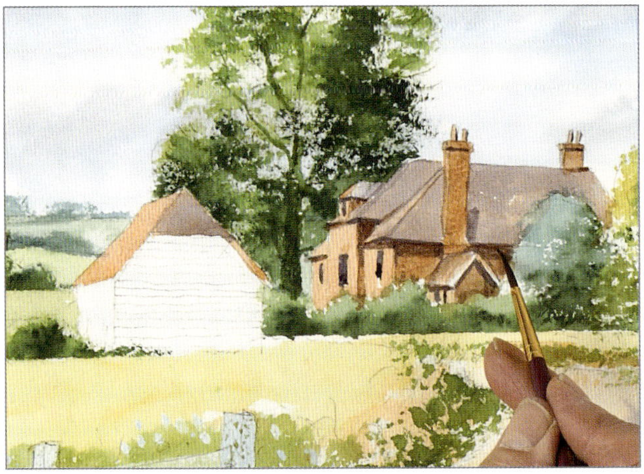

22 Erstellen Sie eine dunkle Mischung aus Ultramarin und Umbra gebrannt, und malen Sie die Fenster und andere architektonische Details des Hauses.

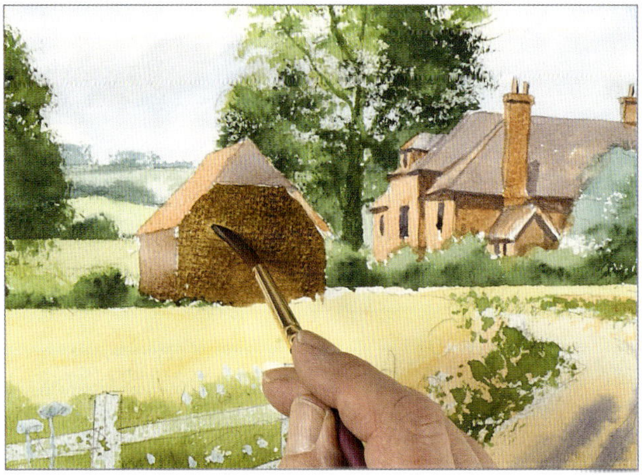

23 Legen Sie die sonnenbeschienene Seite der Scheune mit einer hellen Lasur aus Umbra gebrannt und dem Pinsel Nr. 8 an. Malen Sie die Vorderseite mit derselben Lasur und tropfen eine Mischung aus Umbra gebrannt und Olivgrün hinein, während die erste Schicht noch nass ist. Trocknen lassen.

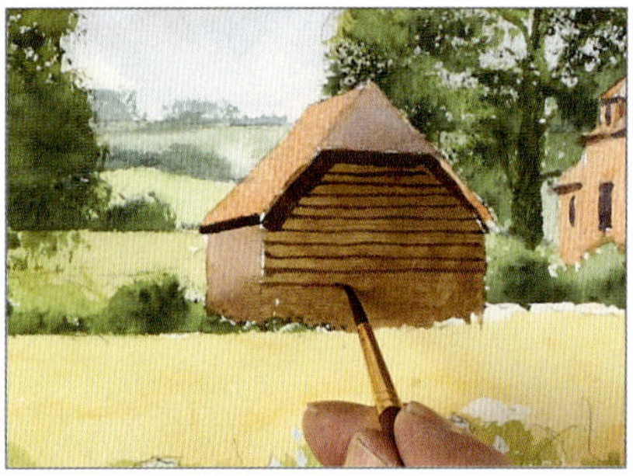

24 Verwenden Sie den Pinsel Nr. 4 und eine Mischung aus Ultramarin und Umbra gebrannt, um nass auf trocken den Schatten unter dem Dachvorsprung und die Holzverschalung zu malen.

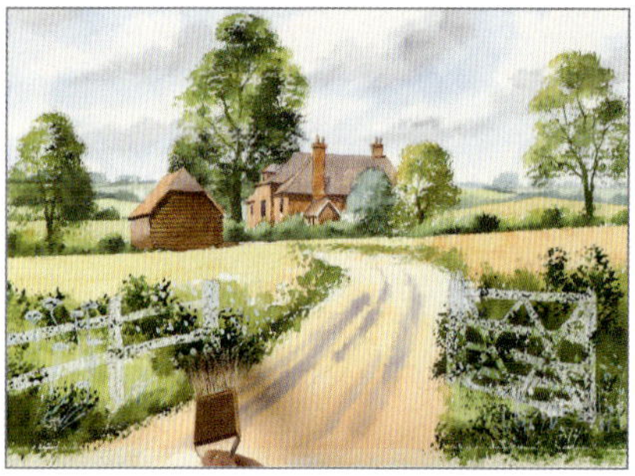

25 Wechseln Sie zum Mop-Pinsel, und tupfen Sie mit Hookersgrün Pflanzen über das abgedeckte Tor und den Zaun.

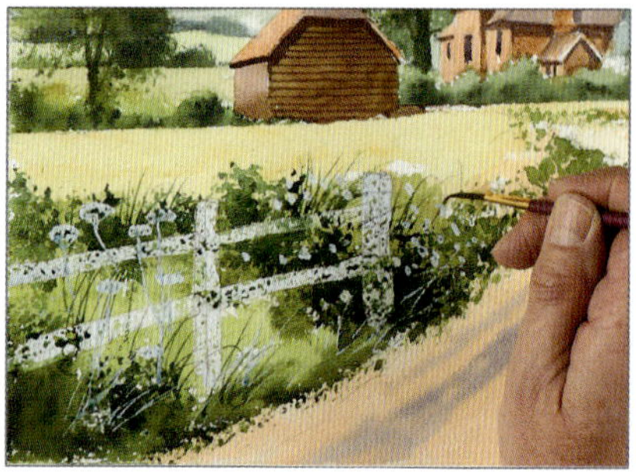

26 Malen Sie mit dem Schlepper und Hookersgrün die Gräser im Vordergrund.

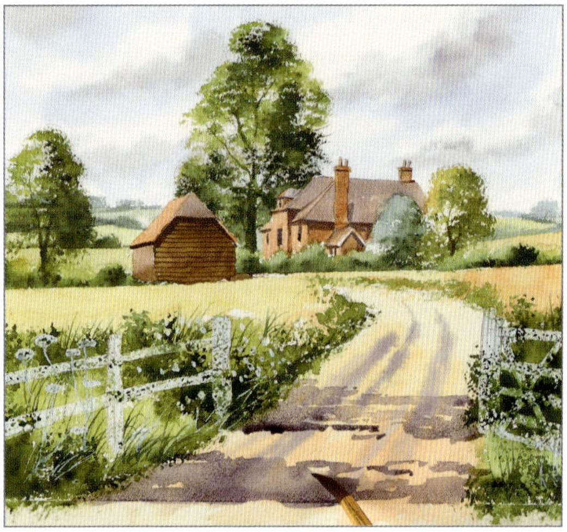

27 Verwenden Sie den Pinsel Nr. 12 und die Schattenfarbe, um Schatten von außerhalb des Bildraums stehenden Bäumen über den Feldweg zu malen. Trocknen lassen.

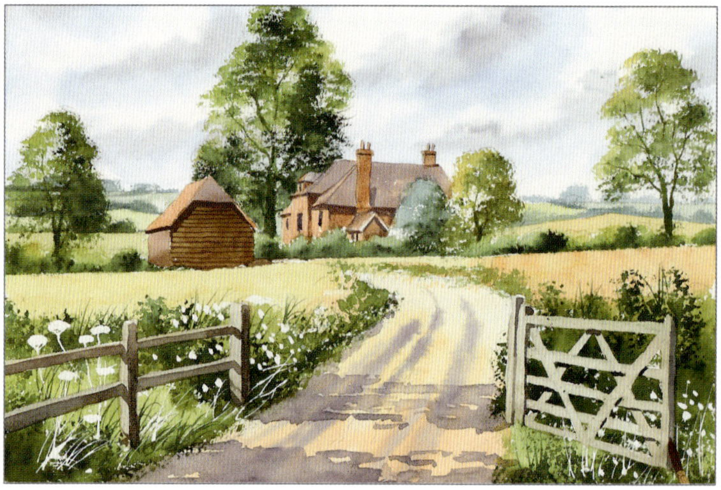

28 Reiben Sie die Maskierflüssigkeit mit den Fingern ab. Stellen Sie eine verdünnte Mischung aus Siena gebrannt und Ultramarin her, und malen Sie mit dem Pinsel Nr. 12 den Zaun und das Tor. Trocknen lassen. Malen Sie mit dem Pinsel Nr. 8 und einer dunkleren Mischung weitere Schatten.

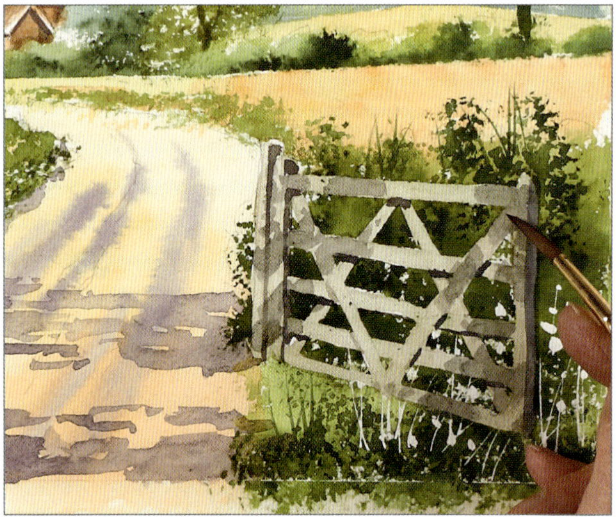

29 Mischen Sie aus Ultramarinblau und Umbra gebrannt, und malen Sie damit Schattenflecken auf das Tor.

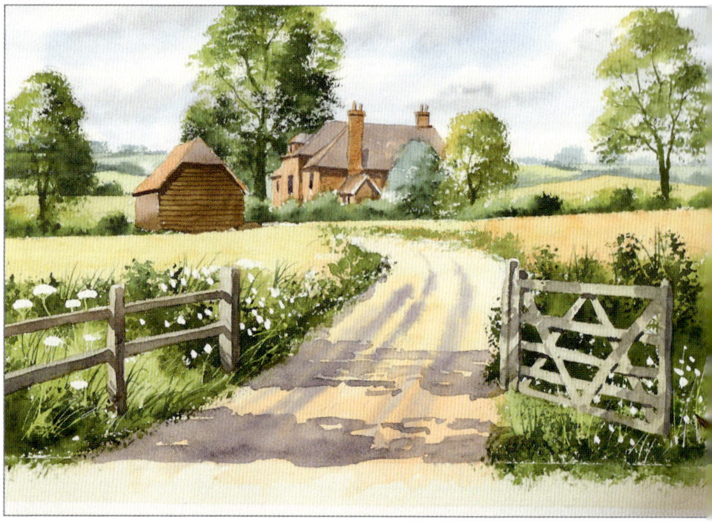

30 Legen Sie eine Lasur aus Grüngold über die bisher maskierten Gräser.

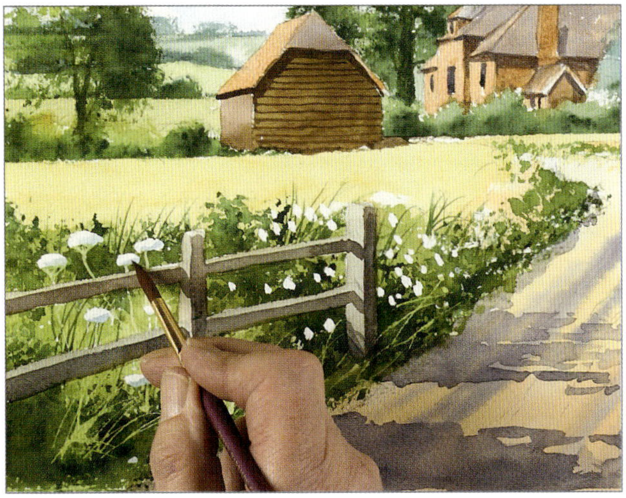

31 Schattieren Sie die Unterseiten der Wiesenkerbel-Blüten mit einer dünnen Lasur aus Kobaltblau.

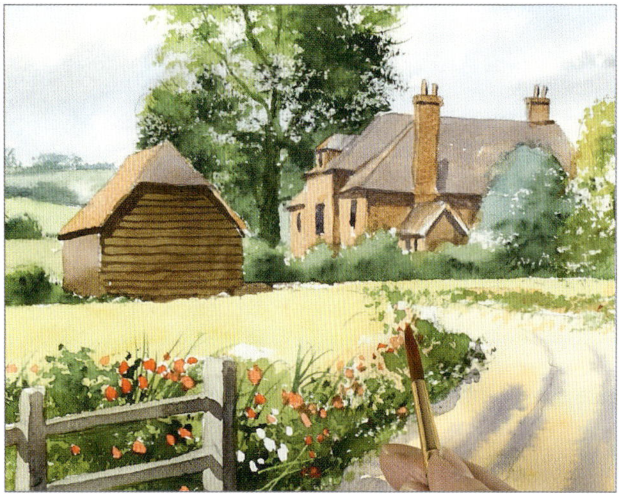

32 Füllen Sie die bisher maskierten Blumen mit Kadmiumrot aus und lassen so Mohnblumen entstehen. Fügen Sie dann in der Entfernung weitere Mohnblumen hinzu.

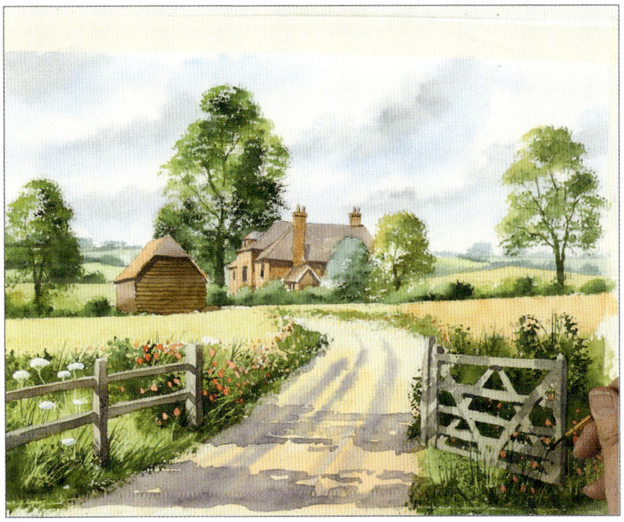

33 Fügen Sie im Vordergrund mit dem Schlepper und Hookersgrün dunklere Gräser hinzu.

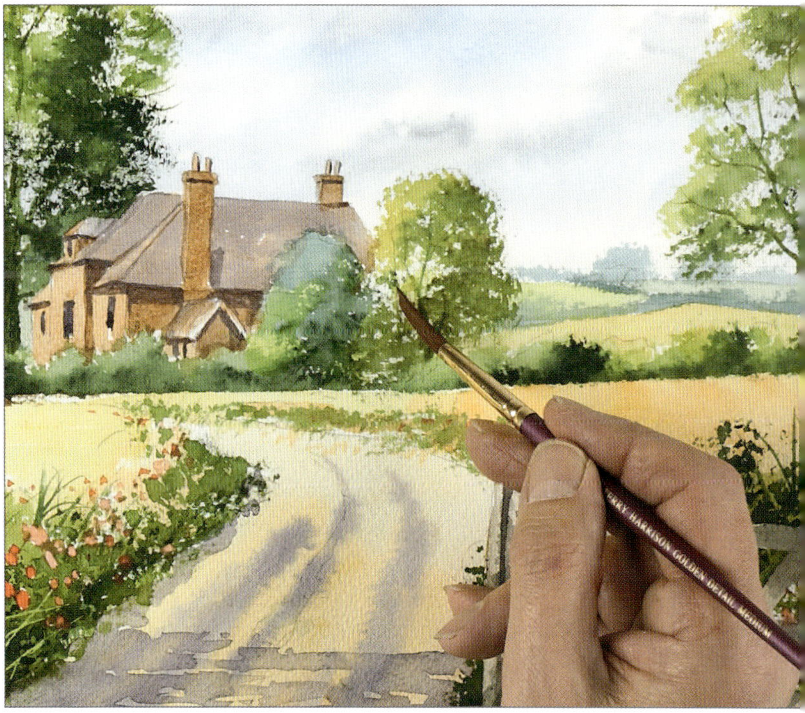

34 Legen Sie mit Grüngold eine Lasur über die getrocknete Farbe des blaugrünen Baums vor dem Haus sowie über die weißen Lücken in den anderen Bäumen. Eine Lasur ist der Auftrag einer transparenten Farbe auf einen trockenen Untergrund.

Umseitig

Das fertige Aquarell.

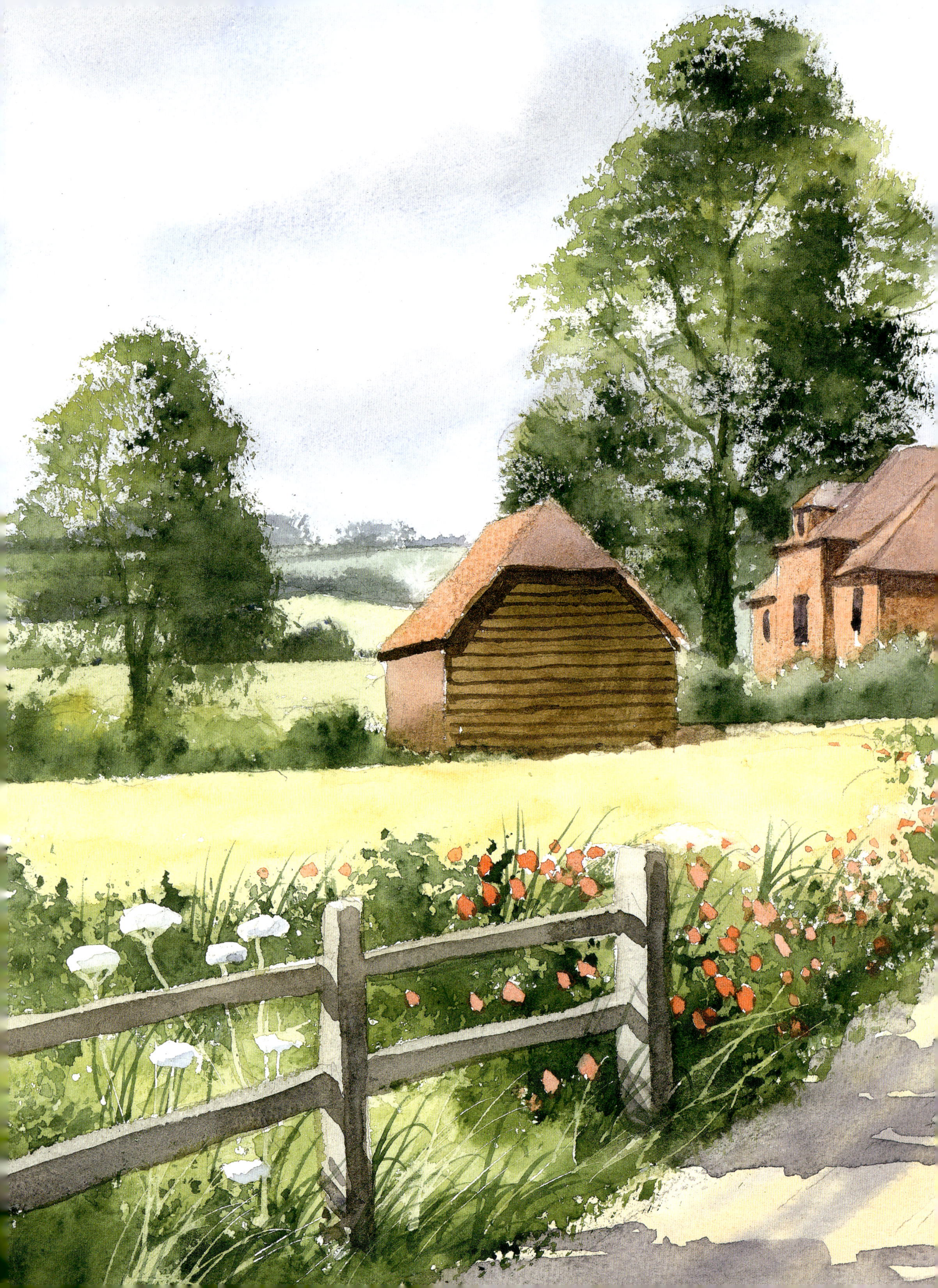

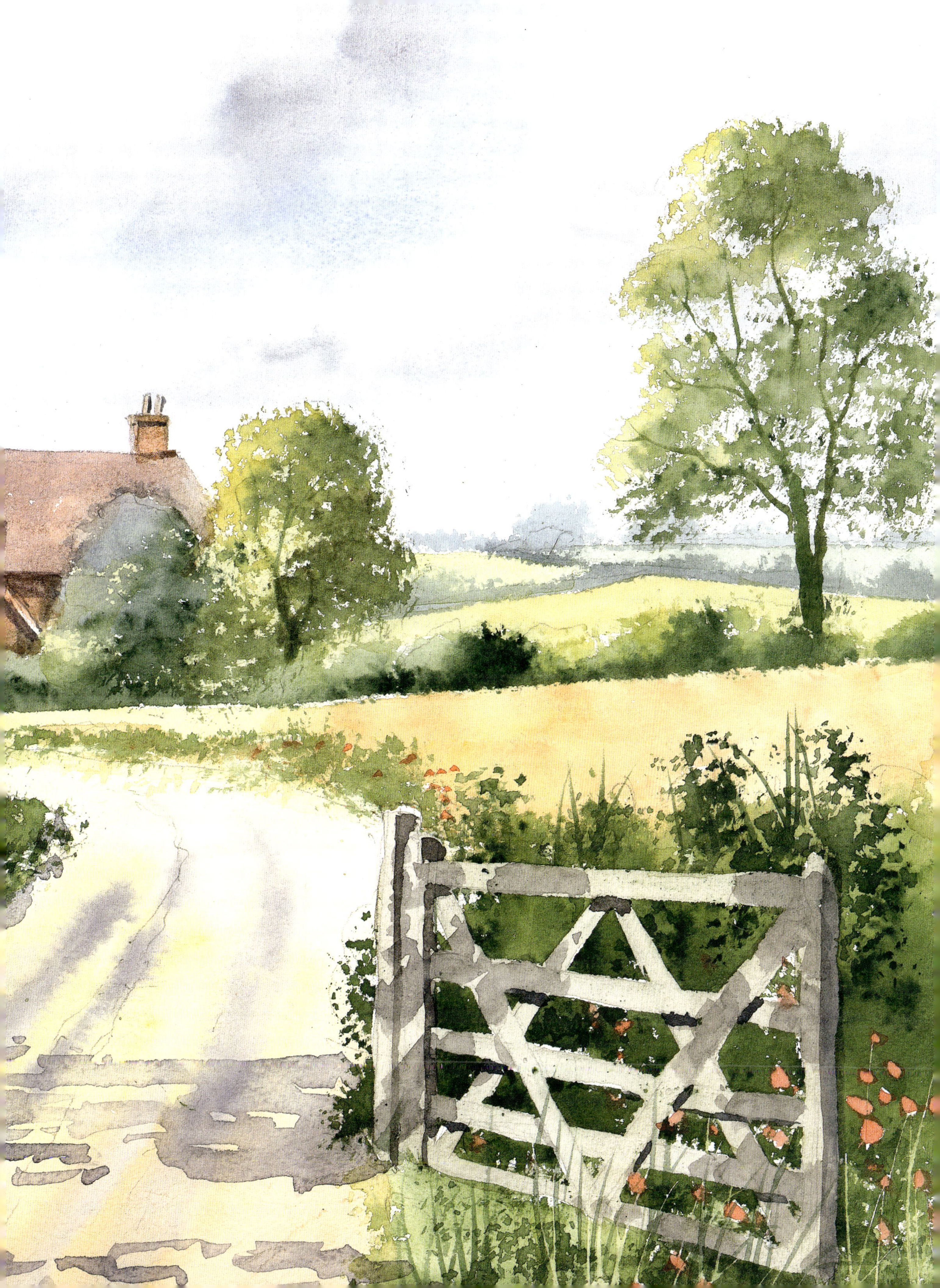

Blühende Wiese

VORLAGE 3

MATERIAL

Aquarellpapier, rau, 300 g/m²

Farben: Ultramarin, Siena natur, Siena gebrannt, Kobaltblau, Hookersgrün, Grüngold, Olivgrün, Umbra gebrannt, Kadmiumgelb, Permanent Rosa

Mop-Pinsel aus Fehhaar, kleiner Borstenpinsel, Pinsel Nr. 4, 8, und 12, Schlepperpinsel, Flachpinsel 19 mm

Maskierflüssigkeit, Maskierpinsel und Linierstift

Abdeckpapier

Dieser Uferweg erinnert mich an viele Wanderungen, die ich entlang von Flussufern auf der Suche nach einem Malmotiv unternommen habe. Hier wurde ich plötzlich mit einer Szenerie belohnt, die alles bietet, was ich in einem Bild suche. Der blühende Baum ist der Bildschwerpunkt, der träge Fluss führt in das Bild und die entfernteren Wiesen und eröffnet den Blick auf die dahinter liegenden Hügel.

Dieses Projekt zeigt Ihnen, wie Sie in einem Gemälde Distanz schaffen können, mit vielen hellen, bläulichen Tönen für die weiter entfernt liegenden Bäume und Hecken und blassen, weichen Nuancen für die Hügel am Horizont. Auf den Blüten sowie den Blumen und Gräsern im Vordergrund kommt Maskierflüssigkeit zum Einsatz.

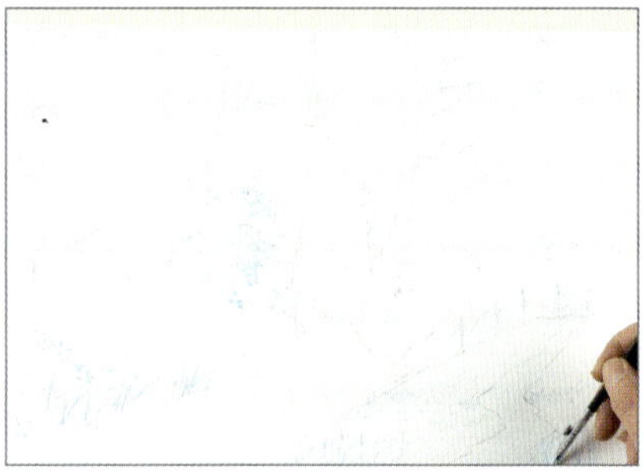

1 Decken Sie die Blüten und Blumenköpfe am Boden mit einem Pinsel und Maskierflüssigkeit ab und ziehen anschließend die Gräser mit einem Linierstift.

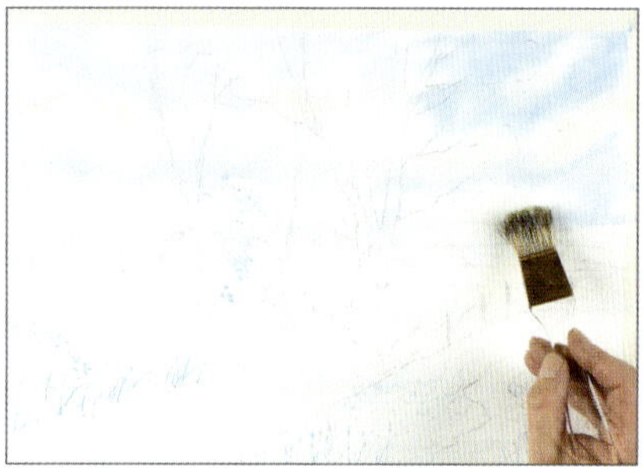

2 Feuchten Sie den Himmelsbereich mit dem Mop-Pinsel und sauberem Wasser an. Füllen Sie den Himmel mit Ultramarinblau aus und lassen dabei weißes Papier für die Wolken frei. Während dieser Auftrag noch nass ist, legen Sie mit Siena natur eine dünne Lasur in den Wolken an.

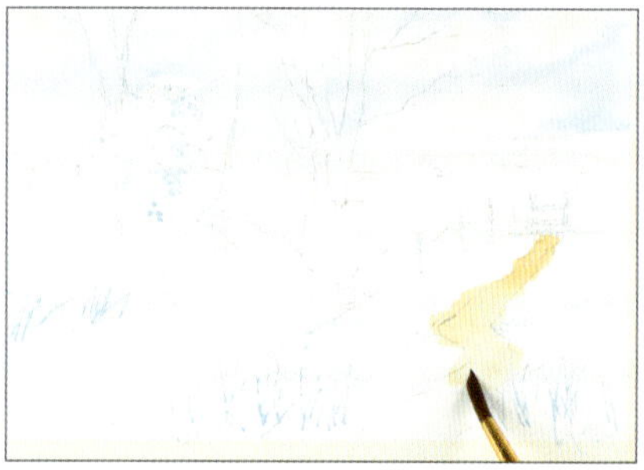

3 Malen Sie den Fußweg mit dem Pinsel Nr. 12 und Siena natur. Lassen Sie ihn trocknen.

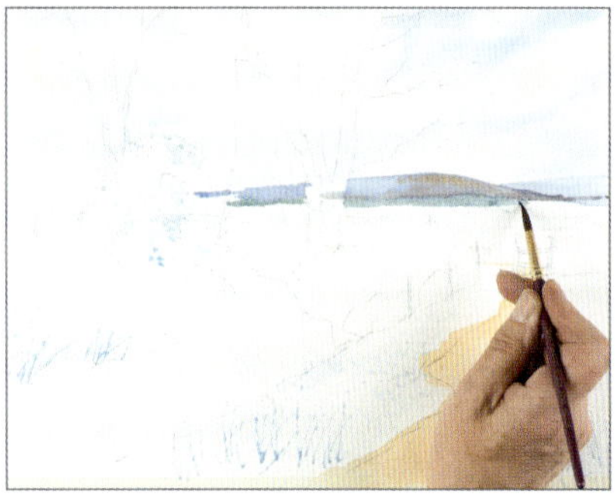

4 Malen Sie den entfernten Hügel mit dem Pinsel Nr. 8 ganz rechts mit verdünntem Ultramarin, dann links davon mit Ultramarin mit etwas eingetropftem Siena gebrannt. Weiter vorne tragen Sie eine helle Mischung aus Kobaltblau und Hookersgrün auf.

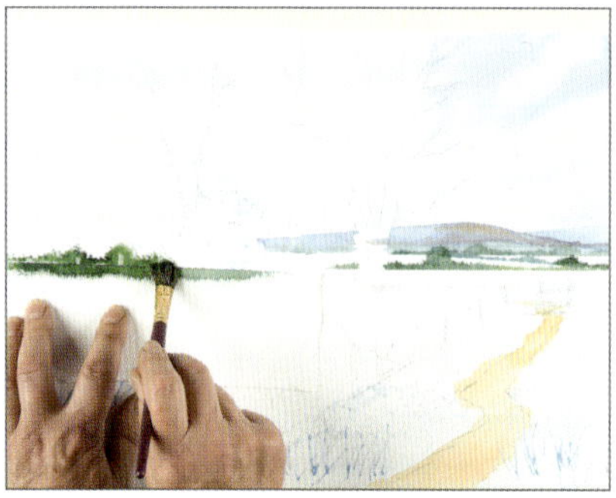

5 Verwenden Sie ein Abdeckpapier, um eine gerade Heckenlinie zu erhalten. Tupfen Sie mit dem kleinen Borstenpinsel eine intensivere Mischung aus Hookersgrün und Kobaltblau darüber. Wiederholen Sie dies auf der linken Bildseite und fügen der Hecke Bäume und Sträucher hinzu.

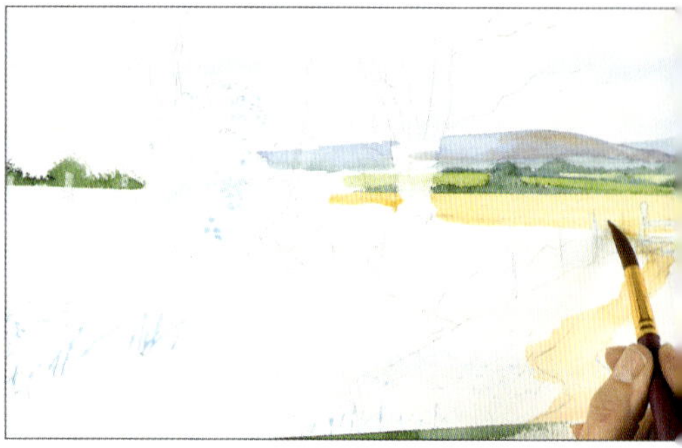

6 Malen Sie mit dem Pinsel Nr. 8 verschiedene Farben in die entfernter liegenden Felder: in einige Grüngold und in andere verdünntes Olivgrün. Wechseln Sie zum Pinsel Nr. 12 und malen nach vorn hin mit Siena natur weiter.

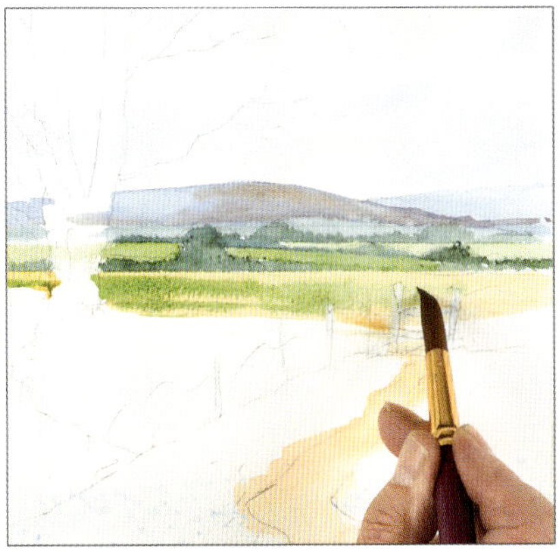

7 Solange dieses Feld nass ist, tropfen Sie Olivgrün hinein. Trocknen lassen.

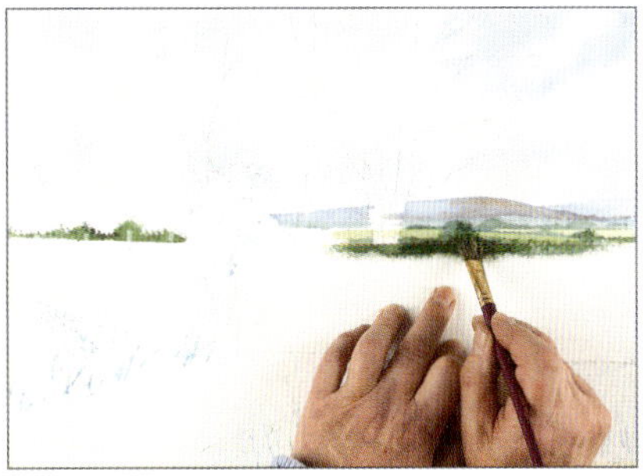

8 Decken Sie den unteren Teil der Hecke mit dem Abdeckpapier ab und stricheln Sie mit dem kleinen Borstenpinsel und Hookersgrün den unteren Teil der Hecke.

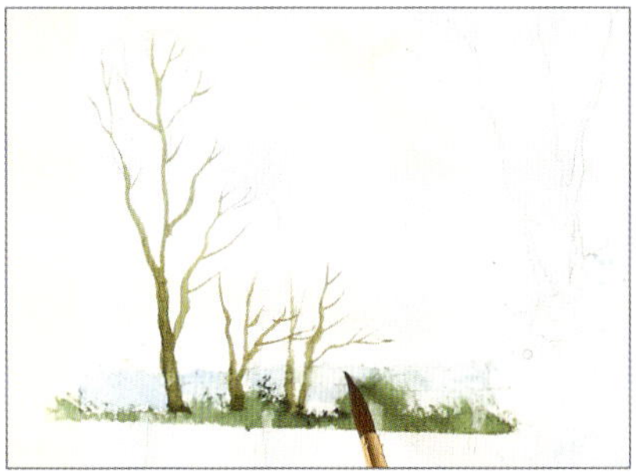

9 Malen Sie mit dem Pinsel Nr. 4 und Hookersgrün Baumstämme und Äste. Lassen Sie alles trocknen. Malen Sie dann die entfernten Hügel mit einer zarten Lasur von Kobaltblau hinter die Bäume.

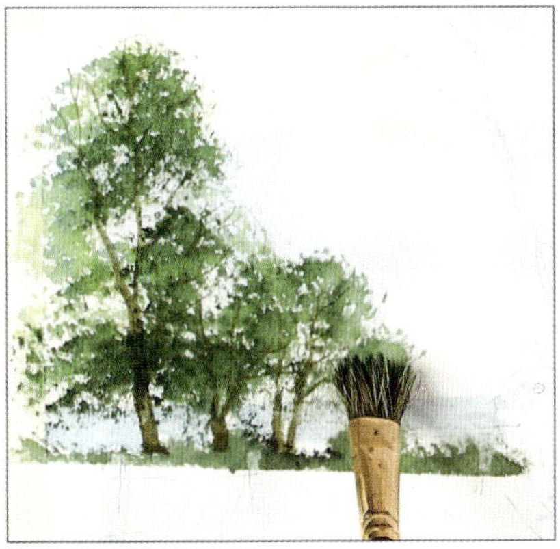

10 Tupfen Sie mit dem kleinen Borstenpinsel erst eine Mischung aus Grüngold und Kobaltblau, dann Hookersgrün auf die Bäume.

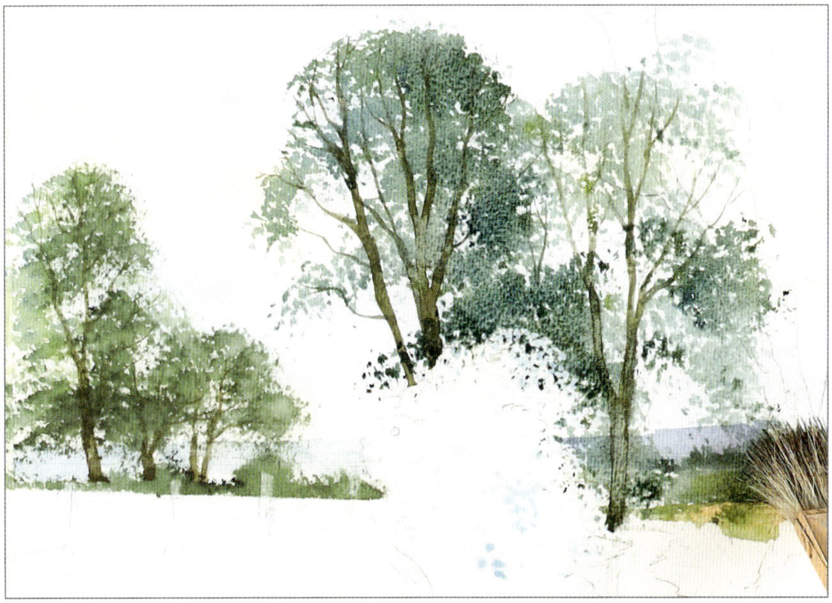

11 Malen Sie die Stämme und Äste der Bäume rechts davon mit dem Schlepper sowie Umbra gebrannt und Hookersgrün, dann tupfen Sie mit dem Mop-Pinsel und Ultramarin mit Olivgrün das Laub. Für dunkleres Laub mischen Sie Hookersgrün und Ultramarin.

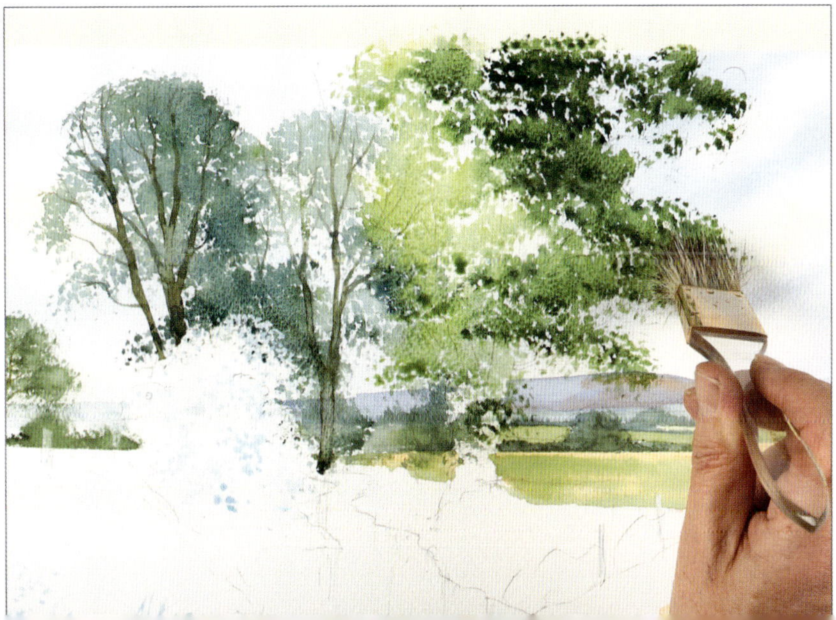

12 Tupfen Sie den helleren Baum auf der rechten Seite mit Grüngold und fahren dann rechts davon mit Hookersgrün und Olivgrün fort. Trocknen lassen.

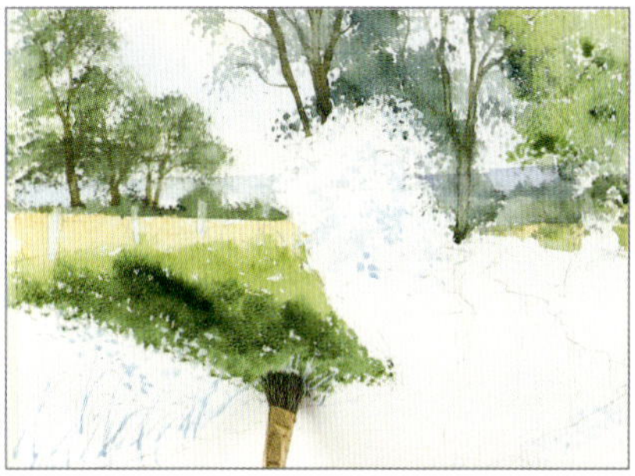

13 Malen Sie das Feld auf der linken Bildseite mit dem kleinen Borstenpinsel und Siena natur. Weiter nach vorn kommt Olivgrün hinzu. Tupfen Sie dann Hookersgrün nass in nass bis zum Flussufer hinunter.

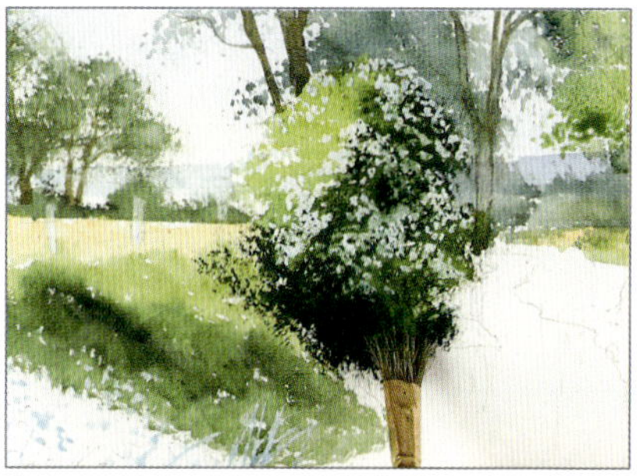

14 Tupfen Sie mit Grüngold Laub auf die Spitze des blühenden Baumes. Auf der Schattenseite tupfen Sie dann Hookersgrün über die Maskierflüssigkeit.

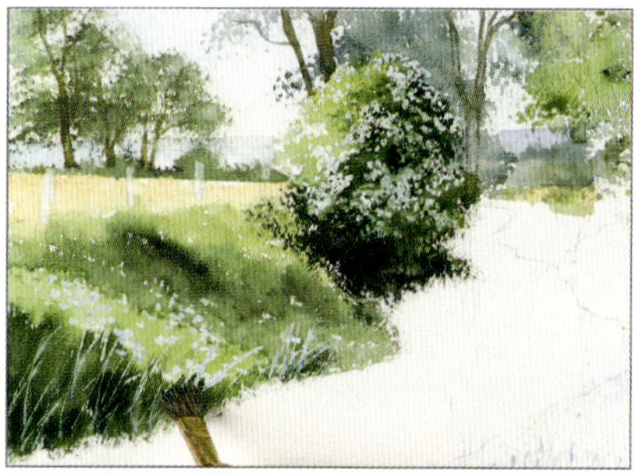

15 Tupfen Sie helles Olivgrün auf das linke Flussufer. Ganz links kommt nass in nass aufgetupftes und nach oben geschnicktes Hookersgrün hinzu. Trocknen lassen.

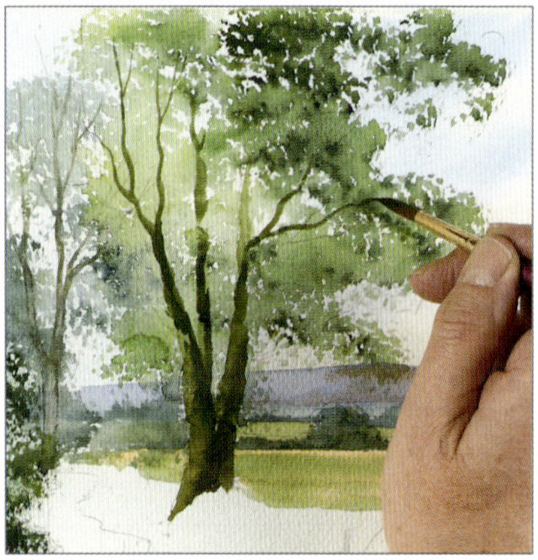

16 Malen Sie mit dem Pinsel Nr. 8 sowie Olivgrün und Umbra gebrannt den Stamm und die Äste des Baums im Bildschwerpunkt. Arbeiten Sie dabei bis nach oben in das Laub. Schattieren Sie die rechte Seite mit einer dunkleren Mischung und fügen Sie weitere Äste hinzu.

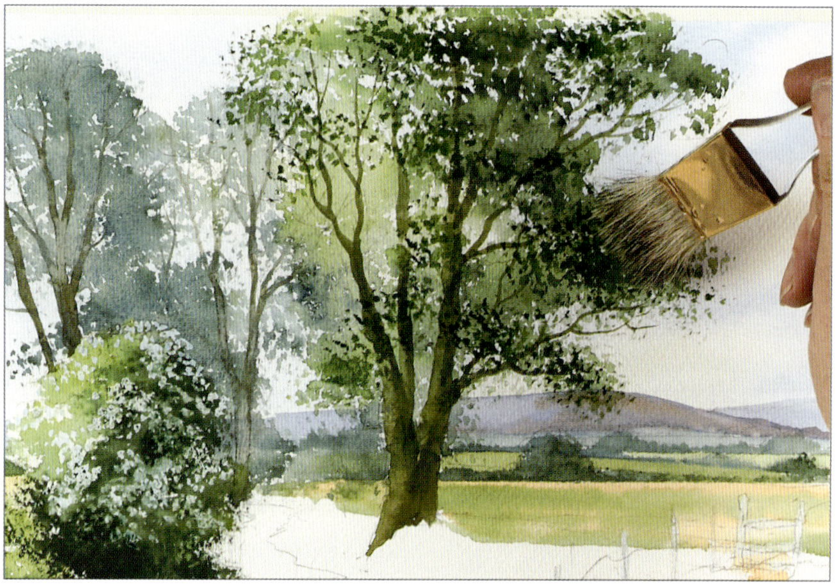

17 Tupfen Sie mit dem Mop-Pinsel und Hookersgrün weiteres Laub auf.

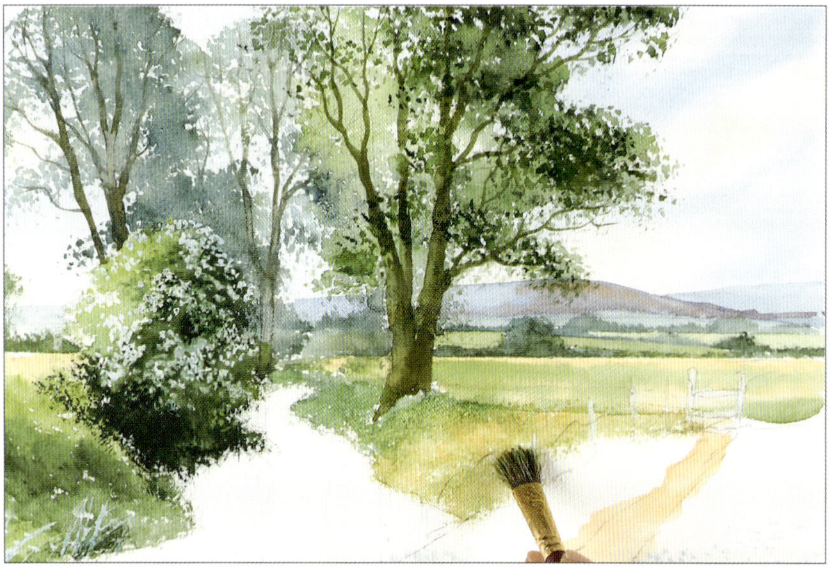

18 Malen Sie mit dem kleinen Borstenpinsel und hellem Olivgrün das Gras unter den großen Baum. Fügen Sie dann mit Siena natur hellere Gräser hinzu.

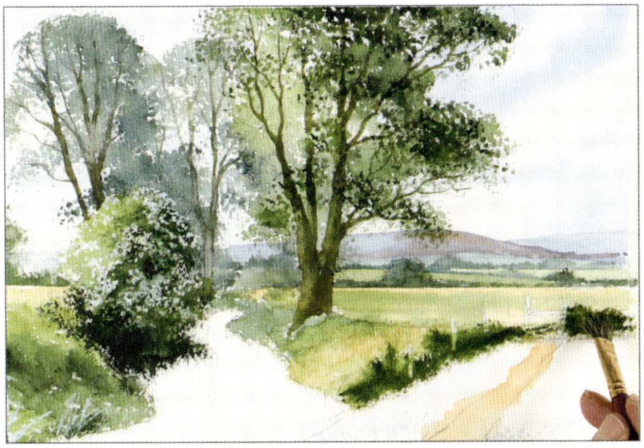

19 Malen Sie eine Mischung aus Olivgrün und Hookersgrün entlang der Unterseite des Zauns, um Gräser anzudeuten.

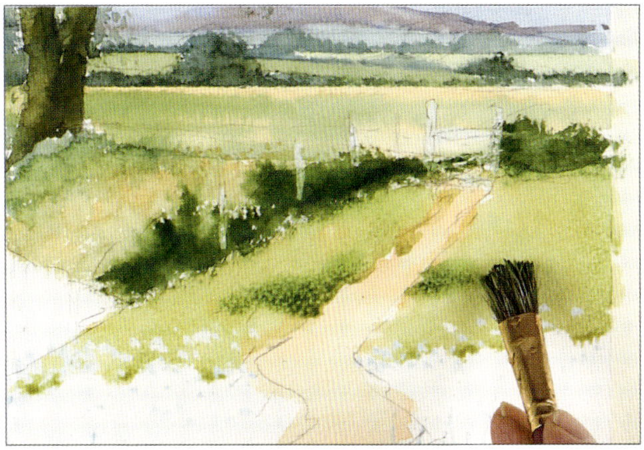

20 Stellen Sie eine verdünnte Mischung aus Siena natur und Olivgrün her und tragen Sie diese beidseitig des Weges auf. Tropfen Sie dann intensiveres Olivgrün hinein.

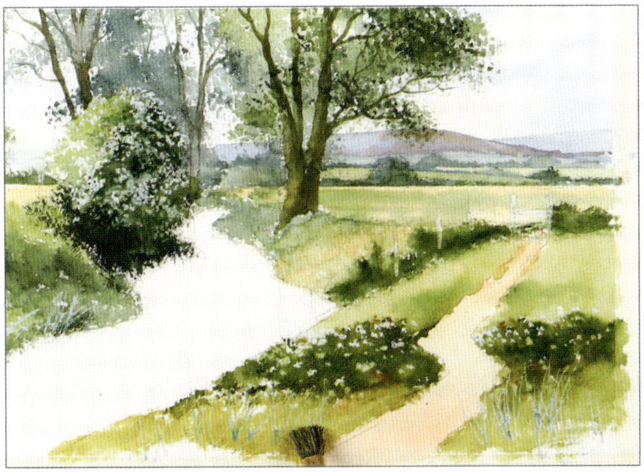

21 Malen Sie auf beide Seiten des Weges Olivgrün und Umbra gebrannt über die maskierten Blumen. Verwenden Sie nach vorn hin Grüngold und Siena natur.

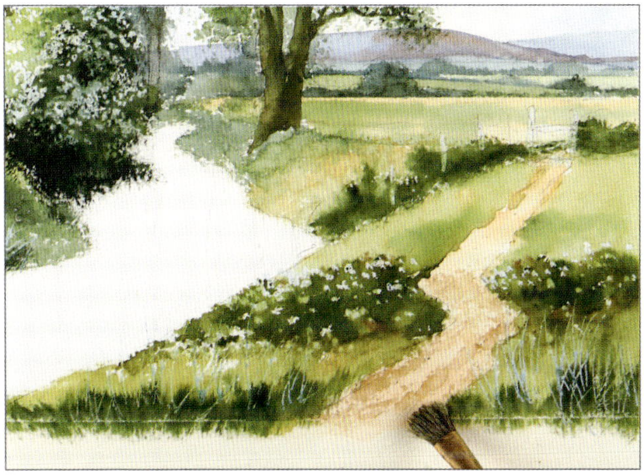

22 Schnicken Sie im Vordergrund mit Hookersgrün in einer Aufwärtsbewegung Gräser ins Bild. Tupfen Sie dann stark verdünntes Umbra gebrannt auf den Weg.

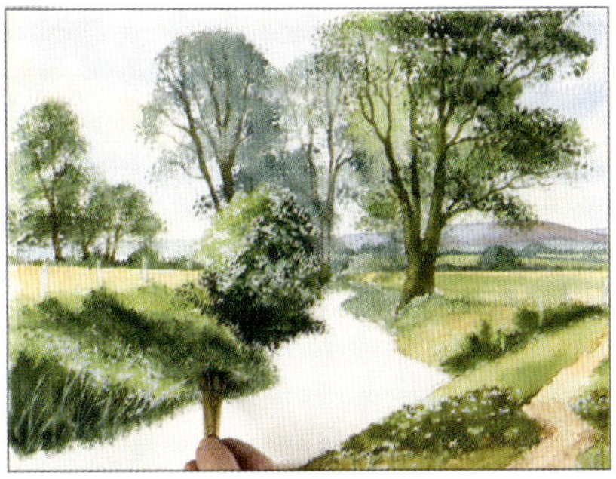

23 Setzen Sie strichelnd und nach oben schnickend Hookersgrün an das linke Flussufer, um dem Bereich Textur zu geben.

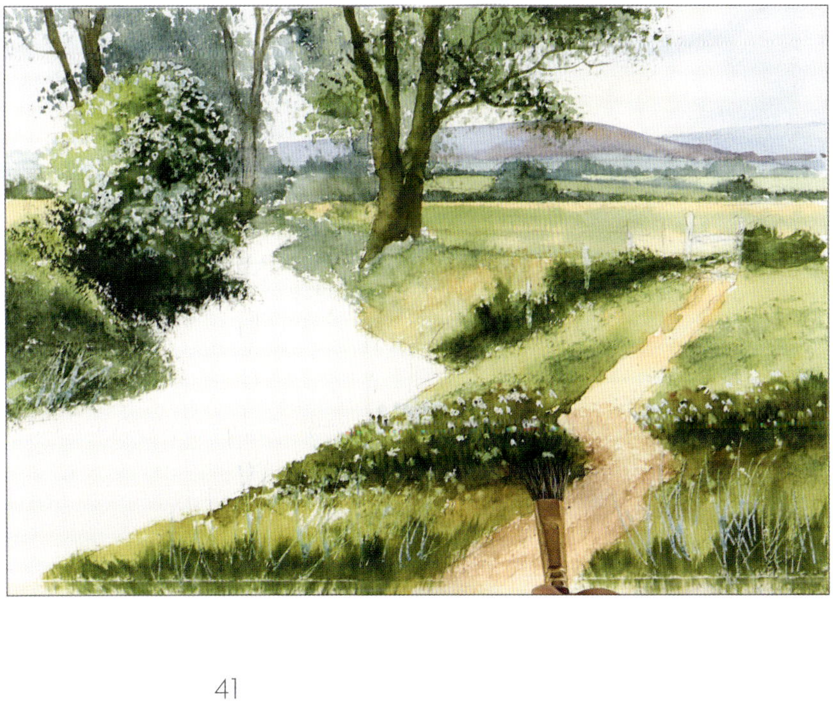

24 Stricheln Sie auf dieselbe Weise mehr Textur auf beide Seiten des Weges.

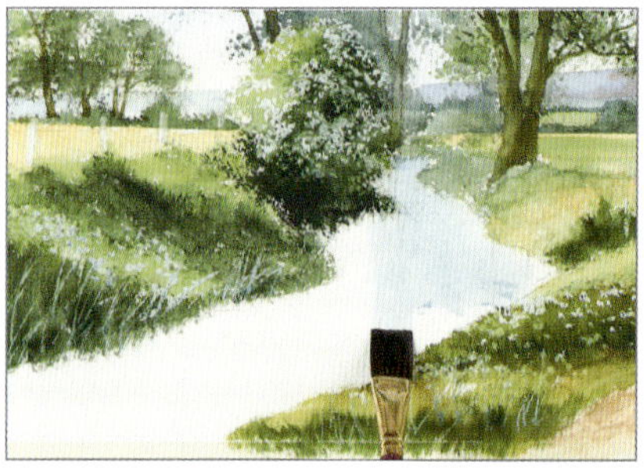

25 Malen Sie das Wasser, indem Sie mit dem 19-mm-Flachpinsel eine helle Lasur von Kobaltblau nach unten ziehen.

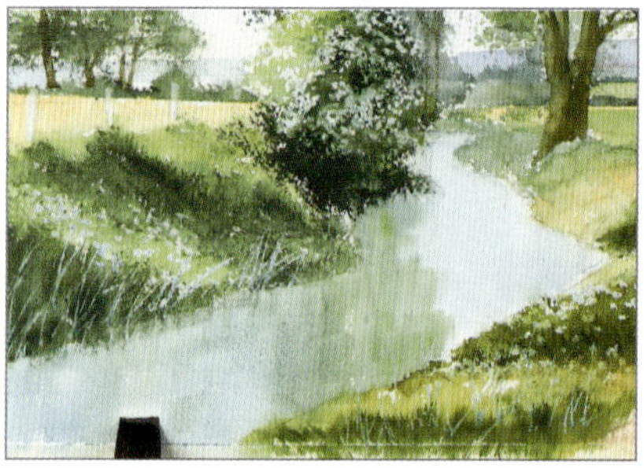

26 Fügen Sie Olivgrün hinzu, und ziehen Sie diese Mischung nach unten, um Spiegelungen zu erzeugen. Fahren Sie auf der linken Seite mit Kobaltblau fort.

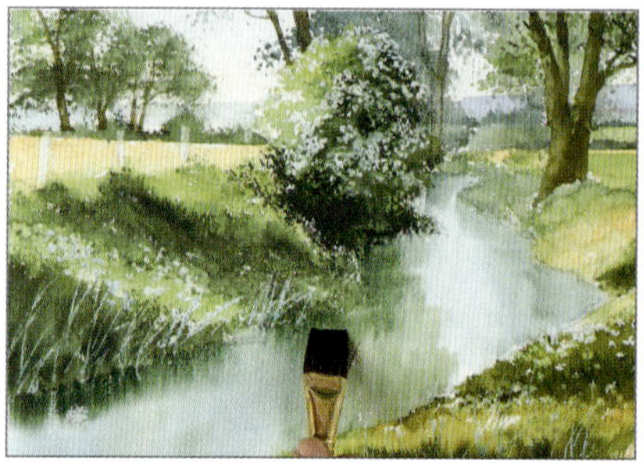

27 Ziehen Sie auf der rechten Seite etwas Kobaltblau und Olivgrün nach unten. Stellen Sie dann die Spiegelung des dunkleren Uferbereichs mit Hookersgrün dar.

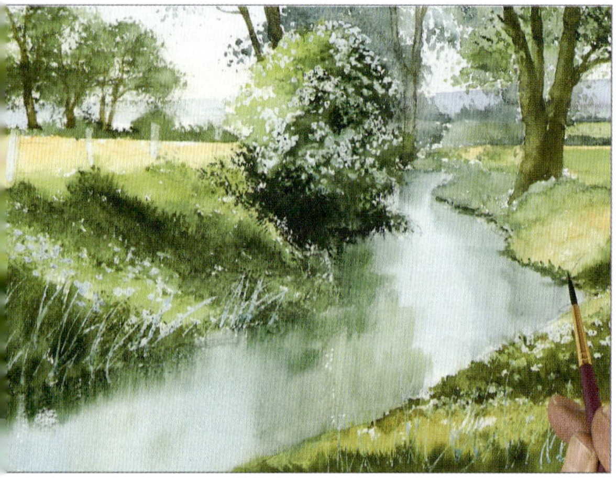

28 Malen Sie die dunklen Spiegelungen am rechten Uferrand mit dem Pinsel Nr. 4 und Hookersgrün.

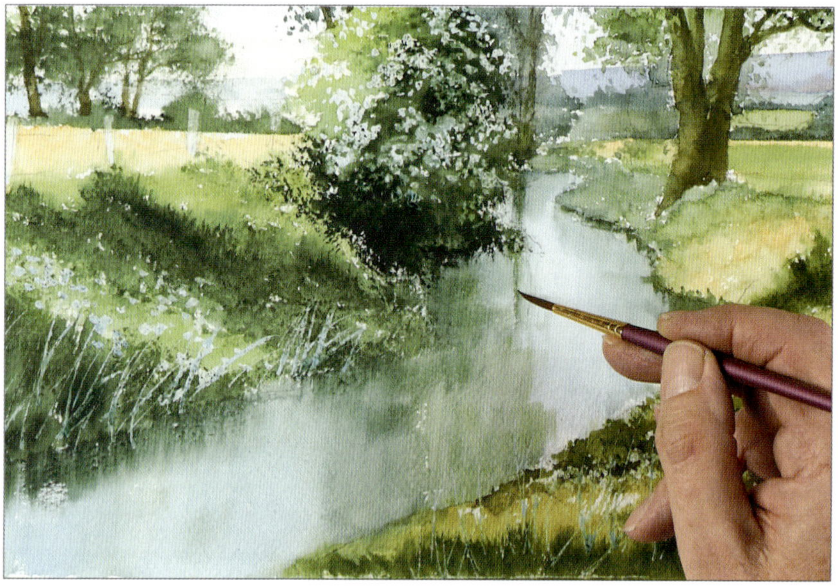

29 Malen Sie die Spiegelungen des großen Baums und des weiter entfernt stehenden Baums mit Olivgrün und Umbra. Trocknen lassen.

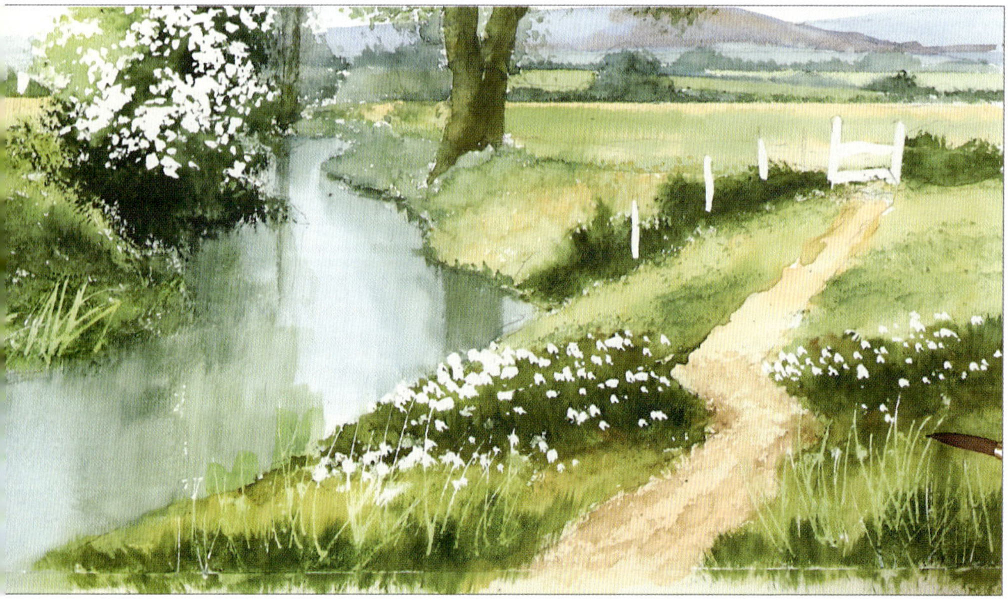

30 Reiben Sie die Maskierflüssigkeit ab, und malen Sie die Gräser mit dem Pinsel Nr. 8 und einer Lasur von Grüngold.

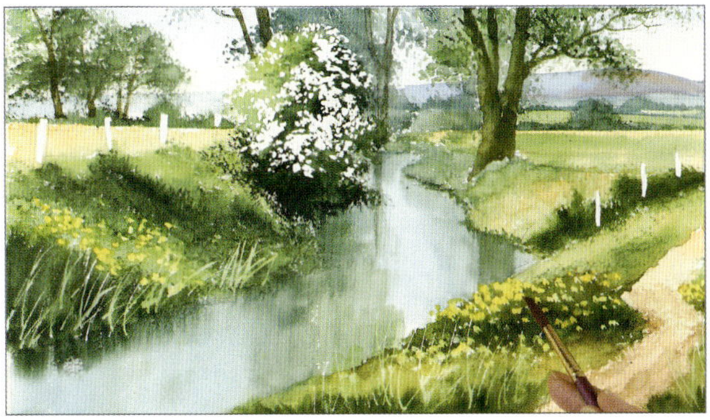

31 Malen Sie die Blumenköpfe an beiden Ufern mit Kadmiumgelb.

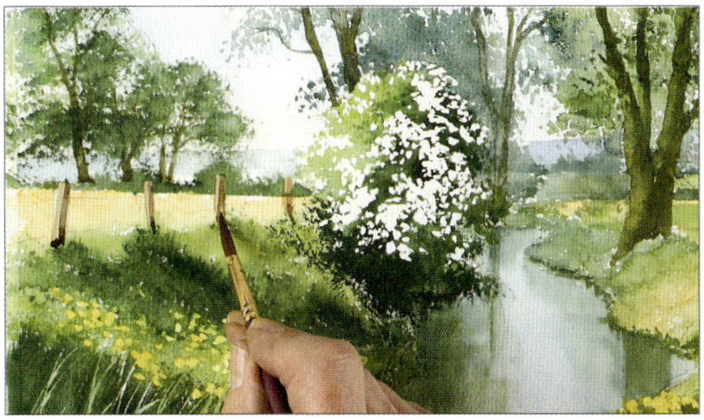

32 Stellen Sie eine helle Mischung aus Umbra gebrannt und Ultramarin her und malen damit die Zaunpfähle und den Zauntritt. Lassen Sie sie trocknen, und schattieren Sie dann die jeweils rechten Seiten mit einer dunkleren Mischung.

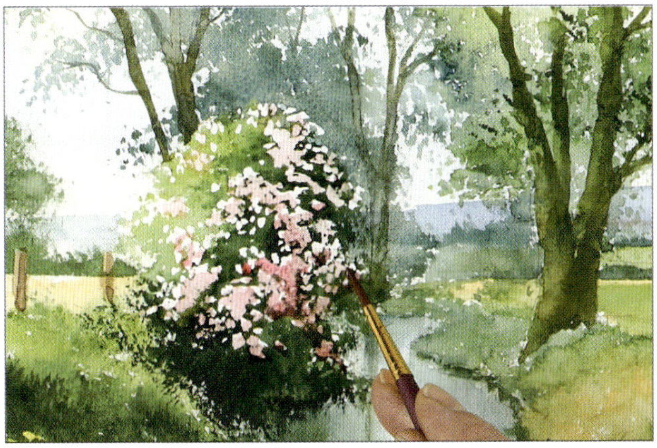

33 Malen Sie die Blüten mit Permanent Rosa und verwenden Sie dabei stellenweise eine intensivere Mischung.

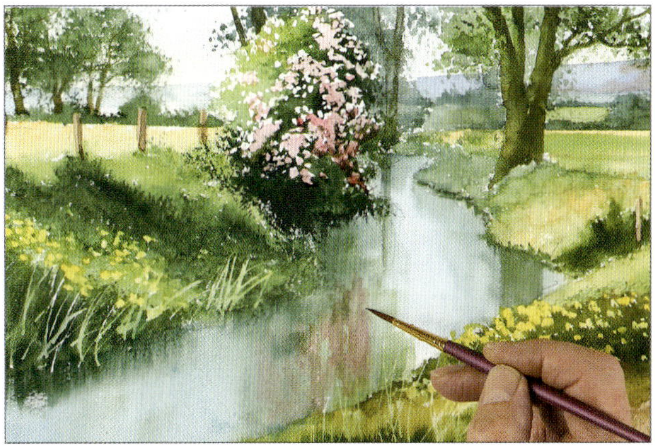

34 Stellen Sie die Spiegelung der Blüten im Wasser mit Permanent Rosa dar, und verziehen Sie die Farbe nach unten.

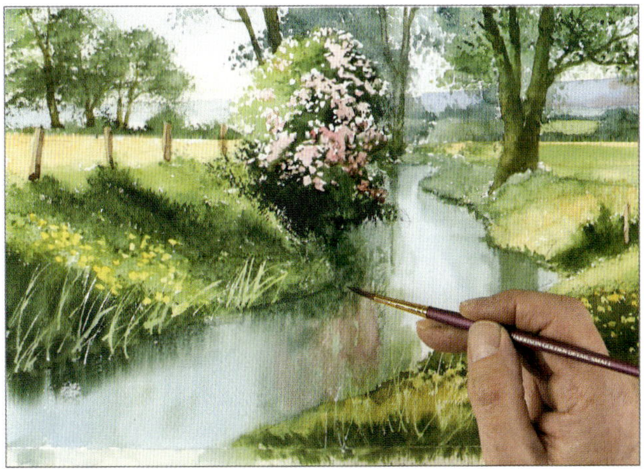

35 Malen Sie mit Hookersgrün den dunkleren Bereich der Spiegelung des blühenden Busches sowie den Rand des Ufers.

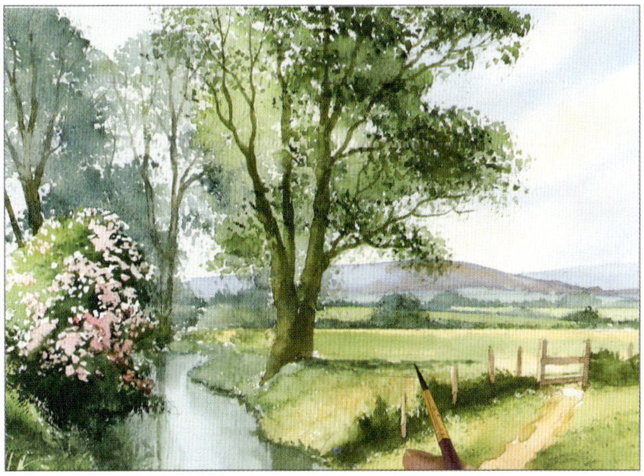

36 Gestalten Sie den Schlagschatten des großen Baums mit dem Pinsel Nr. 4 und Hookersgrün.

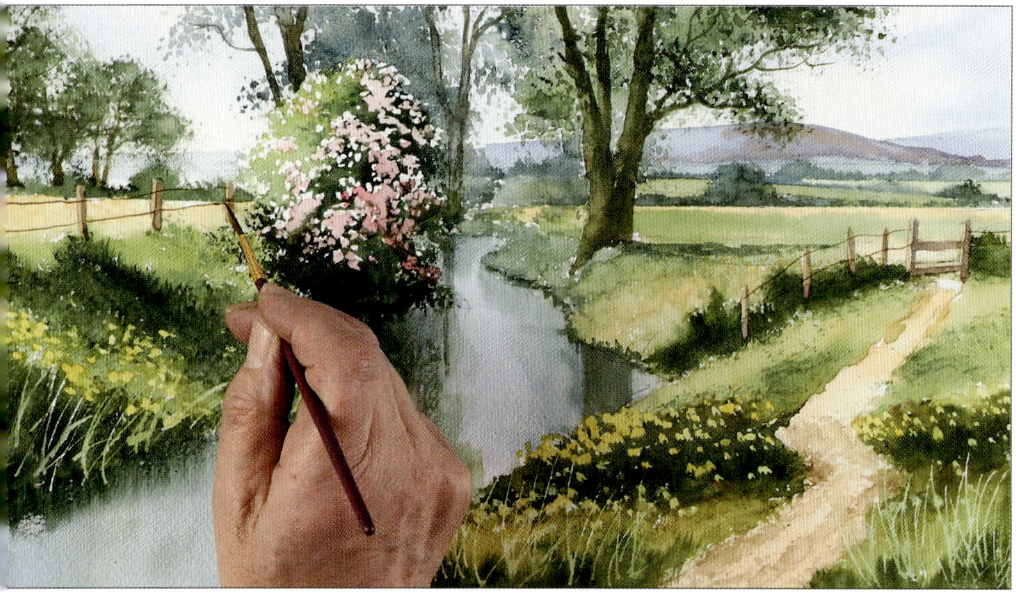

37 Malen Sie die Drähte des Zauns mit dem Schlepper und Umbra gebrannt.

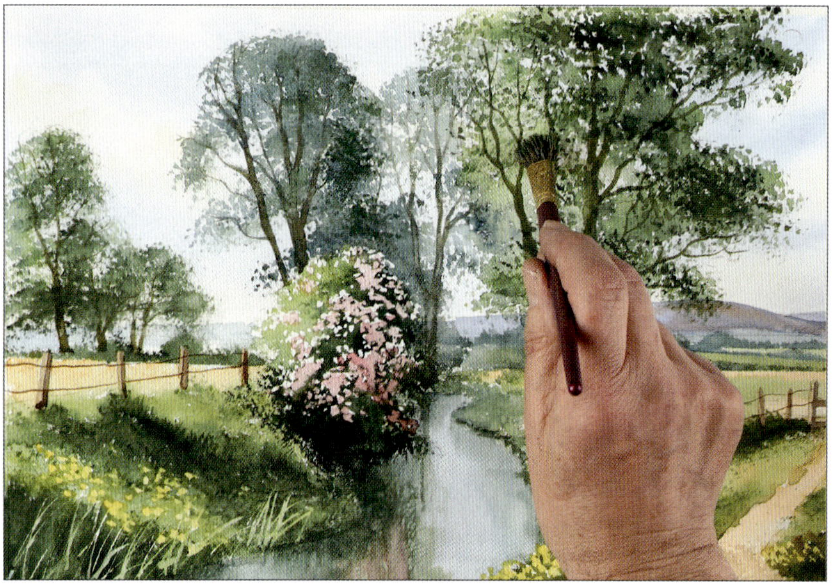

38 Zum Schluss tupfen Sie mit dem kleinen Borstenpinsel und Hookersgrün noch mehr Textur auf die Bäume.

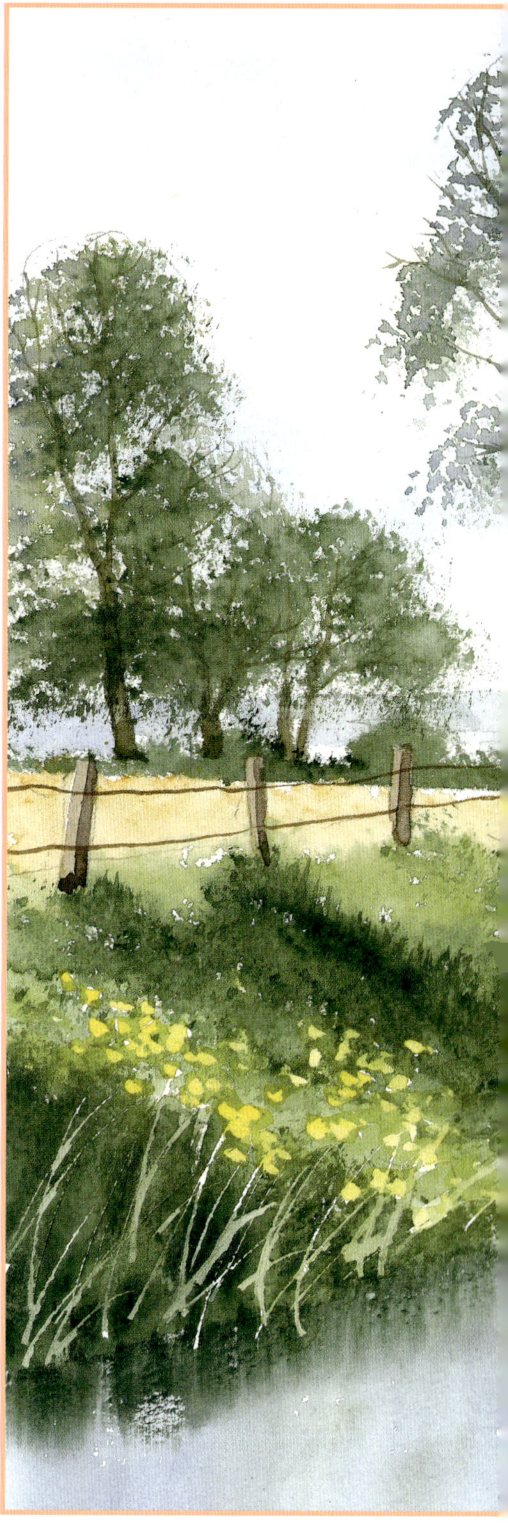

Das fertige Aquarell.

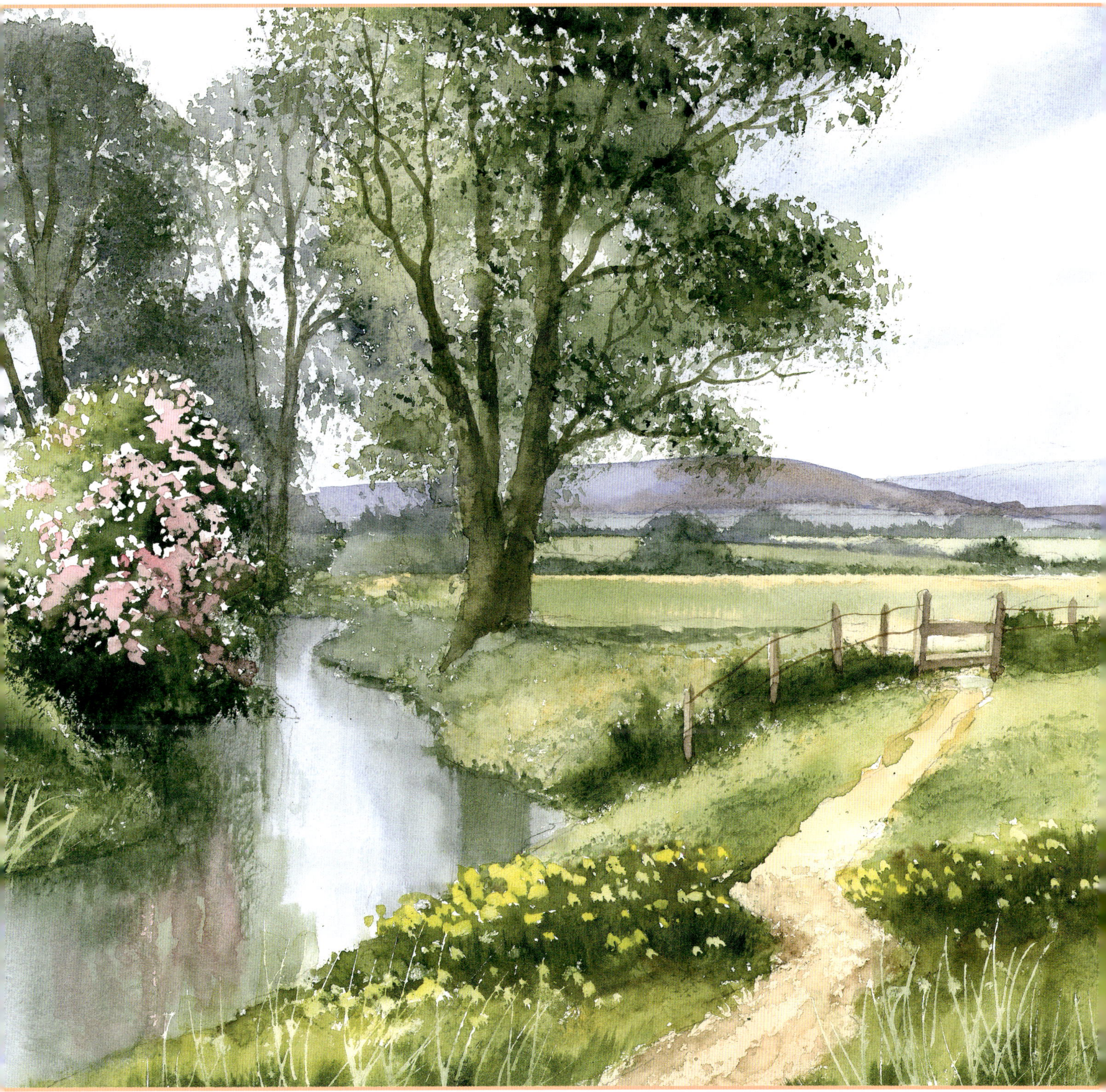

Im Wald

Hier werden Sie einen Wald voller Glockenblumen im Frühling, einen Sommerwald mit einer kleinen Brücke über ein Flüsschen und Englands schönen New Forest in feurigen Herbstfarben vorfinden. Diese jahreszeitliche Abwechslung wird verhindern, dass alle Ihre Bilder zu grün werden! Die Nass-in-Nass-Technik wird verwendet, um ein dichtes Laubwerk darzustellen. Bei zweien der Projekte gibt es Spiegelungen. Dabei helfen Ihnen die Tipps unten. Das Projekt Glockenblumen-Wald zeigt, wie man Bäume malt, um Tiefenwirkung im Bild zu erreichen, und im Projekt Brücke im Wald lernen Sie, realistisch wirkende Silberbirken zu malen.

Spiegelungen nach unten verziehen

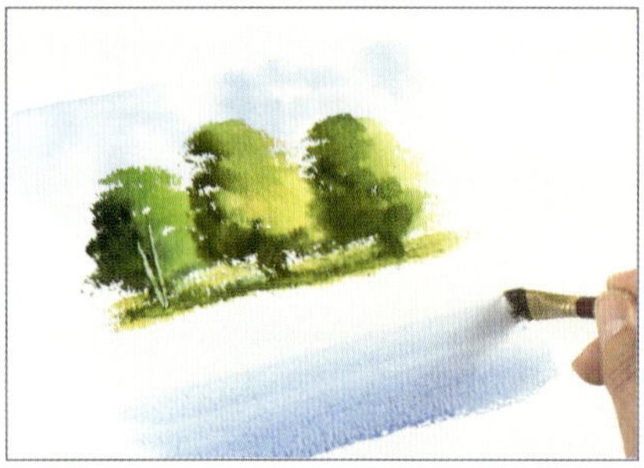

1 Malen Sie das Ufer und die Bäume, dann feuchten Sie die Fläche des Wassers mit sauberem Wasser und dem Effektpinsel an. Verziehen Sie von unten her eine zarte Lavur aus Ultramarin. Das Wasser auf dem Papier sorgt dafür, dass die Farbe nach oben hin blasser wird.

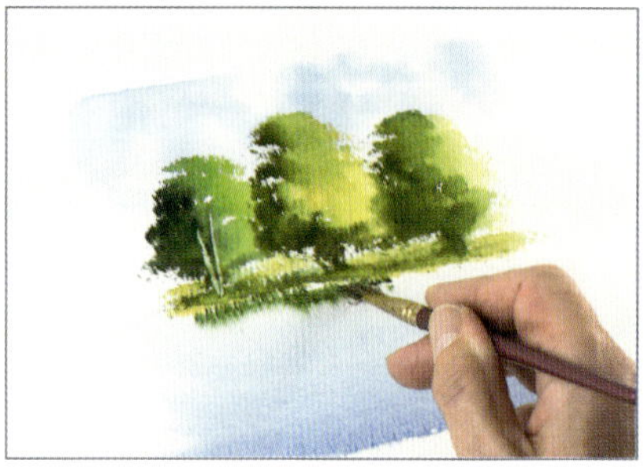

2 Malen Sie die Spiegelungen der Farben am Ufer, und verziehen Sie sie nass in nass etwas nach unten in das Wasser.

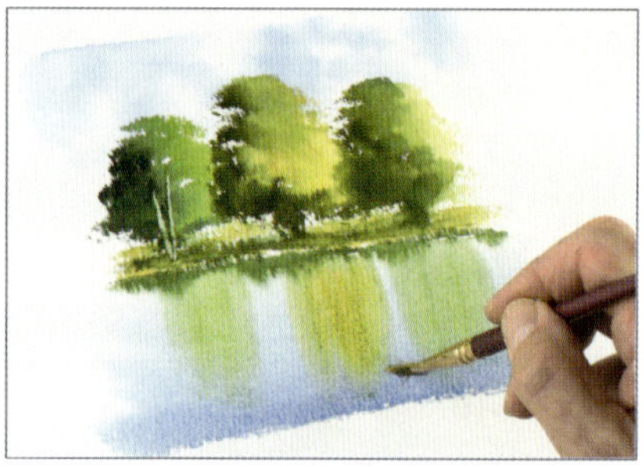

3 Nehmen Sie die helleren Farben der Bäume auf und ziehen sie wie zuvor nass in nass nach unten in das Wasser.

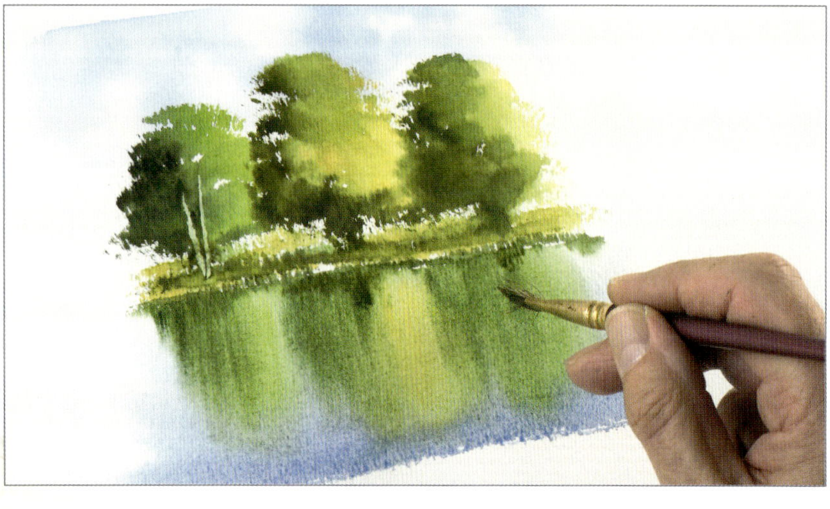

4 Während die Farbe noch nass ist, ziehen Sie einige dunklere Grüntöne nach unten ins Wasser und stellen so die Spiegelungen der Bäume und der anderen Details dar.

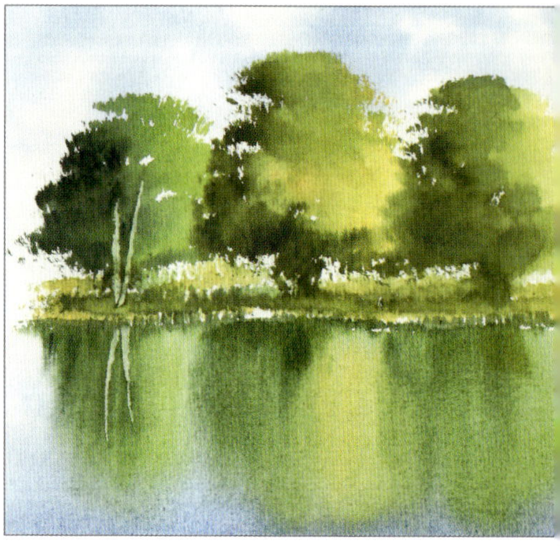

Das fertige Motiv.

Unterschiedliche Farbtöne für mehr Tiefe

In diesem Bild, *Winterspaziergang*, erzeugen die Bäume eine Tiefenwirkung und ziehen den Betrachter tief in die Landschaft hinein. Der Baum im Vordergrund ist am größten und weist die höchste Farbintensität auf. Vom Vordergrund in den Mittelgrund und dann in die Ferne werden die Bäume kleiner, blasser und farblich kühler.

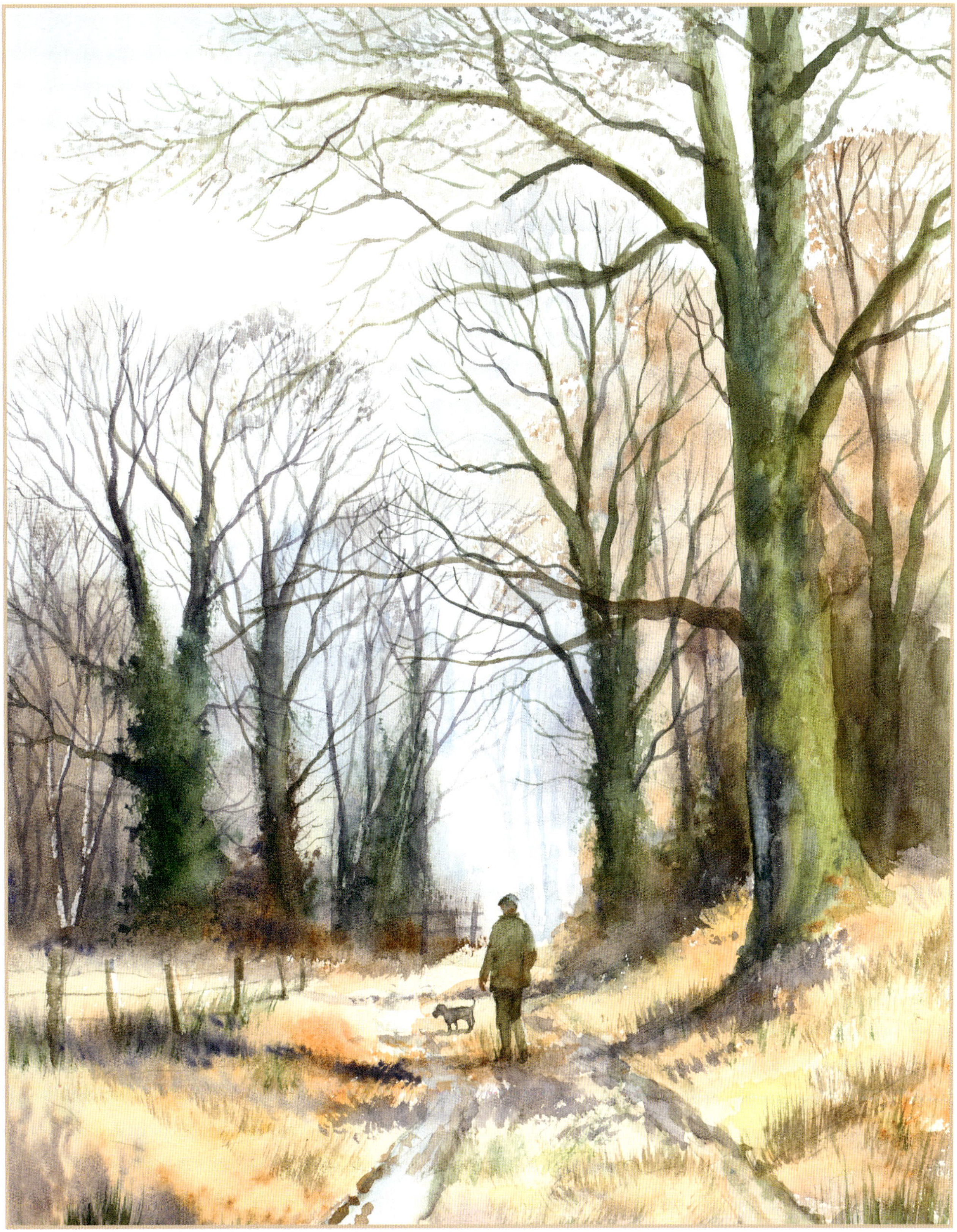

Glocken-blumen-Wald

VORLAGE 4

MATERIAL

Aquarellpapier, rau, 300 g/m²

Farben: Kobaltblau, Kadmiumgelb, Grüngold, Hookersgrün, Permanent Rosa, Olivgrün, Siena natur, Siena gebrannt, Schattenfarbe

Mop-Pinsel aus Fehhaar, kleiner Borstenpinsel, Effektpinsel, Schlepperpinsel, Fächerpinsel, Pinsel Nr. 8

Abklebeband

Ein Wald mit Glockenblumen hat etwas Mystisches an sich, was sehr reizvoll zu malen ist. Glockenblumen blühen nur für sehr kurze Zeit, aber die Erinnerung an einen Spaziergang in einem mit Glockenblumen übersäten Wald bleibt ein Leben lang. Diese Stimmung einzufangen, ist für einen Künstler etwas ganz Besonderes. Ich hoffe, dass dieses Motiv auch bei Ihnen glückliche Erinnerungen weckt.

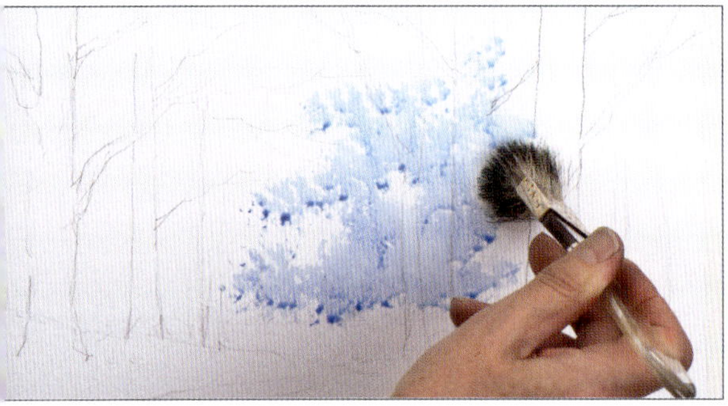

1 Übertragen Sie das Bild, und kleben Sie die Ränder mit Abdeckband ab. Verwenden Sie den Mop-Pinsel und tupfen verdünntes Kobaltblau auf.

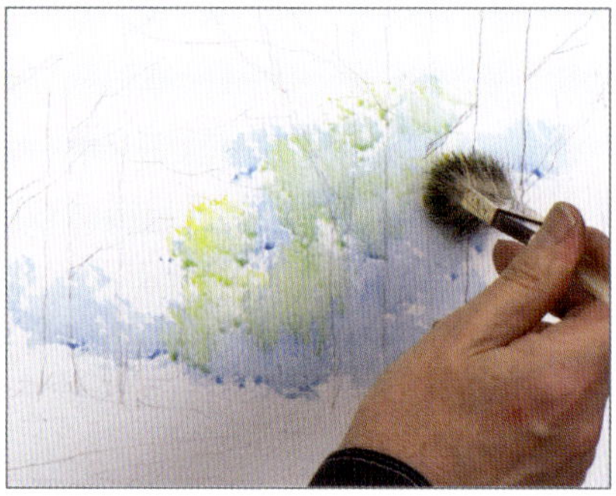

2 Fügen Sie nass in nass Kadmiumgelb hinzu.

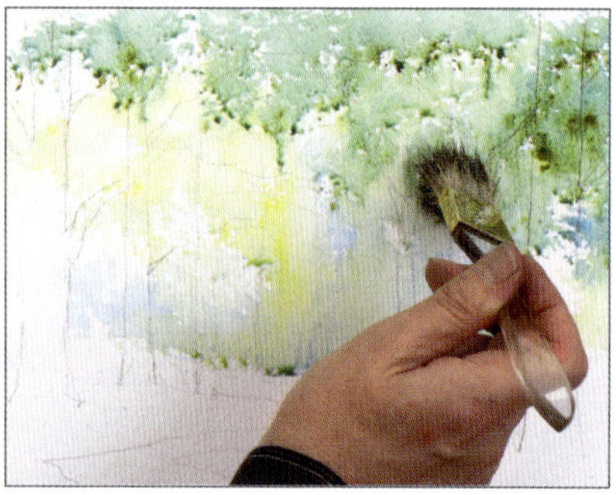

3 Arbeiten Sie weiter nass in nass und tupfen Kobaltblau mit einer Zugabe von Grüngold darüber.

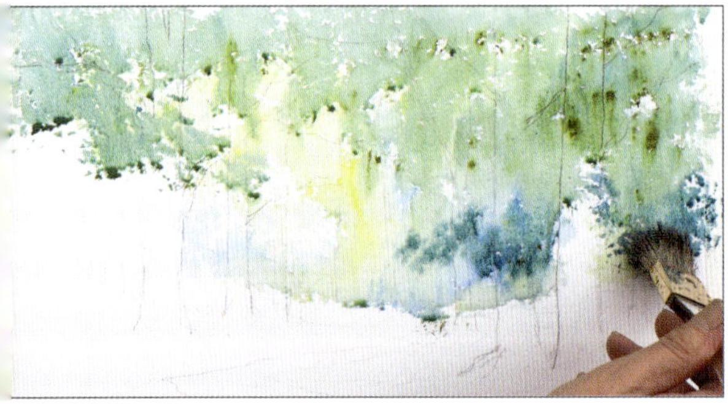

4 Tragen Sie am unteren Rand mehr Kobaltblau und Grüngold auf.

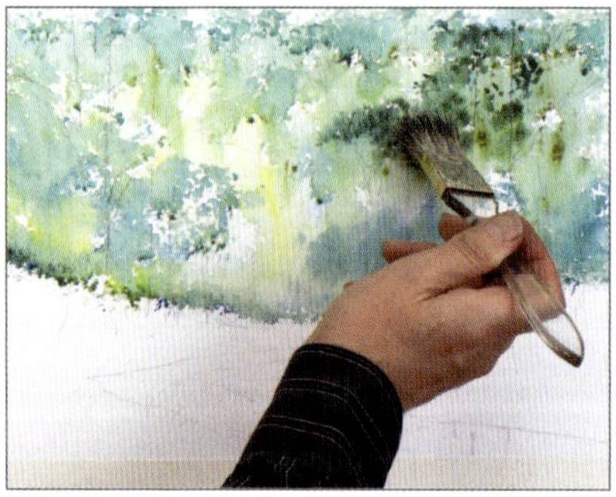

5 Während das Bild noch nass ist, tupfen Sie mit Kobaltblau gemachtes Hookersgrün auf.

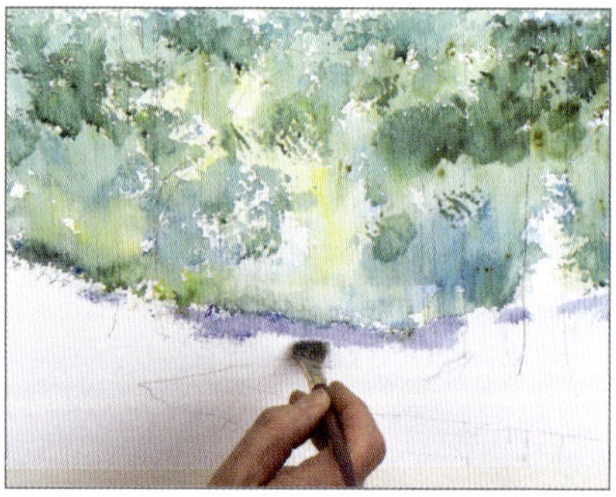

6 Mischen Sie aus Permanent Rosa und Kobaltblau einen hellen Glockenblumen-Ton, und tragen Sie ihn mit dem kleinen Borstenpinsel zunächst im Hintergrund auf.

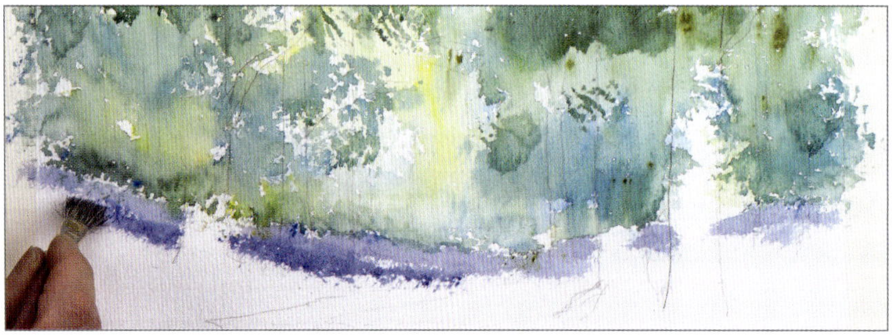

7 Arbeiten Sie schnell nass in nass, und tragen Sie weiter vorn eine etwas intensivere Mischung der Glockenblumenfarbe auf.

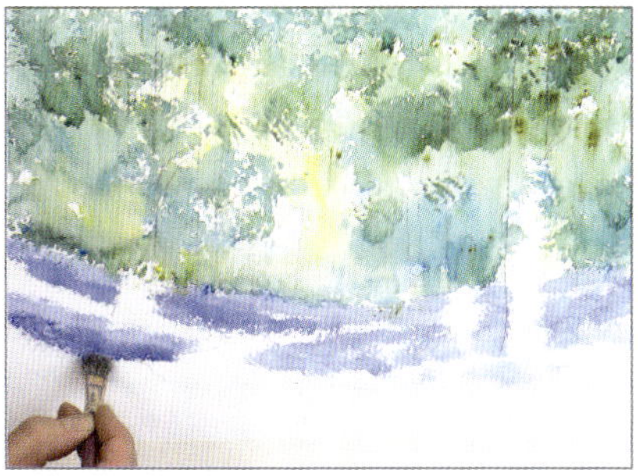

8 Tupfen Sie noch weiter vorn eine wiederum intensivere Mischung auf, und lassen Sie dabei, wie hier zu sehen, Lücken. Lassen Sie das Bild an der Luft trocknen.

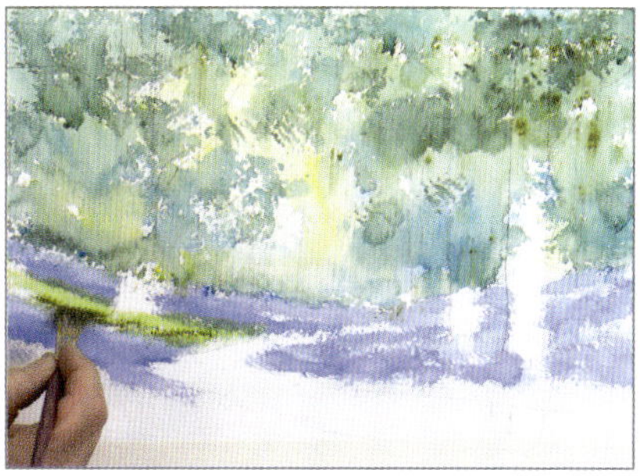

9 Tupfen Sie nass in trocken verdünntes, helles Grüngold zwischen die blauen Farbaufträge. Fügen Sie dann nass in nass Olivgrün hinzu.

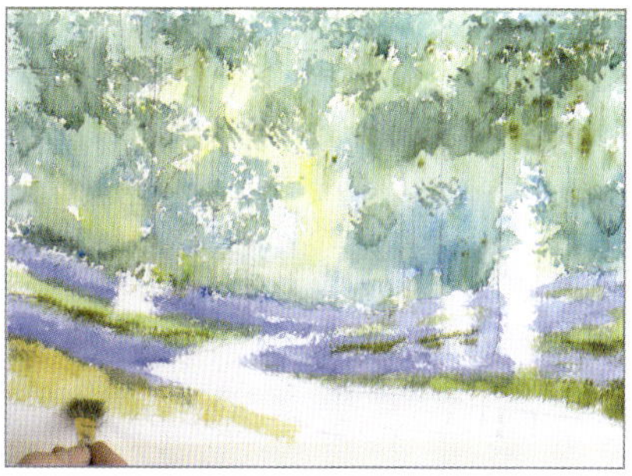

10 Fügen Sie zum Vordergrund hin eine Mischung aus Siena natur und Grüngold hinzu.

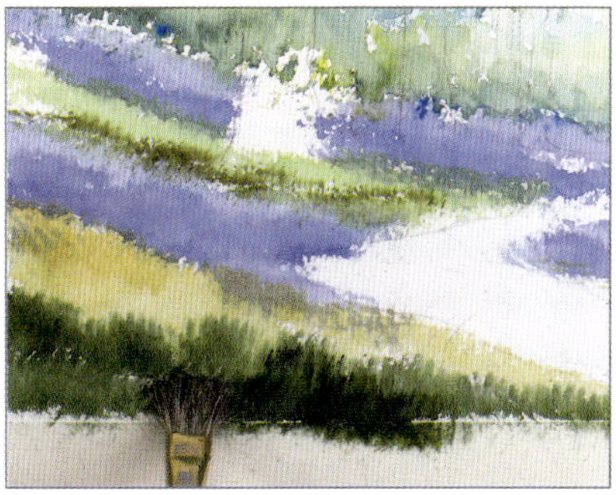

11 Tupfen Sie am unteren Bildrand Hookersgrün auf.

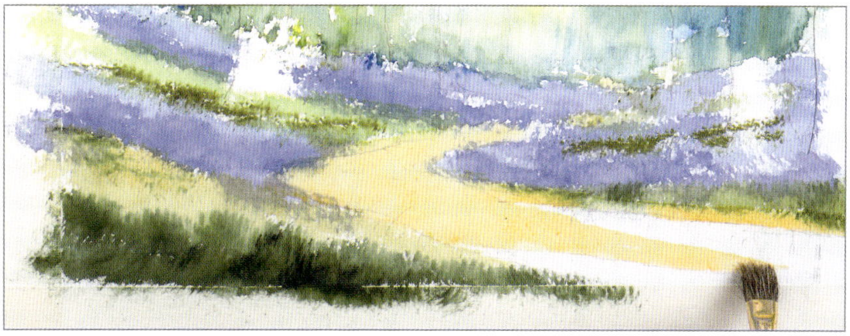

12 Malen Sie den Fußweg mit dem Effektpinsel und Siena natur, sodass er in der Ferne heller und weiter vorne farbintensiver ist.

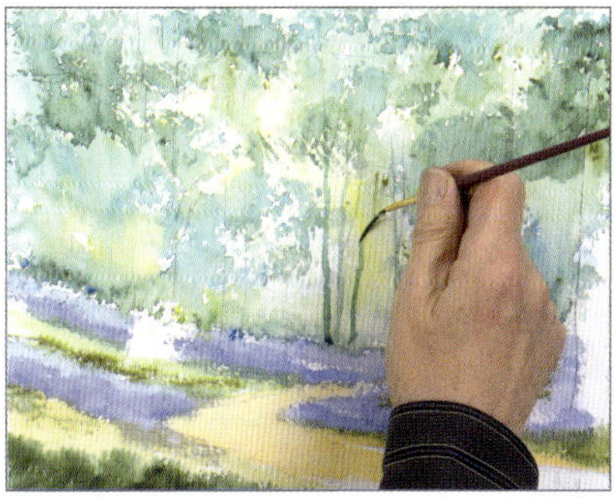

13 Wechseln Sie zum Schlepperpinsel und mischen Sie für die entfernt stehenden Bäume Kobaltblau mit Grüngold. Falls die Bleistiftlinien Ihrer Vorzeichnung durch Farbe verdeckt sind, können Sie sich an der Vorlage orientieren.

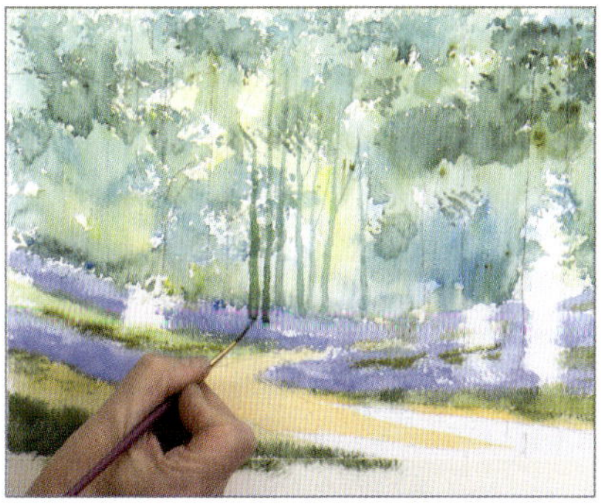

14 Malen Sie die etwas weiter vorn stehenden Bäume. Beginnen Sie dabei weiter unten, und verwenden Sie eine Mischung aus Kobaltblau und Olivgrün.

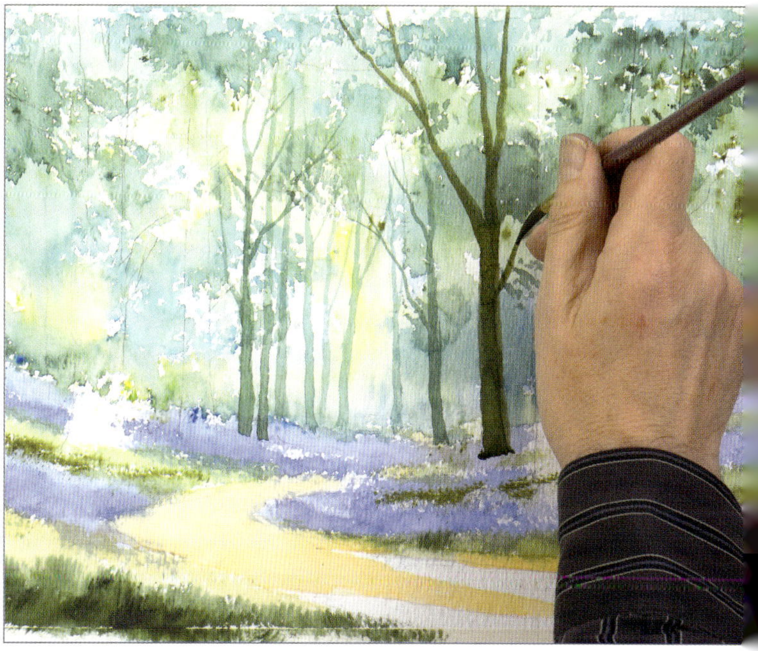

15 Malen Sie als Nächstes die Bäume im Mittelgrund mit einer Mischung aus Olivgrün und Umbra gebrannt.

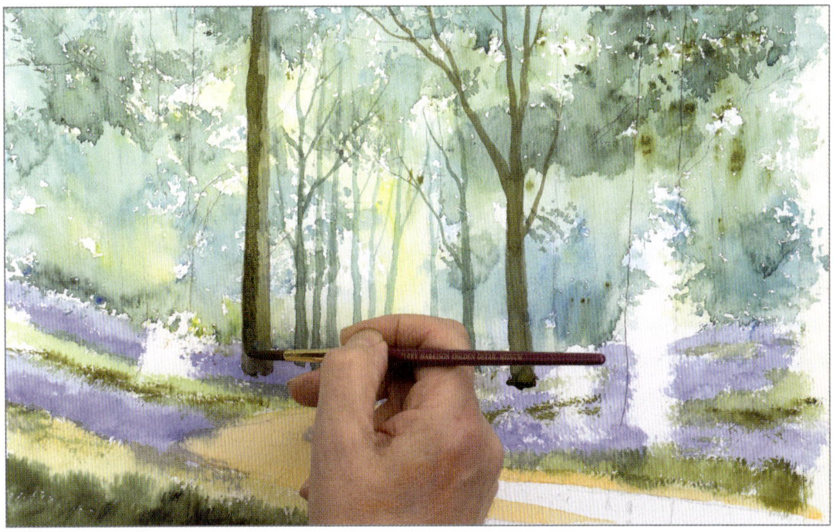

16 Stellen Sie eine dunklere Mischung derselben Farben her und setzen diese auf die linken Seiten der Bäume im Mittelgrund. So entsteht die Illusion von Licht, das von rechts auf die Szenerie fällt. Fügen Sie weitere Bäume hinzu, und schattieren Sie die jeweils linken Seiten.

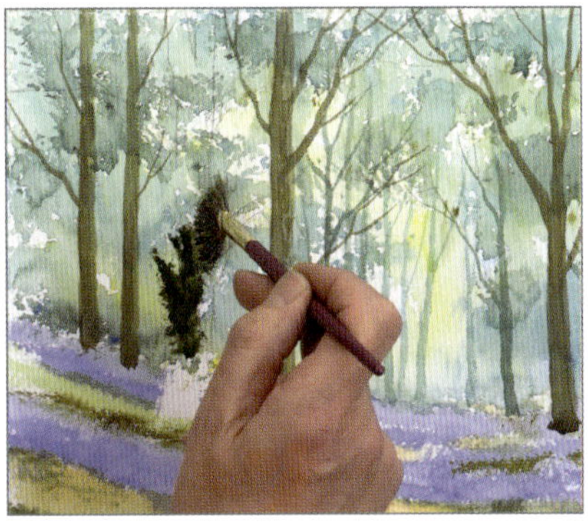

17 Tupfen Sie mit dem Fächerpinsel und einer dunklen Mischung aus Olivgrün und Umbra gebrannt Efeu auf den großen Baum links. Drücken Sie dabei den Pinsel in das Papier.

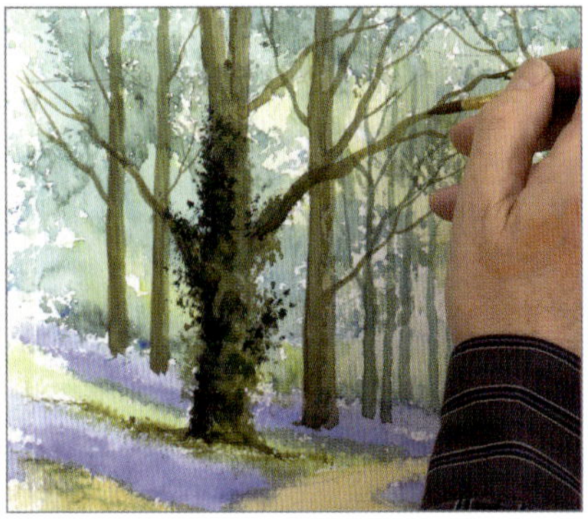

18 Malen Sie den Rest des Stammes und die Äste mit Olivgrün und Umbra gebrannt und dem Pinsel Nr. 8.

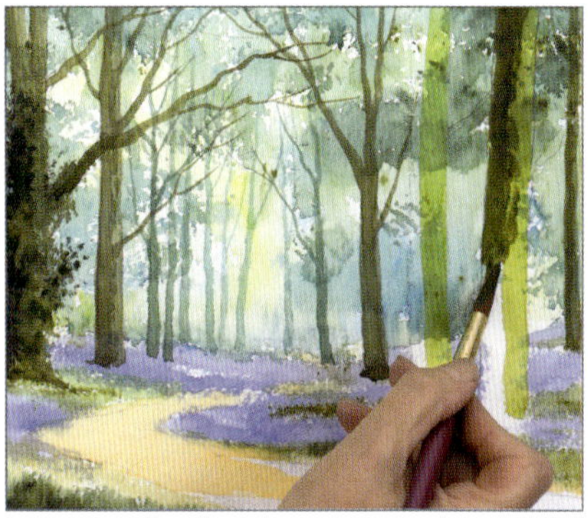

19 Malen Sie mit dem Pinsel Nr. 12 und einer Mischung aus Siena natur und Grüngold die rechten Seiten der beiden Bäume rechts.

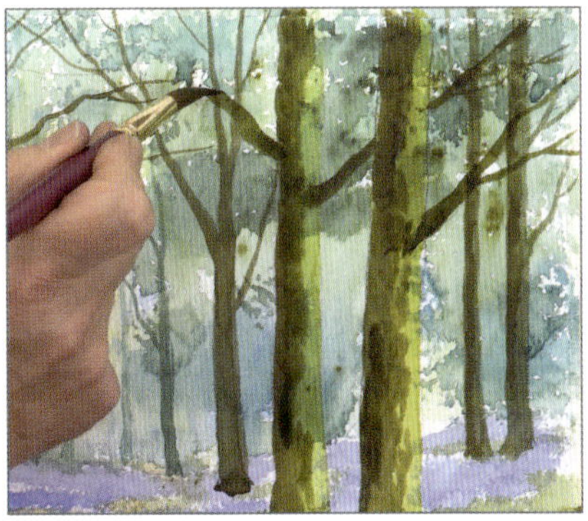

20 Fügen Sie mit derselben Farbmischung Zweige hinzu.

21 Tragen Sie im Bereich der Pfütze mit dem Pinsel Nr. 8 eine dünne Lasur Kobaltblau auf den Weg auf. Trocknen lassen.

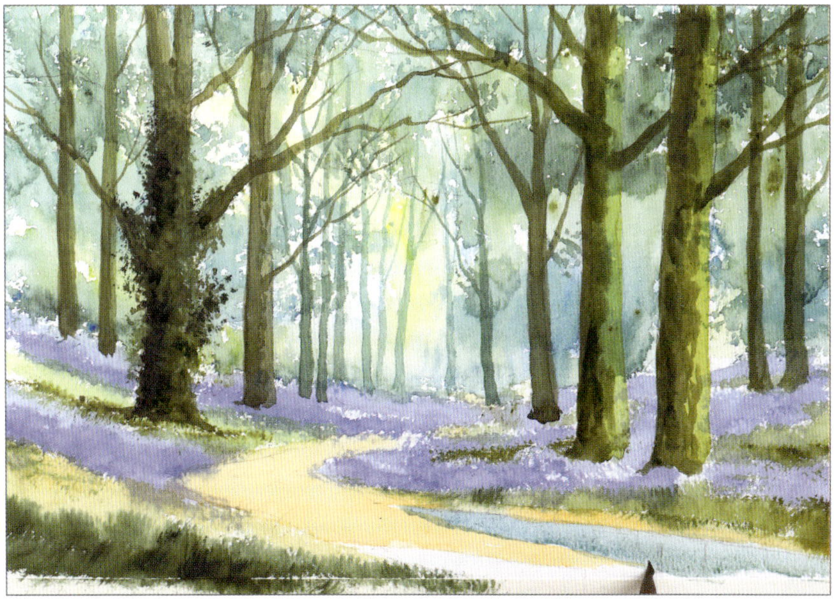

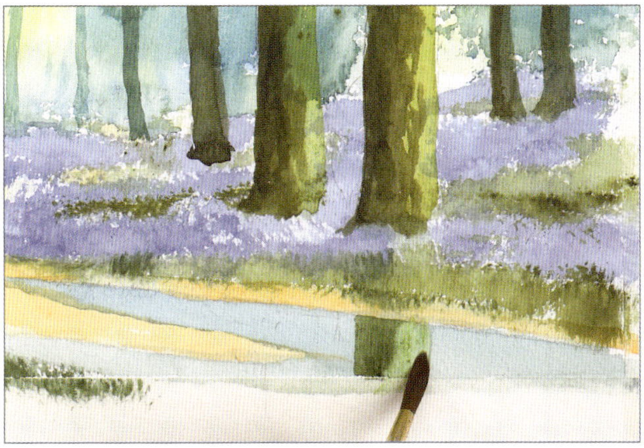

22 Malen Sie die Spiegelungen der Bäume mit Olivgrün für die Schattenseiten und mit Grüngold für die rechten Seiten.

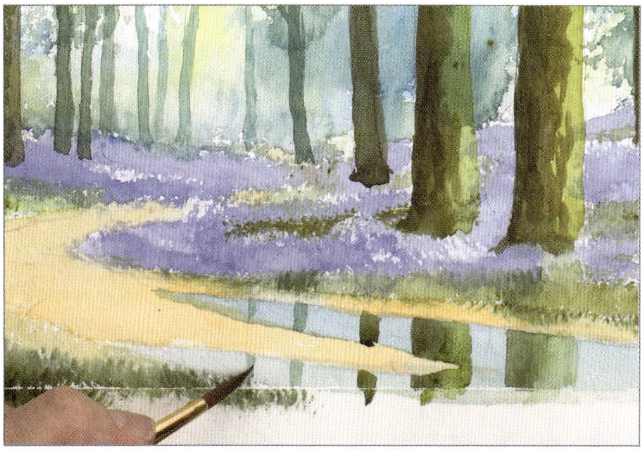

23 Malen Sie die Spiegelungen der weiter weg befindlichen Bäume mit einer stark verdünnten Mischung aus Kobaltblau und Olivgrün.

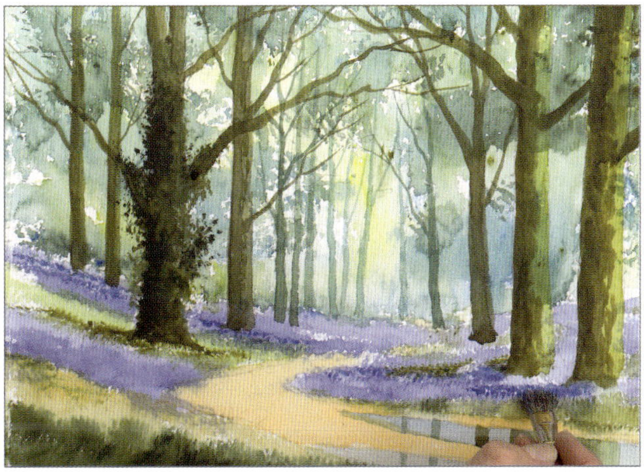

24 Mischen Sie Kobaltblau und Permanent Rosa, und tupfen Sie die Mischung in den Bereichen der Glockenblumen unter den Bäumen, um mehr Textur ins Bild zu bringen.

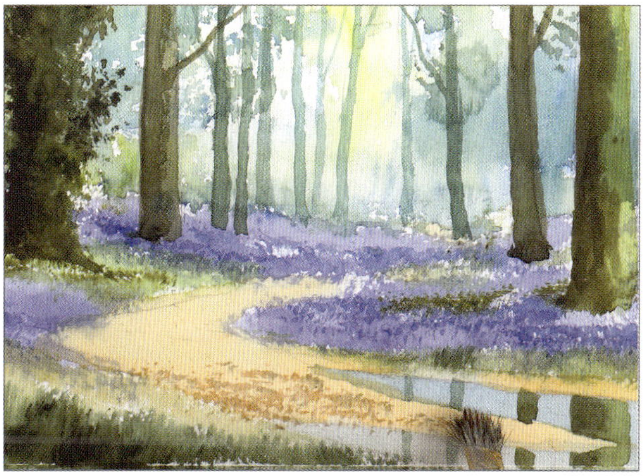

25 Legen Sie mit dem kleinen Borstenpinsel und verdünntem Siena gebrannt Textur auf den Weg.

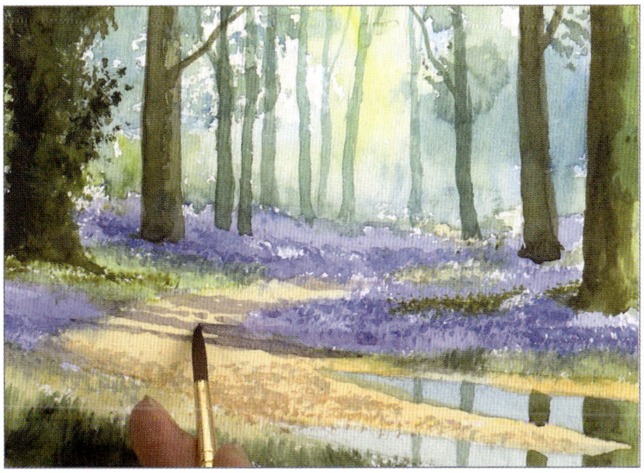

26 Wechseln Sie zum Pinsel Nr. 8 und malen Sie mit verdünnter Schattenfarbe die Baumschatten auf den Weg.

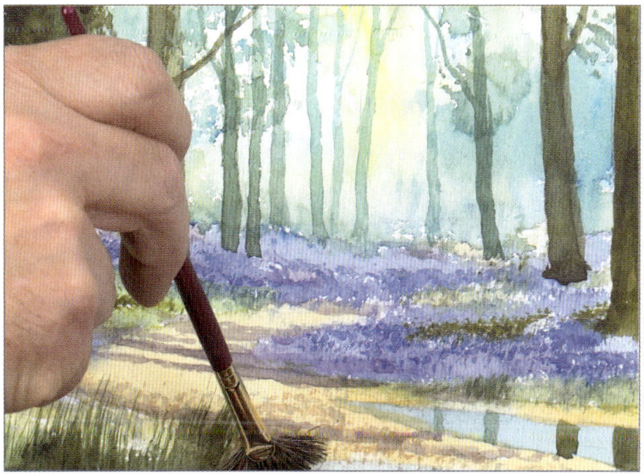

27 Nehmen Sie mit dem Fächerpinsel trockenes Hookersgrün auf, und schnicken Sie mit einer Aufwärtsbewegung die Gräser unten links im Bild.

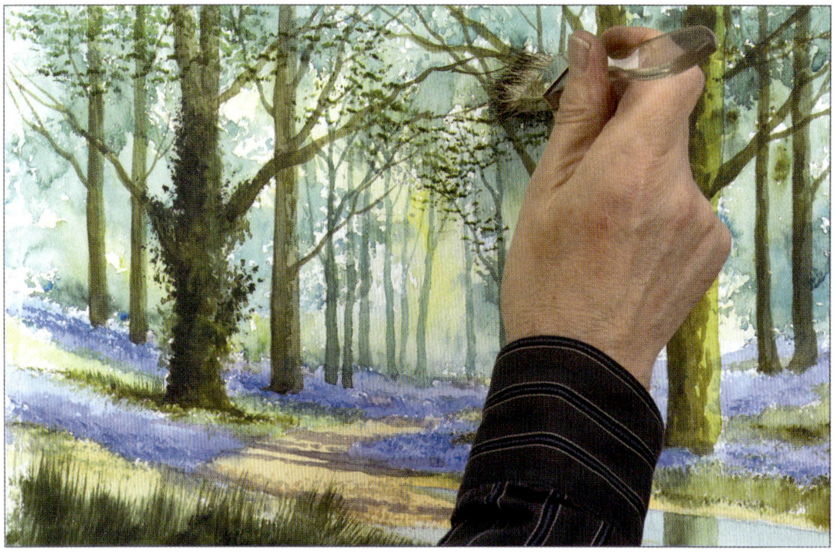

28 Nehmen Sie mit dem Mop-Pinsel trockenes Olivgrün auf, und tupfen Sie am oberen Bildrand mehr Laub auf die Bäume.

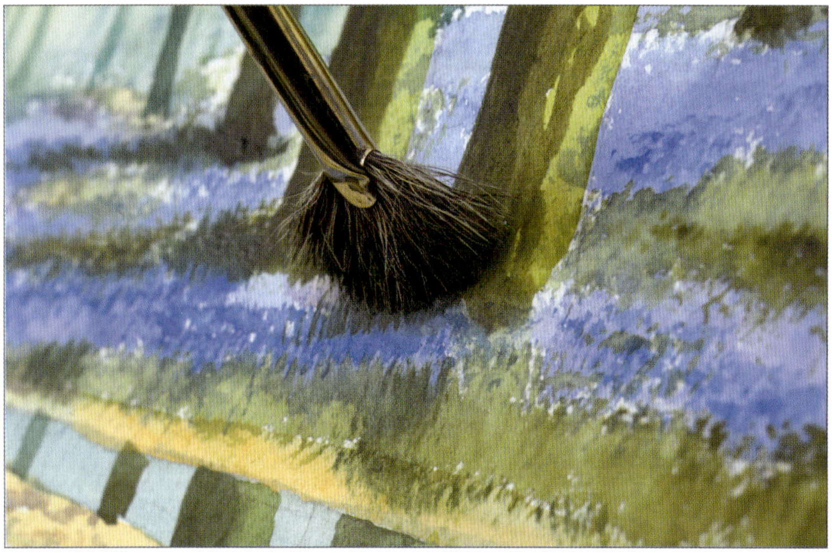

29 Tupfen Sie mit dem Fächerpinsel Hookersgrün unter die Bäume.

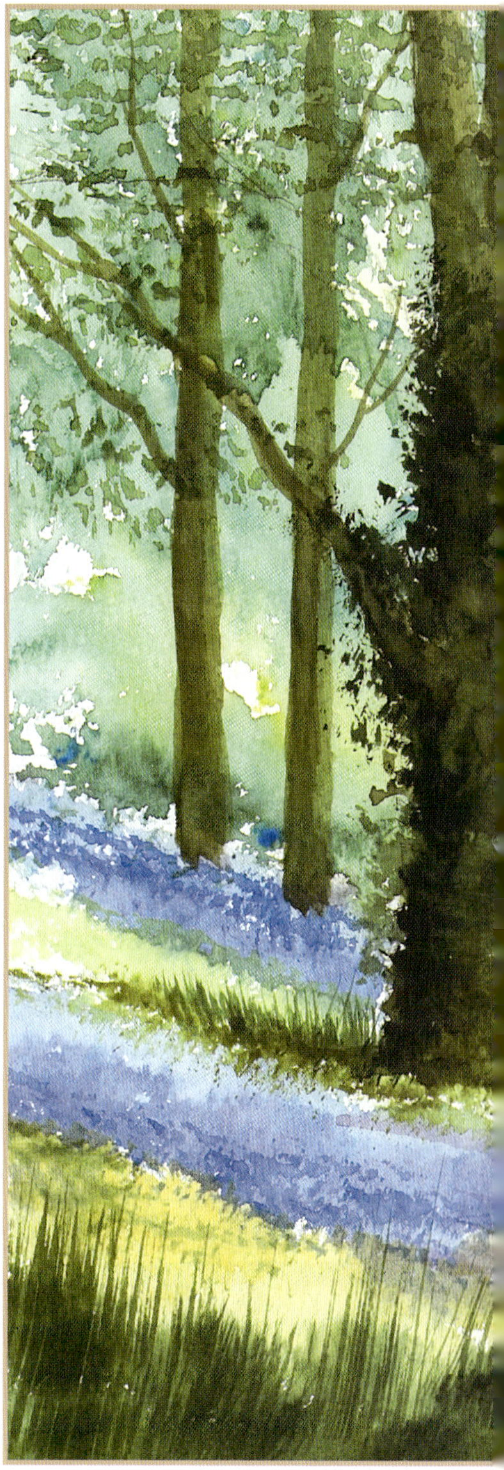

Das fertige Aquarell.

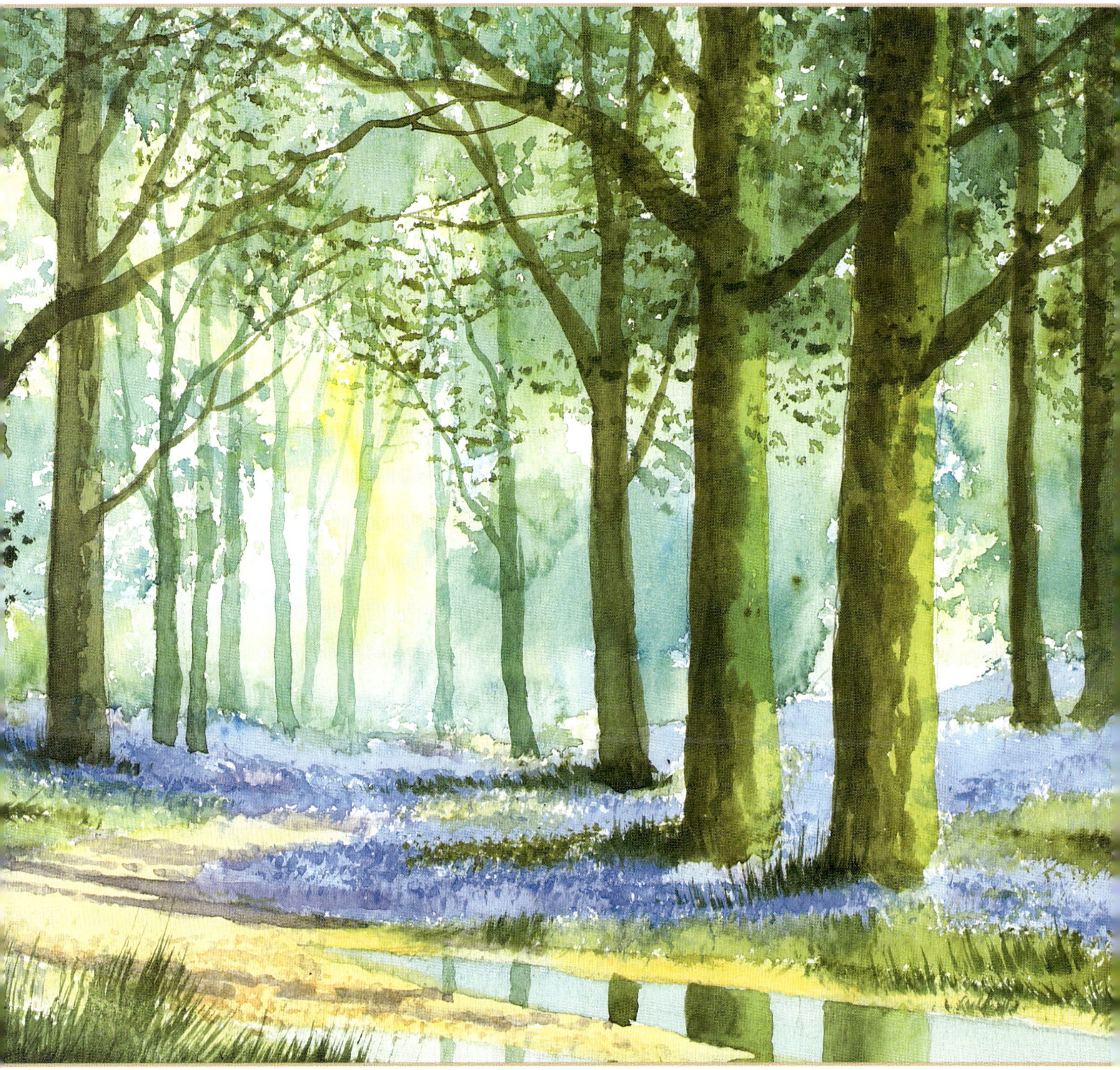

Brücke im Wald

VORLAGE 5

Dieses Motiv fängt den Moment ein, in dem Sie bei einem Spaziergang im Wald auf eine stille Szene treffen, die nur durch Vogelgezwitscher und das Plätschern des Wassers unterbrochen wird. Dann holen Sie schnell Ihre Farben hervor und zaubern ein Meisterwerk auf das Papier!

Diese Szene hat einen starken Fokus. Die Komposition leitet Sie durch das Bild und in die Ferne. Außerdem gibt es einen großen Bereich mit Spiegelungen.

MATERIAL

Aquarellpapier, rau, 300 g/m^2

Farben: Kobaltblau, Hookersgrün, Grüngold, Siena natur, Kadmiumgelb, Olivgrün, Siena gebrannt, Umbra gebrannt, Ultramarin, Permanent Rosa, Gelber Ocker

Mop-Pinsel aus Fehhaar, kleiner Borstenpinsel, Effektpinsel, Pinsel Nr. 8, Schlepperpinsel, Flachpinsel 19 mm, Fächerpinsel

Abdeckband

Maskierflüssigkeit, Maskierpinsel und Linierstift

Küchenpapier

Zeitschriftenseite

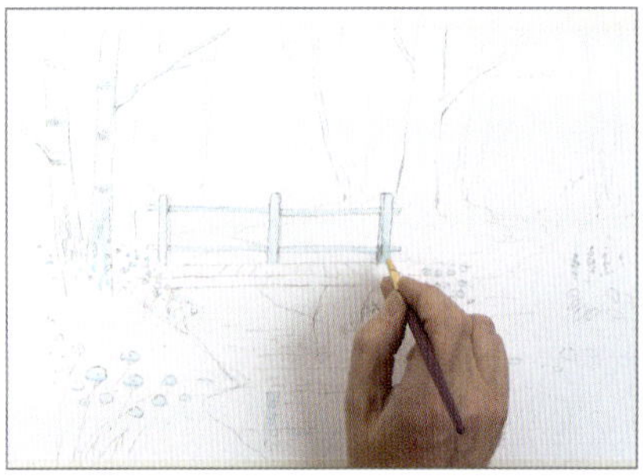

1 Übertragen Sie das Motiv und kleben Sie die Ränder mit Abdeckband ab. Tragen Sie Maskierflüssigkeit auf die Bäume, die Blumen, die Brücke und die Spiegelung der Brücke auf.

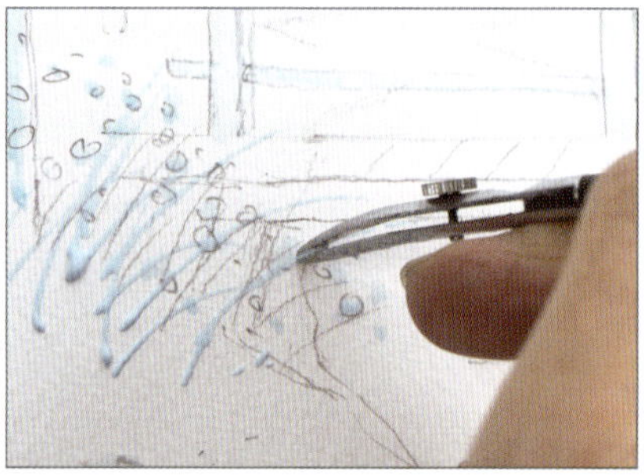

2 Decken Sie die Gräser und die Stängel des Wiesenkerbels mit dem Linierstift und Maskierflüssigkeit ab.

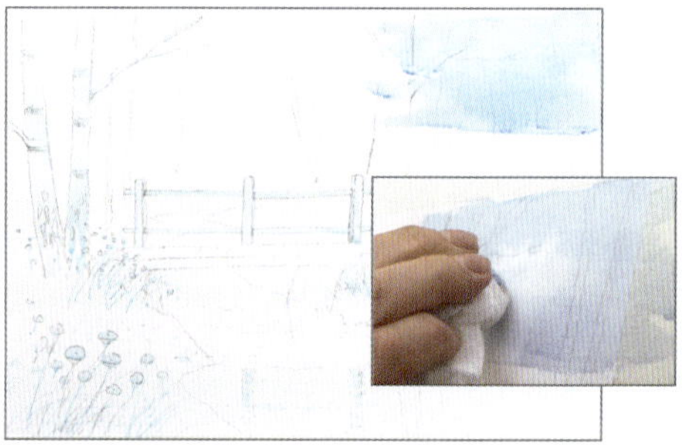

3 Legen Sie mit dem Mop-Pinsel eine Lasur von Kobaltblau in den Bereich des Himmels. Zerknüllen Sie ein Stück Küchenpapier, und heben Sie damit Farbe von dem nassen Auftrag ab, um Wolken zu erzeugen.

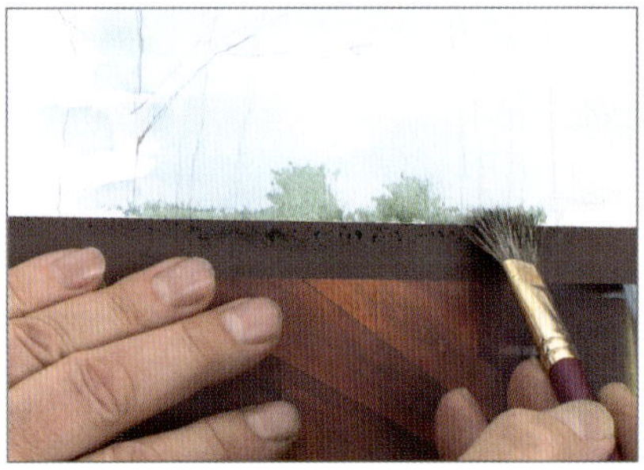

4 Decken Sie den Horizont mit einer Zeitschriftenseite ab, und tupfen Sie mit dem kleinen Borstenpinsel und verdünntem Hookersgrün die Hecke und die Bäume auf.

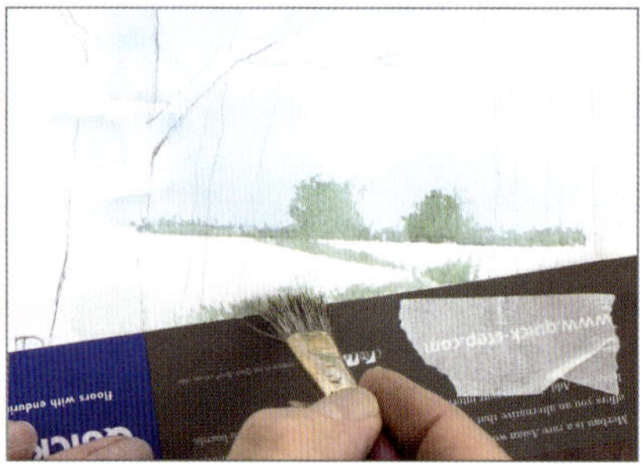

5 Legen Sie die Zeitschriftenseite in unterschiedlichen Winkeln auf, um nach vorne hin weitere Hecken zu malen.

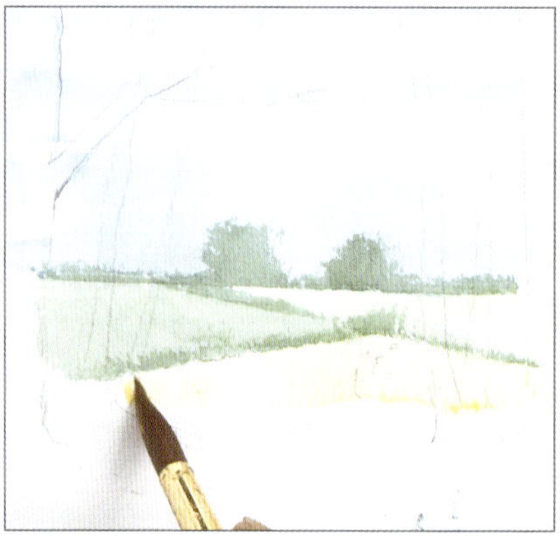

6 Legen Sie mit dem Pinsel Nr. 8 zarte Lasuren in die Felder, Hookersgrün links und Grüngold rechts. Malen Sie das nächste Feld mit einer Lasur aus verdünntem Siena natur.

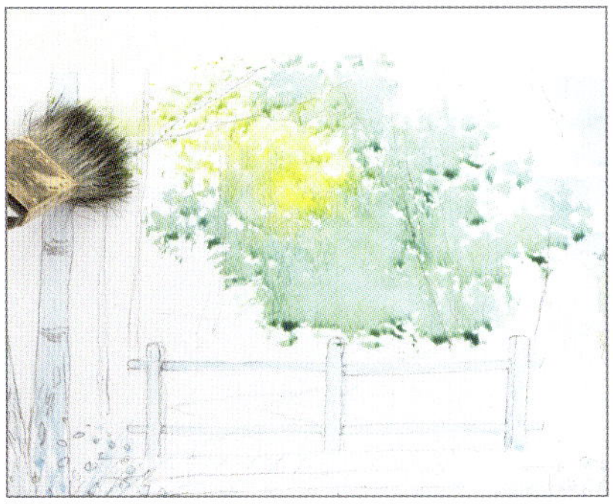

7 Tupfen Sie für das Laub mit dem Mop-Pinsel eine Mischung aus Kobaltblau und Grüngold auf. Lassen Sie dabei in der Mitte eine Lücke frei. Füllen Sie diese, indem Sie dann Kadmiumgelb hineintupfen.

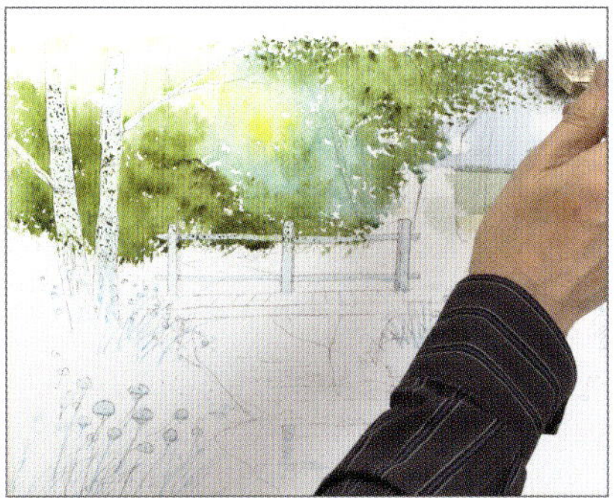

8 Fügen Sie Tupfer von Olivgrün über den maskierten Birken sowie im rechten Bildbereich hinzu.

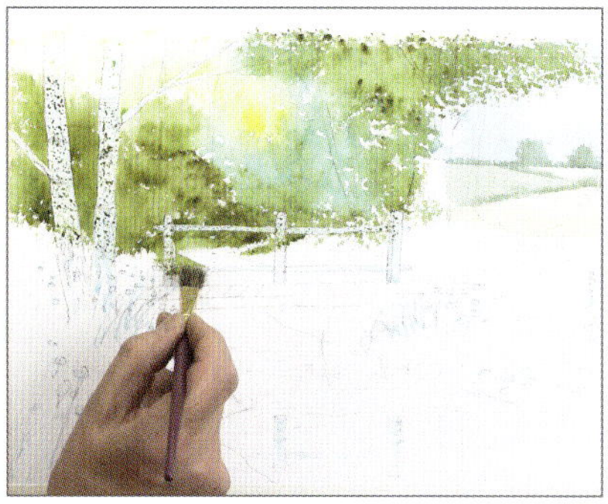

9 Wechseln Sie zum Effektpinsel, und malen Sie Olivgrün bis hinunter zum Wasser.

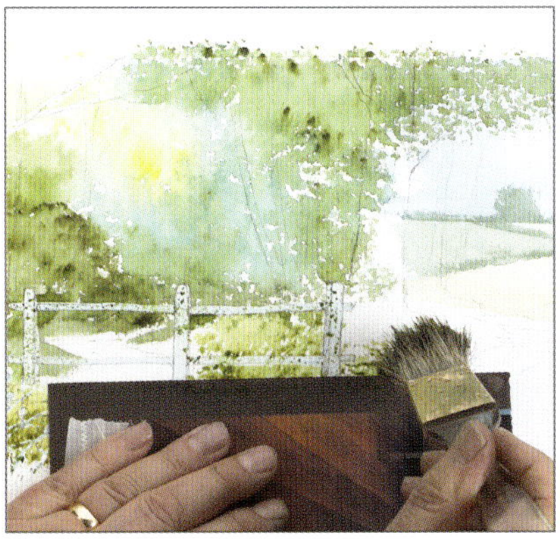

10 Decken Sie die kleine Brücke mit einer Zeitschriftenseite ab, und stricheln Sie über der Brücke mit dem Mop-Pinsel Siena natur und Grungold das Laub.

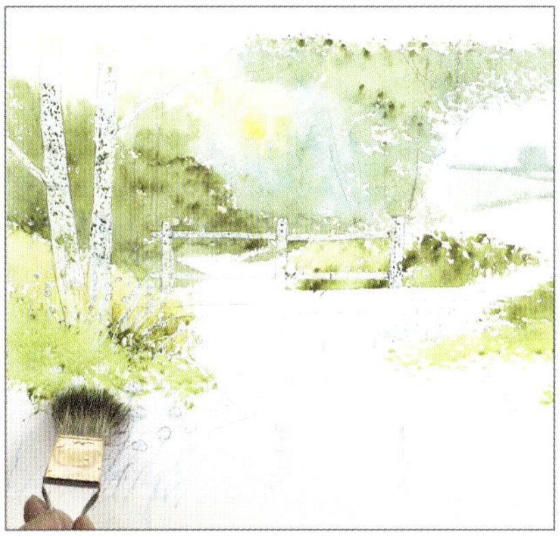

11 Tupfen Sie Grüngold in die grasbewachsenen Ufer des kleinen Flusses.

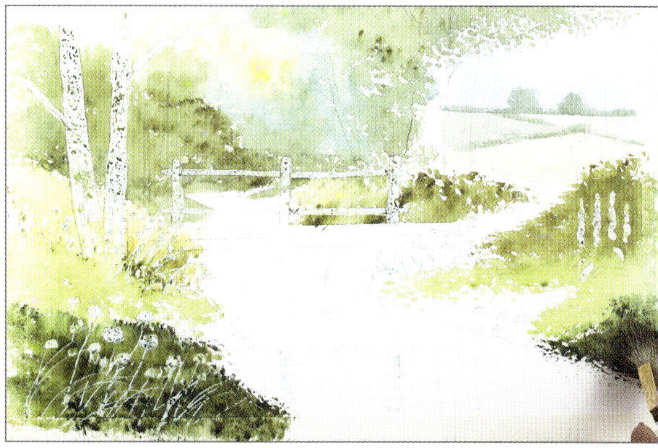

12 Malen Sie Hookersgrün gemischt mit Olivgrün in den Vordergrund rechts und links des Flüsschens. Trocknen lassen.

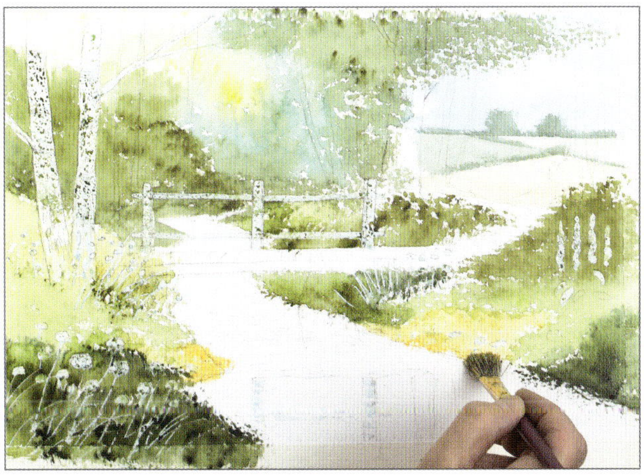

13 Malen Sie die sonnenbeschienen Bereiche auf beiden Seiten des kleinen Flusses mit dem kleinen Borstenpinsel und Siena natur. Arbeiten Sie dabei nass auf trocken.

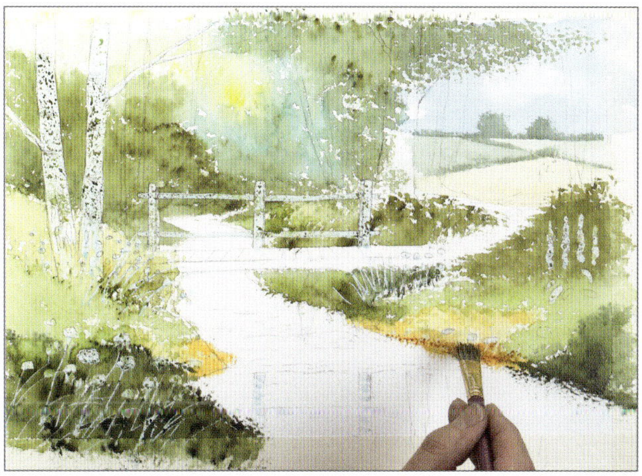

14 Geben Sie am Uferrand nass in nass etwas Siena gebrannt hinzu.

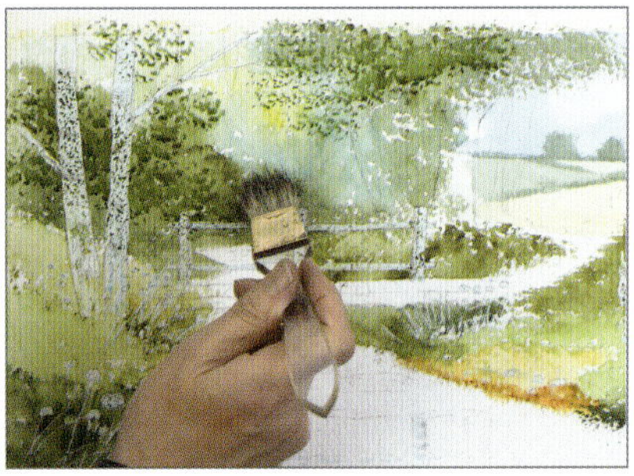

15 Der Hintergrund ist nun trocken. Tupfen Sie mit dem Mop-Pinsel trockenes Olivgrün auf, um in der Ferne den Eindruck von Laub zu erzeugen.

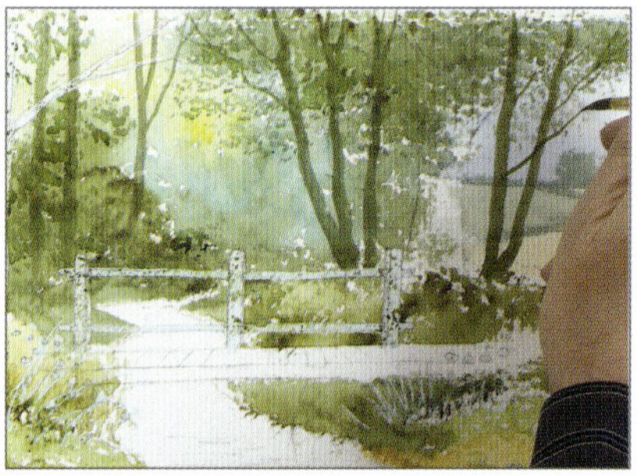

16 Malen Sie die entfernt stehenden Bäume mit dem Pinsel Nr. 8 und Umbra gebrannt, gemischt mit Olivgrün.

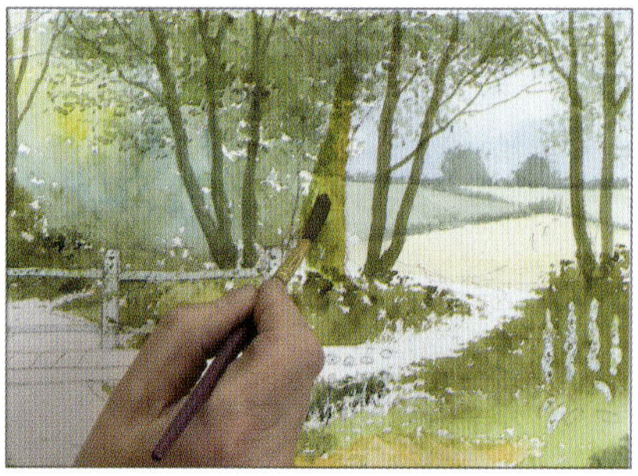

17 Malen Sie den großen Baumstamm auf der rechten Seite mit einer Mischung aus Siena natur und Grüngold.

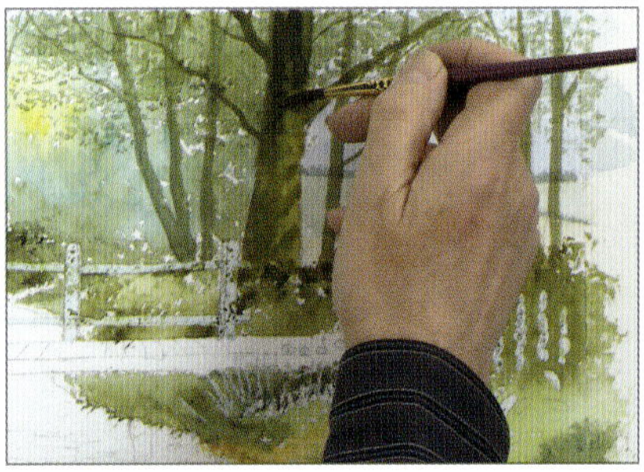

18 Malen Sie die Schattenseite des Baums nass in nass mit Umbra gebrannt und Olivgrün. Fügen Sie Textur hinzu.

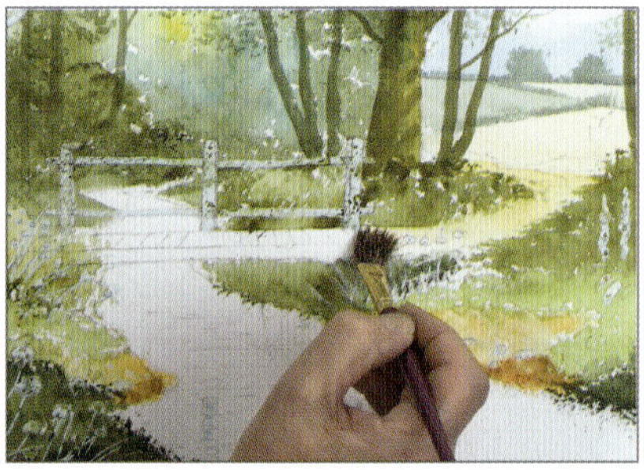

19 Malen Sie den Fußweg bis zur Brücke mit dem Effektpinsel und Siena natur.

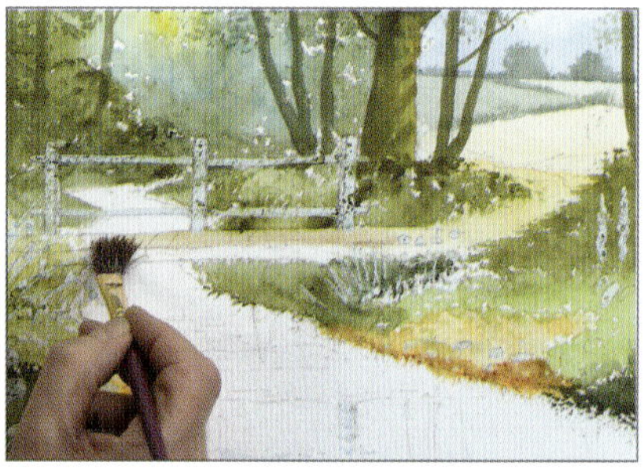

20 Fügen Sie für die Brücke der Mischung Umbra gebrannt hinzu.

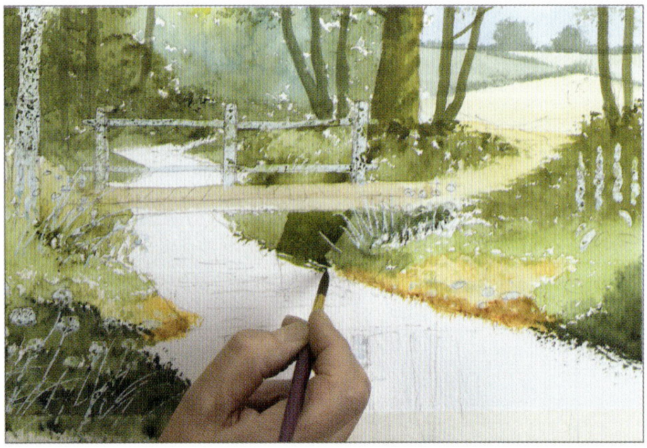

21 Malen Sie mit dem Pinsel Nr. 8 Olivgrün unter die Brücke. Trocknen lassen.

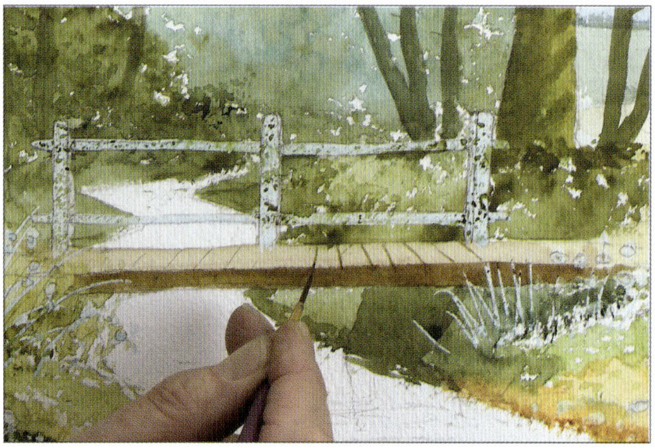

22 Malen Sie die Vorderseite der Brücke mit einer Mischung aus Umbra gebrannt und Olivgrün. Wechseln Sie dann zum Schlepperpinsel, um die Beplankung zu malen.

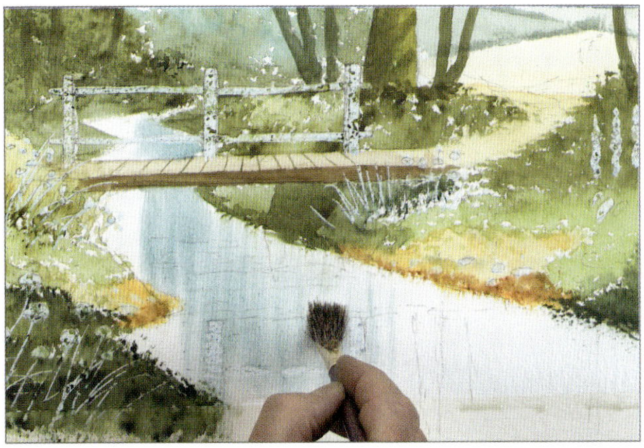

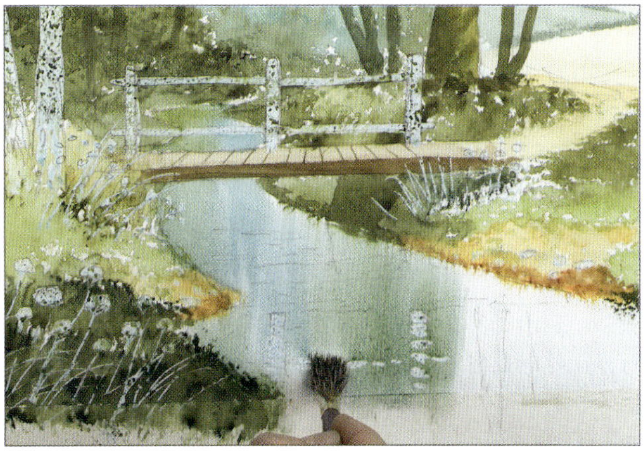

23 Feuchten Sie den Flussbereich mit sauberem Wasser an. Nehmen Sie dann mit dem Effektpinsel Kobaltblau und Olivgrün auf und verziehen die Farben nach unten.

24 Stellen Sie eine grünlichere Mischung aus Olivgrün mit einem Hauch Kobaltblau her, und ziehen Sie sie nass in nass weiter nach unten in den Bereich des Wassers.

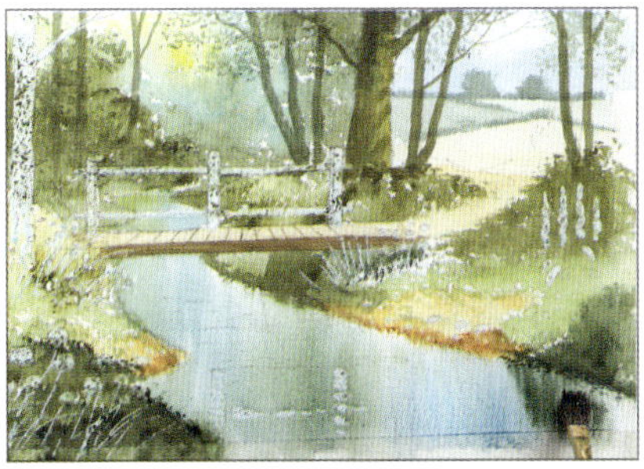

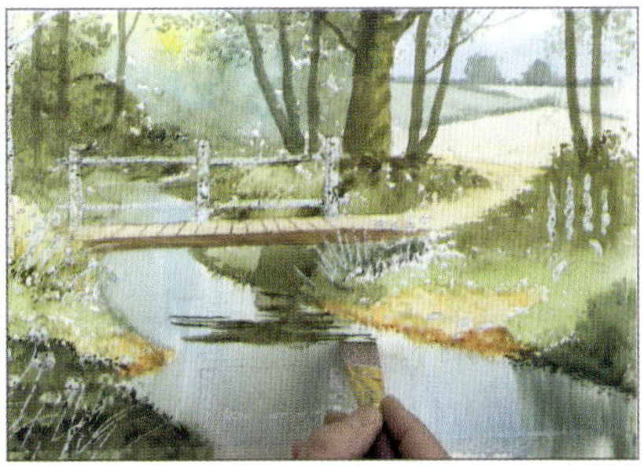

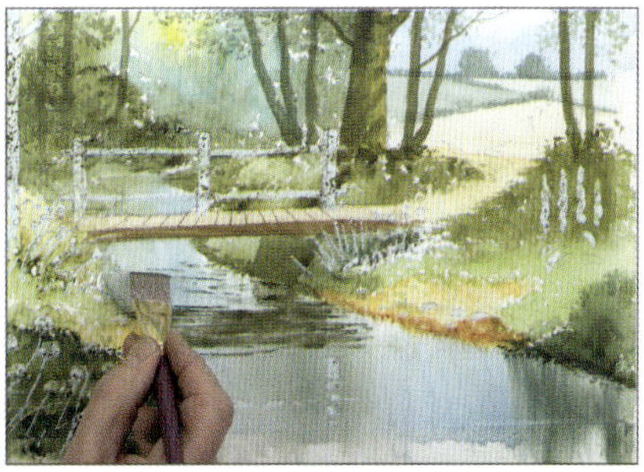

25 Fügen Sie auf der rechten Seite Kobaltblau und dann Hookersgrün hinzu, und verziehen Sie die Farben nass in nass nach unten.

26 Malen Sie mit 19-mm-Flachpinsel und Olivgrün die Spiegelung der dunklen Unterseite der Brücke. Bewegen Sie dazu den Pinsel von einer Seite zur anderen Seite.

27 Stellen Sie eine helle Mischung aus Kobaltblau und Olivgrün her, und malen Sie damit die kleineren Wellen jenseits der Spiegelung der Brücke.

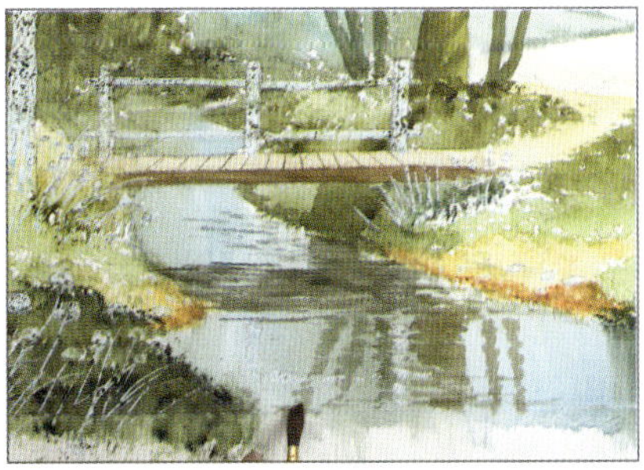

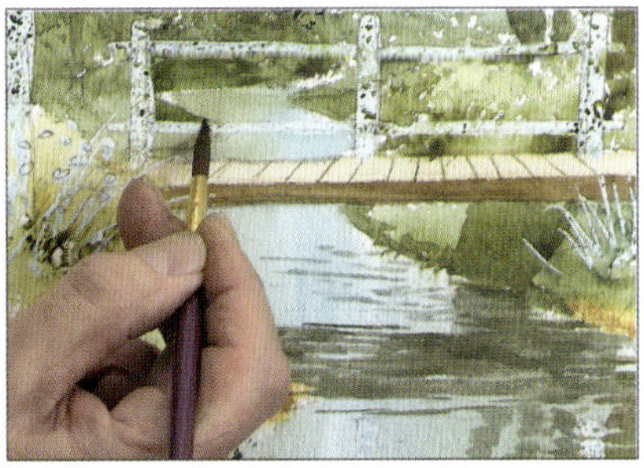

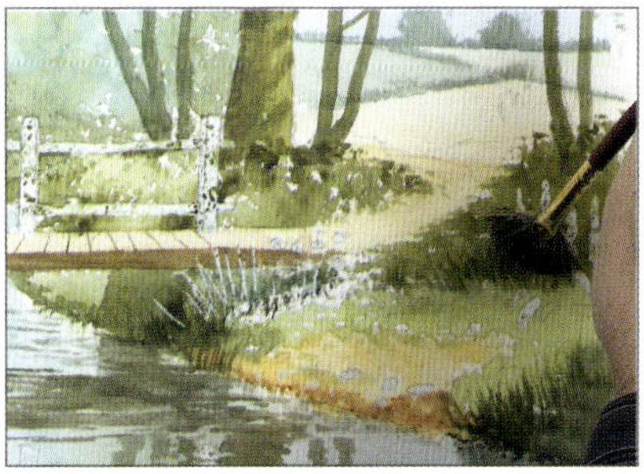

28 Malen Sie die Spiegelungen der Bäume hinter der Brücke mit dem Pinsel Nr. 8 und Olivgrün mit Umbra gebrannt. Unterbrechen Sie die Spiegelungen, um eine gekräuselte Wasseroberfläche anzudeuten.

29 Dunkeln Sie das Ufer mit Olivgrün ab und heben so den Kontrast zum Wasser hervor.

30 Wechseln Sie zum Fächerpinsel, und legen Sie Dunkelheiten unter die Silberbirke und hinter die Blumen im Vordergrund. Setzen Sie die Gräser mit Olivgrün in einer Aufwärtsbewegung auf das Papier.

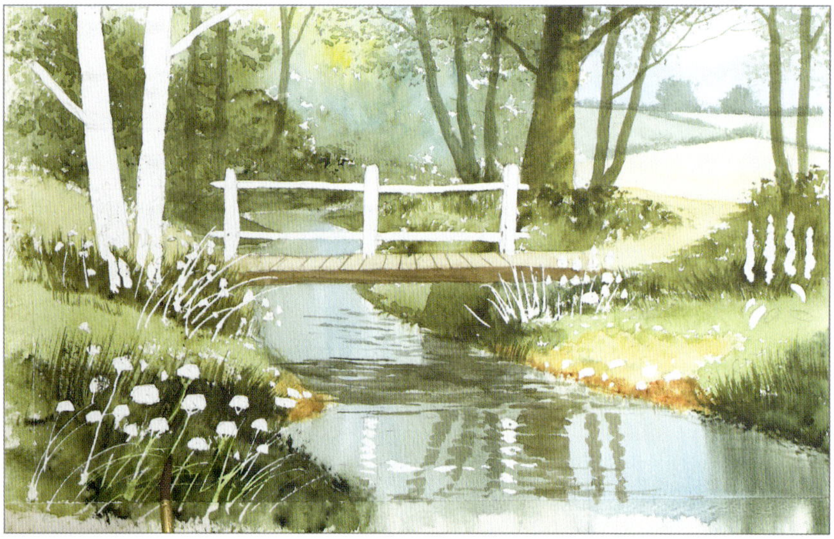

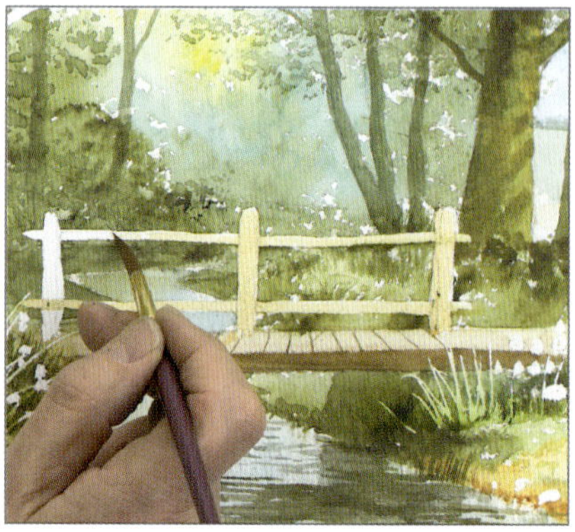

32 Malen Sie das Brückengeländer mit einer verdünnten Mischung aus Siena natur und Umbra gebrannt.

31 Lassen Sie das Bild an der Luft trocknen. Entfernen Sie die Maskierflüssigkeit, indem Sie sie mit sauberen Fingern abreiben. Malen Sie die Gräser und Stängel mit Grüngold und dem Pinsel Nr. 8.

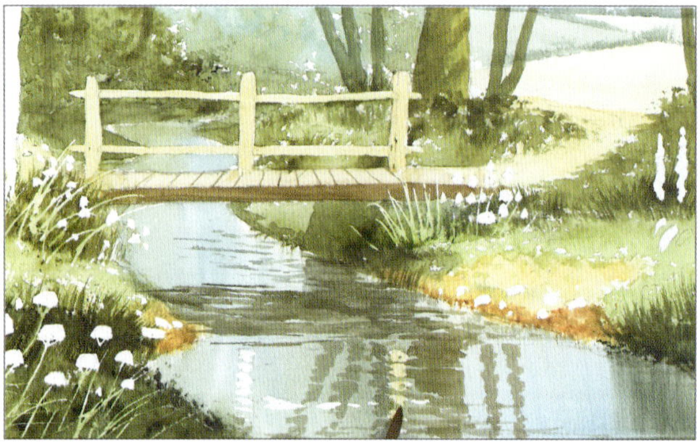

33 Malen Sie die Spiegelung der sonnenbeschienenen Brückenoberseite mit der gleichen Farbe.

34 Malen Sie die Spiegelung der verschatteten Brückenvorderseite mit Umbra gebrannt und Olivgrün.

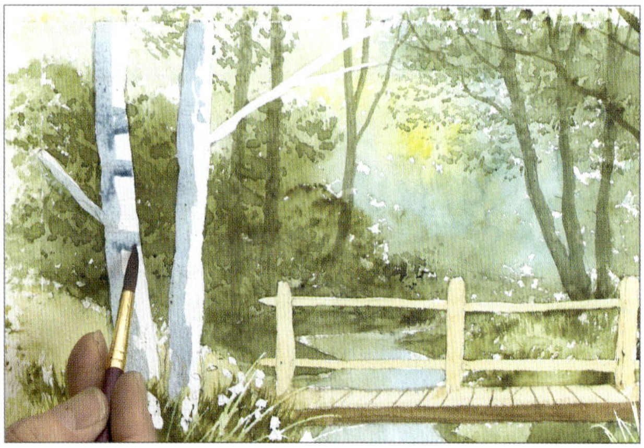

35 Malen Sie die linke Seite der Silberbirke mit einer Mischung aus Kobaltblau und ein wenig Umbra gebrannt. Deuten Sie die fleckige Rinde mit horizontalen Pinselstrichen an.

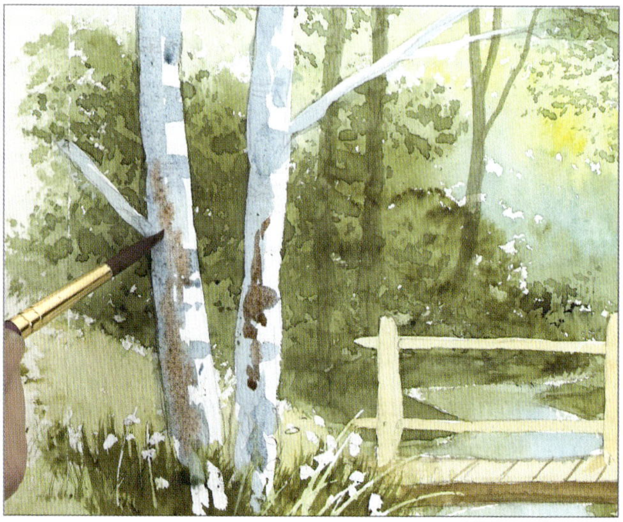

36 Tropfen Sie Umbra gebrannt ein, solange die Farbe noch nass ist. Trocknen lassen.

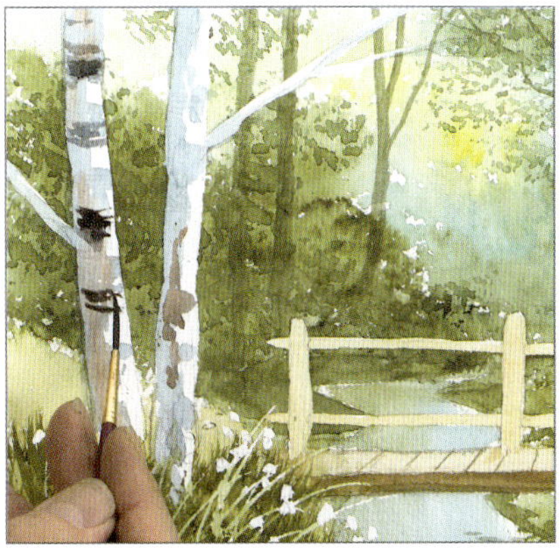

37 Mischen Sie Ultramarin und Umbra gebrannt. Für die abgerissene Rindenstruktur halten Sie den Schlepperpinsel fast flach und ziehen ihn seitlich nass auf trocken für den Baumstamm.

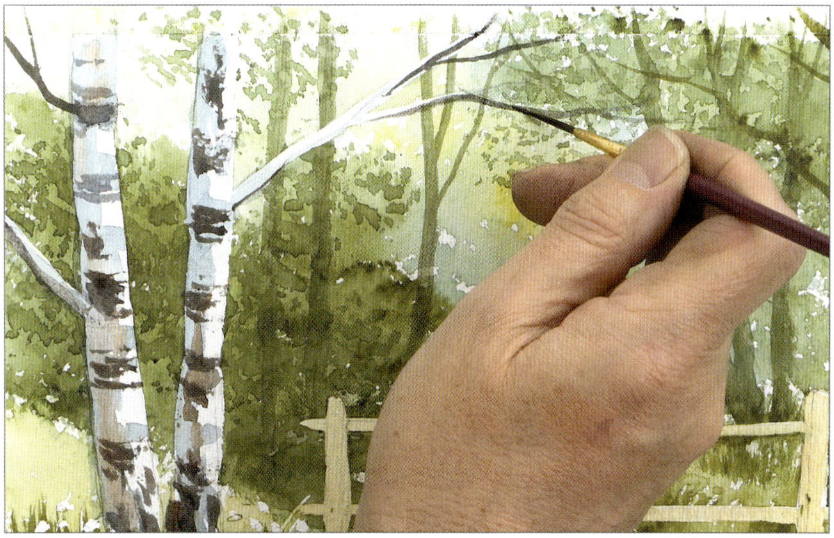

38 Malen Sie mit demselben Pinsel und derselben Farbe die feinen Äste.

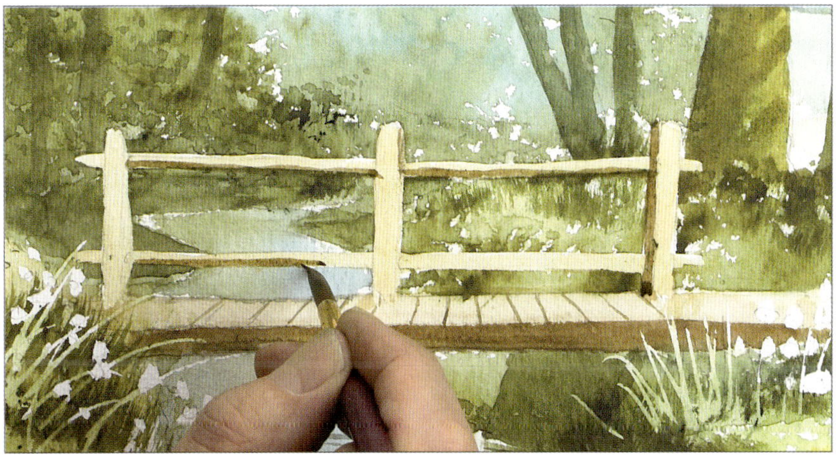

39 Mischen Sie Umbra gebrannt und Olivgrün, und schattieren Sie mit dem Pinsel Nr. 8 die Pfosten und das Geländer der Brücke.

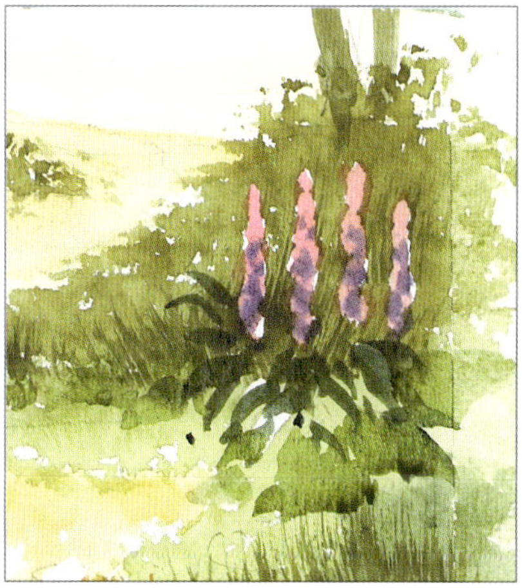

40 Malen Sie die Fingerhüte mit einer Lavur aus Permanent Rosa. Solange die Farbe noch feucht ist, geben Sie einen Hauch von Kobaltblau und Permanent Rosa hinzu. Malen Sie die Blätter mit Hookersgrün.

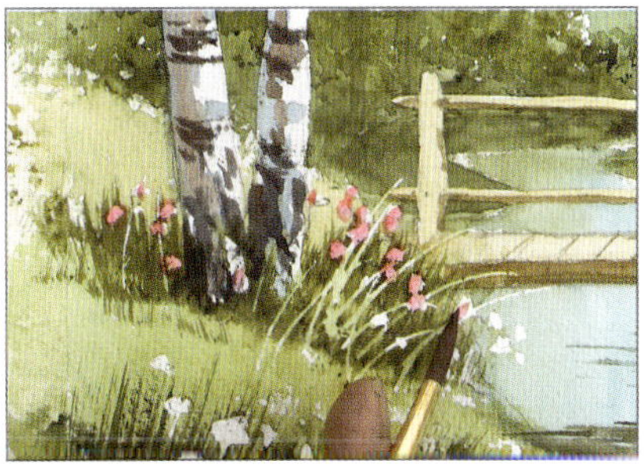

41 Verwenden Sie Permanent Rosa für die Blumen im Mittelgrund.

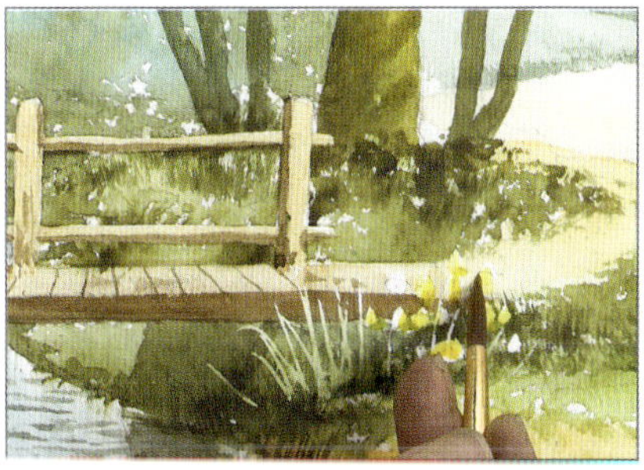

42 Malen Sie die Blumen rechts vom Steg mit Kadmiumgelb.

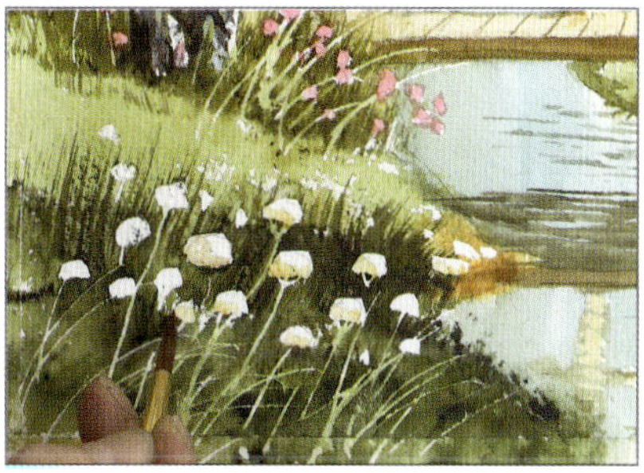

43 Mischen Sie Gelber Ocker verdünnt an, und tropfen Sie es in die schattierten Seiten der Wiesenkerbelblüten und lassen dabei etwas Papierweiß stehen.

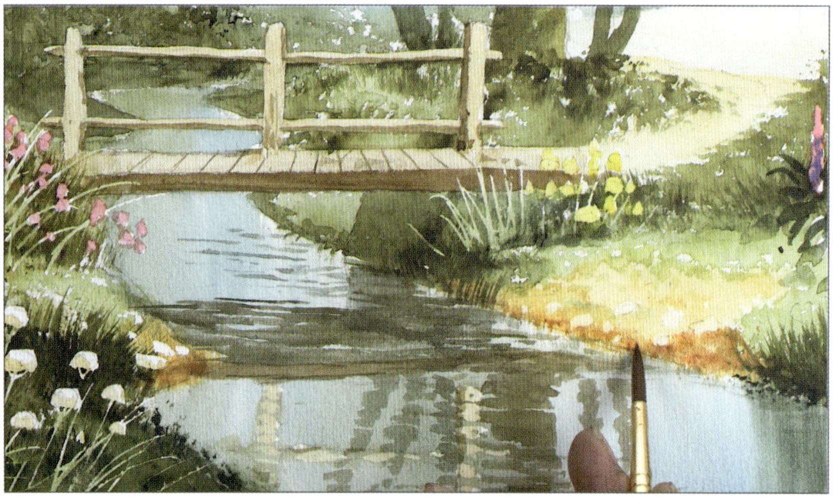

44 Malen Sie Siena natur über die verbleibenden weißen Bereiche am Ufer.

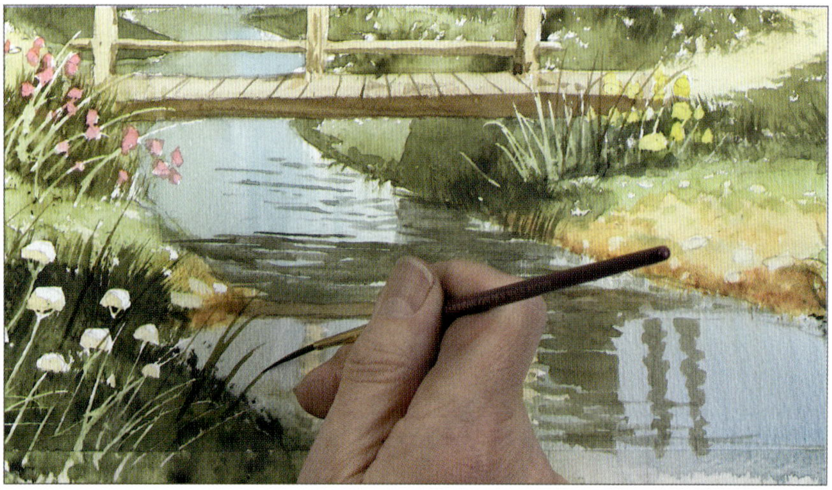

45 Fügen Sie mit dem Schlepper und Hookersgrün ein paar Gräser hinzu.

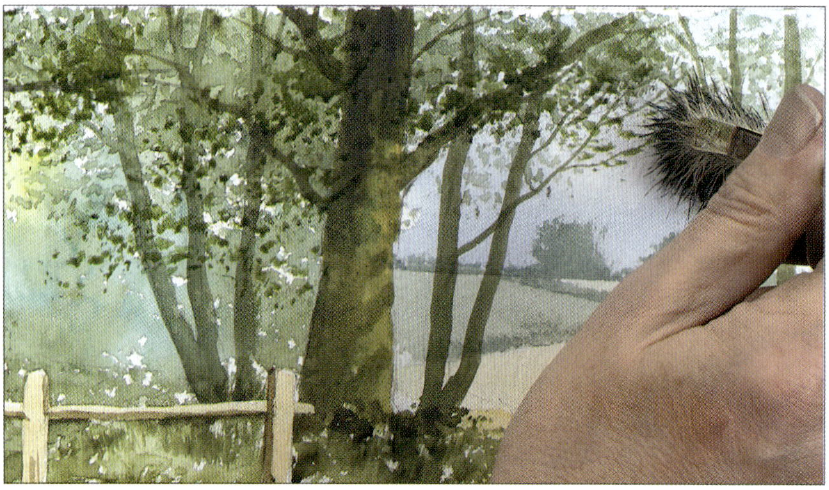

46 Nehmen Sie mit dem Mop-Pinsel ein wenig Olivgrün auf, und stricheln Sie am oberen Bildrand weiteres Laub.

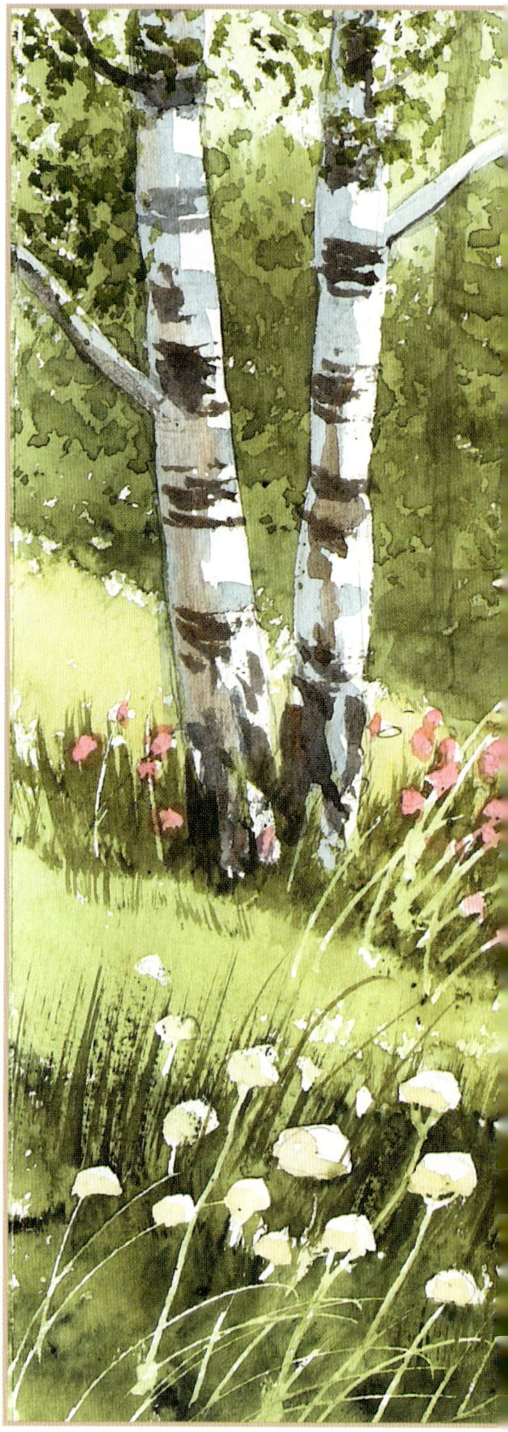

Das fertige Aquarell.

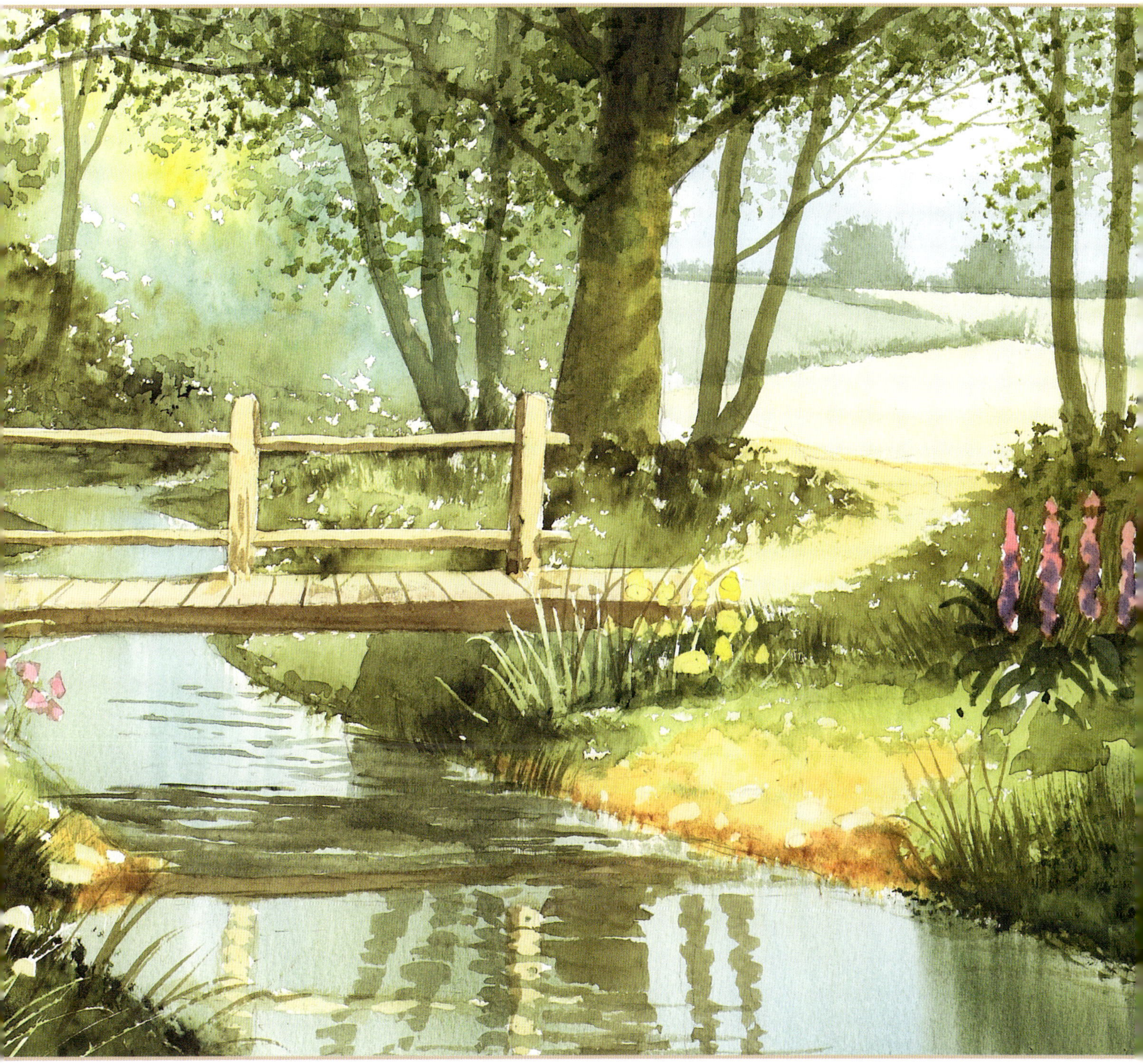

Brücke im New Forest

VORLAGE 6

Der Herbst im New Forest ist eine magische Zeit im Jahr; die Farben sind wunderbar. Diese Brücke befindet sich in einem Teil des Waldes, der Pig's Bush genannt wird, ein unglücklicher Name für einen so schönen Ort. Die hier gezeigte Brücke wurde inzwischen durch eine neuere ersetzt, aber das Original ist ein viel ansprechenderes Malmotiv.

Die meisten Baumstämme sind recht dunkel und heben sich von den Gold- und hellen Rottönen des Laubs im Hintergrund ab. Der Schatten über dem Weg im unteren Bildbereich trägt dazu bei, die Brücke als Bildschwerpunkt einzurahmen. Diese Szenerie kann leicht in eine Sommerlandschaft umgewandelt werden, indem man Grüntöne für das Laub verwendet: Grüngold ersetzt die Goldtöne, Olivgrün die Rottöne, und Hookersgrün die dunklen Brauntöne.

MATERIAL

- Aquarellpapier, rau, 300 g/m²
- Farben: Ultramarin, Kadmiumgelb, Siena natur, Kadmiumrot, Kobaltblau, Alizarin-Karmesin Siena gebrannt, Grüngold, Umbra gebrannt, Olivgrün, Schattenfarbe
- Mop-Pinsel aus Fehhaar, kleiner Borstenpinsel, Pinsel Nr. 8 und 12, Schlepperpinsel, Fächerpinsel
- Maskierflüssigkeit, Maskierpinsel und Linierstift
- Abdeckpapier

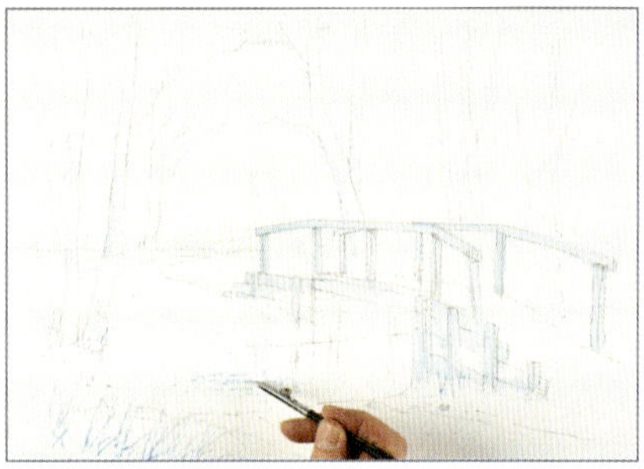

1 Tragen Sie mit dem Pinsel Maskierflüssigkeit auf die Brücke, die Wellen im Wasser und die sonnenbeschienenen Seiten einiger Baumstämme auf. Decken Sie dann mit dem Linierstift die Gräser ab.

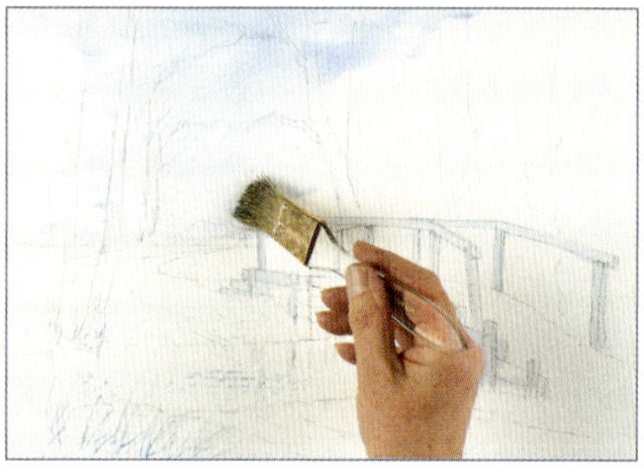

2 Feuchten Sie mit dem Mop-Pinsel und sauberem Wasser einen kleinen Bereich des Himmels an, und geben Sie Ultramarinblau hinein, sodass ein blauer Fleck entsteht.

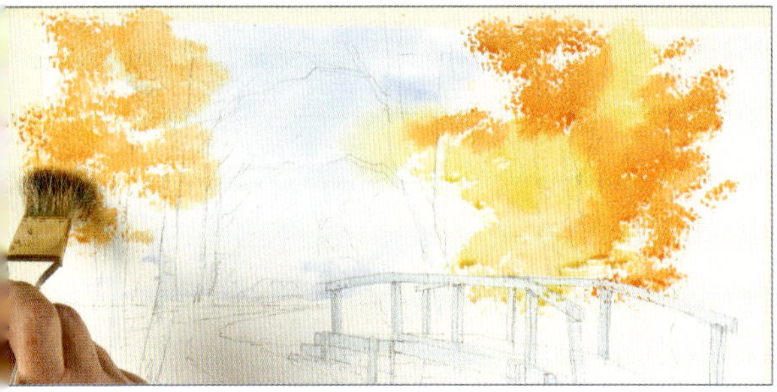

3 Tupfen Sie mit Kadmiumgelb und Siena natur helles Laub auf der rechten Seite auf. Solange dieser Bereich noch nass ist, tupfen Sie Kadmiumrot und Kadmiumgelb zunächst in den Bereich darüber und dann auf die linke Bildseite. Trocknen lassen.

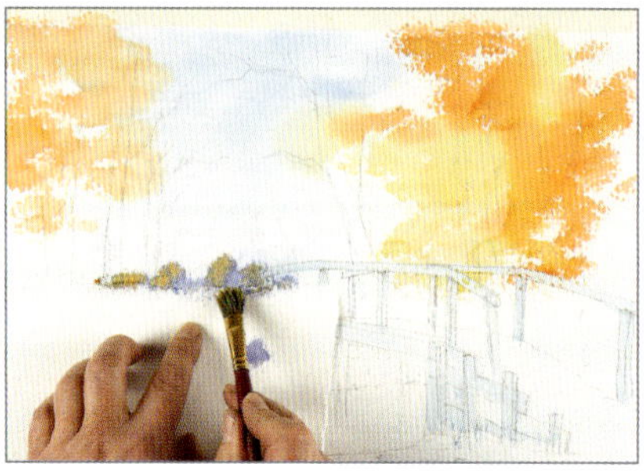

4 Legen Sie ein Abdeckpapier an und tupfen die Bäume in der Ferne mit dem kleinen Borstenpinsel und einer Mischung aus Kobaltblau und einem Hauch von Alizarin-Karmesin. Während dies noch nass ist, tupfen Sie Kadmiumrot und Kadmiumgelb auf die sonnenbeschienenen linken Seiten dieser Bäume.

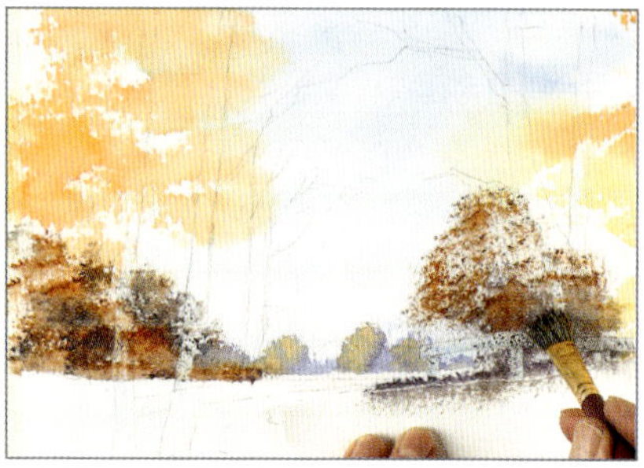

5 Auf dieselbe Weise stricheln Sie die unteren Bereiche des Waldes auf der linken Seite mit Kobaltblau, Alizarin-Karmesin und Siena gebrannt. Decken Sie dann das Brückengeländer ab und tupfen dieselbe Mischung auf die rechte Seite.

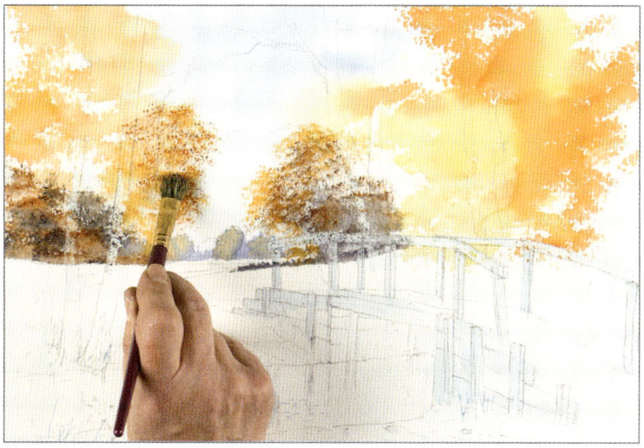

6 Tupfen Sie eine Mischung aus Kadmiumgelb und einem Hauch von Kadmiumrot in die entfernt stehenden Bäume. Wiederholen Sie den Vorgang mit Siena gebrannt.

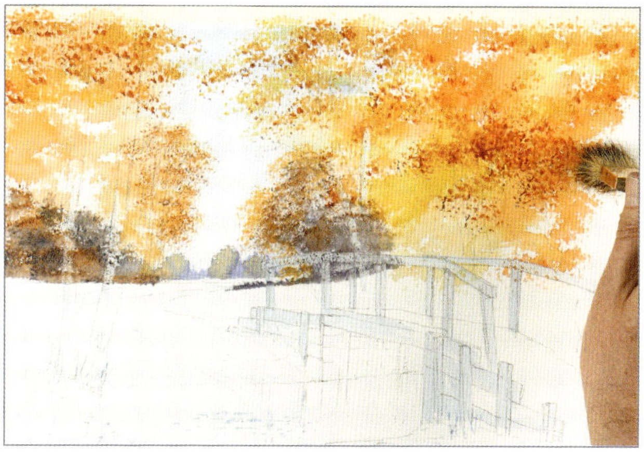

7 Tupfen Sie mit dem Mop-Pinsel zuerst Kadmiumgelb, dann mehr Siena gebrannt über das Laub.

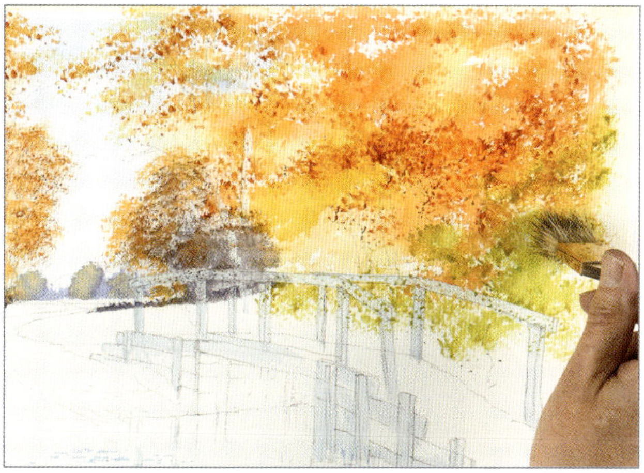

8 Arbeiten Sie weiter nass in nass, und tupfen Sie unten rechts Grüngold ins Bild.

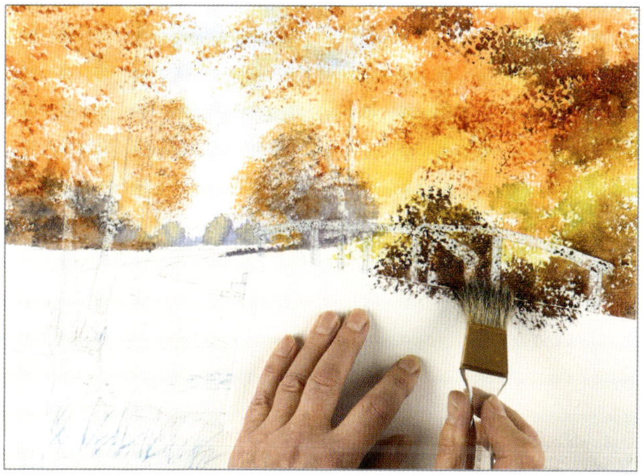

9 Mischen Sie ein dunkles Violett Braun aus Umbra gebrannt, Alizarin-Karmesin und Ultramarin. Decken Sie die Planken der Brücke mit Papier ab und tupfen Sie dahinter die Mischung auf.

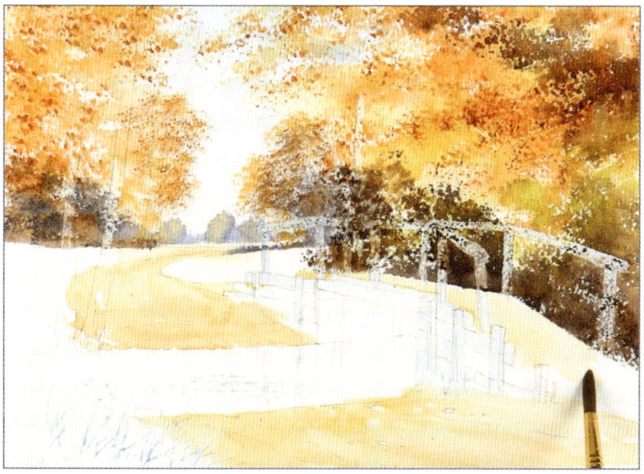

10 Malen Sie mit dem Pinsel Nr. 12 den Pfad und den Weg über die Brücke mit einer Lasur von Siena natur. Trocknen lassen.

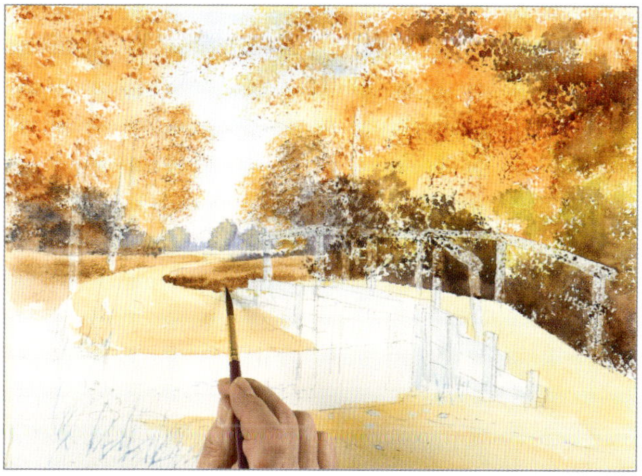

11 Malen Sie den Mittelgrund mit dem Pinsel Nr. 8 und Siena gebrannt. Während die Farbe noch nass ist, tropfen Sie Umbra gebrannt ein.

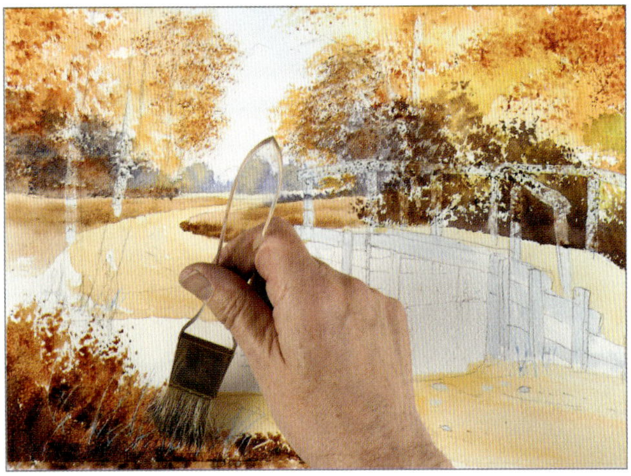

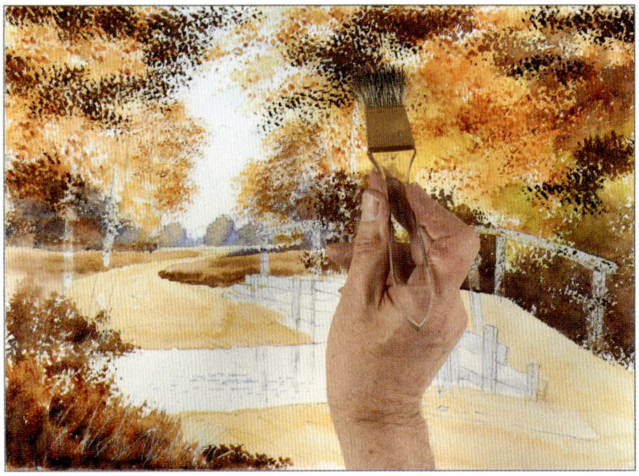

12 Tupfen und schnicken Sie in der linken Ecke mit dem Mop-Pinsel und Siena gebrannt das Unterholz. Solange dies noch nass ist, tragen Sie ganz unten eine dunkle Mischung aus Ultramarin, Alizarin-Karmesin und Umbra gebrannt auf.

13 Für mehr Textur tupfen Sie überall im Bild mehr von derselben dunklen Mischung auf, besonders an den Rändern, um es einzurahmen.

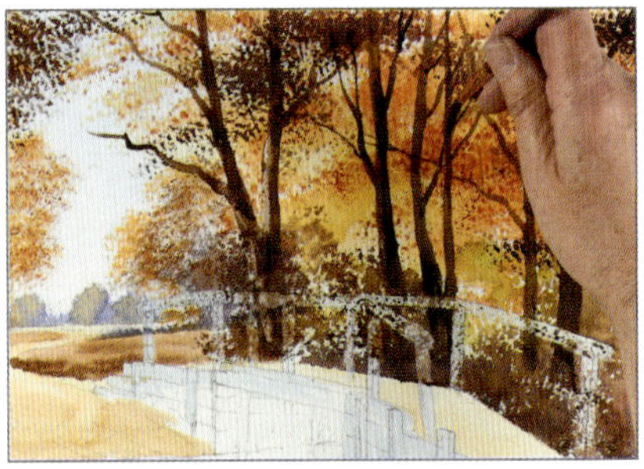

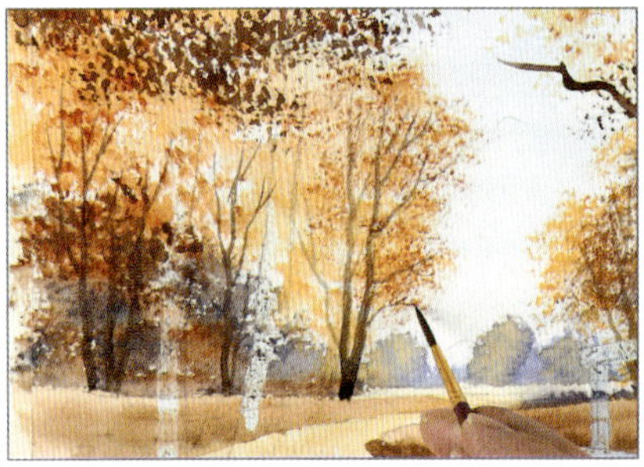

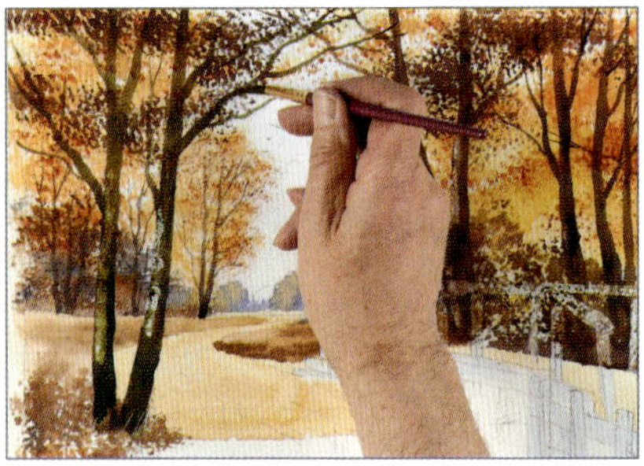

14 Mischen Sie Ultramarin und Umbra gebrannt, und malen Sie mit dem Pinsel Nr. 8 Stämme und Äste. Wenn Sie einige Ihrer Bleistiftlinien mit Farbe übermalt haben, orientieren Sie sich an der Vorlage.

15 Malen Sie mit dem Schlepper die Stämme und Äste der entfernter liegenden Bäume mit einer helleren Mischung derselben Farben aus.

16 Fügen Sie der Mischung Olivgrün hinzu und malen Sie die Bäume im Vordergrund mit dem Pinsel Nr. 8, wobei Sie über die Maskierflüssigkeit streichen. Trocknen lassen.

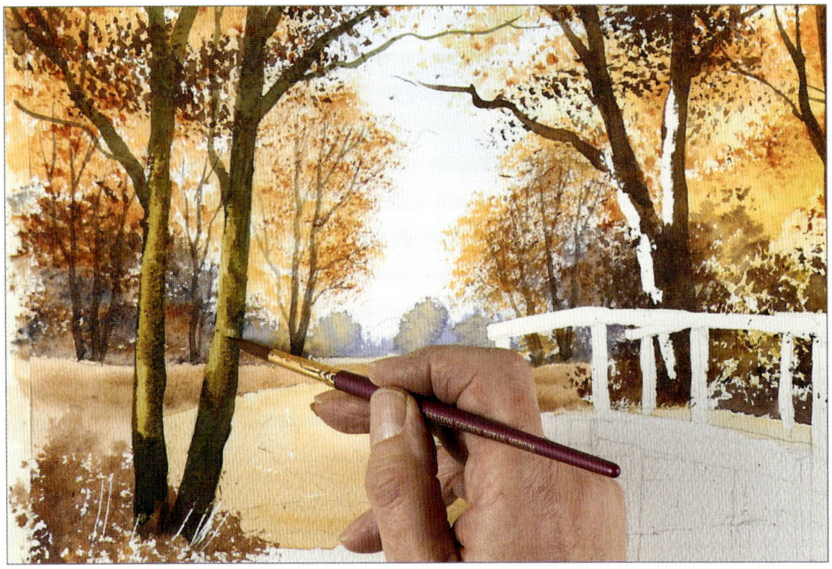

17 Reiben Sie die Maskierflüssigkeit ab und belassen Sie sie nur auf den Wellen im Wasser. Mischen Sie Siena natur und Grüngold, und malen Sie über die bisher abgedeckten, hellen Bereiche der Bäume. Während dieser Auftrag noch nass ist, tropfen Sie etwas von der im vorherigen Schritt verwendeten Farbe hinein. Die Farben verlaufen und weichen die Kanten der Lichter etwas auf.

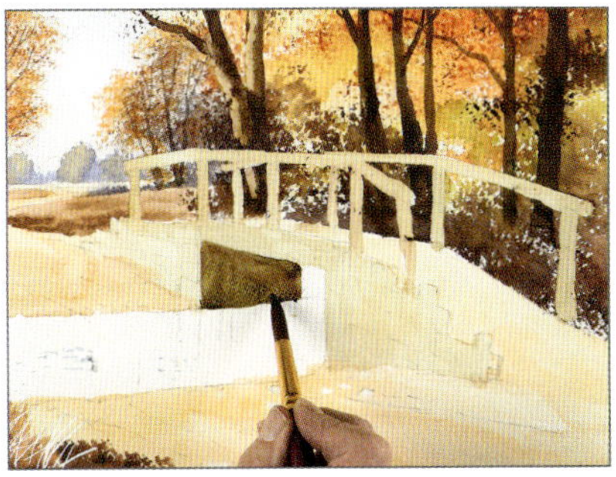

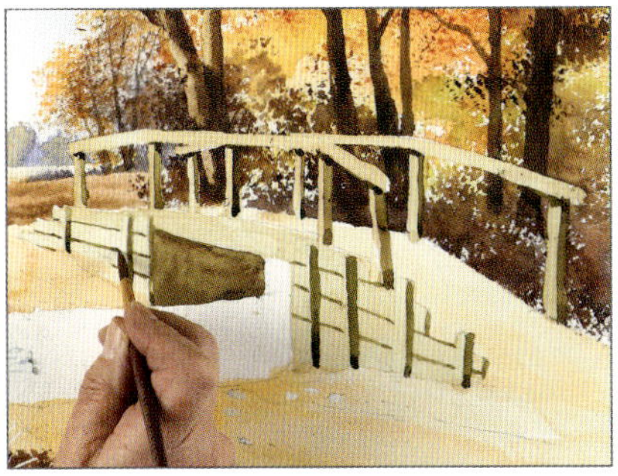

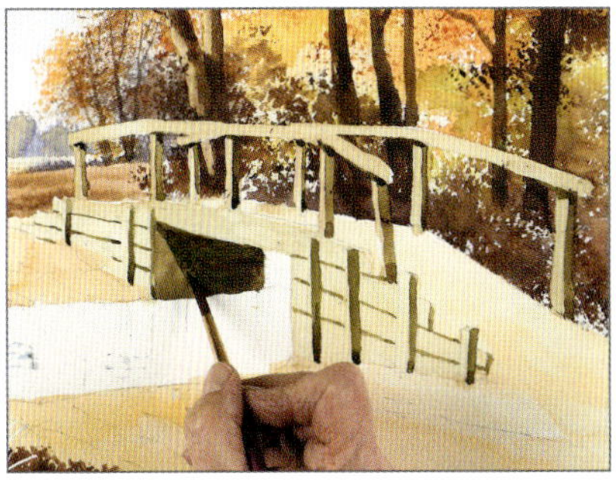

18 Malen Sie die Holzteile der Brücke mit dem Pinsel Nr. 12 und einer zarten Mischung aus Grüngold und Umbra gebrannt. Der im tiefen Schatten liegende Bereich unter der Brücke wird mit einer dunklen Mischung aus Ultramarin, Umbra gebrannt und Olivgrün gemalt. Trocknen lassen.

19 Malen Sie mit derselben Mischung und dem Pinsel Nr. 8 die Schatten-Details und die Beplankung der Brücke nass auf trocken.

20 Stellen Sie eine sehr dunkle Mischung aus Ultramarin und Umbra gebrannt her, und malen Sie damit den Schatten unter der Brücke.

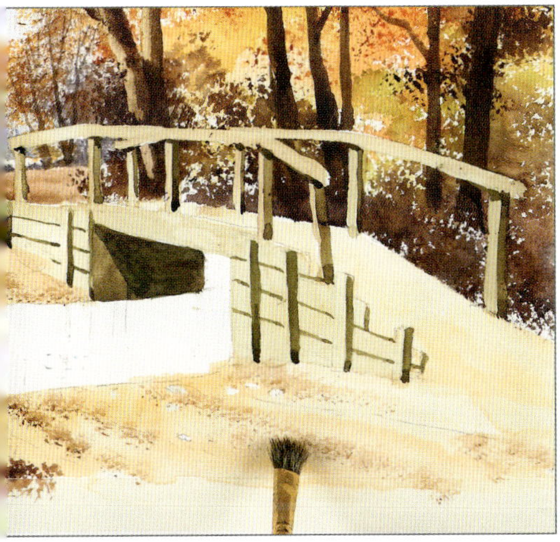

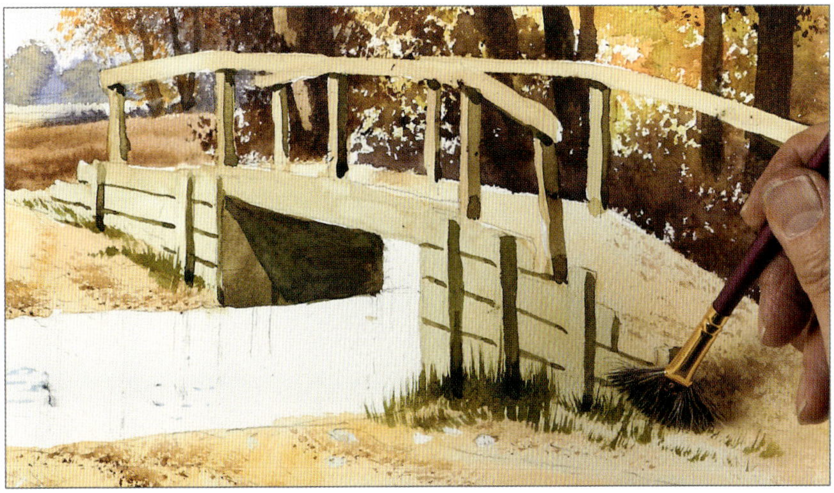

21 Tupfen Sie mit dem kleinen Borstenpinsel und Umbra gebrannt Textur auf den Weg.

22 Malen Sie die Gräser am Fuß der Brücke mit dem Fächerpinsel und einer Mischung aus Umbra gebrannt und Olivgrün.

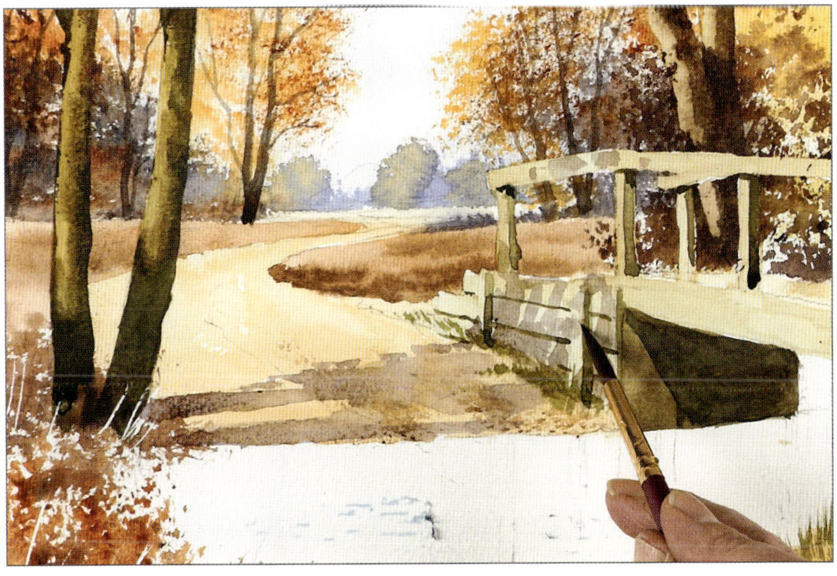

23 Wechseln Sie zum Pinsel Nr. 8 und der Schattenfarbe, und malen Sie Schatten über den Weg und die Brücke hinauf.

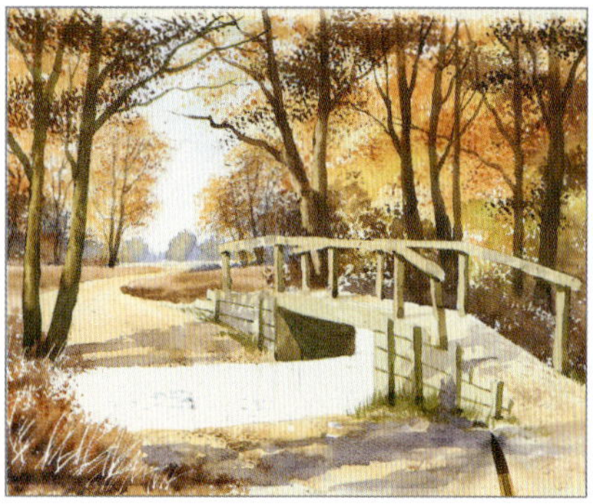

24 Malen Sie mit dem Pinsel Nr. 12 einen Schatten über den Vordergrund, sodass es wirkt, als würde dieser von einem Baum außerhalb des Bildbereichs geworfen. Der Schatten sollte gesprenkelt sein, um Laub anzudeuten.

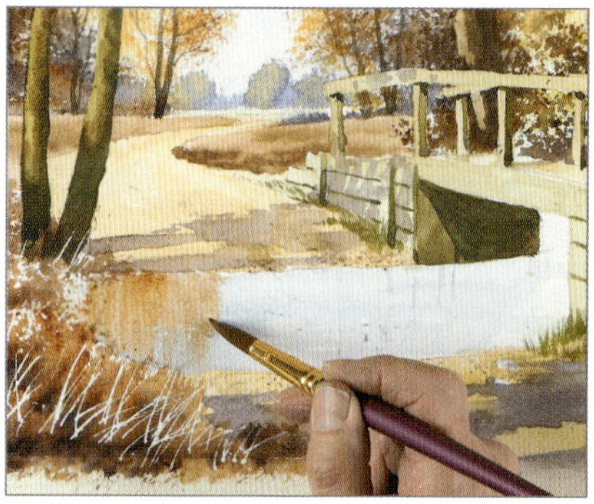

25 Malen Sie das Wasser mit dem Pinsel Nr. 12 und einer hellen Lasur von Ultramarin. Solange die Farbe noch nass ist, malen Sie mit Siena natur und Siena gebrannt die Spiegelungen.

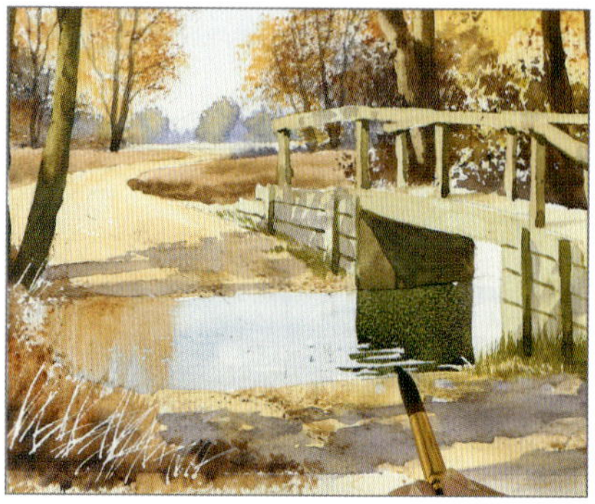

26 Mischen Sie Ultramarin, Umbra gebrannt und Olivgrün, und malen Sie die Spiegelung der dunklen Brückenunterseite sowie die Wellen. Trocknen lassen.

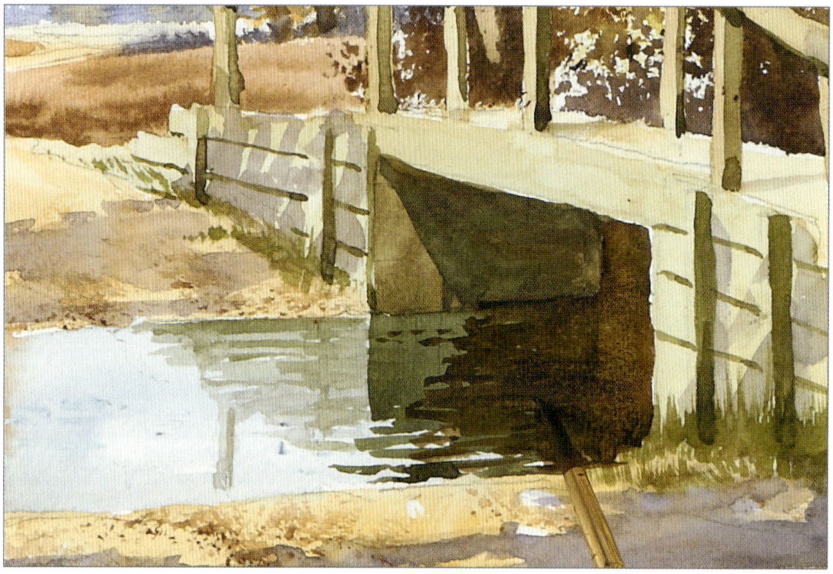

27 Verdünnen Sie die Mischung, und malen Sie mit dem Pinsel Nr. 8 hellere Reflexionen und Wellen. Dann malen Sie die durch die Öffnung sichtbare Rückseite der Brücke mit Umbra gebrannt und Ultramarin. Fügen Sie eine Spiegelung und Wellen hinzu.

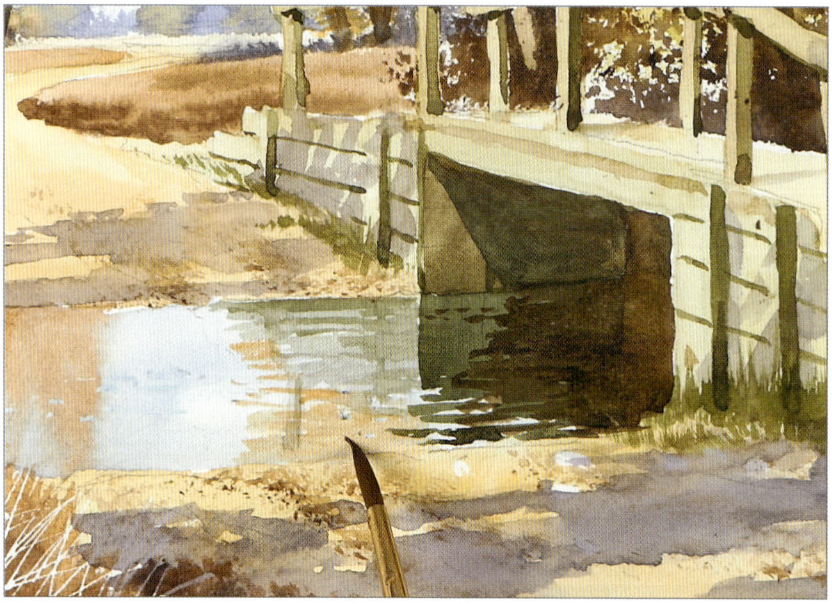

28 Fügen Sie einen blassen Hauch von Siena natur und Siena gebrannt zu den wellenförmigen Spiegelungen hinzu.

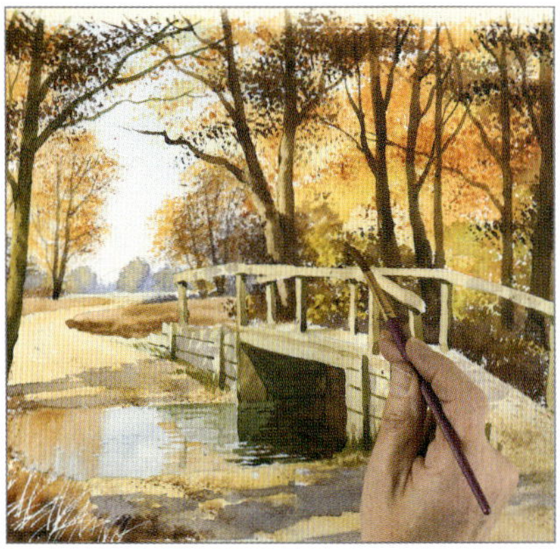

29 Bemalen Sie mit dem Pinsel Nr. 8 einige der verbleibenden weißen Bereiche im Laub mit einer Lasur von Kadmiumgelb.

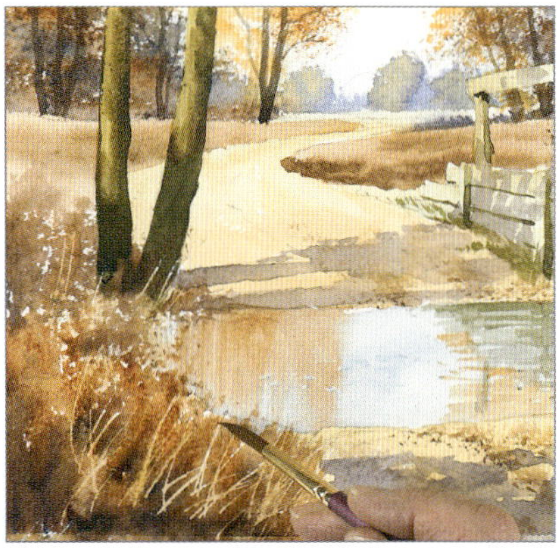

30 Malen Sie eine sehr helle Lasur von Siena gebrannt über die bisher abgedeckten Gräser.

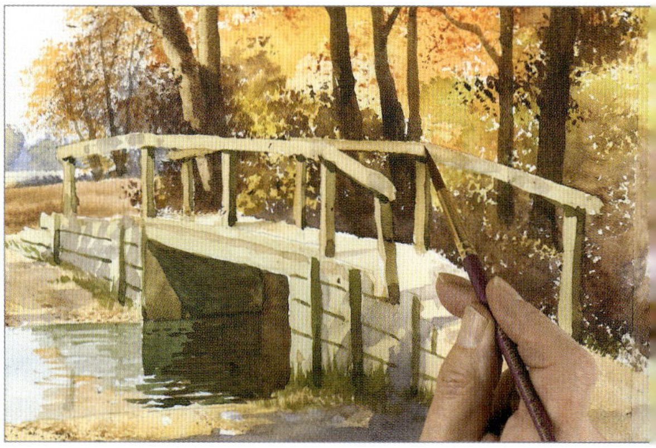

31 Dunkeln Sie das Geländer und die Pfosten auf der Rückseite der Brücke mit sehr hellem Umbra gebrannt ab.

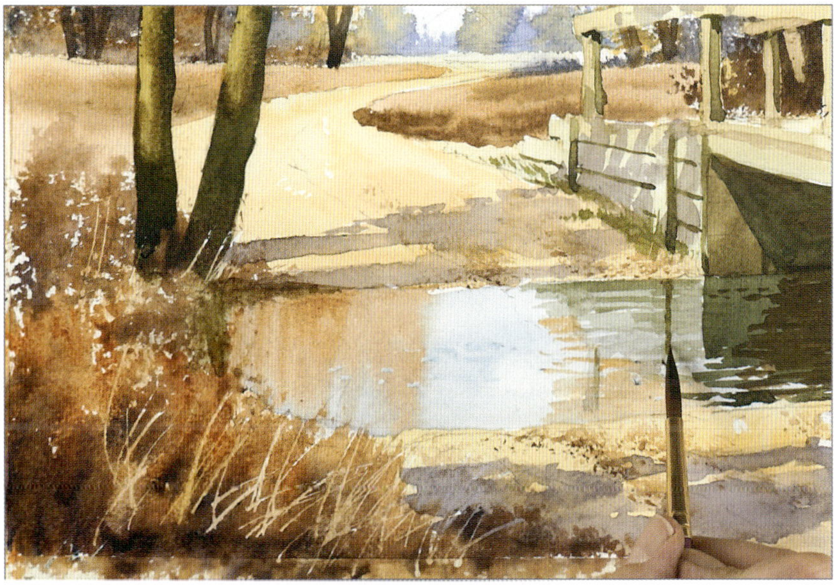

32 Die Spiegelung des Baumes im Vordergrund sollte hinter den Gräsern gerade noch zu erkennen sein. Malen Sie diese mit Ultramarin und Umbra gebrannt. Dann malen Sie die Spiegelung der aufrechten Brückenpfosten. Trocknen lassen. Entfernen Sie die Maskierflüssigkeit vom Wasser und legen die welligen Lichter frei.

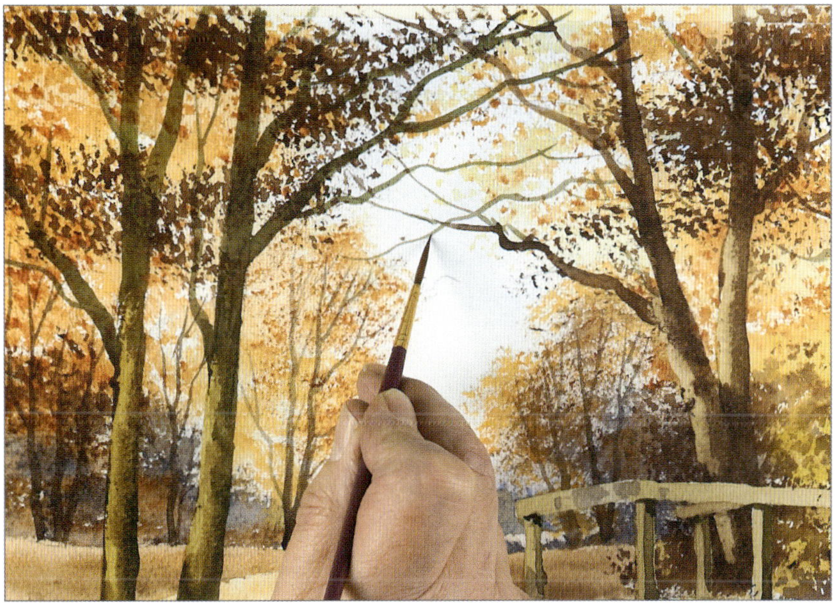

33 Malen Sie mit dem Schlepper und einer Mischung aus Umbra gebrannt und Ultramarin kleinere Äste und Zweige in den Himmelsbereich.

Umseitig

Das fertige Aquarell.

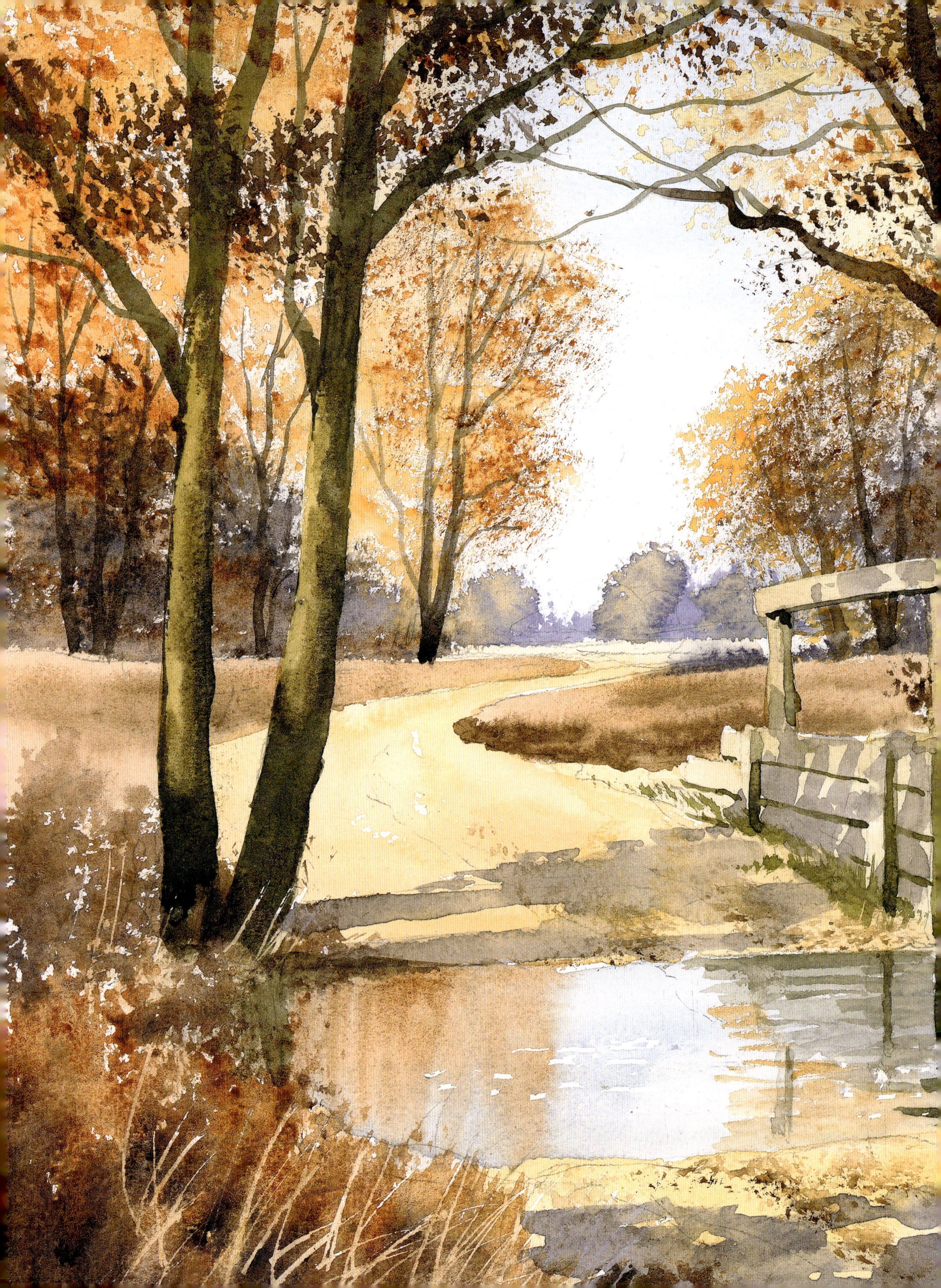

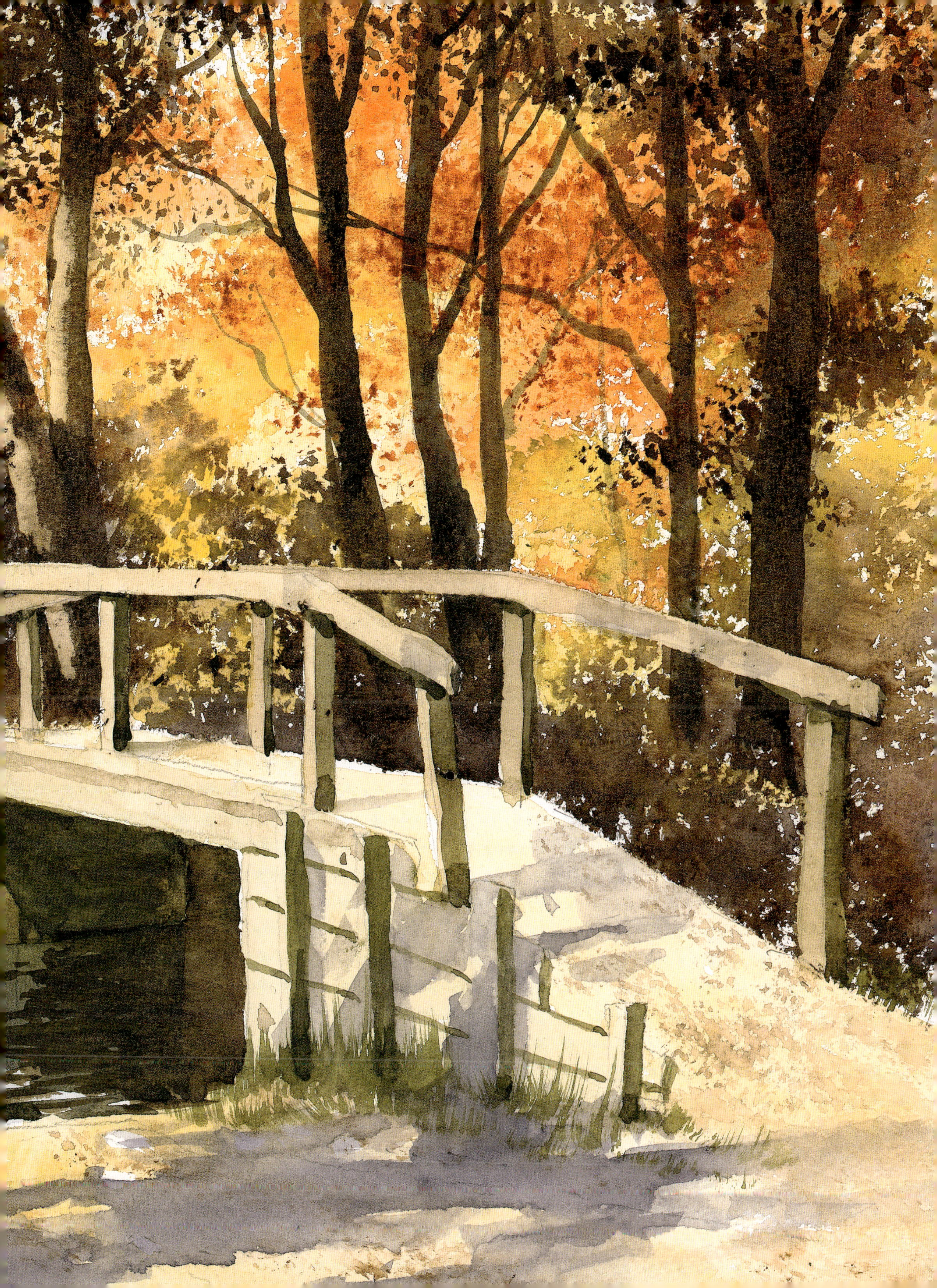

Winter-landschaften

Um verschneite Landschaften mit Aquarellfarben darzustellen, müssen Sie das Weiß des Papiers und die Dunkelheit der dunkleren Farbtöne nutzen, um die strahlende Wirkung solcher Szenen darzustellen. In *Spuren im Schnee* werden Sie Schnee in den Bäumen malen, indem Sie Maskierflüssigkeit mit Küchenpapier auftragen. Außerdem geben Sie dem Schnee, der an den Zäunen haftet, mit bläulichen Schatten seine Form. *Verschneites Dorf* leuchtet durch die Farben des Sonnenuntergangs und der beleuchteten Fenster und zeigt, dass man für eine Schneeszene nicht unbedingt kühle Farben verwenden muss. In *Scheune im Schnee* lockern die warmen Farben der sonnenbeschienenen Scheune eine ansonsten kühle Szene auf.

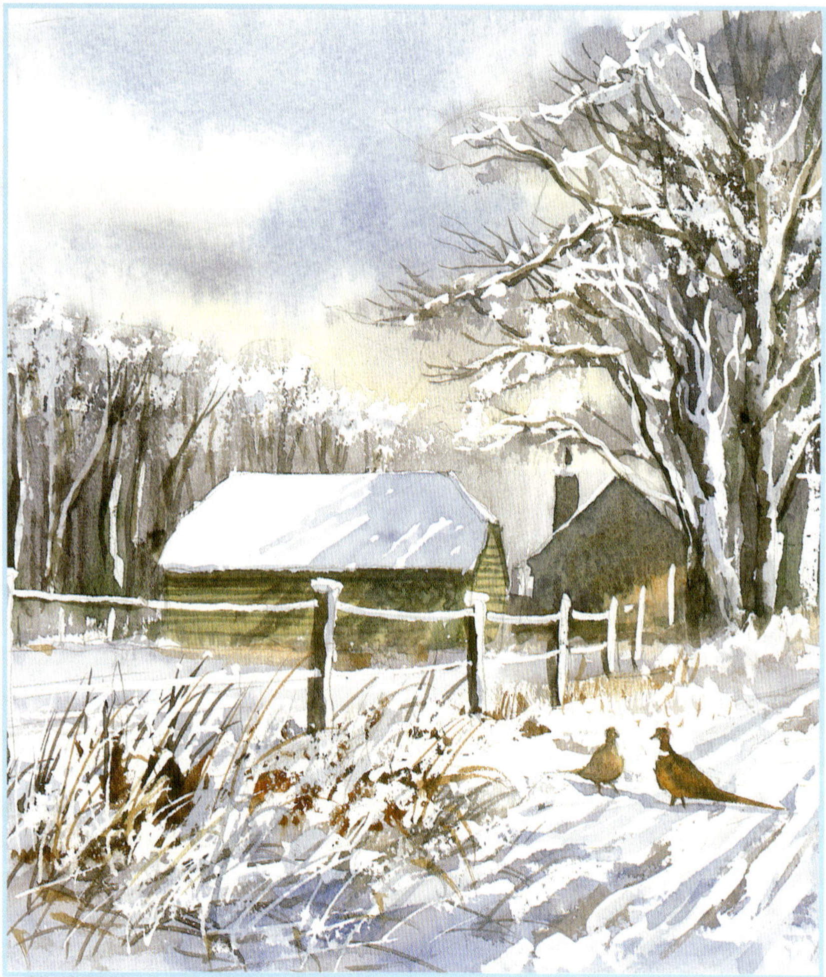

Schnee mit Maskierflüssigkeit

Maskierflüssigkeit kann beim Malen von Schnee sehr wirkungsvoll eingesetzt werden. Hier habe ich für die Baumkronen die Maskierflüssigkeit mit einem Schwamm und für den Schnee auf den Ästen und Stämmen mit einem kleinen Pinsel aufgetragen. Für den Zaun und die Gräser im Vordergrund habe ich die Maskierflüssigkeit mit einem Linierstift aufgetragen. Einige der Radfurchen und Strukturen im Vordergrund sind ebenfalls mit Maskierflüssigkeit entstanden. Nach dem Entfernen der Maskierflüssigkeit wurde eine zarte Lasur von Kobaltblau aufgetragen, um Schatten zu erzeugen; der Rest wurde als weißes Papier belassen.

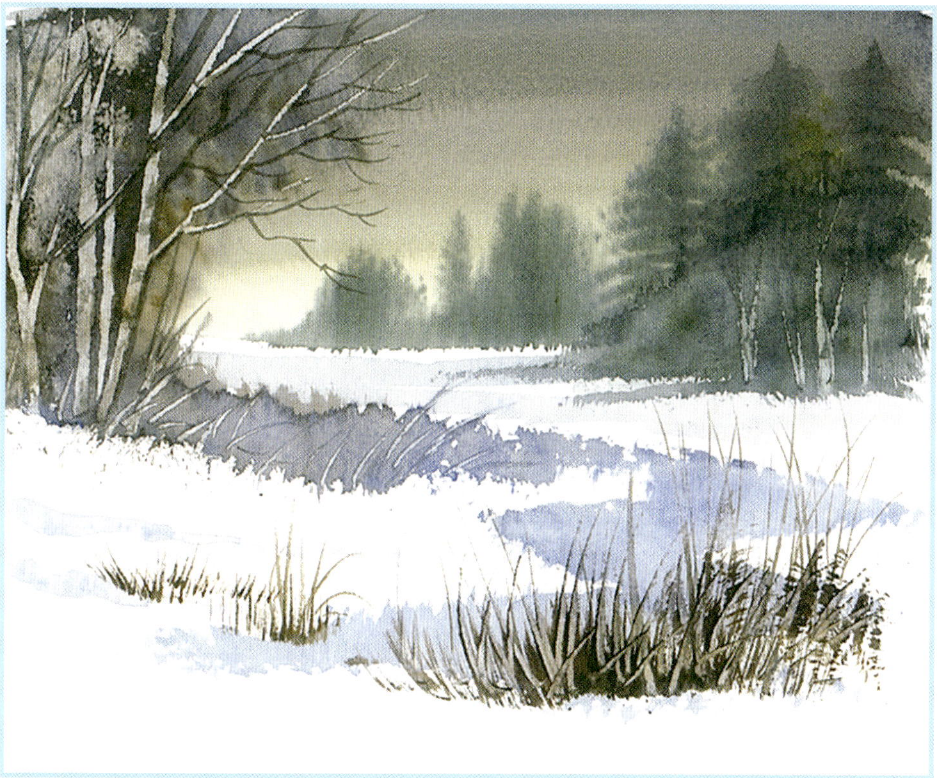

Durch Schnee wachsendes Gras

Um eine große weiße Fläche im Vordergrund aufzulockern, kann man mit dem Fächerpinsel oder einem Schlepper Gras hineinmalen. Ein weiterer Tipp ist die Verwendung eines Pinsels mit einem Stiel aus klarem Acrylharz, um mit dem Stiel ein paar Grashalme aus der feuchten Farbe zu kratzen. Mit dieser Technik wurden auch die Baumstämme auf der linken Seite herausgekratzt.

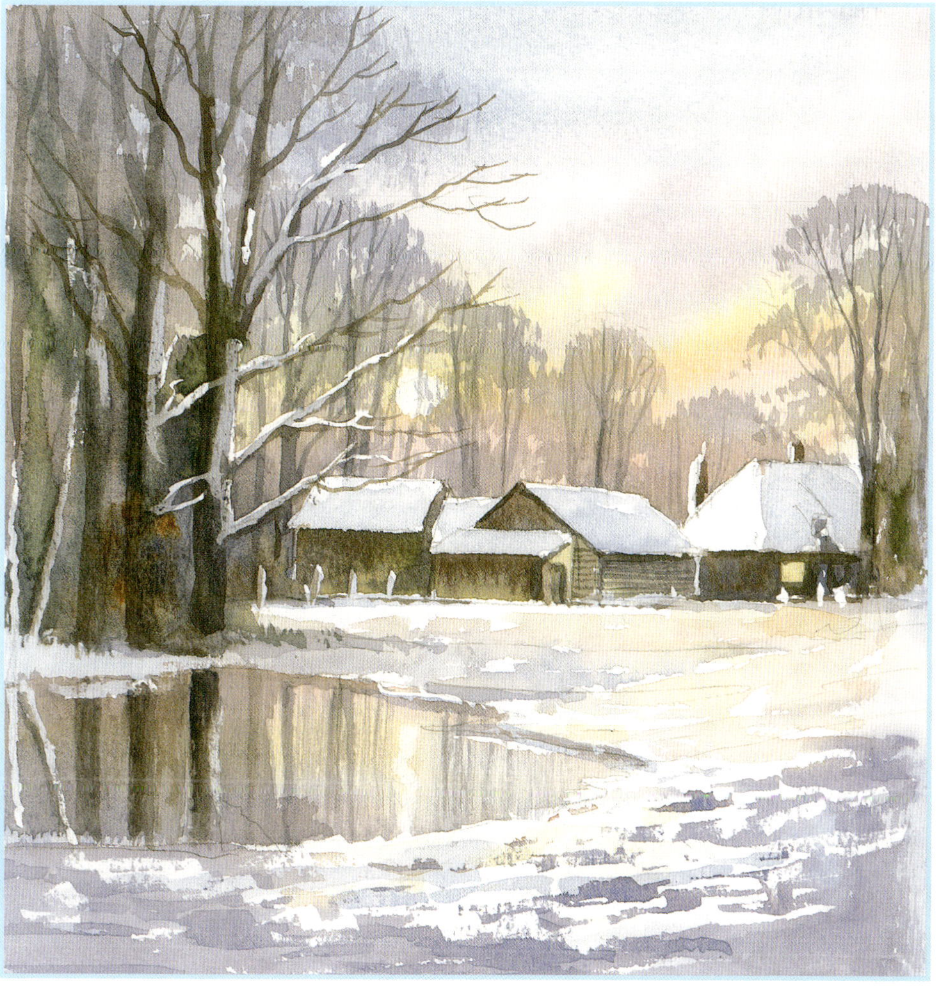

Eine Schneelandschaft wärmer machen

Eine Schneelandschaft muss nicht unbedingt kalt, frostig und ungemütlich sein. Wenn Sie eine Szene bei Sonnenuntergang malen, können Sie eine ganze Reihe von warmen Farben einsetzen. Hier habe ich Maskierflüssigkeit auf dieselbe Weise wie in den anderen Beispielen angewendet, aber ich habe die im Schnee reflektierten Farben des Sonnenuntergangs hinzugefügt.

Maskiertem Schnee Volumen verleihen

1 Zeichnen Sie die Szene. Tupfen Sie mit Küchenpapier Maskierflüssigkeit auf die Bäume. Verwenden Sie dann den Maskierpinsel, um die Oberseiten der Zaunpfähle, des Zauntritts und des Wegweisers abzudecken.

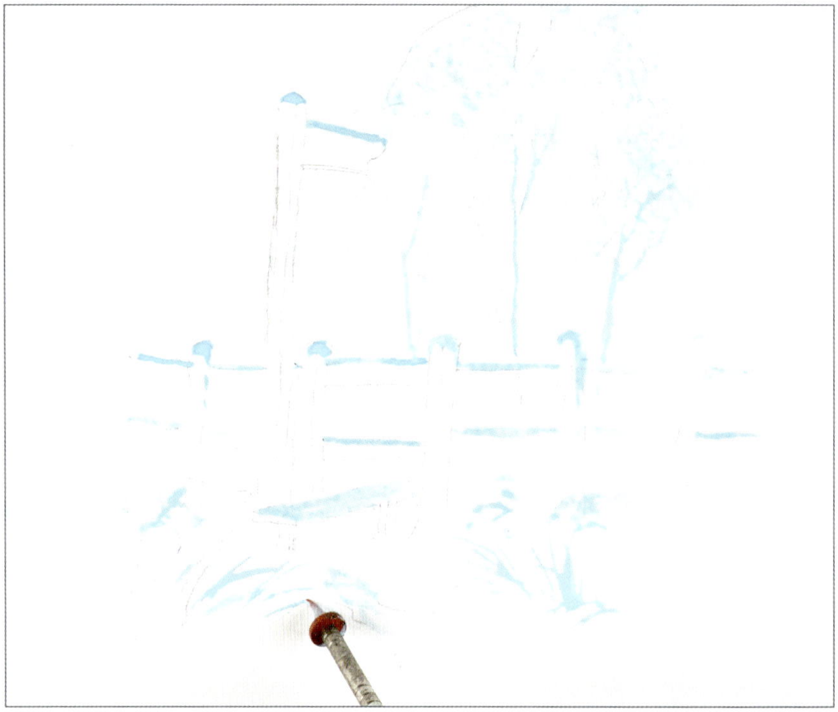

2 Wenn der größte Teil des Bildes fertig und getrocknet ist, reiben Sie die Maskierflüssigkeit ab, sodass der Schnee auf den Holzteilen sichtbar wird. Fügen Sie mit dem Pinsel Nr. 4 und Kobaltblau Schattierungen hinzu, um eine dreidimensionale Wirkung zu erreichen.

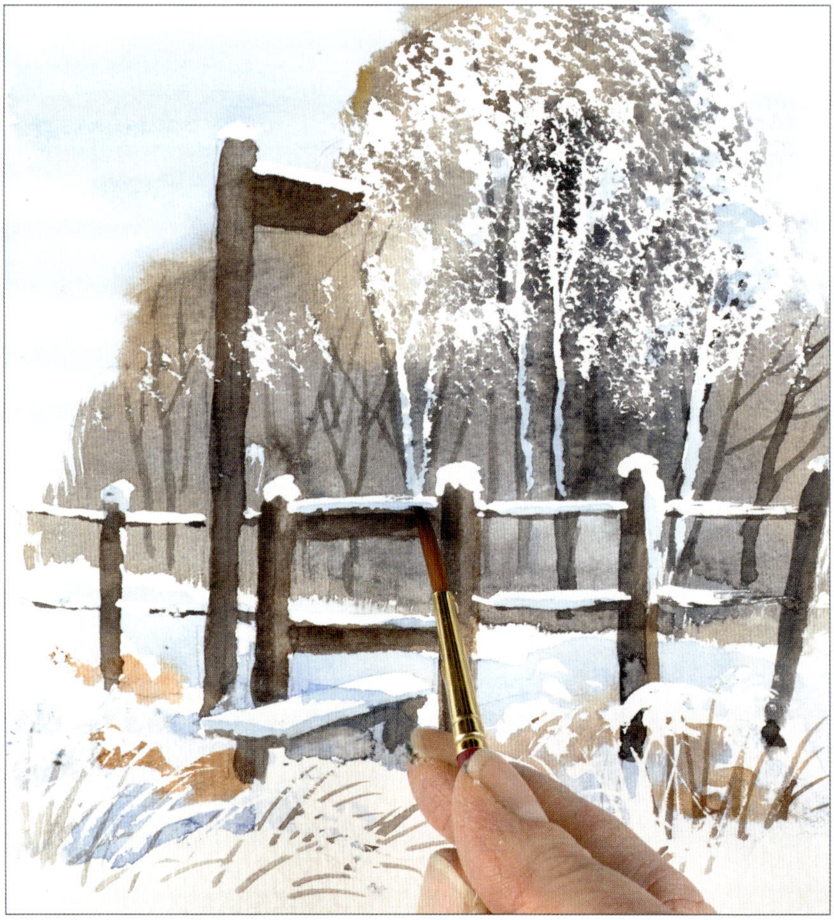

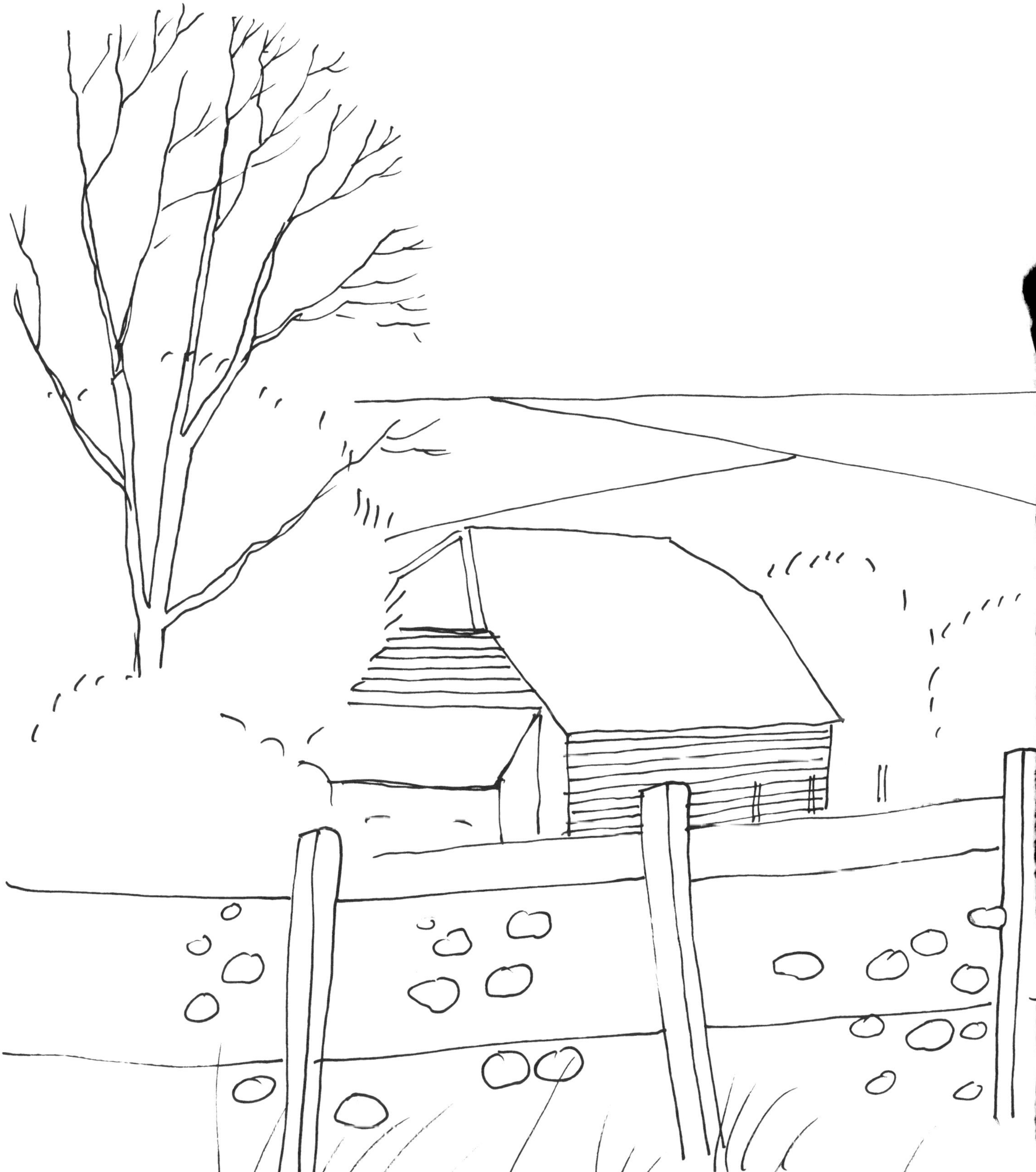

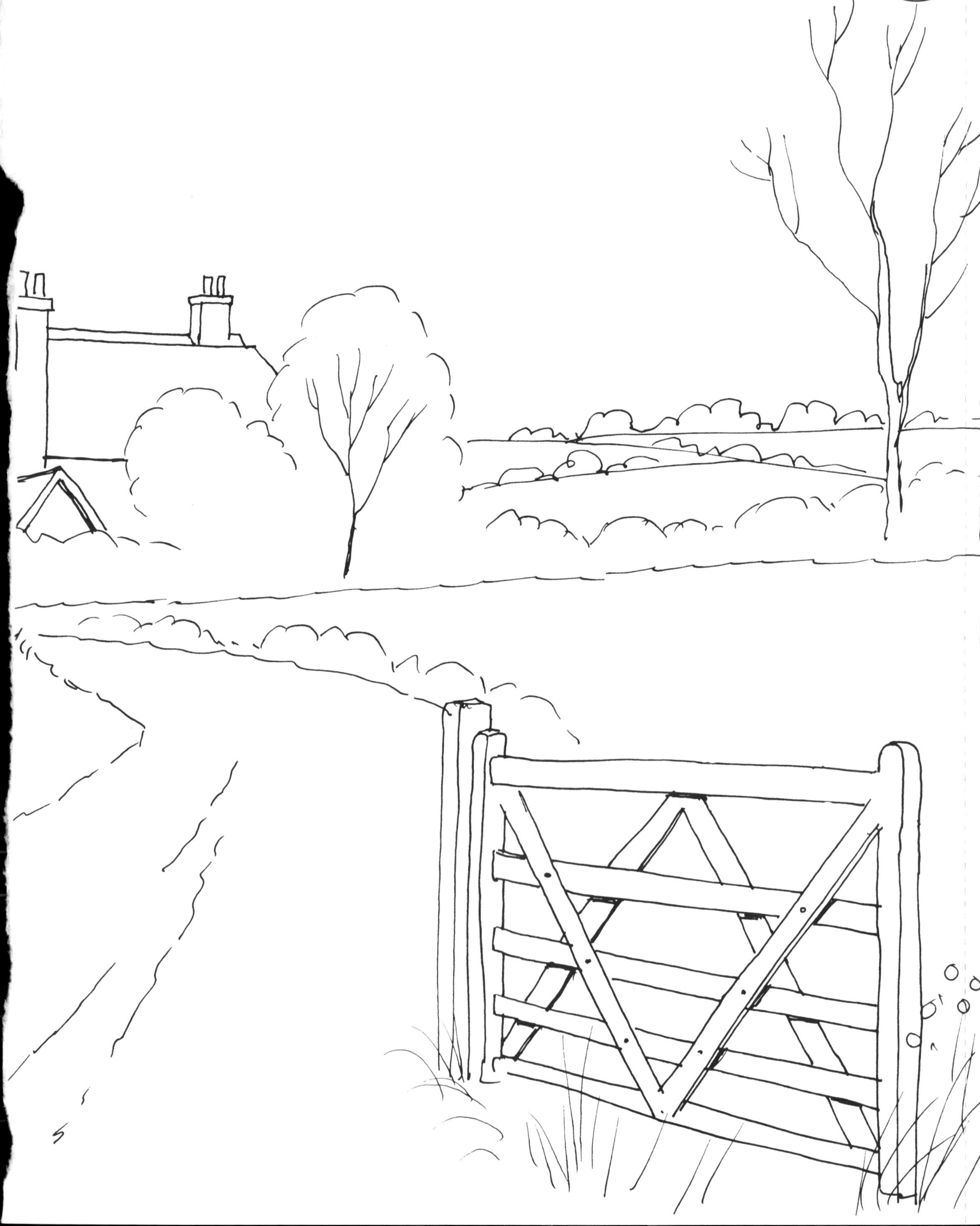

2

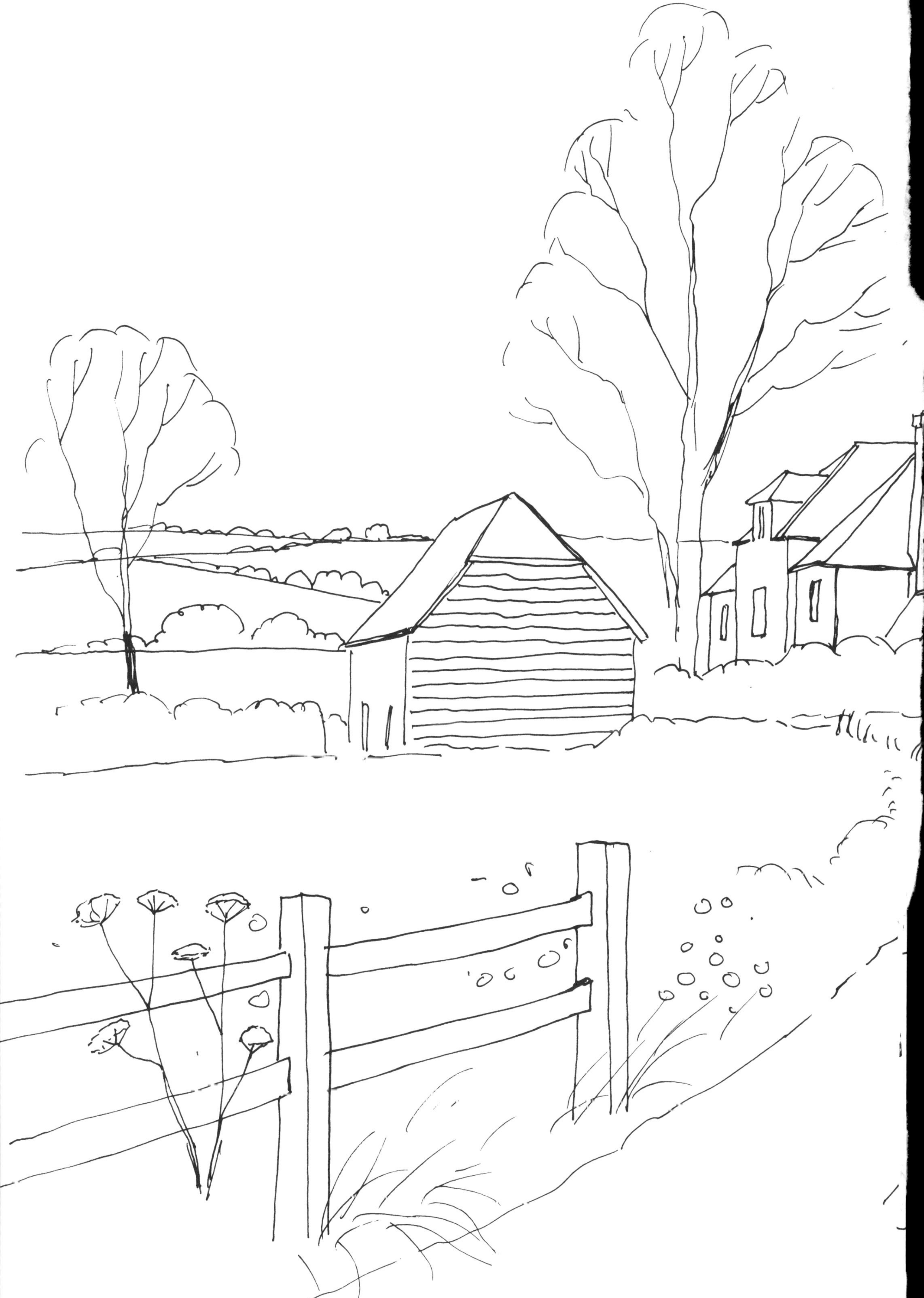

1

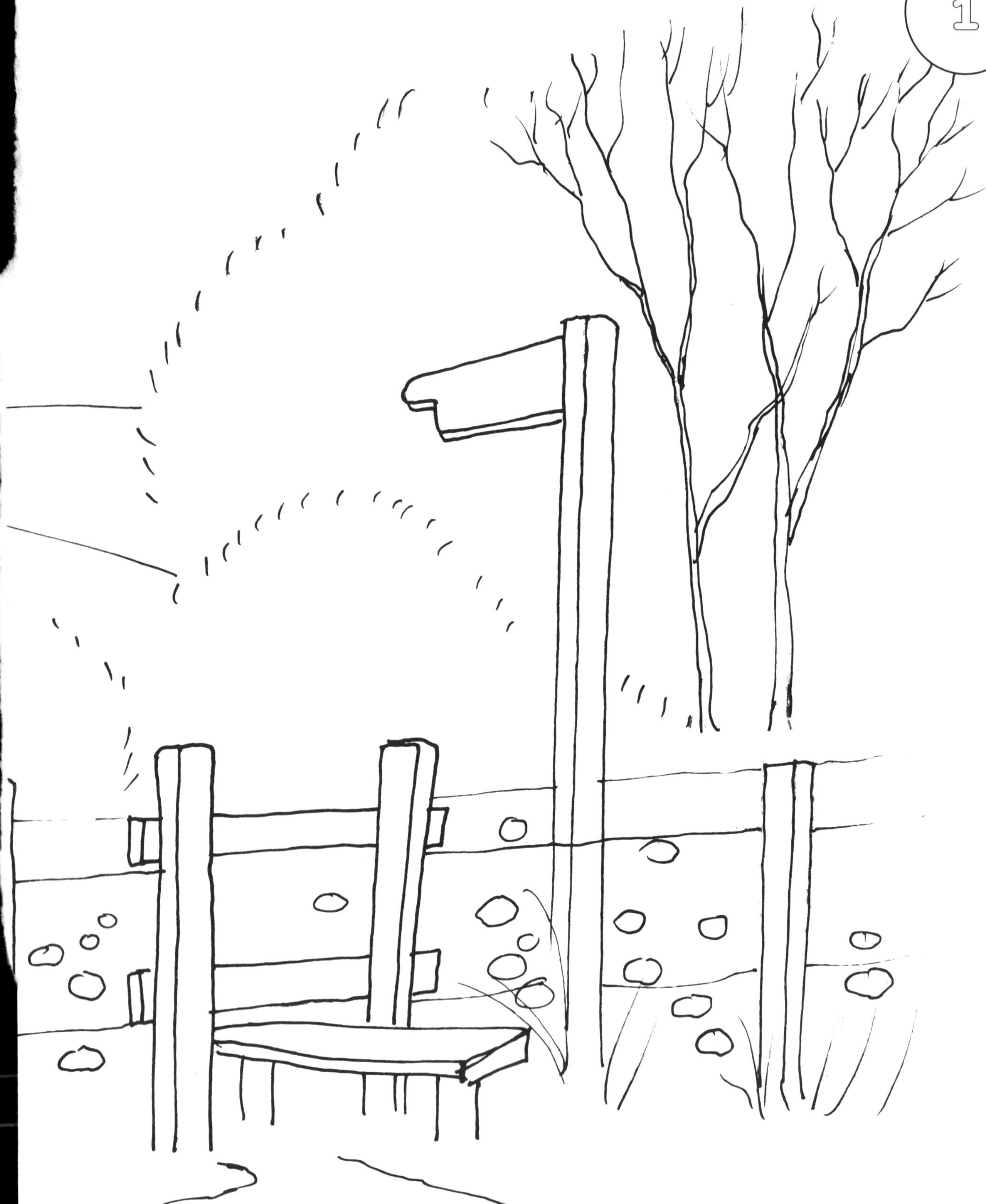

4

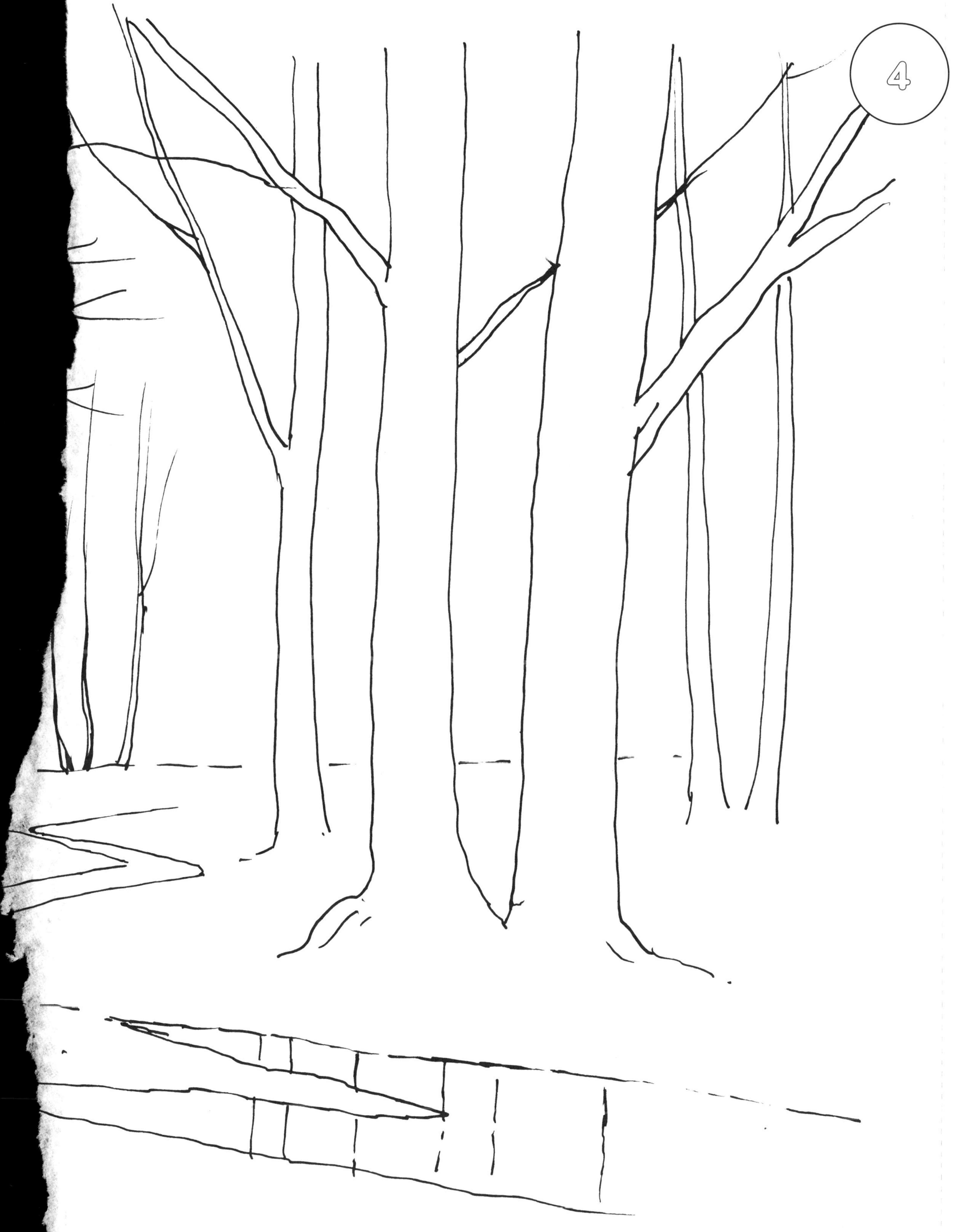

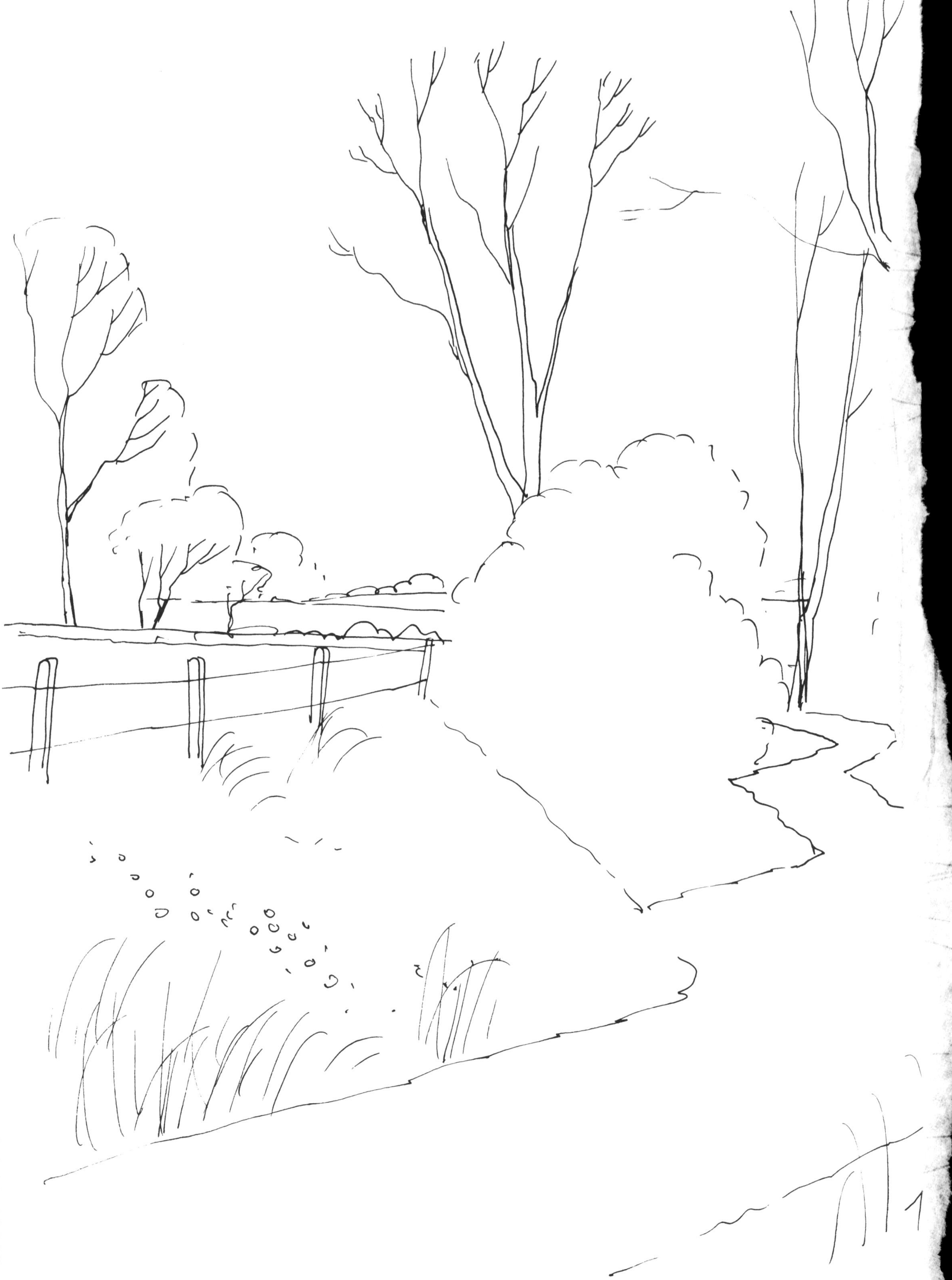

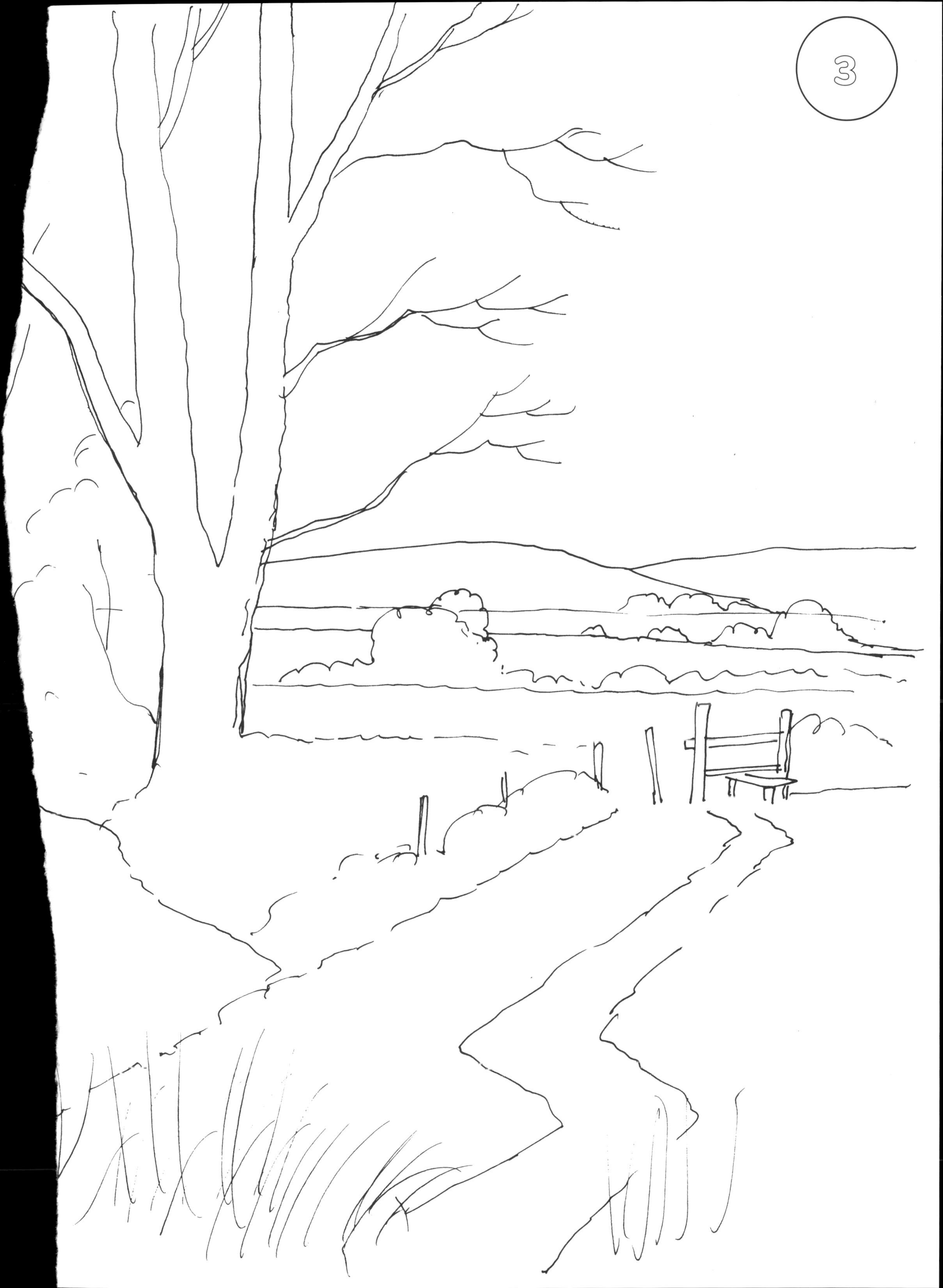
3

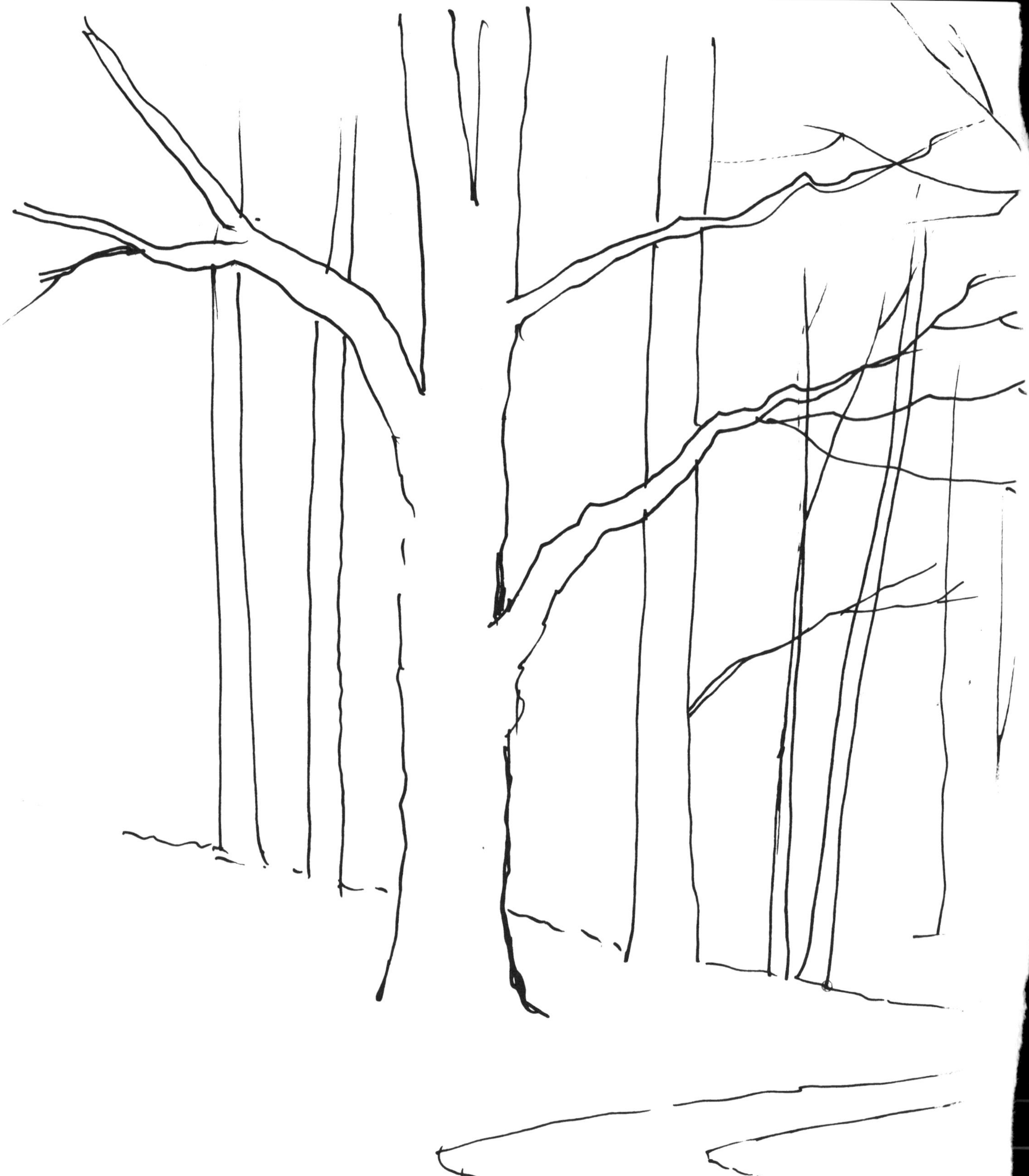

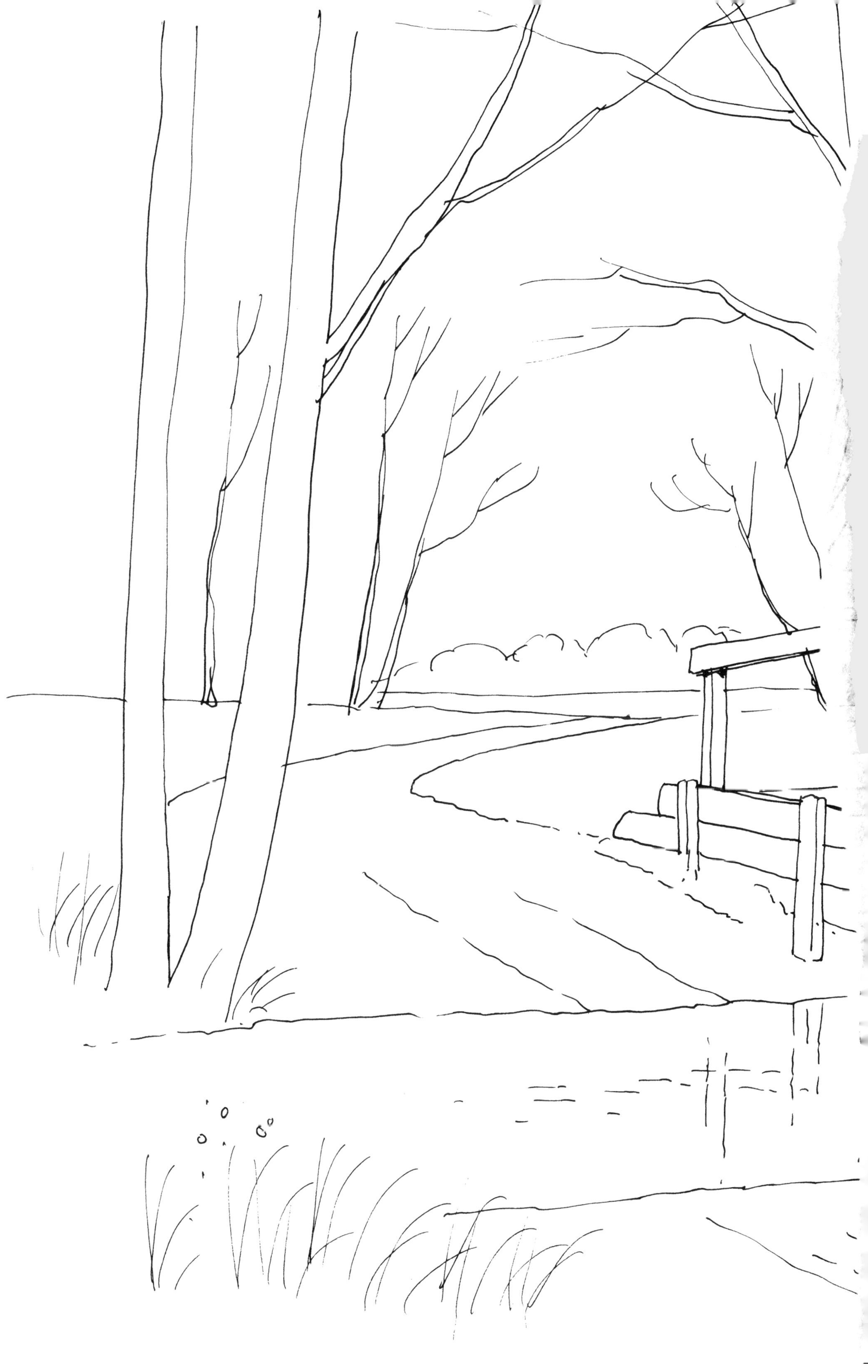

5

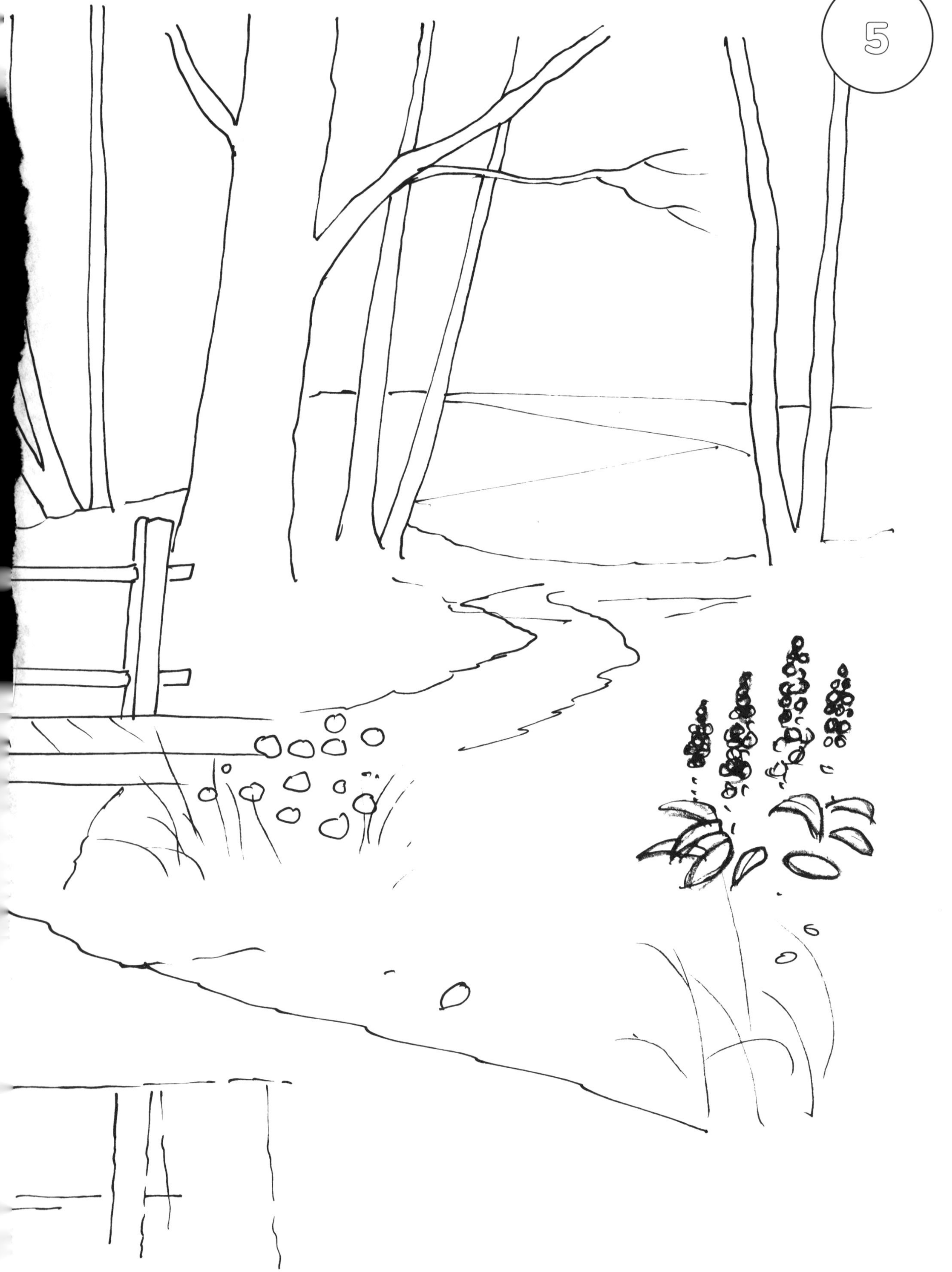

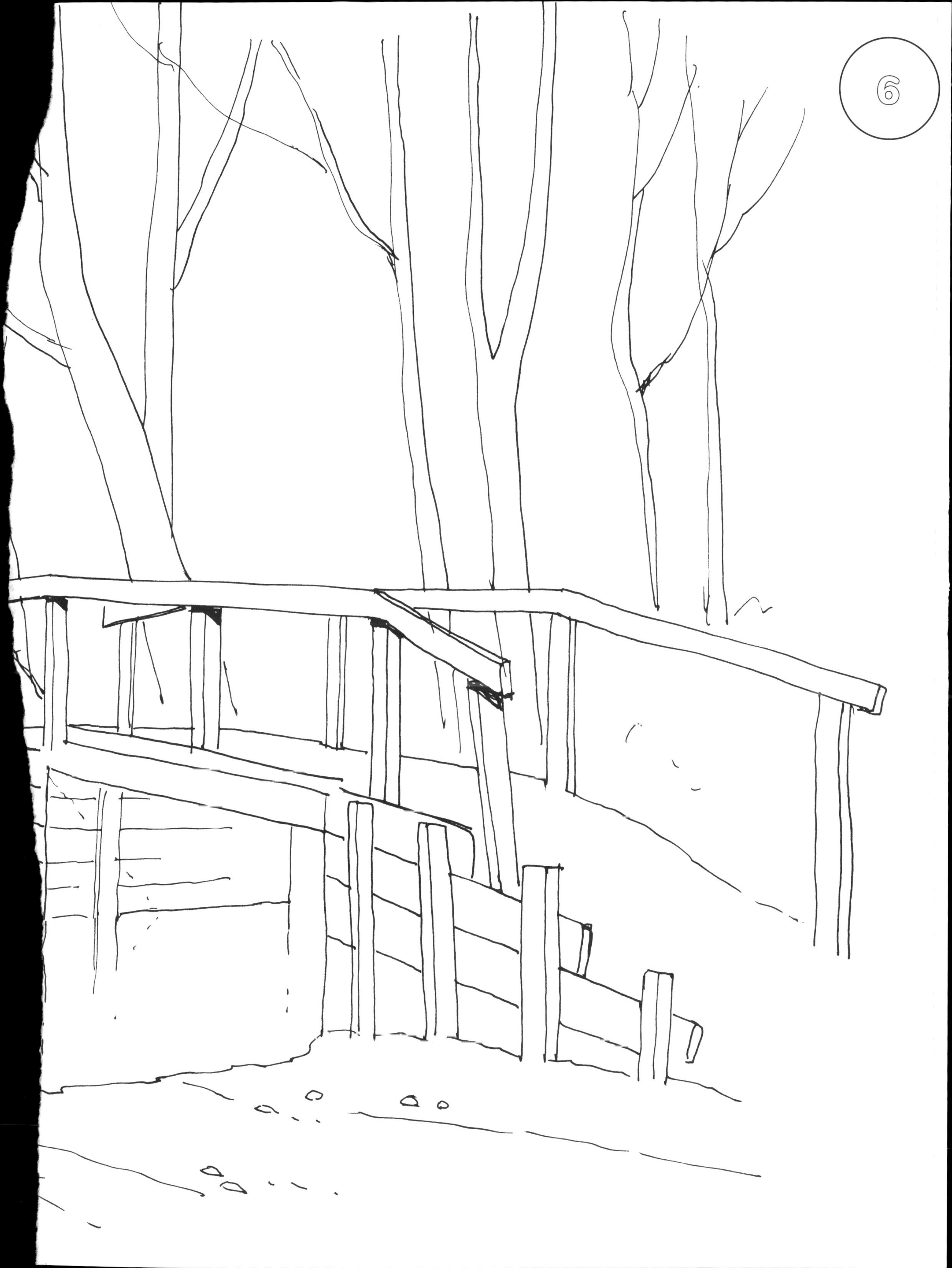
6

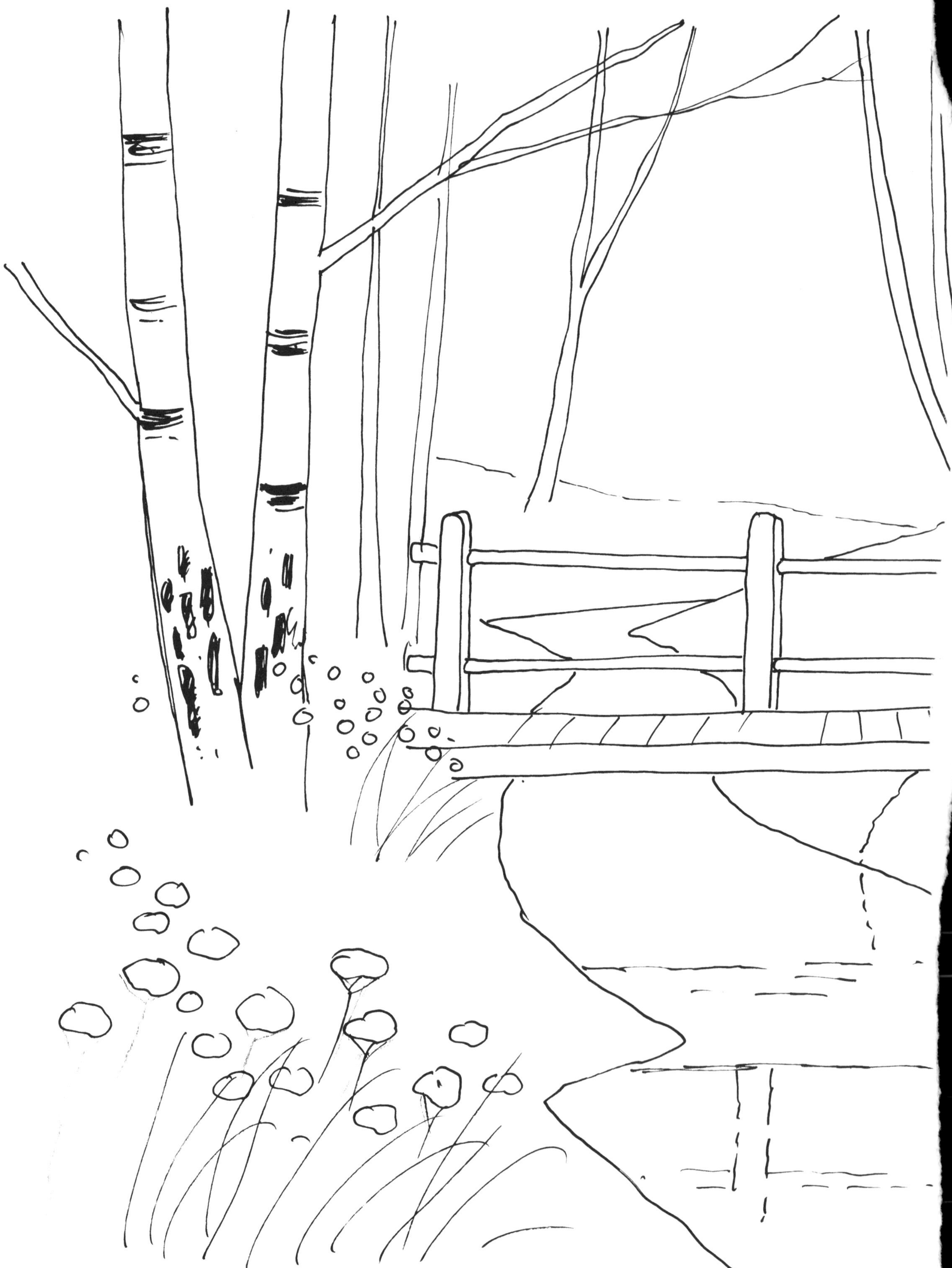

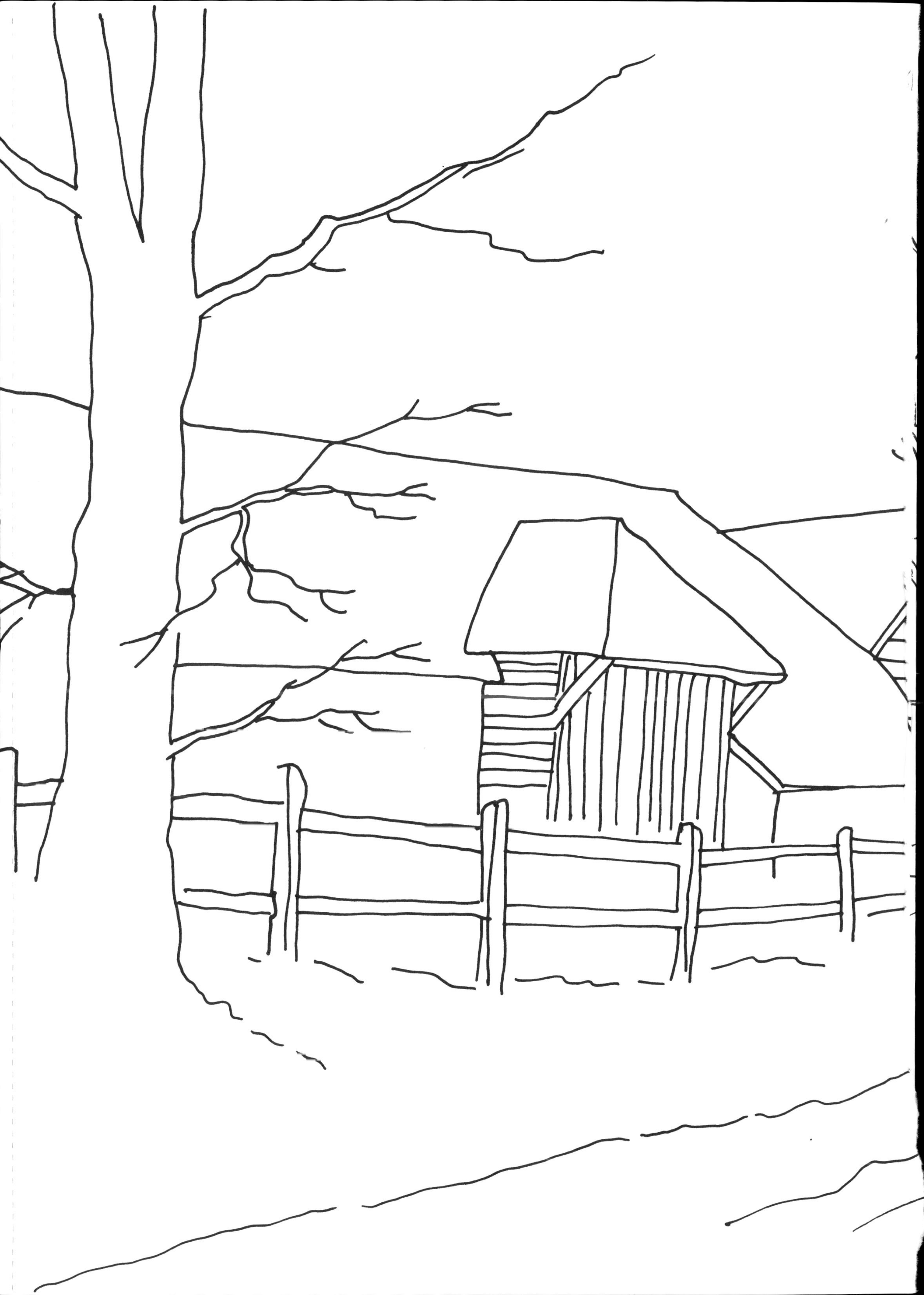

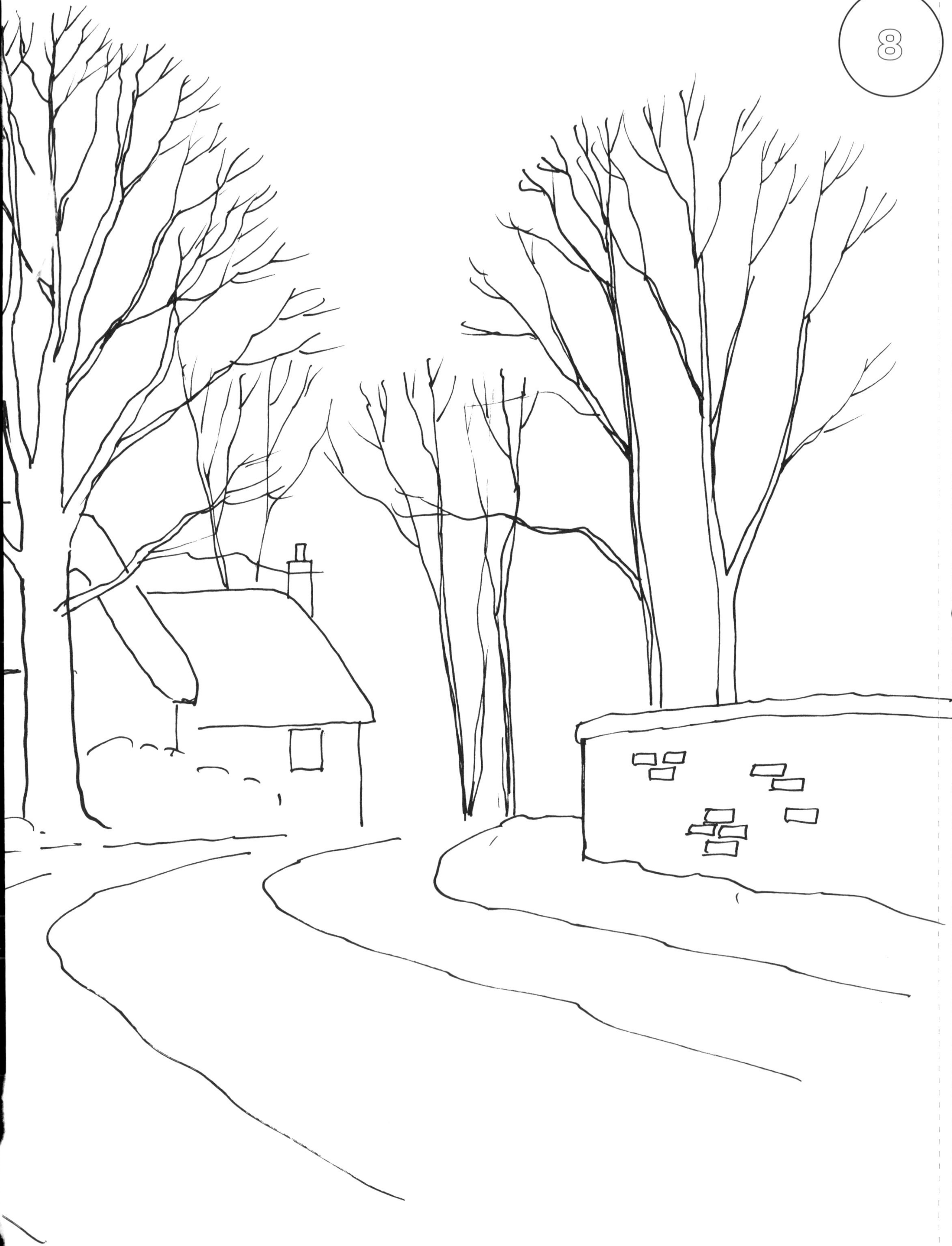

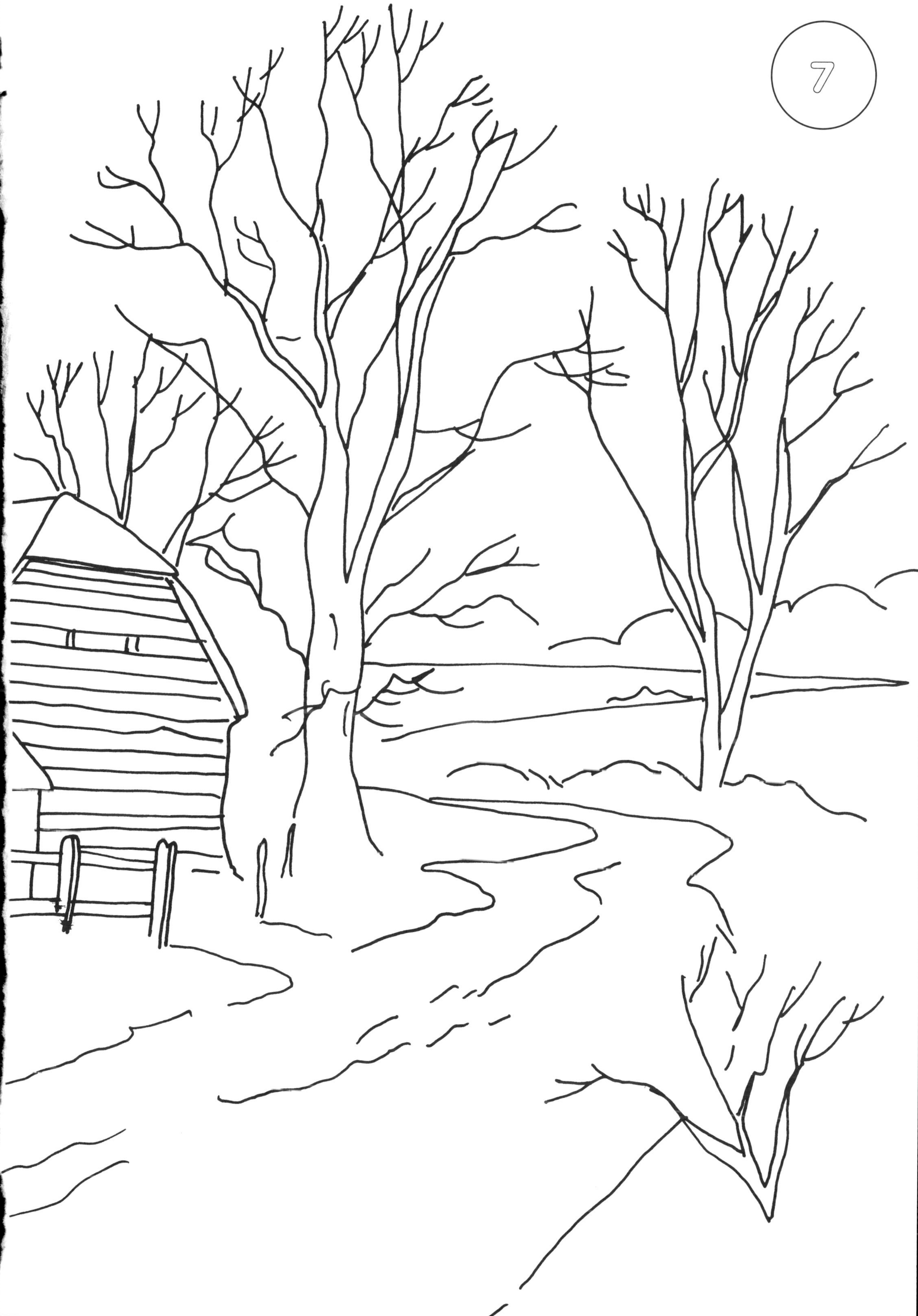

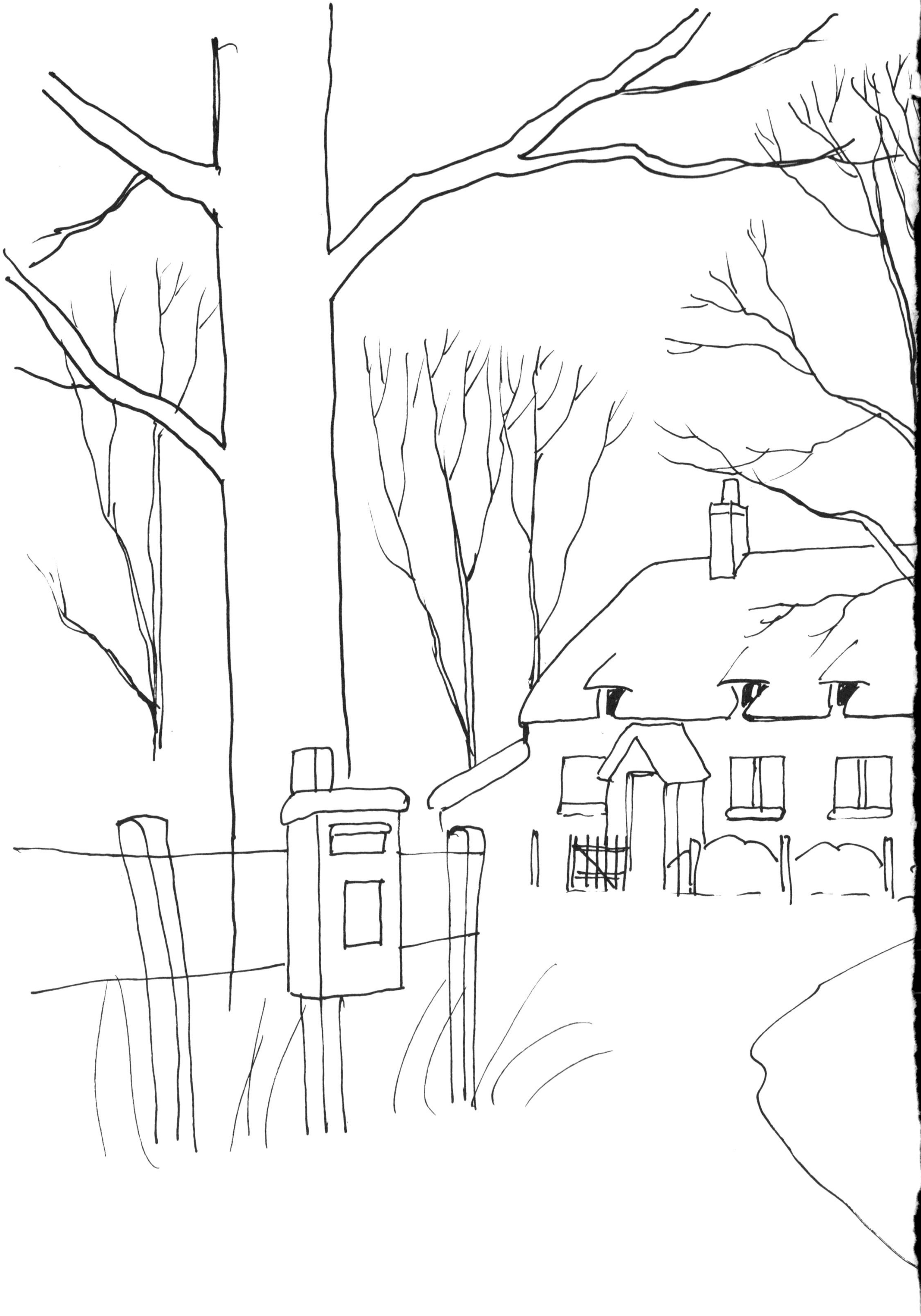

Spuren im Schnee

VORLAGE
7

MATERIAL

- Aquarellpapier, rau, 300 g/m^2
- Farben: Ultramarin, Umbra gebrannt, Siena gebrannt, Schattenfarbe, Kobaltblau
- Mop-Pinsel aus Fehhaar, Rundpinsel Nr. 8 und 12, kleiner Borstenpinsel, Schlepper, Fächerpinsel
- Maskierflüssigkeit, Maskierpinsel und Linierstift
- Küchenpapier
- Abdeckpapier

Maskierflüssigkeit ist das perfekte Medium für Schneemotive. Seien Sie beim Auftragen aber vorsichtig, denn die Flüssigkeit trocknet sehr schnell und kann Ihre Pinsel ruinieren. Verwenden Sie einen Synthetikpinsel, und reiben Sie ihn mit Seife ein, bevor Sie ihn in die Flüssigkeit tauchen. So lässt sie sich nach dem Malen abwaschen. Der Schneestaub auf den Bäumen entsteht mit einem Stück Küchenpapier (siehe Seite 72). Üben Sie dies vorab, und wenn es nicht gelingt, lassen Sie die Maskierflüssigkeit trocknen, reiben sie ab und beginnen neu.

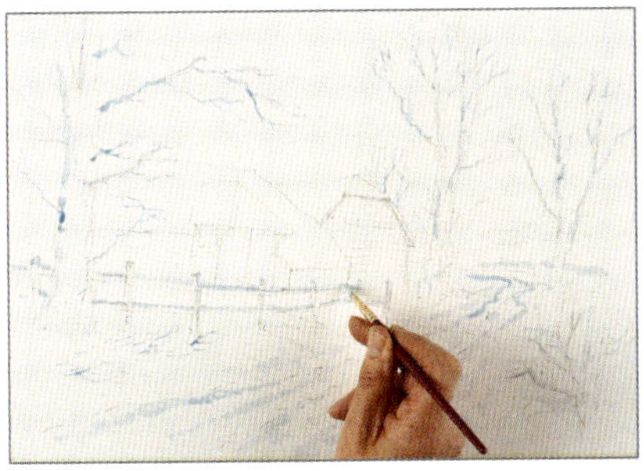

1 Tragen Sie mit einem Pinsel Maskierflüssigkeit auf den Zaun, die Spurrillen im Schnee und einige der Äste auf. Für die feineren Äste verwenden Sie den Linierstift. Nehmen Sie mit zerknülltem Küchenpapier etwas Maskierflüssigkeit auf, und tupfen Sie damit den Schnee in den Baumwipfeln.

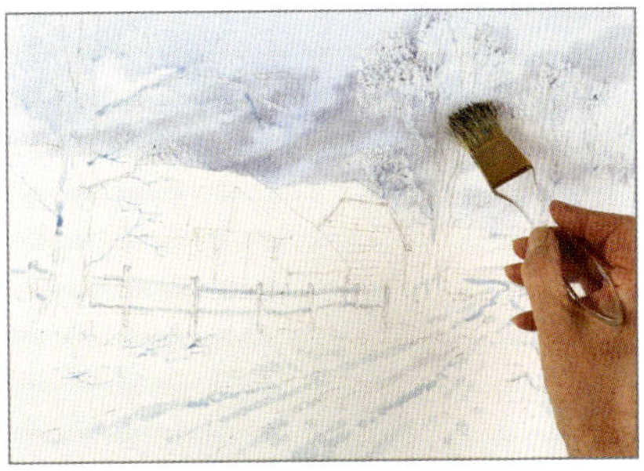

2 Feuchten Sie den Himmelsbereich mit dem Mop-Pinsel und klarem Wasser an. Achten Sie dabei darauf, nicht über die Linien des Daches zu malen. Geben Sie dann Ultramarin in die nasse Fläche. Solange der Auftrag noch nass ist, fügen Sie mit Ultramarin und Umbra gebrannt Wolken hinzu. Malen Sie auch über den abgedeckten Bereich der Bäume. Trocknen lassen.

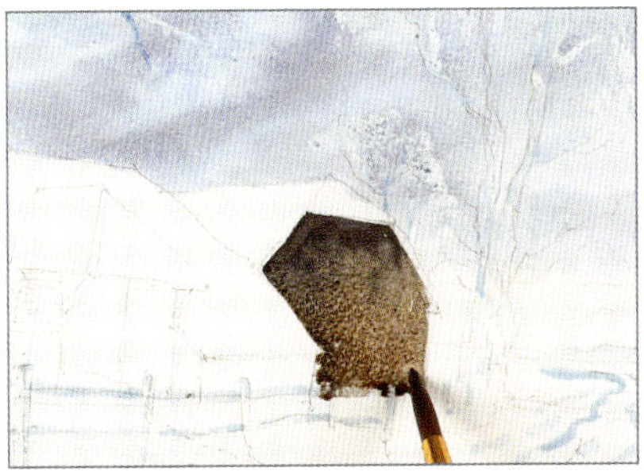

3 Malen Sie den oberen Teil der Giebelseite der Scheune mit dem Pinsel Nr. 12 und einer kräftigen, dunklen Mischung aus Ultramarin und Umbra gebrannt. Während dies noch nass ist, malen Sie weiter unten eine hellere, bräunlichere Mischung auf.

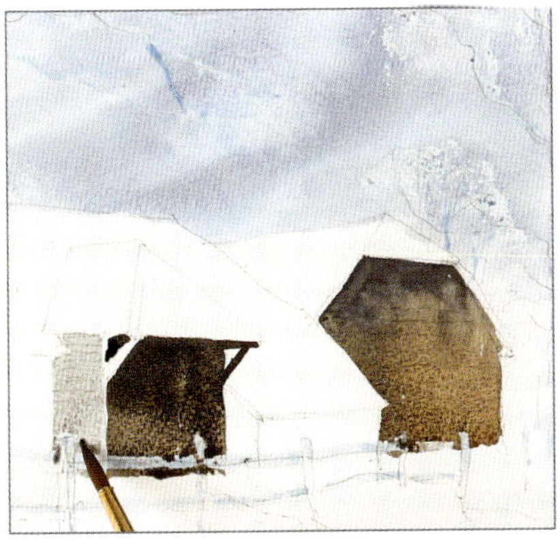

4 Malen Sie das Scheunentor mit derselben Mischung und geben im oberen Bereich die dunklere Version dazu. Stellen Sie eine verdünnte Mischung aus Ultramarin und Umbra gebrannt her, und malen Sie damit und dem Pinsel Nr. 8 die Seite des Vorbaus.

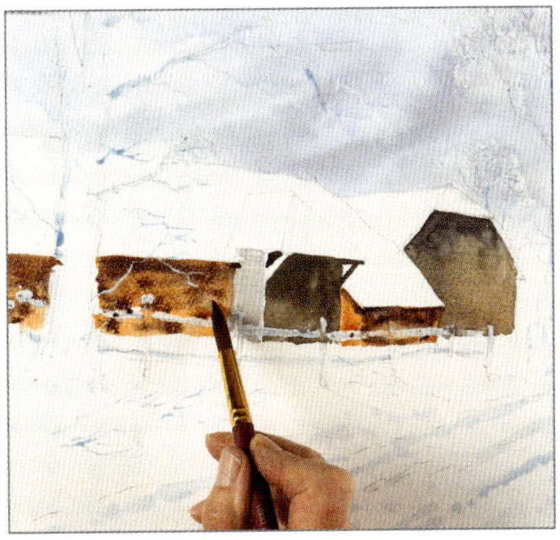

5 Malen Sie die rötlicheren Teile der Scheune mit Siena gebrannt, dann tropfen Sie nass in nass die Schattenfarbe ein.

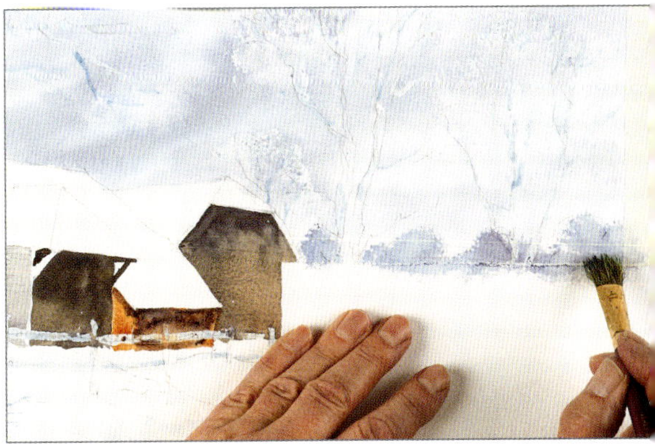

6 Decken Sie den Horizont mit einem Abdeckpapier ab, und tupfen Sie mit dem kleinen Borstenpinsel Kobaltblau und die Schattenfarbe für die entfernt stehenden Bäume und Büsche auf.

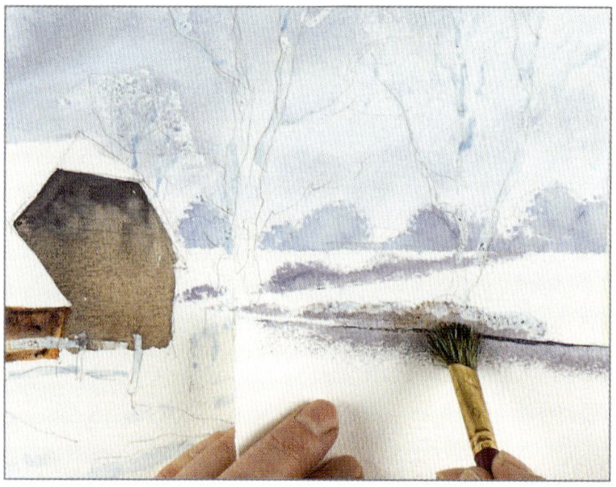

7 Verschieben Sie das Abdeckpapier nach vorn und legen es in verschiedenen Winkeln auf. Malen Sie die Hecken mit einer kräftigeren Mischung derselben Farben. Fügen Sie für eine wärmere Farbwirkung Umbra gebrannt hinzu.

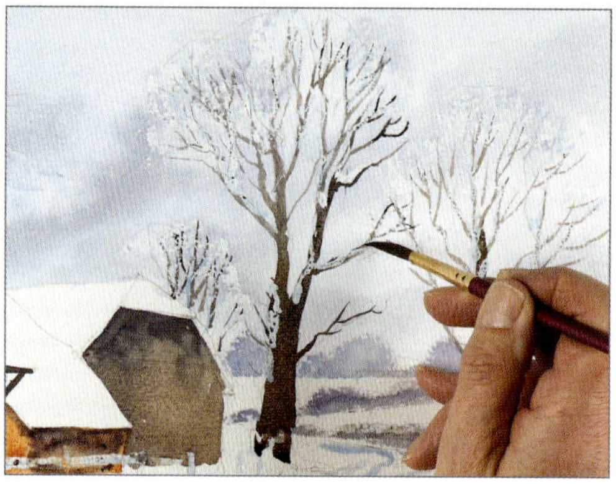

8 Malen Sie mit dem Pinsel Nr. 8 und einer dunklen Mischung aus Umbra gebrannt und Ultramarin die Stämme und Äste der Bäume. Malen Sie dabei stellenweise über die Maskierflüssigkeit.

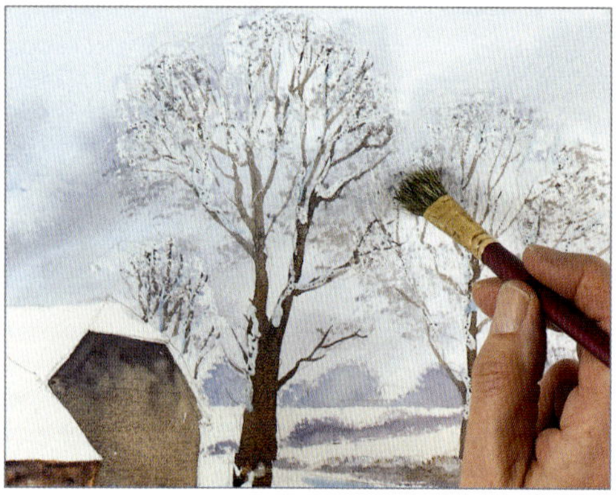

9 Stellen Sie eine bläuliche Mischung aus Ultramarin und Umbra gebrannt her, und tupfen Sie mit dem kleinen Borstenpinsel das Winterlaub über die Maskierflüssigkeit.

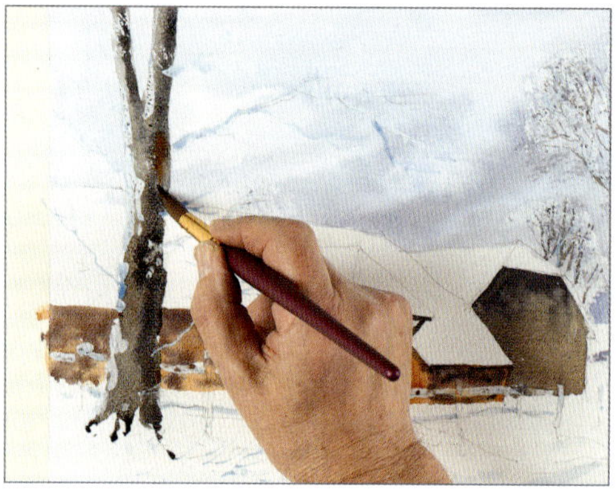

10 Malen Sie den Stamm des großen Baumes auf der linken Seite mit dem Pinsel Nr. 12 und einer verdünnten Mischung aus Umbra gebrannt und Ultramarin. Während dieser Auftrag noch nass ist, geben Sie auf der rechten Seite eine dunklere Mischung dazu, um eine dreidimensionale Wirkung zu erzielen.

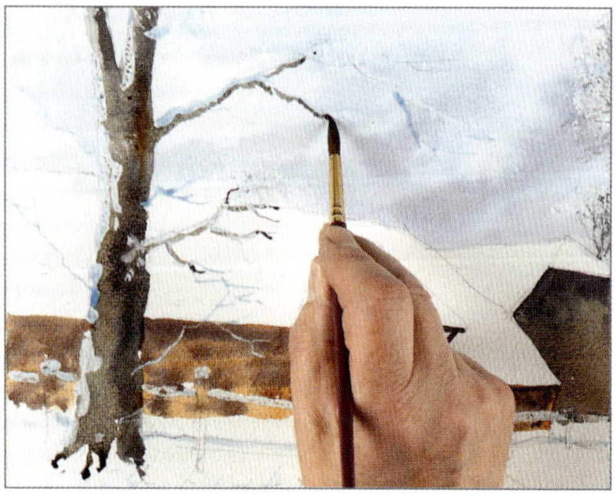

11 Malen Sie mit dem Pinsel Nr. 8 und der dunklen Mischung die Zweige unter dem maskierten Schnee.

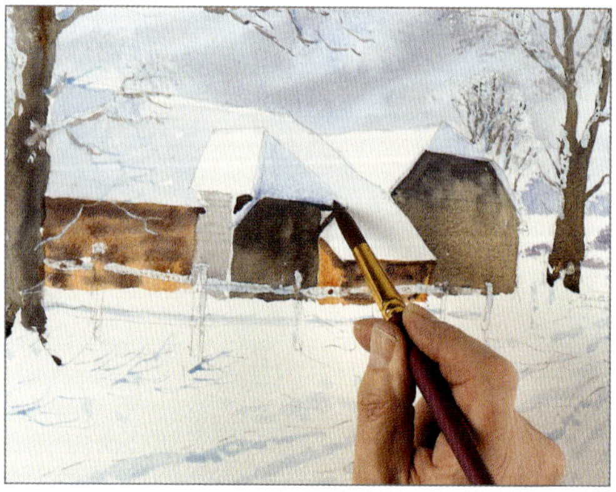

12 Legen Sie mit dem Pinsel Nr. 12 eine Lasur von Kobaltblau über die beschatteten Teile der verschneiten Dächer. Malen Sie die Dreiecke der Giebelseiten in einem etwas kräftigeren Blau.

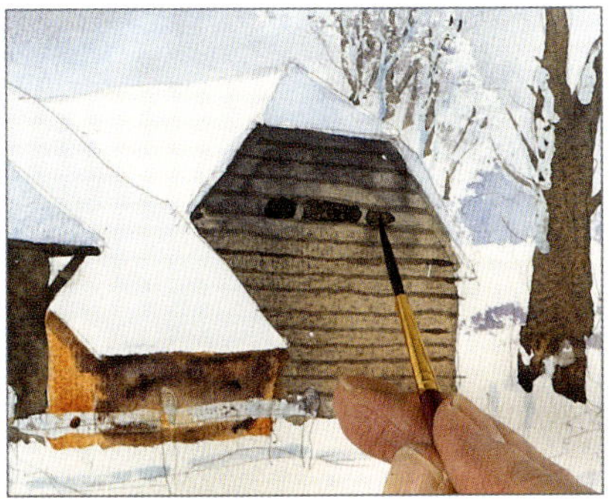

13 Malen Sie mit dem Schlepper und einer Mischung aus Ultramarin und Umbra gebrannt die Holzverschalung der Scheune. Deuten Sie gebrochene Bretter mit dunklen Formen an.

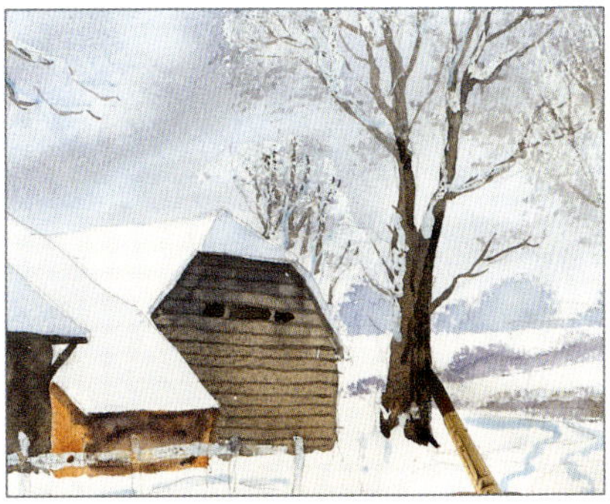

14 Formen Sie den Baum rechts neben der Scheune, indem Sie mit dem Pinsel Nr. 8 und Ultramarin und Umbra gebrannt Schatten hinzufügen.

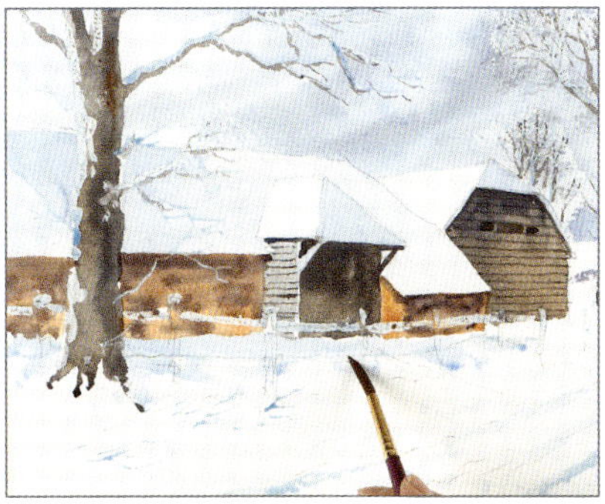

15 Legen Sie eine Lasur von Kobaltblau über den Schnee vor der Scheune. Malen Sie dabei über die Maskierflüssigkeit, und deuten Sie die Form des Schnees und des Geländes an.

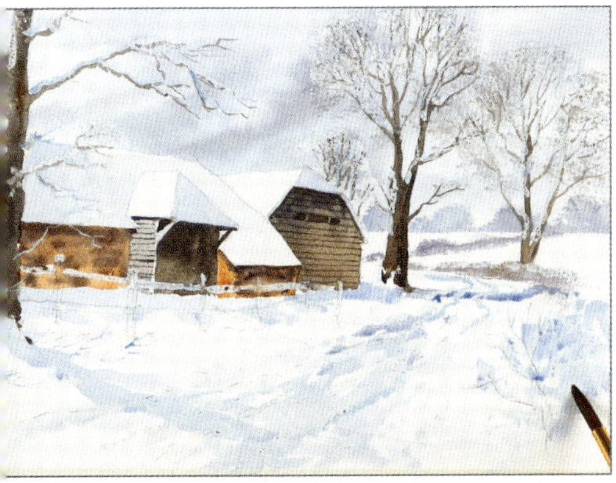

16 Mischen Sie verdünntes Kobaltblau mit einem Hauch Siena gebrannt, und malen Sie die Schatten in den Spurrillen im Schnee. Malen Sie dann mit Kobaltblau die von den Bäumen auf der anderen Wegseite geworfenen Schatten sowie die Schatten im Unterholz rechts.

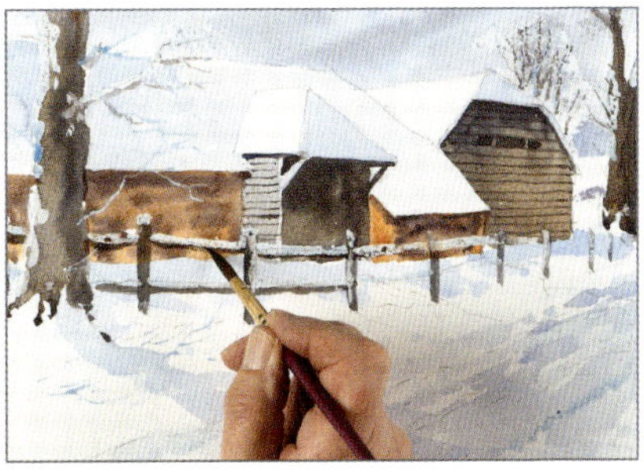

17 Malen Sie die Zaunpfähle mit Ultramarin und Umbra gebrannt. Beginnen Sie dabei mit den aufrechten Pfählen, und ziehen Sie dann die horizontalen Streben unter der Maskierflüssigkeit.

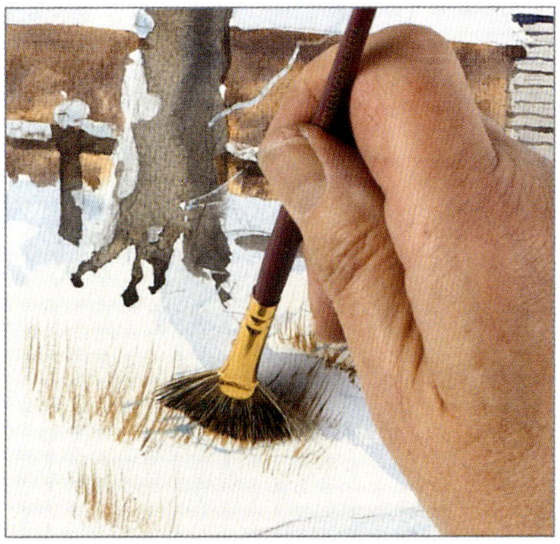

18 Verwenden Sie den Fächerpinsel, um mit Umbra gebrannt, um die durch den Schnee ragenden Gräser mit einer Aufwärtsbewegung zu schnicken.

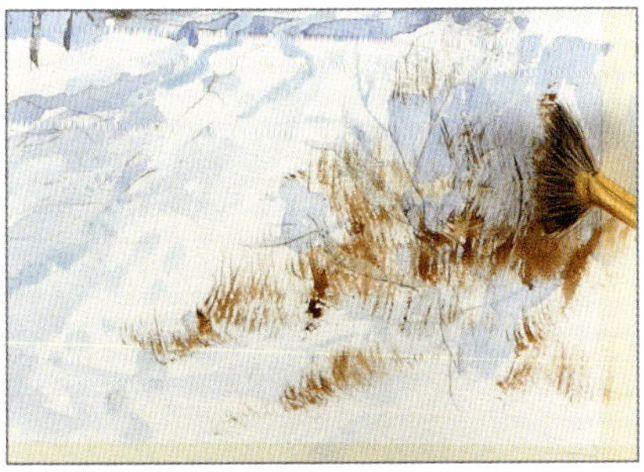

19 Fügen Sie auf der rechten Bildseite Gräser und Texturen hinzu. Führen Sie dabei den Fächerpinsel senkrecht, um getrocknete Samenstände anzudeuten.

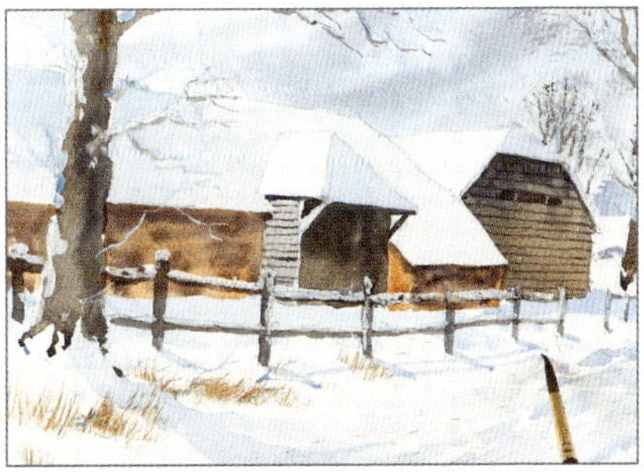

20 Malen Sie mit dem Pinsel Nr. 8 und Kobaltblau die Schatten der Zaunpfähle.

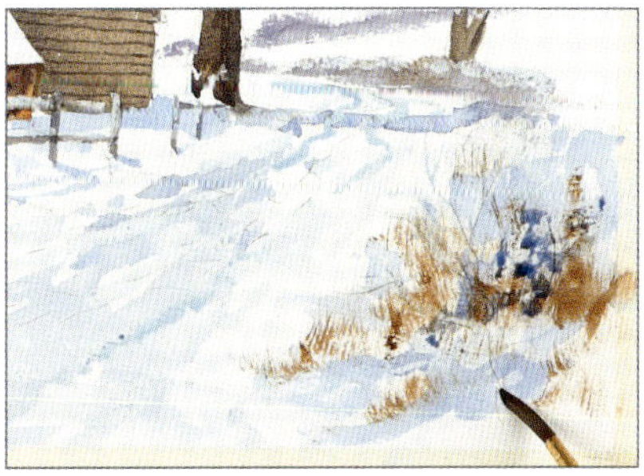

21 Geben Sie dem Unterholz auf der rechten Seite mit einem dunkleren Lasur von Kobaltblau Textur.

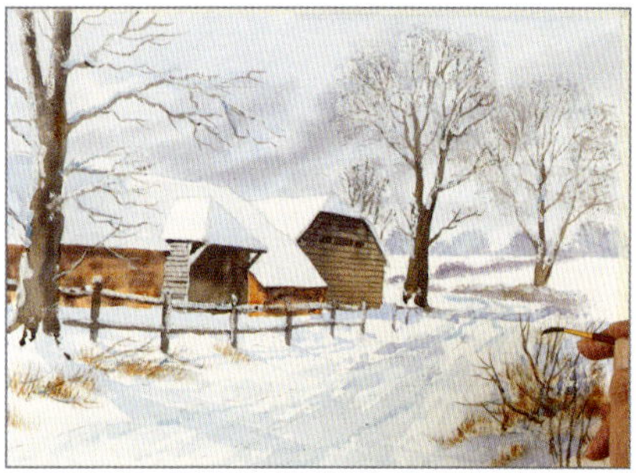

22 Malen Sie mit dem Schlepper und Ultramarin und Umbra gebrannt weitere Äste und Zweige in den Baum auf der linken Seite. Dann malen Sie auf dieselbe Weise Zweige in das Unterholz auf der rechten Seite.

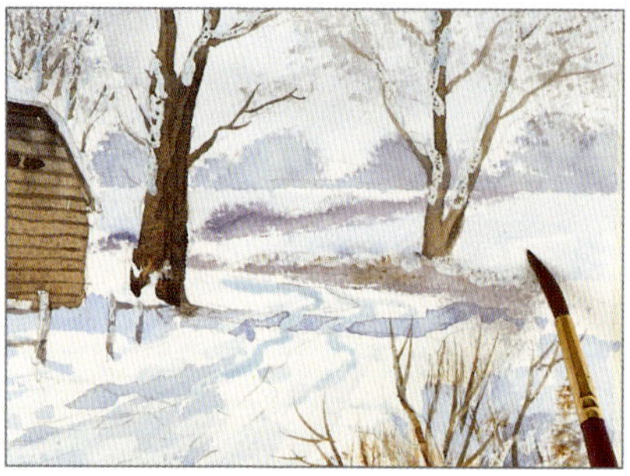

23 Wechseln Sie zum Pinsel Nr. 8, und malen Sie eine helle Lasur von Kobaltblau in die entfernt liegenden Felder.

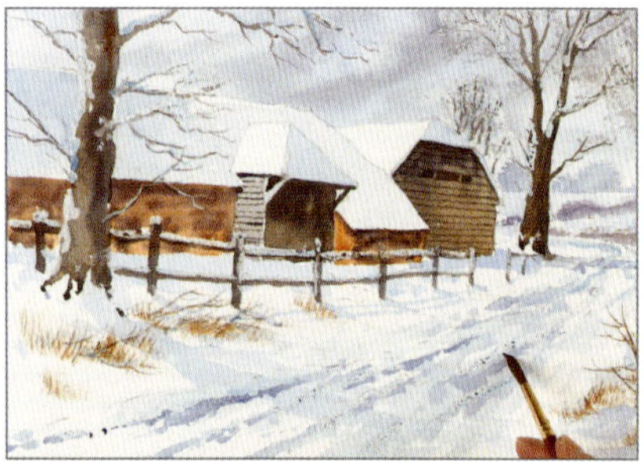

24 Mischen Sie Kobaltblau mit Siena gebrannt, und malen Sie dunklere Schatten in die Spurrillen im Schnee. Trocknen lassen.

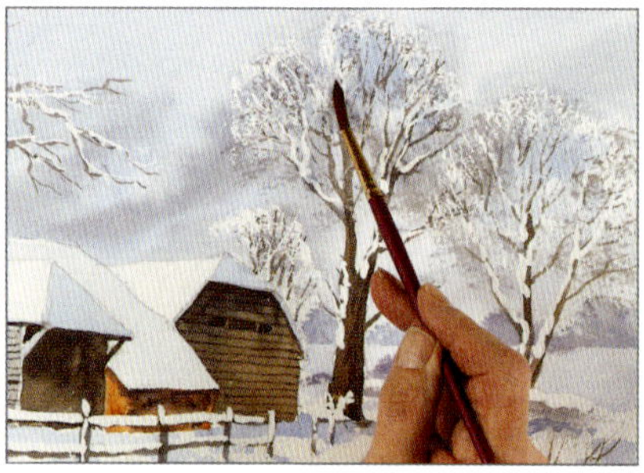

25 Entfernen Sie die Maskierflüssigkeit. Legen Sie mit dem Pinsel Nr. 12 eine Lasur von Kobaltblau über den Schnee in den Bäumen, sodass die oberen Bereiche weiß bleiben.

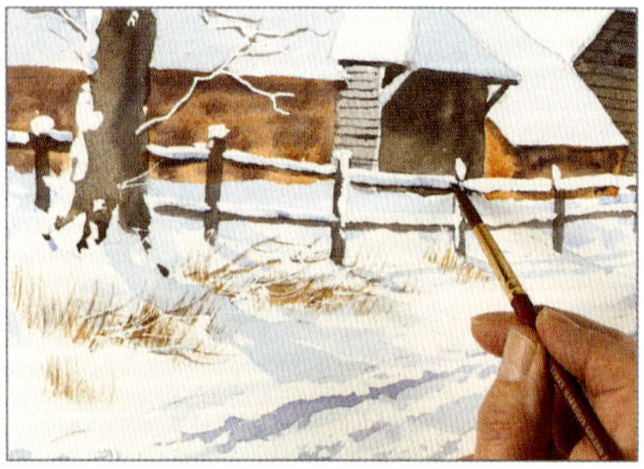

26 Setzen Sie auf dieselbe Weise Schattierungen unter den Schnee auf dem Zaun.

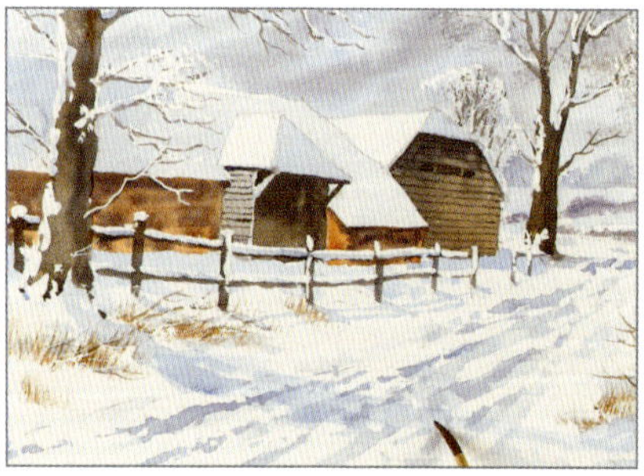

27 Setzen Sie den Schatten des Baumes über den Vordergrund fort.

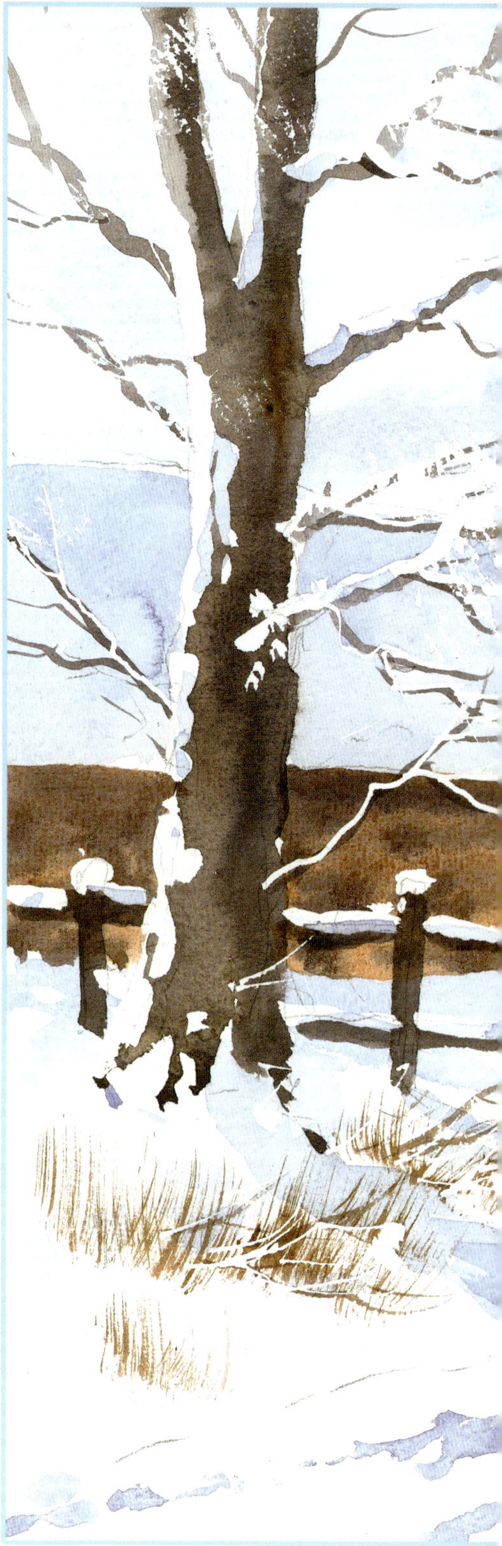

Das fertige Aquarell.

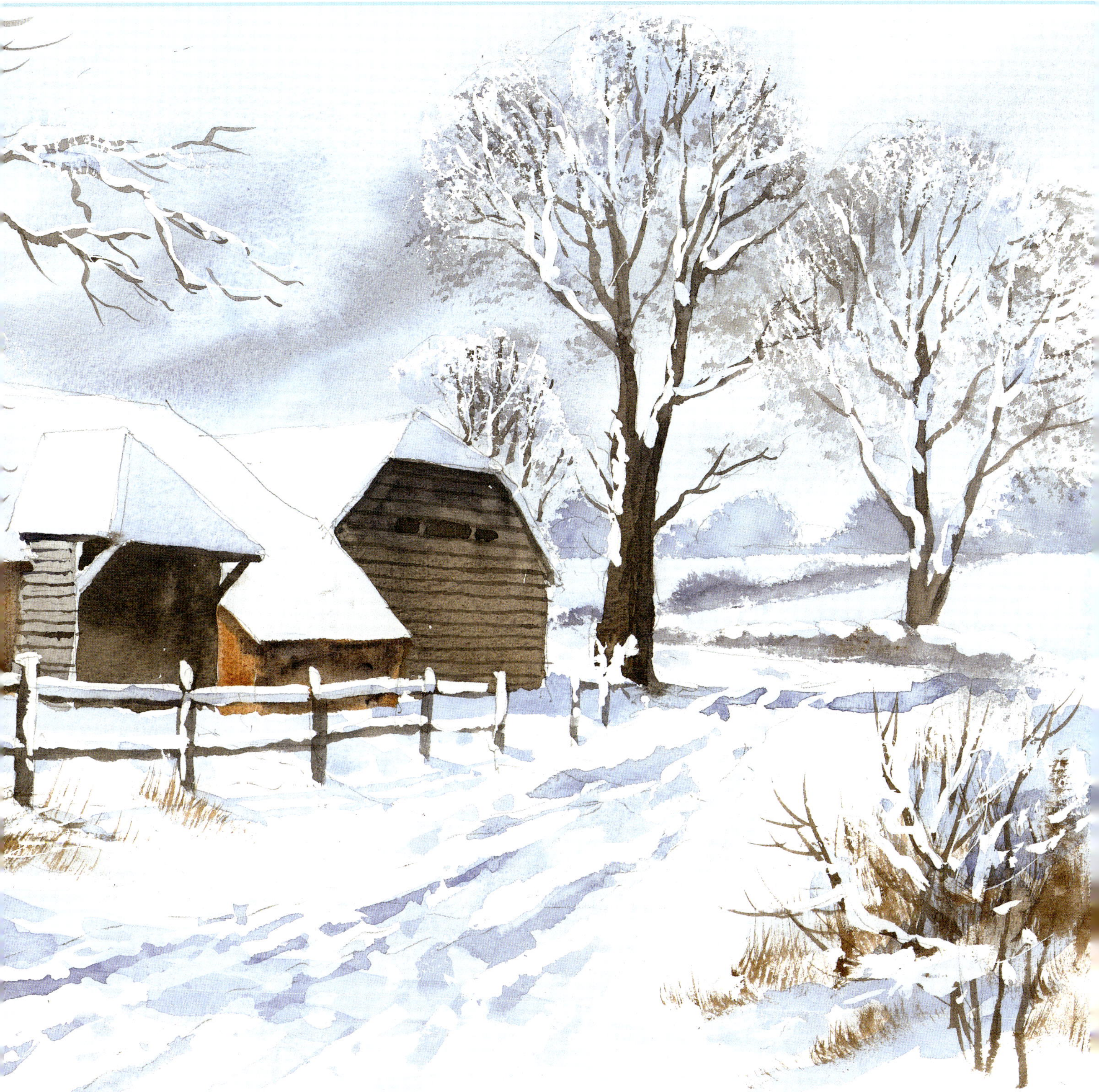

Verschneites Dorf

VORLAGE 8

Ich habe mich entschieden, diese Schneelandschaft bei Sonnenuntergang zu malen. Der Grund dafür ist, dass ich kein Fan von kalten, trübsinnigen Bildern bin. Ich bevorzuge warme, freundliche und einladende Motive. Der Briefkasten bringt einen kräftigen Farbtupfer in den Vordergrund und unterstreicht die warme Farbpalette der Szene.

MATERIAL

- Aquarellpapier, rau, 300 g/m^2
- Farben: Kadmiumgelb, Permanent Rosa, Kadmiumrot, Kobaltblau, Schattenfarbe, Kadmiumgelb, Alizarin-Karmesin, Siena gebrannt, Umbra gebrannt, Ultramarin, Hookersgrün, Olivgrün
- Mop-Pinsel aus Fehhaar, Rundpinsel Nr. 4 und 8, Fächerpinsel, Schlepperpinsel
- Abdeckband
- Maskierflüssigkeit, Maskierpinsel und Linierstift
- Kleine runde Münze
- Küchenpapier

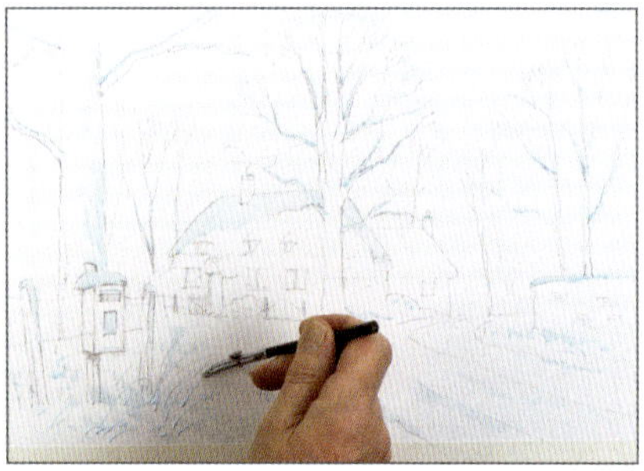

1 Übertragen Sie das Motiv auf Aquarellpapier, und kleben Sie die Ränder mit Klebeband ab. Decken Sie das Dach und die Äste, die Oberseite des Briefkastens und die Wand mit Maskierflüssigkeit und einem Pinsel ab. Verwenden Sie dann einen Linierstift, um die Gräser und den Draht abzudecken.

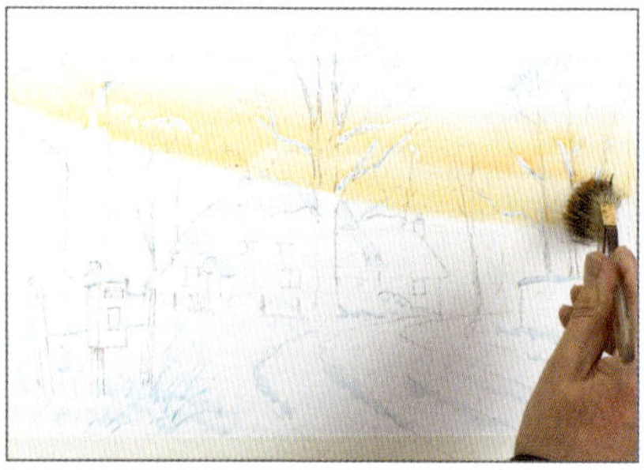

2 Feuchten Sie den Bereich des Himmels mit dem Mop-Pinsel und sauberem Wasser an. Legen Sie dann eine Lasur von Kadmiumgelb mit einem Hauch von Permanent Rosa hinein.

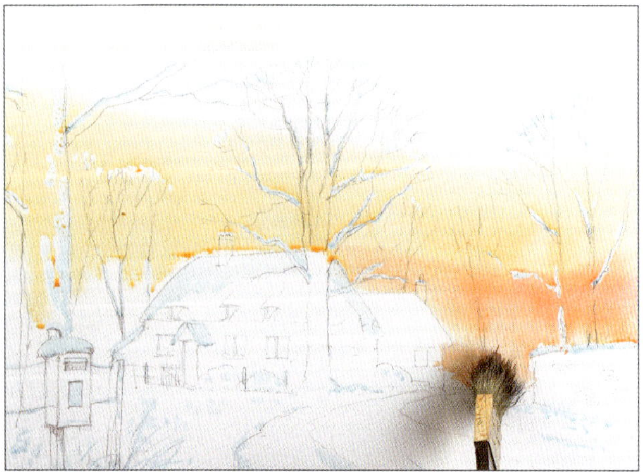

3 Arbeiten Sie weiter nass in nass, und fügen Sie Kadmiumrot hinzu.

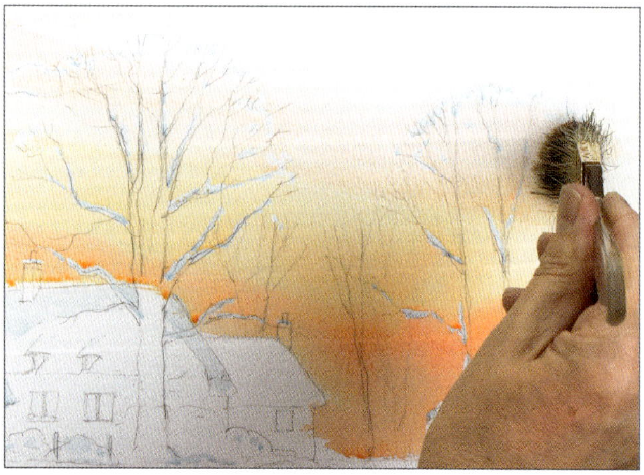

4 Malen Sie nass in nass eine Lasur mit sehr stark verdünntem Kadmiumrot über den Mittelbereich des Himmels.

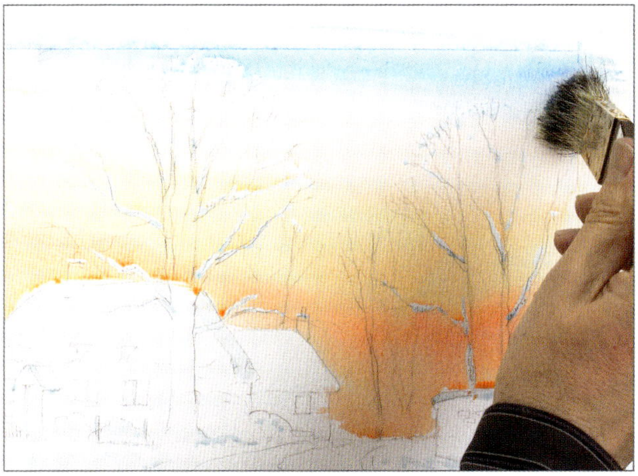

5 Arbeiten Sie weiter schnell nass in nass, und malen Sie eine kobaltblaue Lasur über den oberen Teil des Himmels.

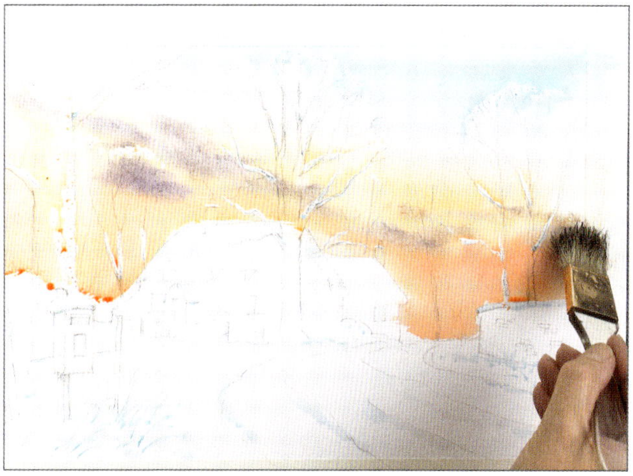

6 Während die Farbe noch nass ist, setzen Sie mit der Schattenfarbe Wolken hinein.

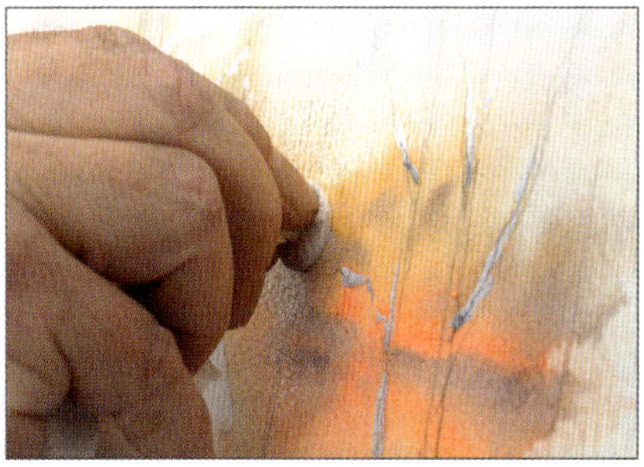

7 Wickeln Sie eine kleine Münze wie abgebildet in Küchenpapier. Drücken Sie sie an der Stelle, wo die Sonne entstehen soll, auf das Papier.

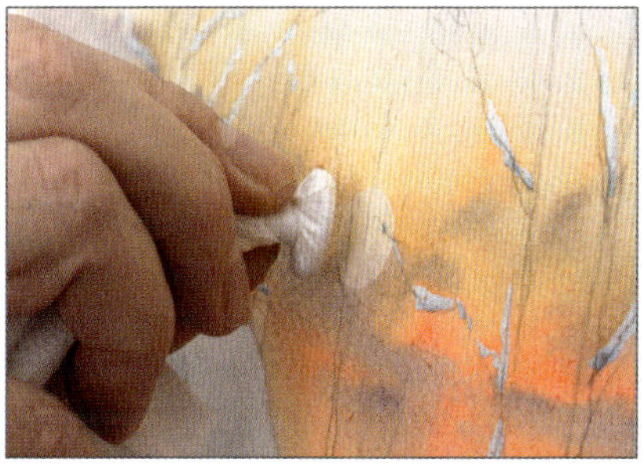

8 Heben Sie die eingewickelte Münze an, und eine blasse Sonne kommt zum Vorschein.

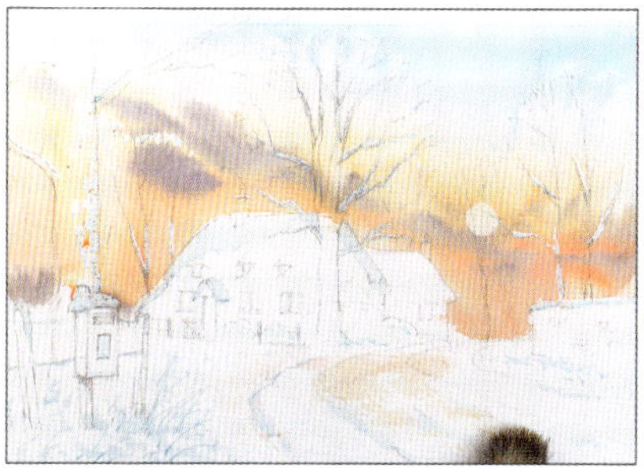

9 Stellen Sie eine sehr blasse Mischung aus Permanent Rosa und Kadmiumgelb her. Malen Sie damit die Farben des Himmels, die sich im Schnee spiegeln.

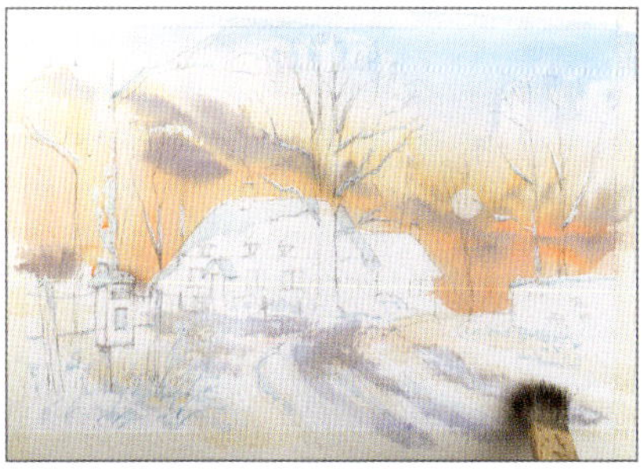

10 Setzen Sie nass in nass mit einer Mischung aus Kobaltblau und ein wenig Alizarin-Karmesin die Schatten hinein.

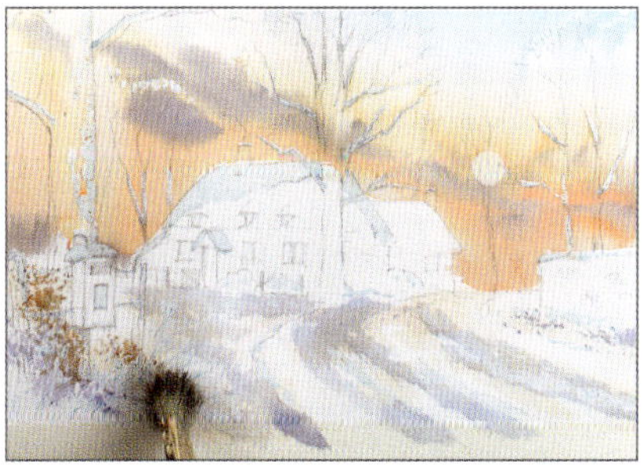

11 Arbeiten Sie weiter mit dem Mop-Pinsel, und tupfen ein wenig Siena gebrannt auf, um braunes Unterholz anzudeuten. Trocknen lassen.

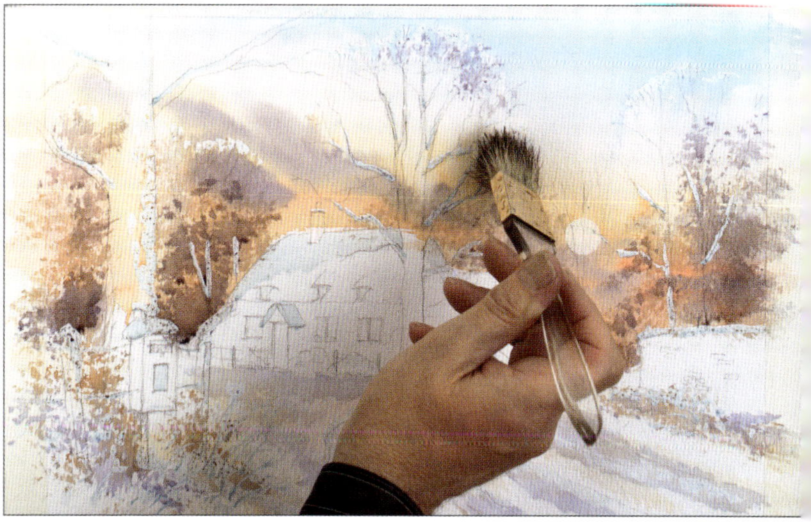

12 Tupfen Sie mit verdünnter Schattenfarbe das Laub in die Baumkronen. Trocknen lassen.

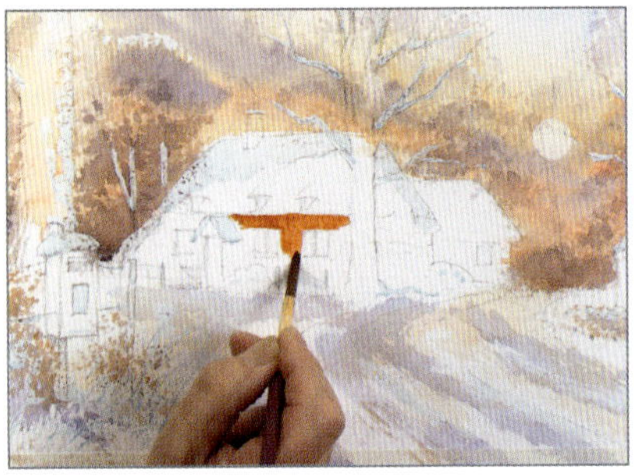

13 Malen Sie die Vorderseite des Häuschens mit dem Pinsel Nr. 8 und Siena gebrannt.

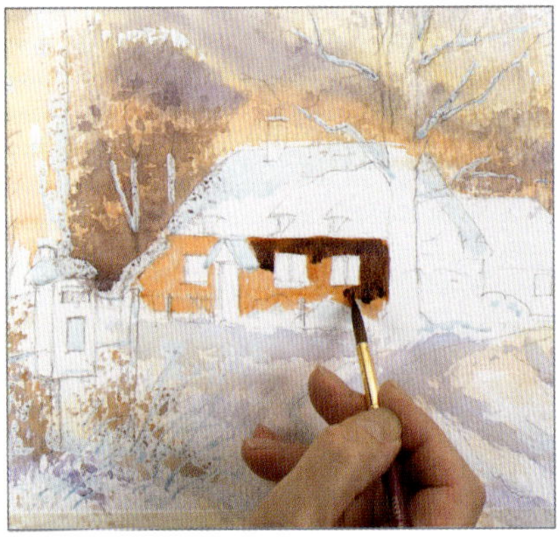

14 Geben Sie nass in nass die Schattenfarbe hinzu.

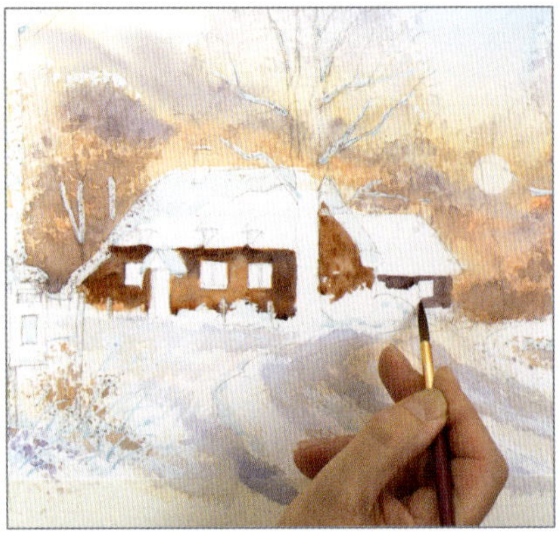

15 Malen Sie die dunklere Seitenwand des Hauses mit einer Mischung aus Umbra gebrannt und der Schattenfarbe.

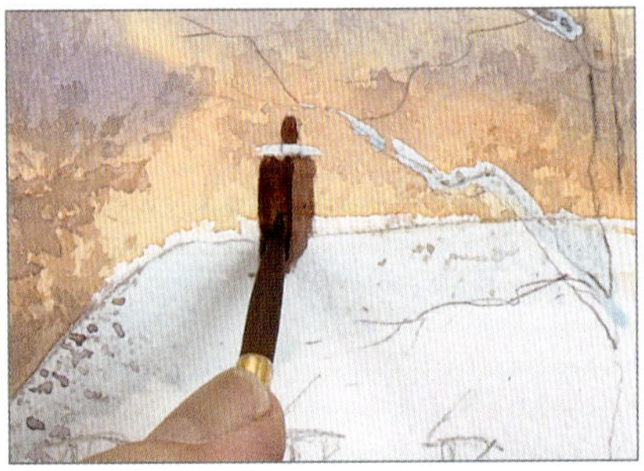

16 Malen Sie den Schornstein mit Umbra gebrannt und der Schattenfarbe, und lassen Sie ihn trocknen. Dunkeln Sie dann die Schattenseite mit einer intensiveren Mischung derselben Farben ab.

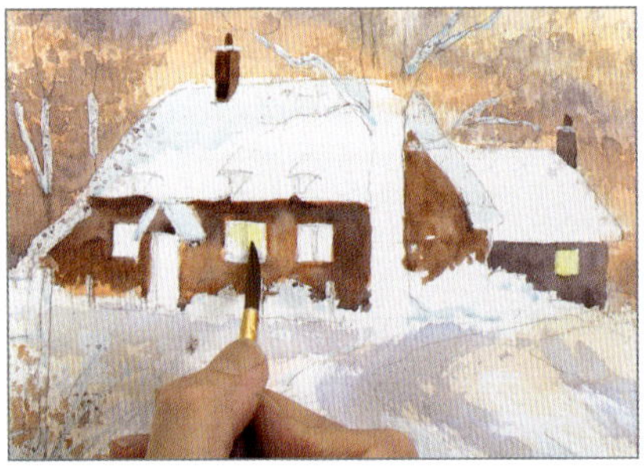

17 Malen Sie die beleuchteten Fenster mit verdünntem Kadmiumgelb.

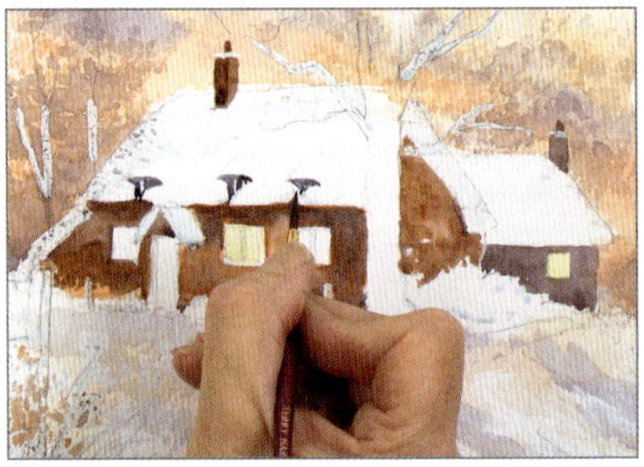

18 Die Gebäudedetails entstehen mit dem Pinsel Nr. 4 und Ultramarin und Umbra gebrannt.

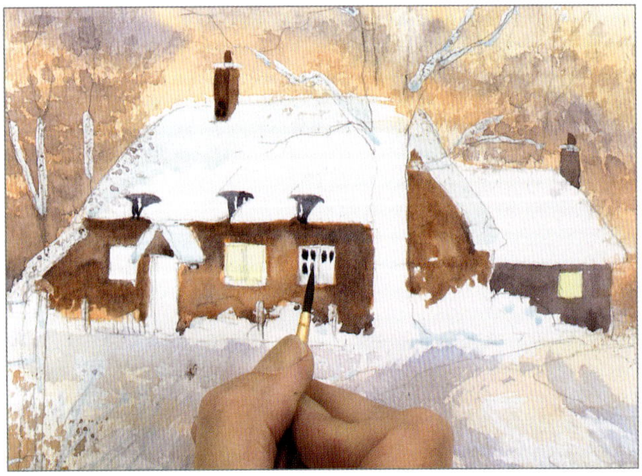

19 Malen Sie mit demselben Pinsel und derselben Mischung die dunklen Fenster.

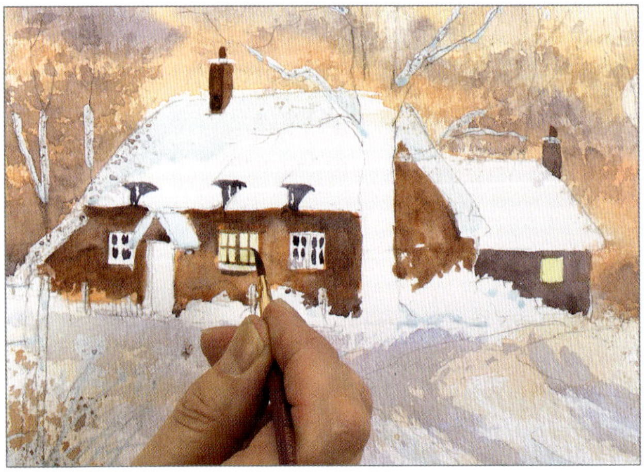

20 Malen Sie die Rahmen der erleuchteten Fenster ein.

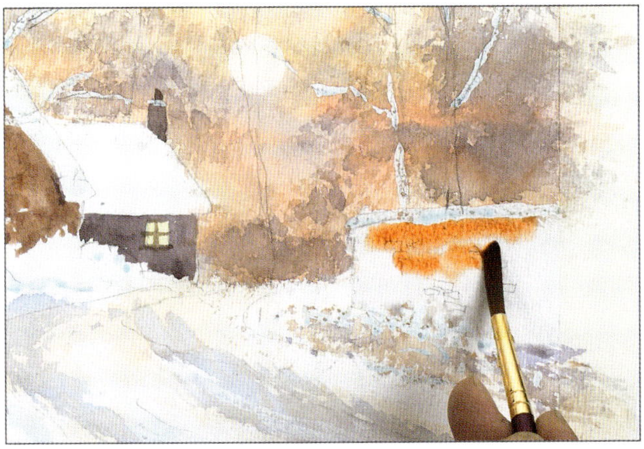

21 Feuchten Sie die Wand mit sauberem Wasser an, und tragen Sie mit dem Pinsel Nr. 8 eine Lasur von Siena gebrannt auf.

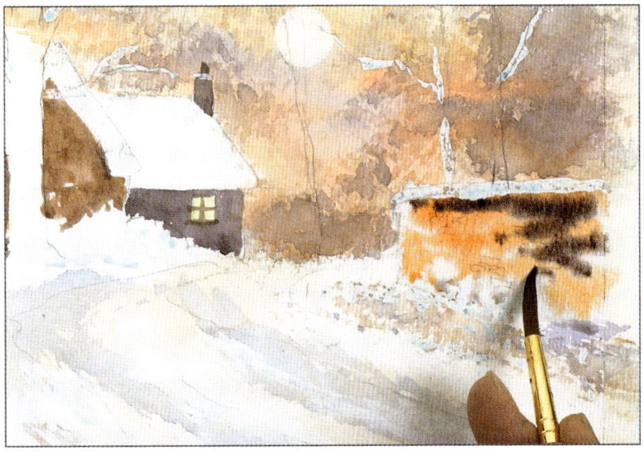

22 Geben Sie nass in nass die Schattenfarbe hinein.

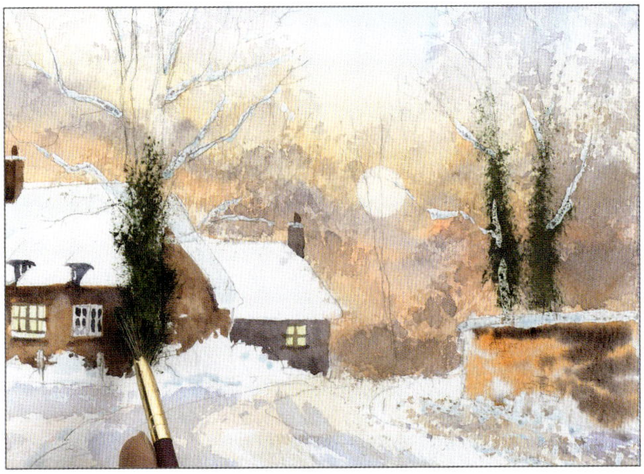

23 Tupfen Sie mit dem Fächerpinsel Hookersgrün mit einem Hauch von Umbra gebrannt das Efeu auf die beiden großen Bäume.

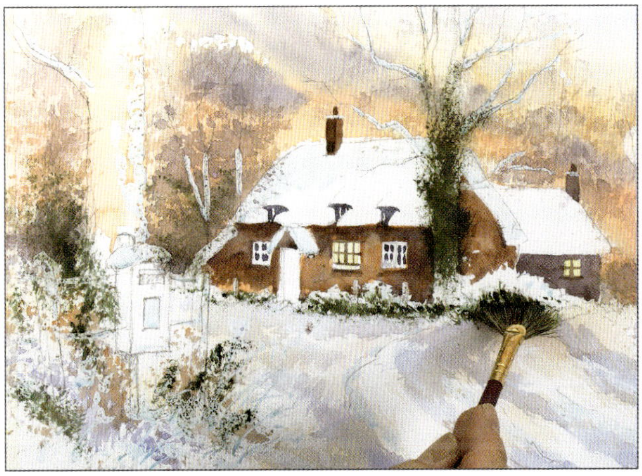

24 Malen Sie mit demselben Pinsel und Hookersgrün ein paar Büsche und Pflanzen um den Briefkasten und vor die Hütte.

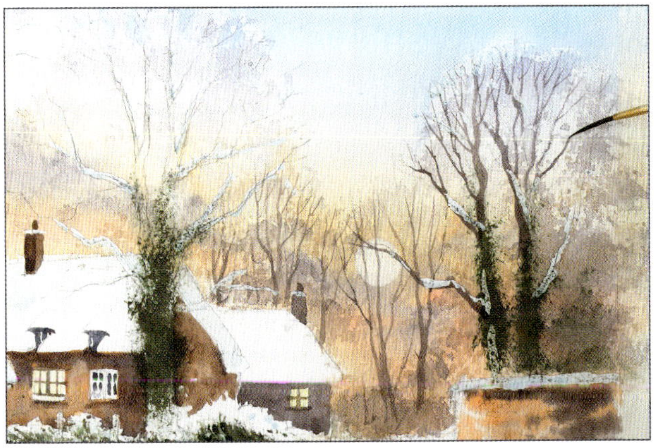

25 Malen Sie mit dem Schlepperpinsel und einer Mischung aus Siena gebrannt und Schattenfarbe die entfernt stehenden Bäume. Die Zweige lassen den Eindruck von Laub entstehen, und täuschen dem Auge ein feines Geflecht aus Ästen und Zweigen vor.

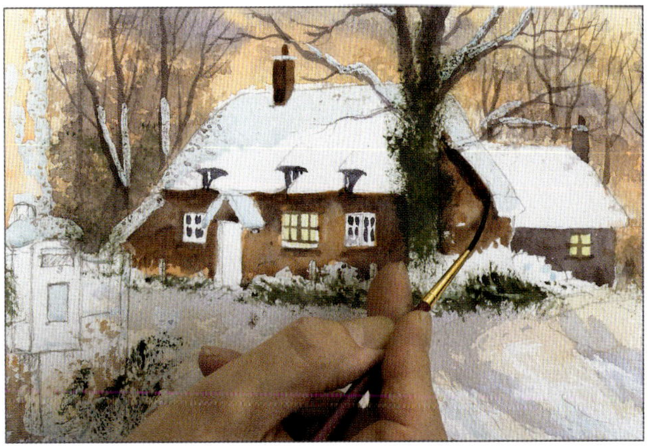

26 Malen Sie mit einer intensiveren Mischung derselben Farben einen dunklen Schatten unter den Dachüberhang.

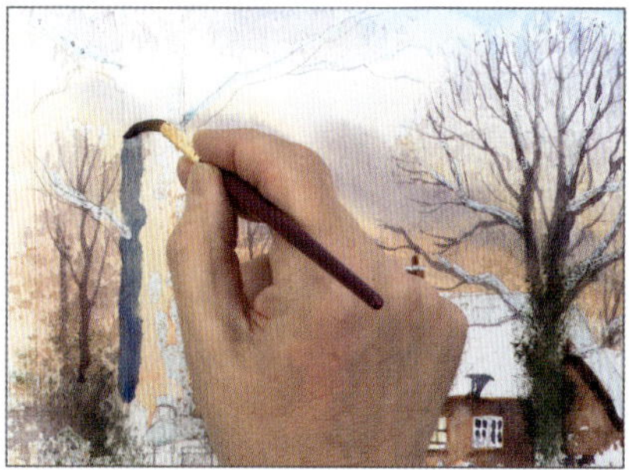

27 Wechseln Sie zum Pinsel Nr. 8, und malen Sie Kobaltblau an die Schattenseite des Baumes links von der Hütte.

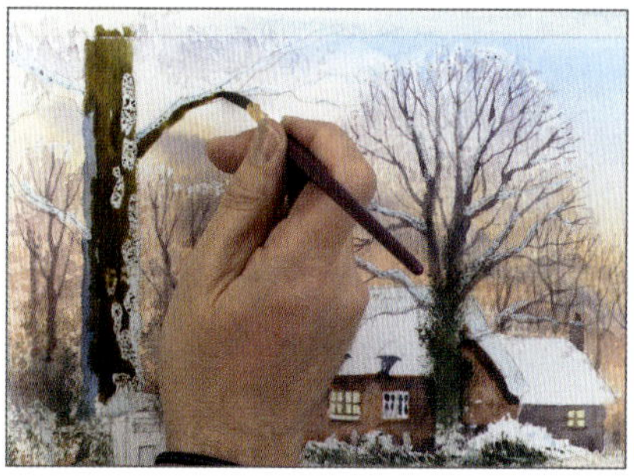

28 Malen Sie mit einer Mischung aus Umbra gebrannt und Olivgrün den Rest des Baumstamms und der Äste unter dem mit Maskierflüssigkeit abgedeckten Schnee.

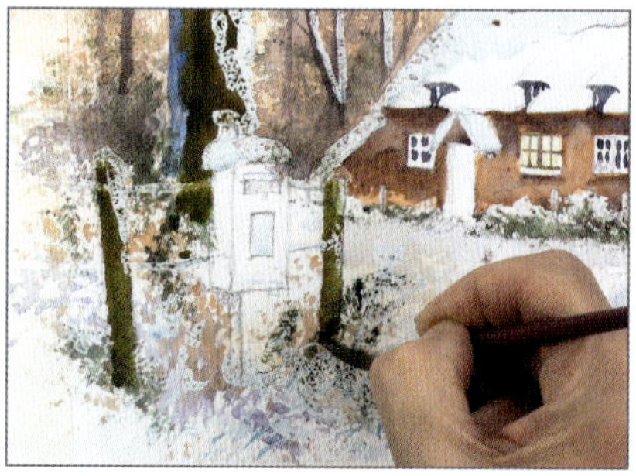

29 Malen Sie die Pfosten mit derselben Farbe.

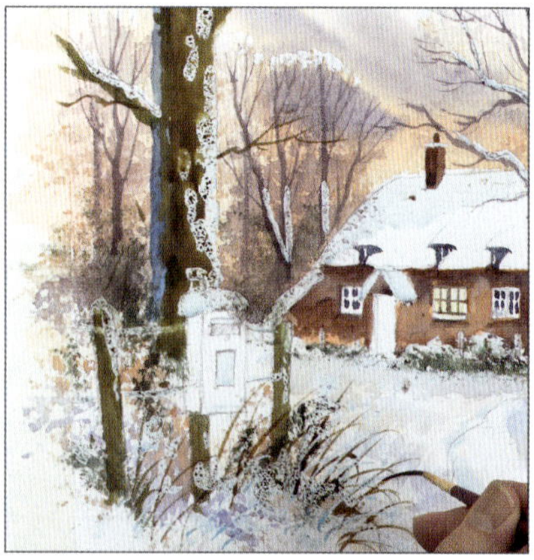

30 Malen Sie mit dem Schlepper und Umbra gebrannt dunkle Grashalme zwischen die maskierten Gräser.

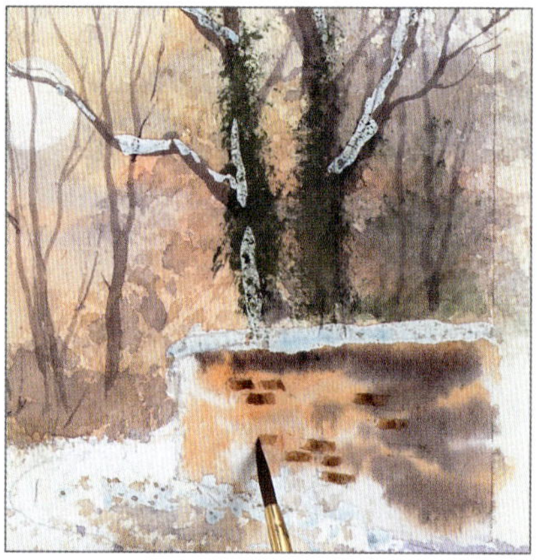

31 Malen Sie mit dem Pinsel Nr. 4 und Siena gebrannt die Ziegelsteine in der Mauer.

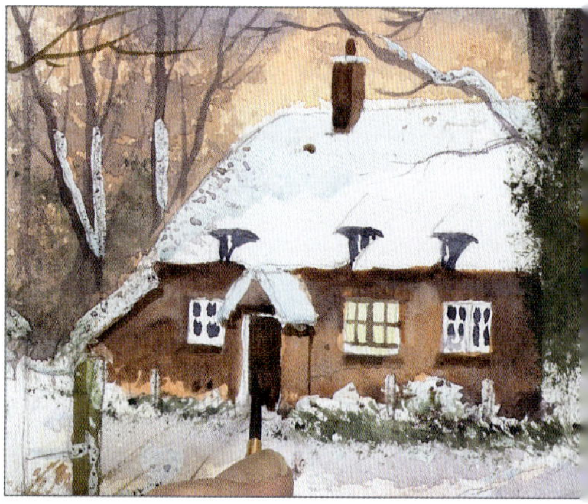

32 Tragen Sie über die Haustüre und unter den Fensterbänken eine Mischung aus Umbra gebrannt und der Schattenfarbe auf.

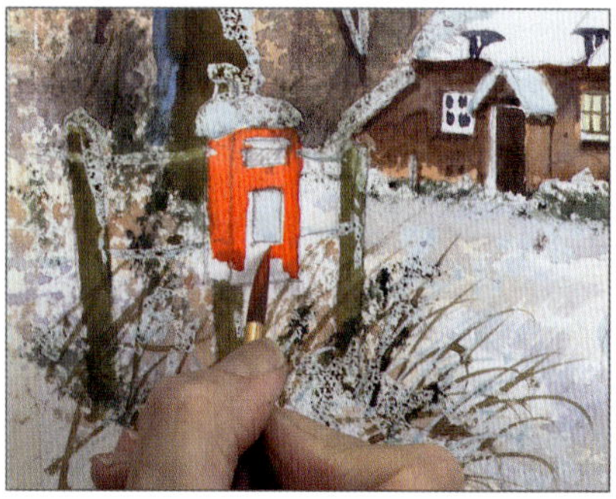

33 Wechseln Sie zum Pinsel Nr. 8, und malen Sie den Briefkasten mit Kadmiumrot. Trocknen lassen.

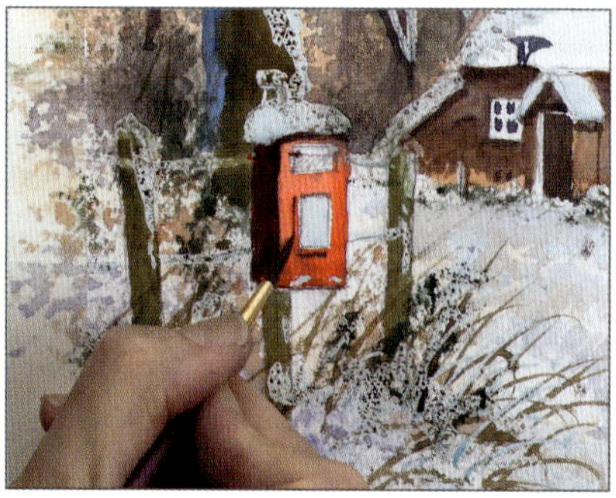

34 Malen Sie mit dem Pinsel Nr. 4 und einer Mischung aus der Schattenfarbe und Kadmiumrot um die im Schatten liegende Seite, den Schatten unter dem Schnee und die Details.

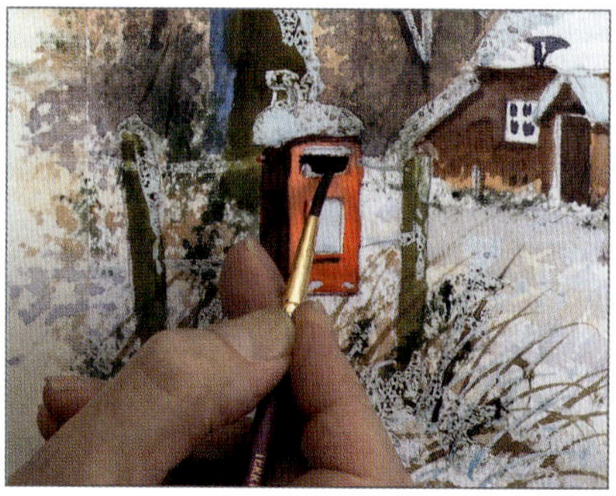

35 Malen Sie das dunkle Innere des Briefkastens mit Ultramarin und Umbra gebrannt.

36 Legen Sie mit der verdünnten Schattenfarbe eine Lasur über den Vordergrund. Dadurch wird verhindert, dass der Blick das Bild am unteren Rand verlässt. Lassen Sie das Bild trocknen.

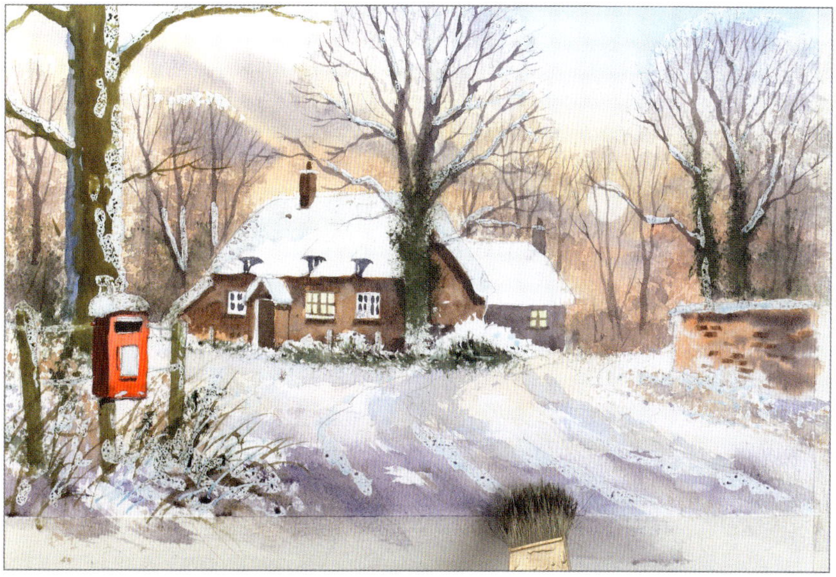

37 Reiben Sie die gesamte Maskierflüssigkeit mit sauberen Fingern ab. Malen Sie den verschatteten Teil des schneebedeckten Dachs mit der Schattenfarbe, Kobaltblau und dem Pinsel Nr. 8.

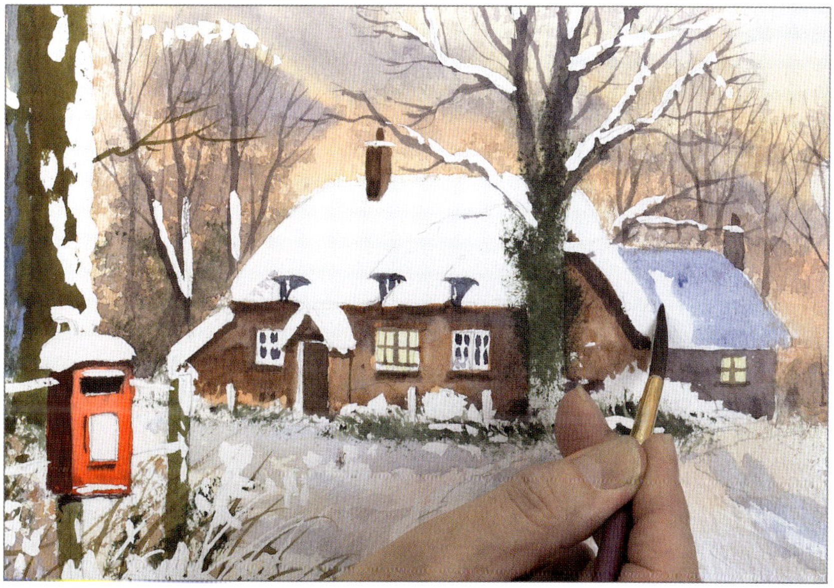

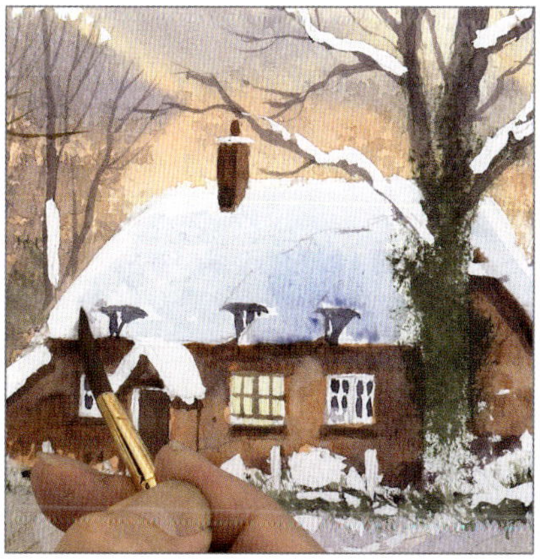

38 Stellen Sie mit denselben Farben eine hellere Mischung her, und malen Sie das Dach auf der Vorderseite.

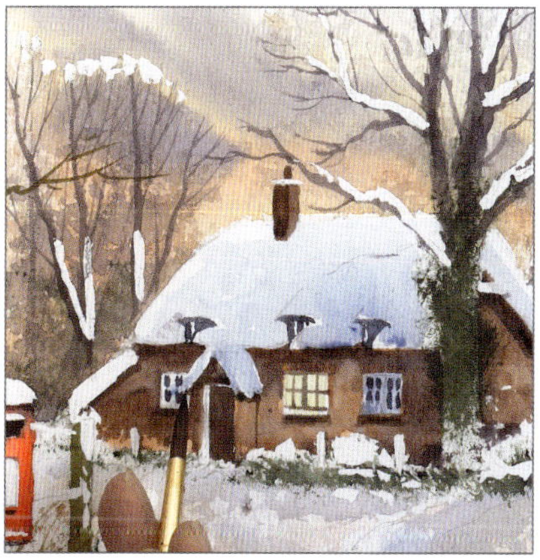

39 Legen Sie dieselbe dünne Lasur über das Weiß der Fensterrahmen.

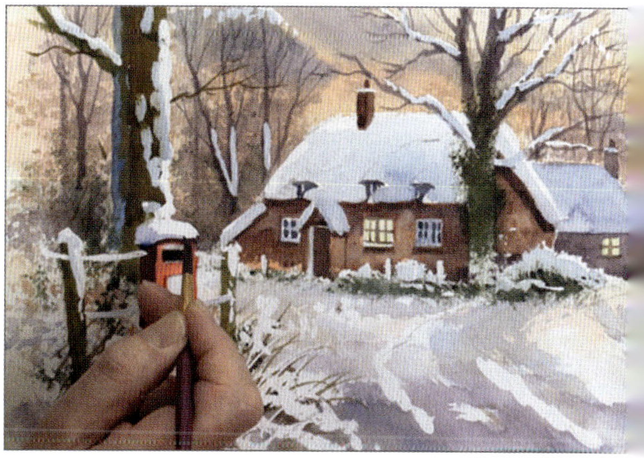

40 Setzen Sie mit derselben Lasur die Schatten in den Schnee und schattieren die Unterseite des Schnees auf der Wand, dem Briefkasten und den Bäumen.

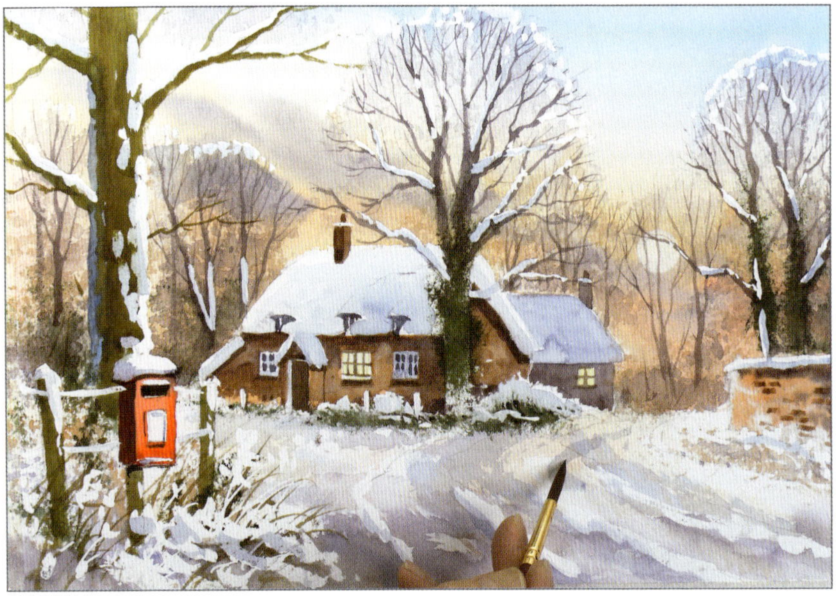

41 Fügen Sie mit einer Mischung aus Kobaltblau und der Schattenfarbe sowie dem Pinsel Nr. 8 weitere Spurrillen auf dem Weg hinzu.

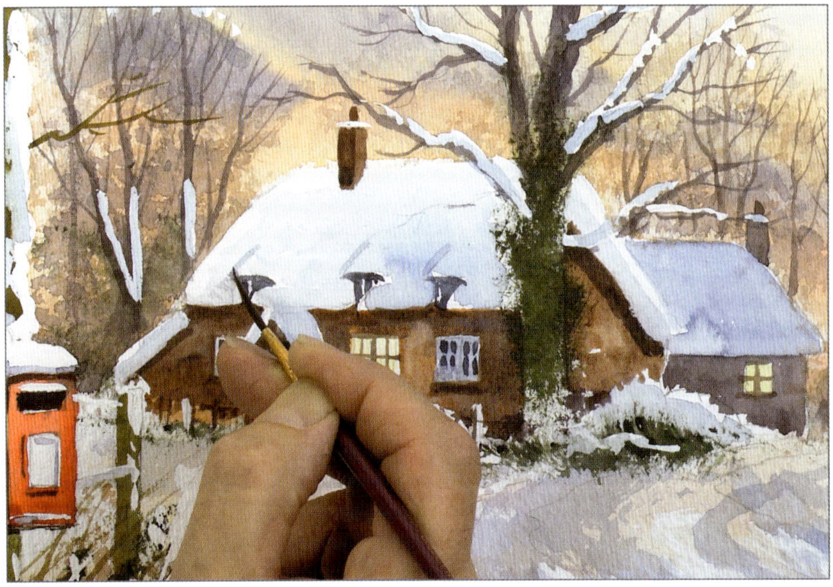

42 Mischen Sie Umbra gebrannt und die Schattenfarbe, und malen damit und dem Schlepperpinsel den Zaun und die Dachfenster.

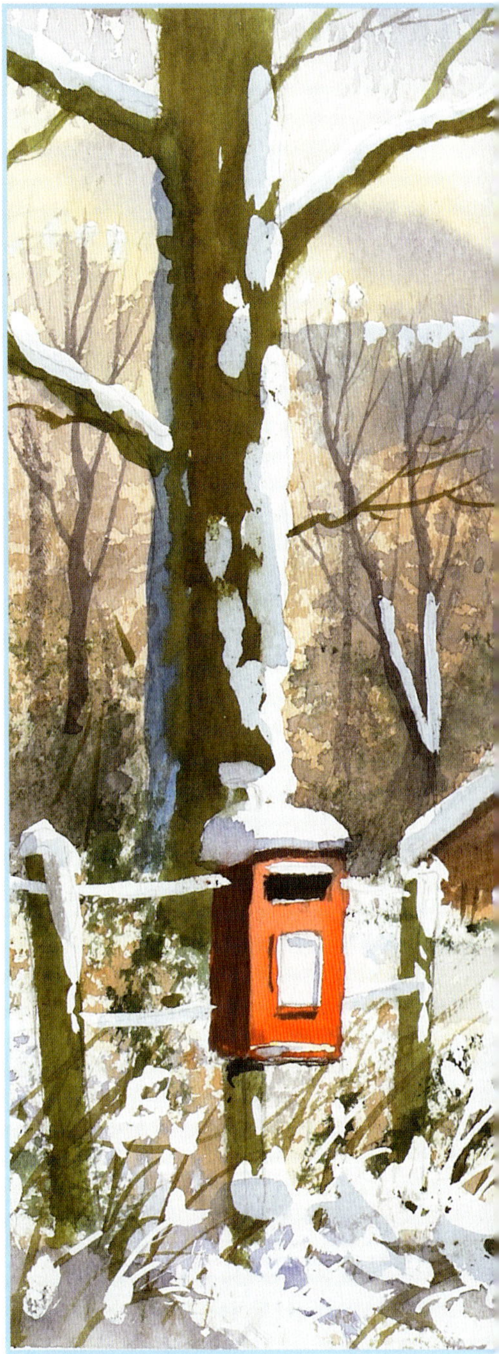

Das fertige Aquarell.

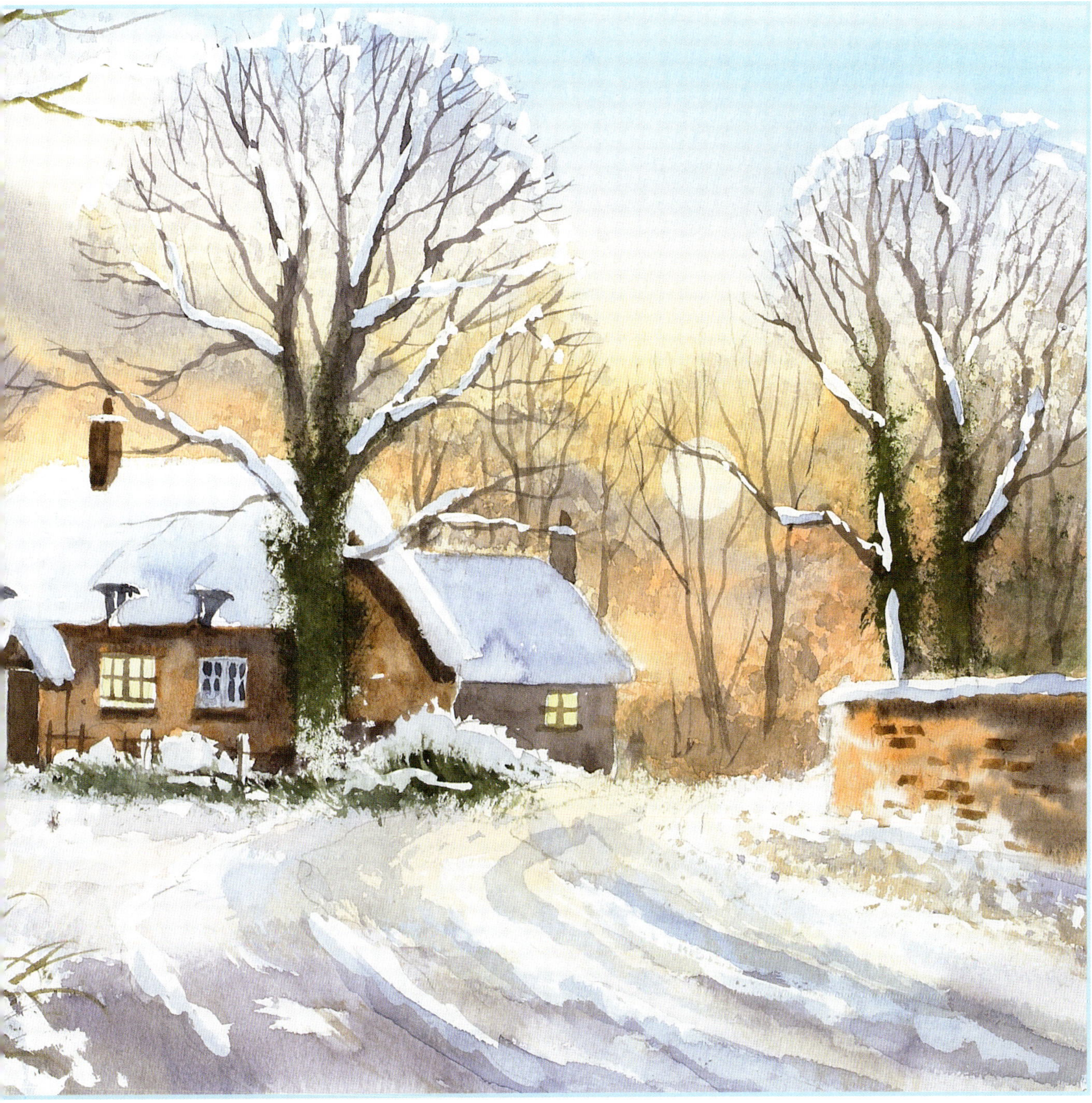

Scheune im Schnee

VORLAGE 9

Dies ist ein gutes Beispiel für die Art von Scheune, wie man sie in Hampshire oder Surrey im Süden Englands findet. Achten Sie darauf, die dunklen Bereiche dunkel und die Schneeflächen sehr hell und blass zu gestalten. Es ist dieser Kontrast, durch den dieses Bild seine Wirkung entfaltet. Die warmen Farben der sonnenbeschienenen Scheune kontrastieren auch mit den kühleren Farben der Umgebung.

MATERIAL

Aquarellpapier, rau, 300 g/m²

Farben: Ultramarinblau, Umbra gebrannt, Siena natur, Siena gebrannt, Ultramarinviolett, Grüngold, Kobaltblau

Mop-Pinsel aus Fehhaar, Rundpinsel Nr. 8 und 12 rund, Flachpinsel 10 mm, Fächerpinsel, Schlepperpinsel

Maskierflüssigkeit, Maskierpinsel und Linierstift

Zeitschriftenseite

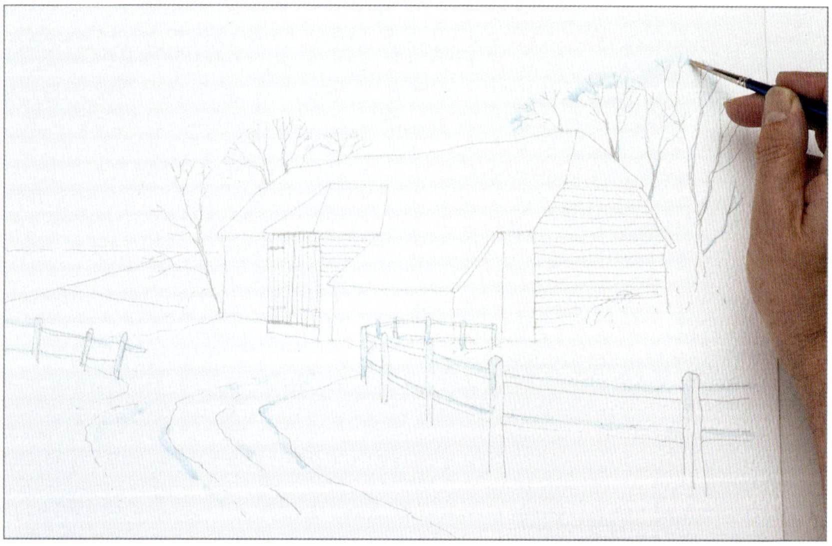

1 Übertragen Sie das Motiv auf das Aquarellpapier. Tragen Sie überall dort, wo Schnee liegt, mit dem Pinsel Maskierflüssigkeit auf: oben auf dem Zaun, in den Baumkronen und in den Spurrillen. Trocknen lassen.

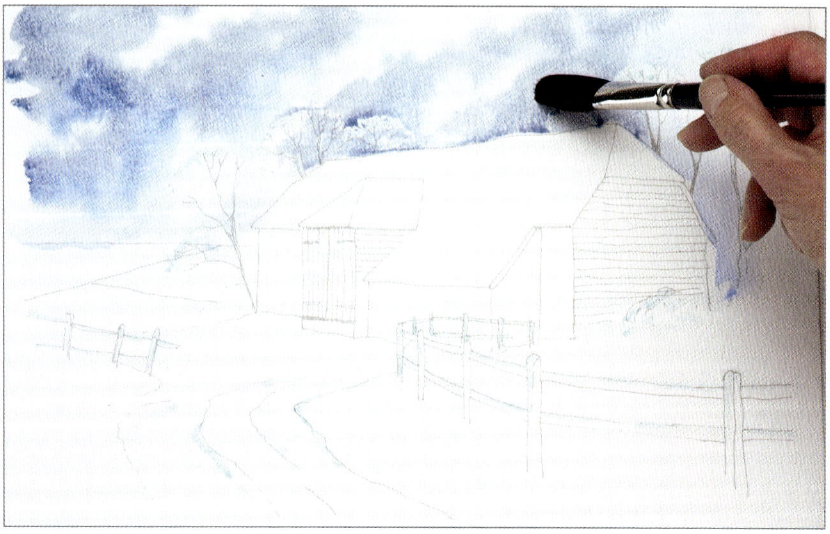

2 Tragen Sie mit dem großen Mop-Pinsel aus Fehhaar sauberes Wasser im Bereich des Himmels auf. Achten Sie dabei darauf, um die Scheune herum zu malen, nicht darüber. Streichen Sie Ultramarin in den nassen Bereich. Tropfen Sie nass in nass eine Mischung aus Ultramarin und Umbra gebrannt in den Himmel.

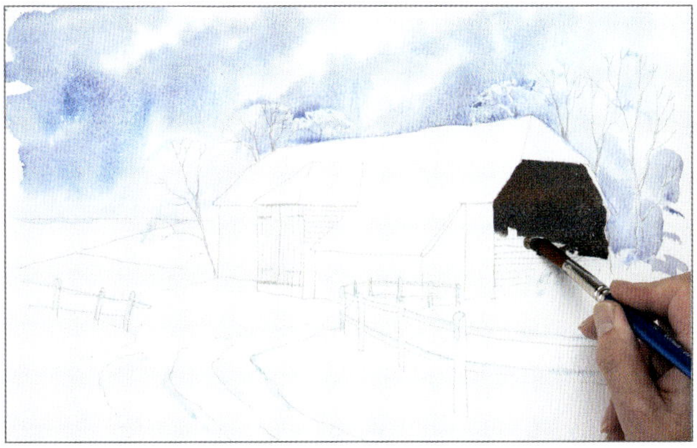

3 Wechseln Sie zum Rundpinsel Nr. 12, und legen Sie die Rückwand der Scheune mit einer dunklen Mischung aus Umbra gebrannt und Ultramarin an.

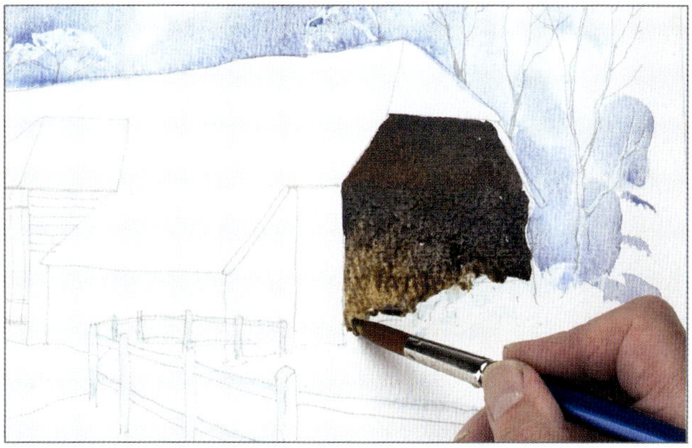

4 Geben Sie unten im dunklen Bereich Siena natur hinzu. Dies wird in das dunklere Braun verlaufen und damit eine Textur erzeugen.

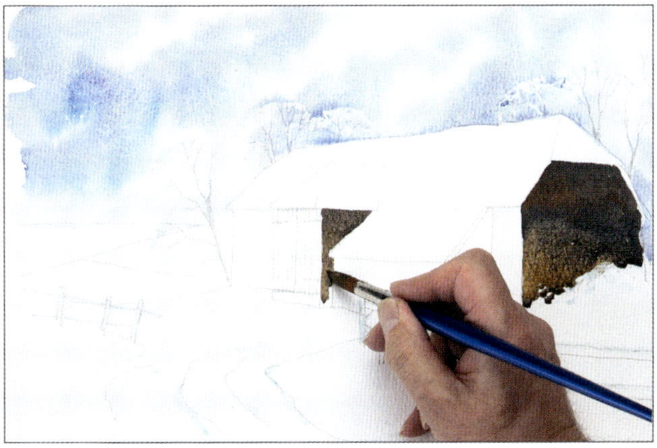

5 Verwenden Sie denselben Pinsel und dieselbe Mischung für die im Schatten liegende Seite des Vorbaus.

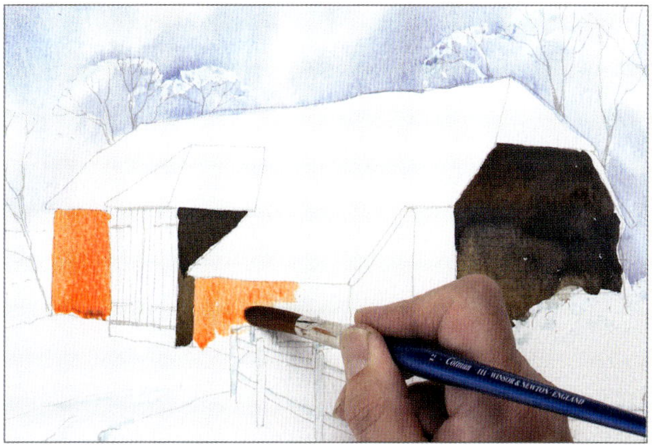

6 Malen Siena gebrannt auf die sonnenbeschienenen Wände der Scheune.

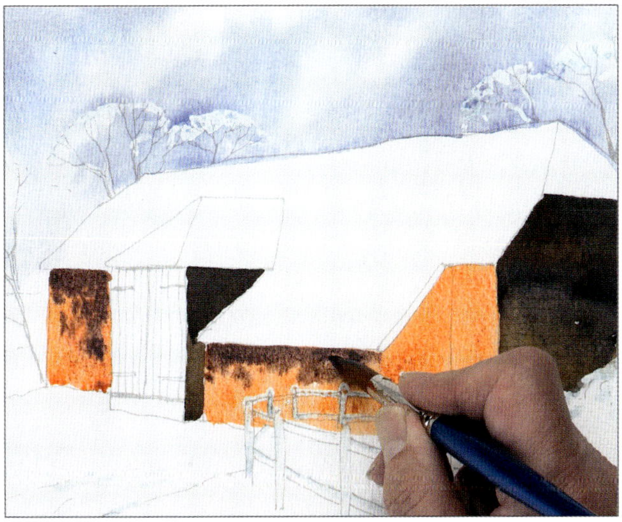

7 Siena gebrannt wirkt zu intensiv. Während die Farbe noch nass ist, geben Sie daher eine Mischung aus Siena natur und Ultramarinviolett unter die Dachtraufe.

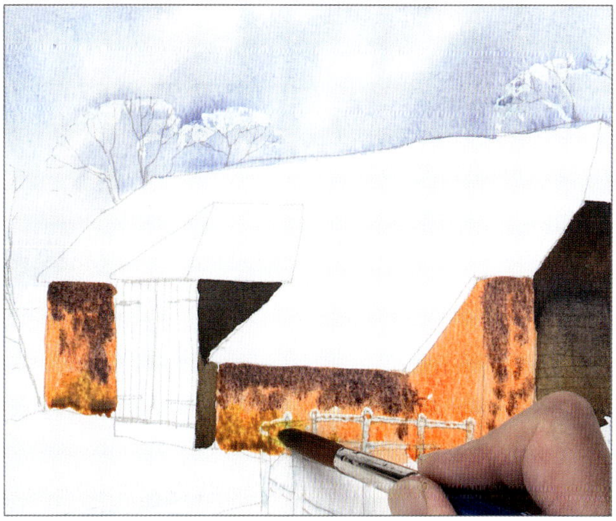

8 Setzen Sie weiter unten Grüngold in die Fläche, und lassen Sie es nach oben in die erste Farbe verlaufen, um ein rustikales Aussehen zu erzielen.

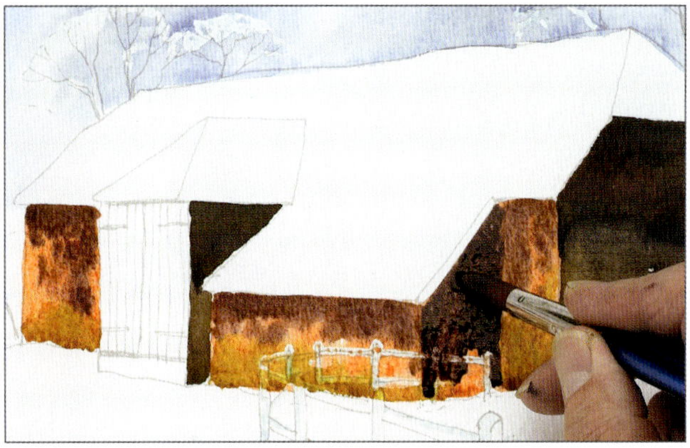

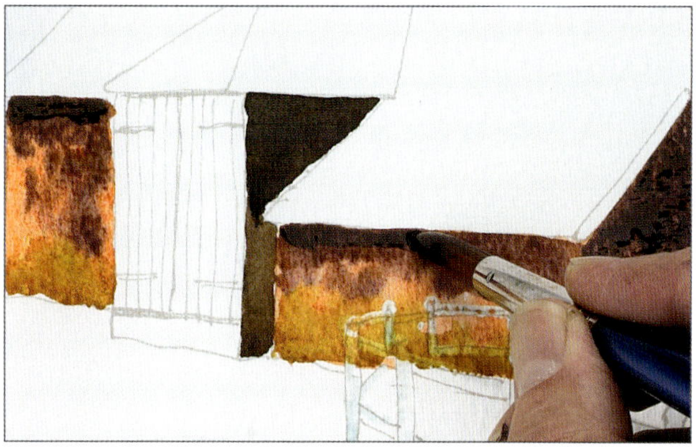

9 Stellen Sie eine dunkle Mischung aus Siena gebrannt und Ultramarinviolett für die Schattenseite des Schuppens her.

10 Ziehen Sie mit derselben Farbe eine Linie entlang des Dachvorsprungs, um Schatten zu erzeugen.

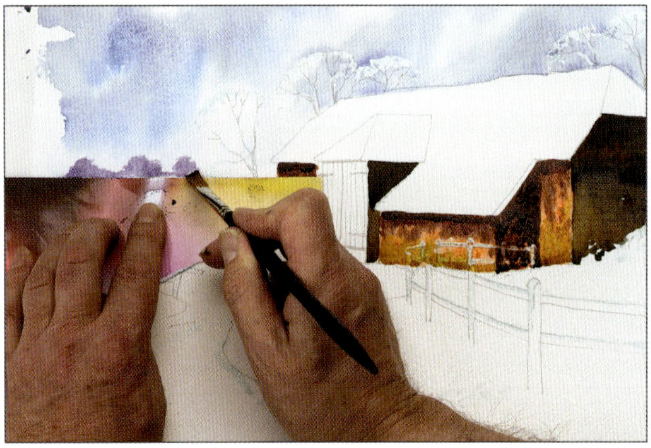

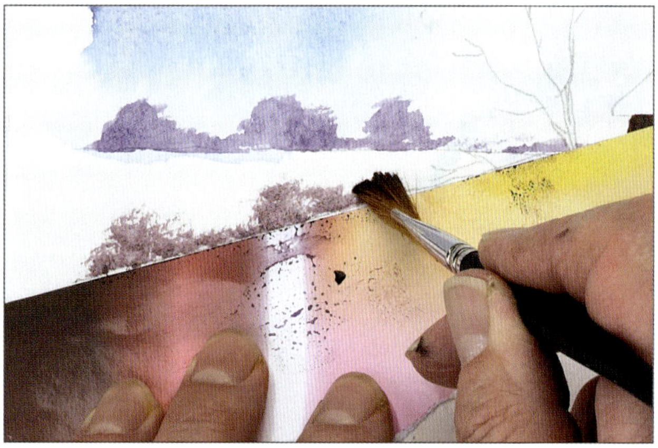

11 Gestalten Sie mit Hilfe eines Abdeckpapiers Hecken in der Ferne. Nehmen Sie dafür ein Blatt Papier aus einer Zeitschrift, und verwenden Sie die gerade Kante als Abdeckung einer Linie am Horizont. Tupfen und stricheln Sie mit dem 100 mm-Flachpinsel eine Mischung aus Ultramarinviolett und Kobaltblau über das Abdeckpapier und schaffen so eine weit entfernte Hecke.

12 Fügen Sie der Mischung einen Hauch von Siena gebrannt hinzu, verschieben Sie das Abdeckpapier in einem Winkel, und tupfen Sie weiter vorn eine etwas warmtonigere Hecke auf.

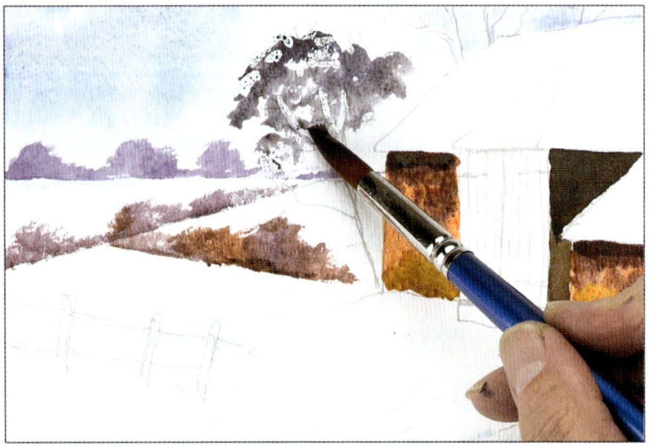

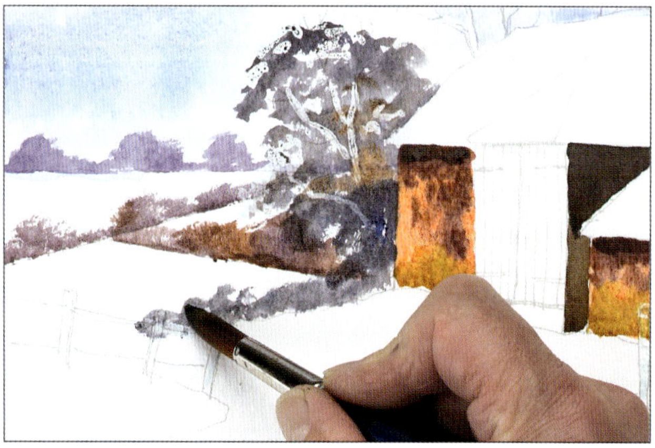

13 Mischen Sie Ultramarin und Umbra gebrannt mit Ultramarinviolett. Malen Sie dann mit dem Pinsel Nr. 12 und der Trockenpinseltechnik den Baum links von der Scheune.

14 Malen Sie auf dieselbe Weise entlang der Hecke weiter.

15 Malen Sie die anderen Bäume hinter der Scheune.

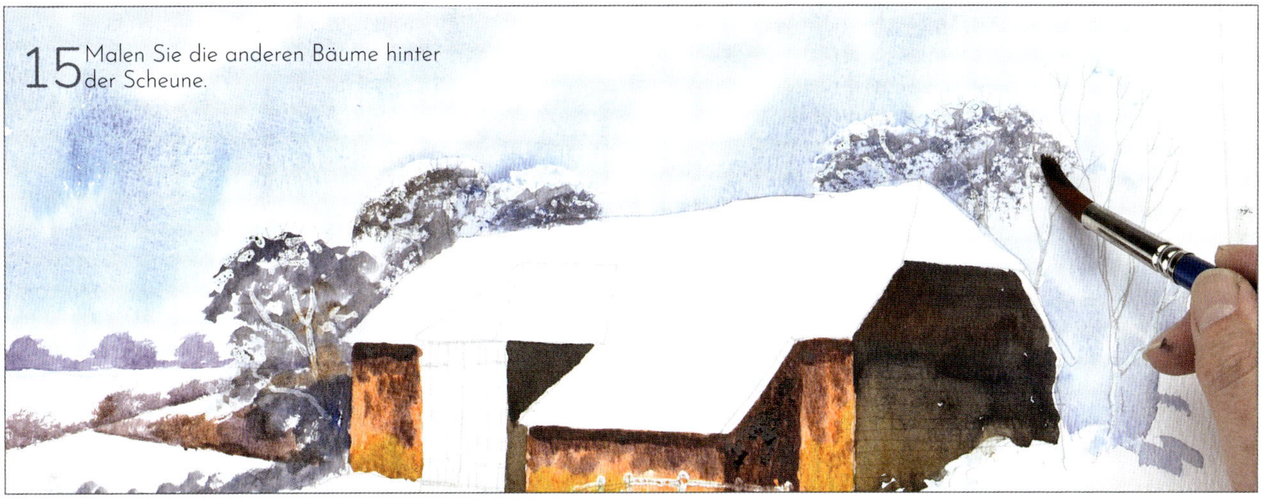

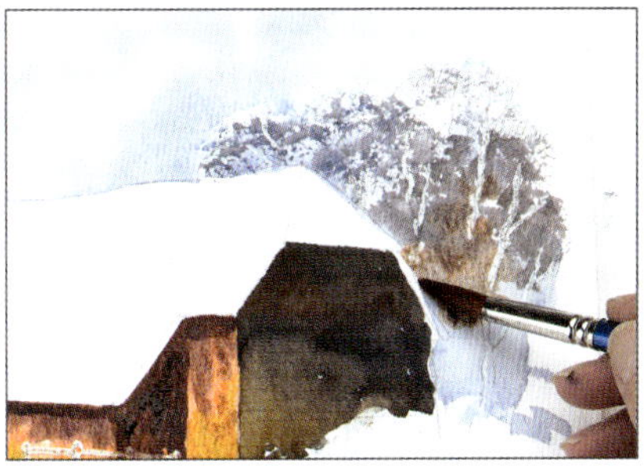

16 Fügen Sie etwa im mittleren Bereich des rechten Baums der Mischung Siena gebrannt hinzu, um sie warmtoniger zu machen.

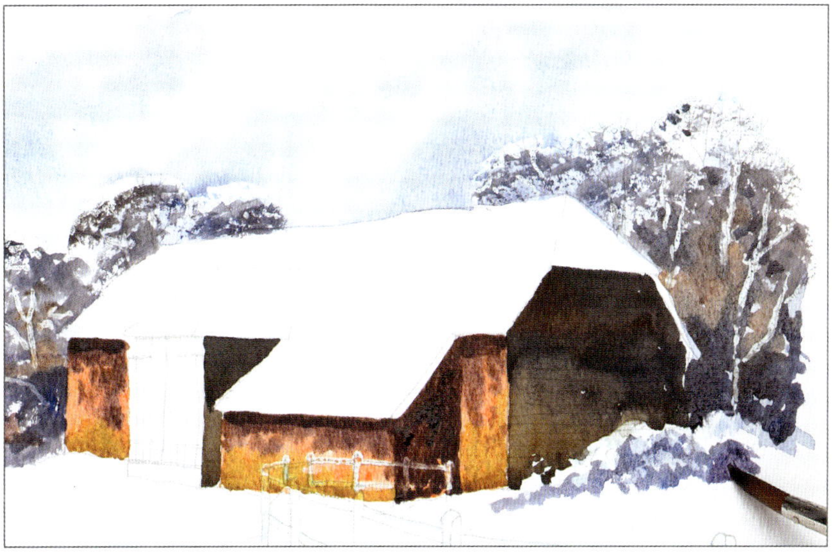

17 Mischen Sie Umbra gebrannt und Ultramarin mit etwas Ultramarinviolett, um das Unterholz zu malen. Lassen Sie dabei stellenweise Papierweiß stehen, um Schnee auf der Oberfläche anzudeuten.

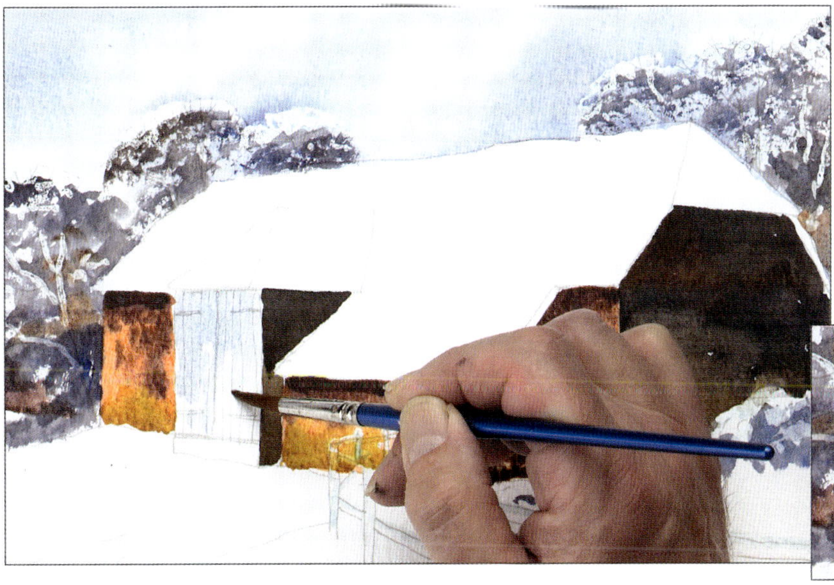

18 Malen Sie das Scheunentor mit dem Rundpinsel Nr. 8 und einer verdünnten Mischung aus Ultramarin und Umbra gebrannt. Während diese Mischung noch nass ist, tragen Sie eine intensivere Mischung unter dem Dach und bis in die erste Mischung hinein auf.

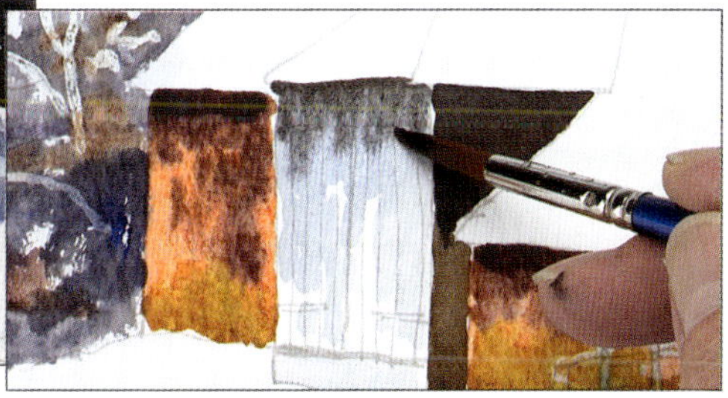

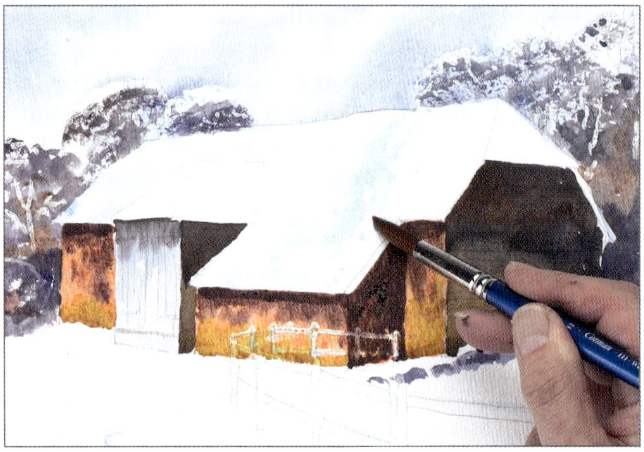

19 Malen Sie den Schnee auf dem Dach mit dem Pinsel Nr. 12 und einer Lasur von verdünntem Kobaltblau. Malen Sie um das Dach des Vorbaus herum und lassen Sie weiße Flecken stehen.

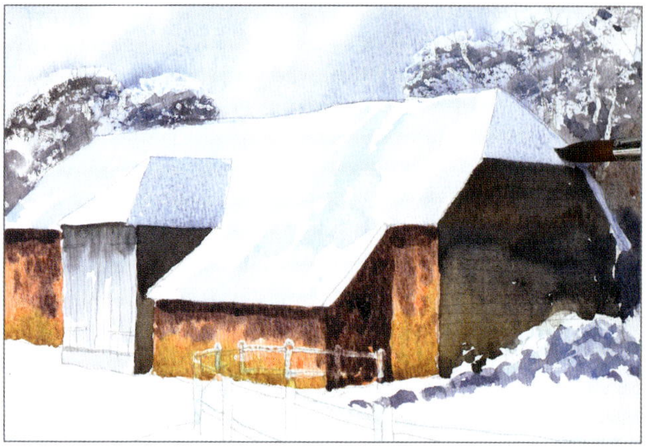

20 Malen Sie die Seite des Vorbaudachs mit Kobaltblau und einem Hauch von Ultramarinviolett. Malen Sie die Giebelseite auf der rechten Seite der Scheune auf dieselbe Weise.

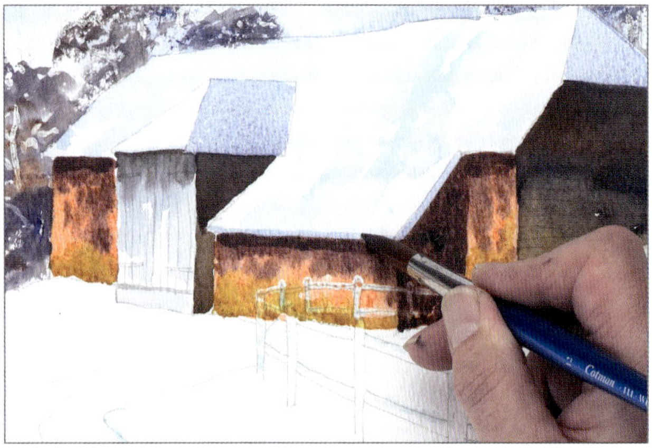

21 Malen Sie dieselbe Farbe entlang der Unterseite des Schnees auf dem Dach.

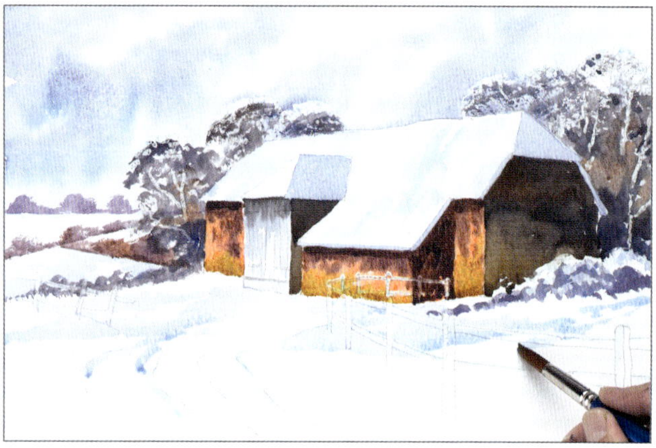

22 Malen Sie eine zarte Lasur von Kobaltblau über den verschneiten Vordergrund und über den maskierten Zaun.

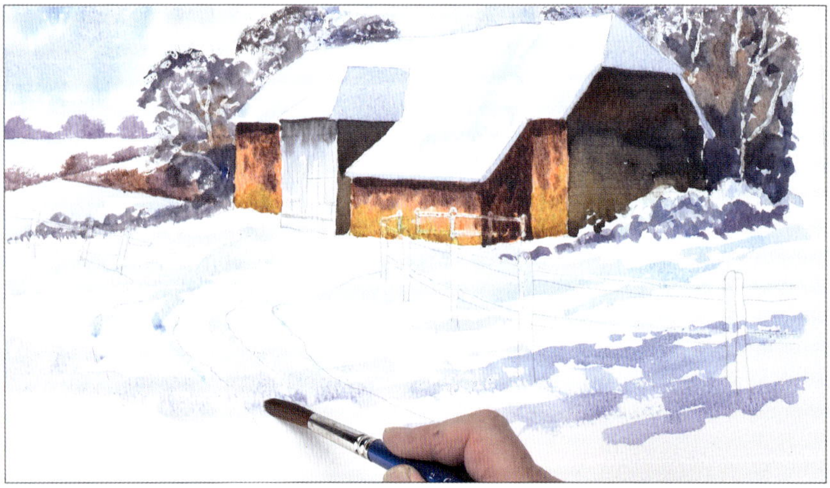

23 Malen Sie eine intensivere Mischung aus Kobaltblau und Ultramarinviolett in den Vordergrund. Legen Sie eine unterbrochene Lasur dieser Mischung über den unteren Teil des Bildes.

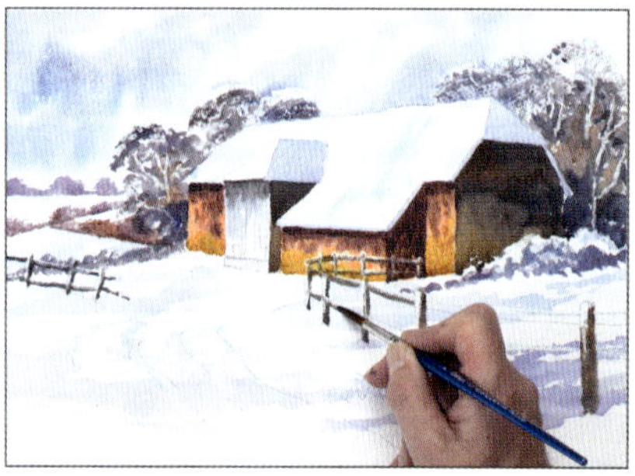

24 Setzen Sie mit dem Rundpinsel Nr. 8 eine Mischung aus Ultramarinblau und Umbra gebrannt unter die Maskierflüssigkeit auf dem Zaun, um einen dunklen Schatten zu erzeugen.

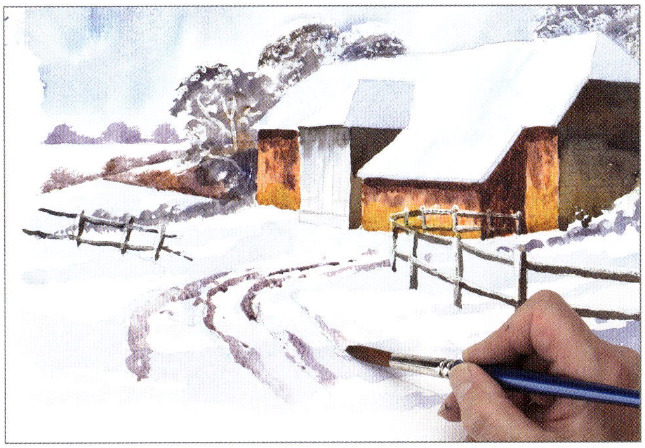

25 Malen Sie die Spurrillen im Schnee auf dem Weg mit dem Pinsel Nr. 12 und einer Mischung aus Ultramarinviolett und Siena gebrannt.

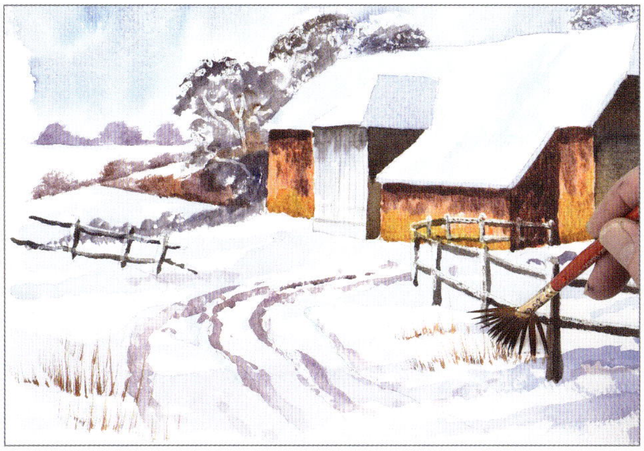

26 Schnicken Sie mit dem Fächerpinsel und Umbra gebrannt die Gräser auf beiden Seiten des Weges.

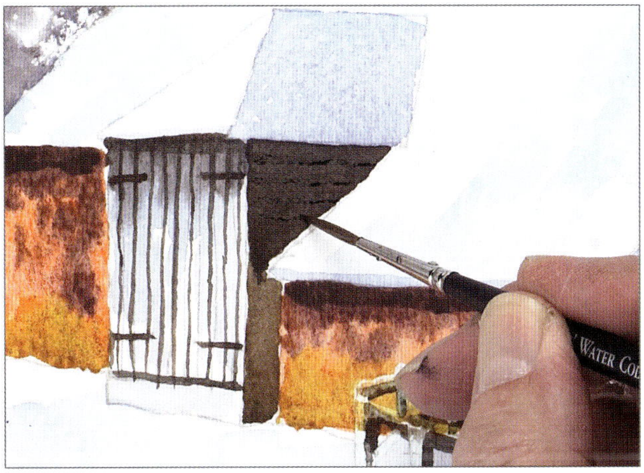

27 Malen Sie mit dem Schlepper und einer dunklen Mischung aus Ultramarin und Umbra gebrannt die Details auf das Scheunentor. Fügen Sie die Bretter der Holzverschalung an der Seite des Vorbaus hinzu.

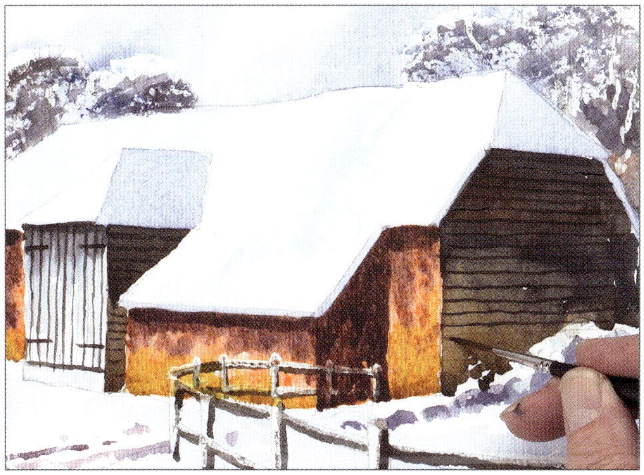

28 Malen Sie die Holzverschalung an der rechten Wand auf dieselbe Weise.

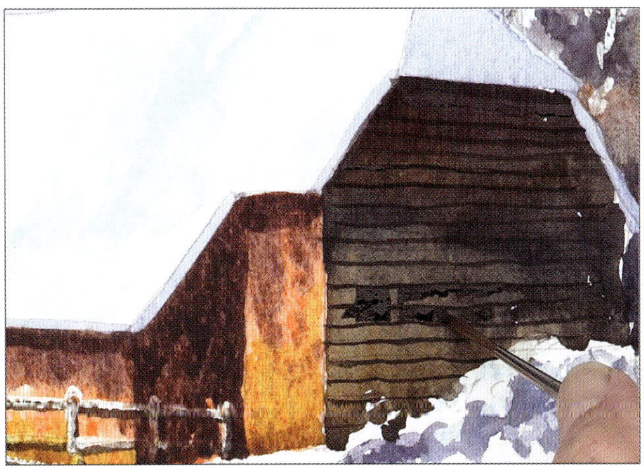

29 Fügen Sie mit dem Schlepper und derselben Ultramarin- und Umbra gebrannt-Mischung einige gebrochene Bretter an der Wand hinzu, die nicht in der Vorlage dargestellt sind.

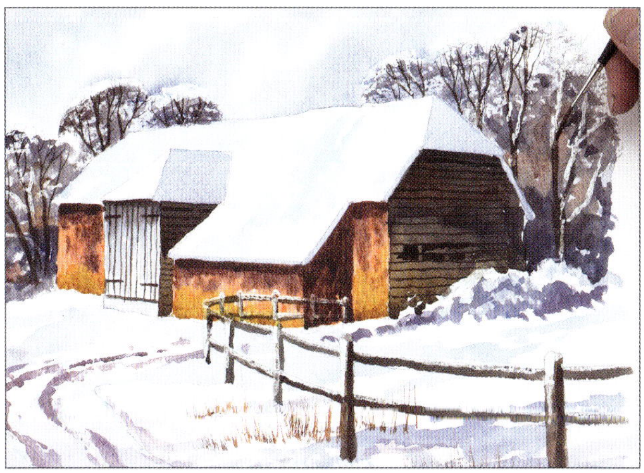

30 Mit demselben Pinsel und derselben Mischung malen Sie dann die im Schatten liegenden Baumstämme und Äste.

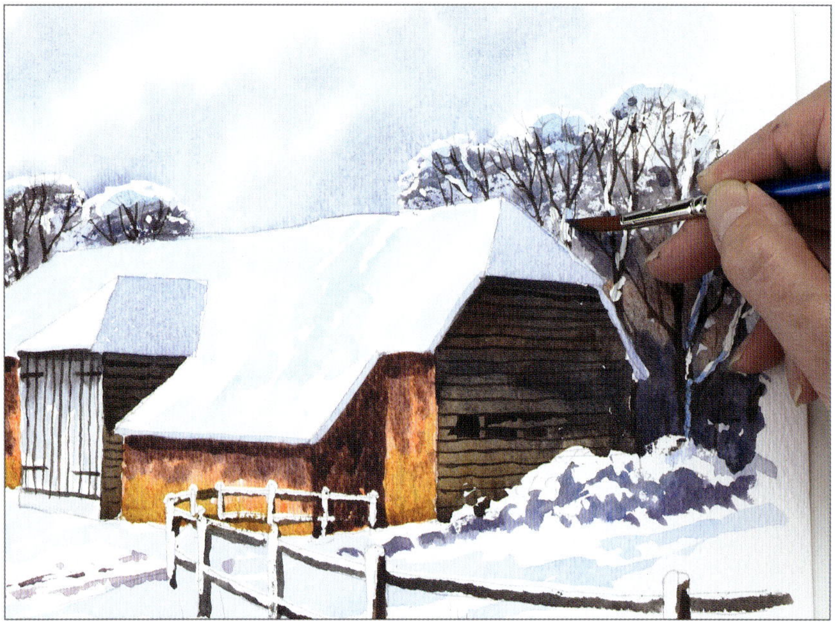

31 Entfernen Sie die Maskierflüssigkeit mit sauberen Fingern. Verdünnen Sie Kobaltblau und legen Sie mit dem Rundpinsel Nr. 8 eine zarte Lasur auf die Unterseite des Schnees auf den Bäumen.

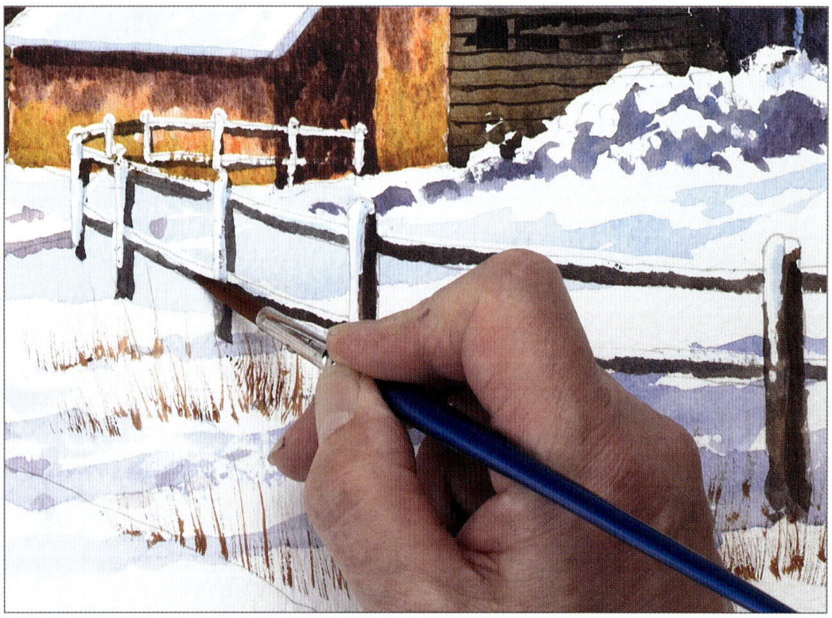

32 Fügen Sie dieselbe blaue Farbe auf der Unterseite des Schnees auf dem Zaun hinzu, um ihm Form zu geben.

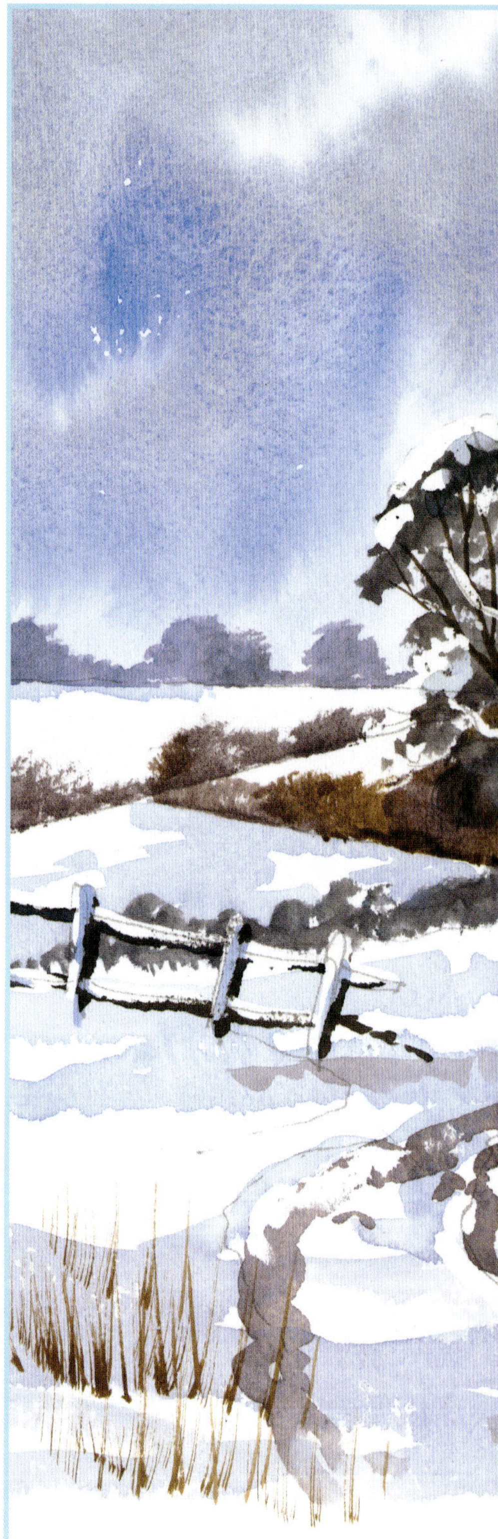

Das fertige Aquarell.

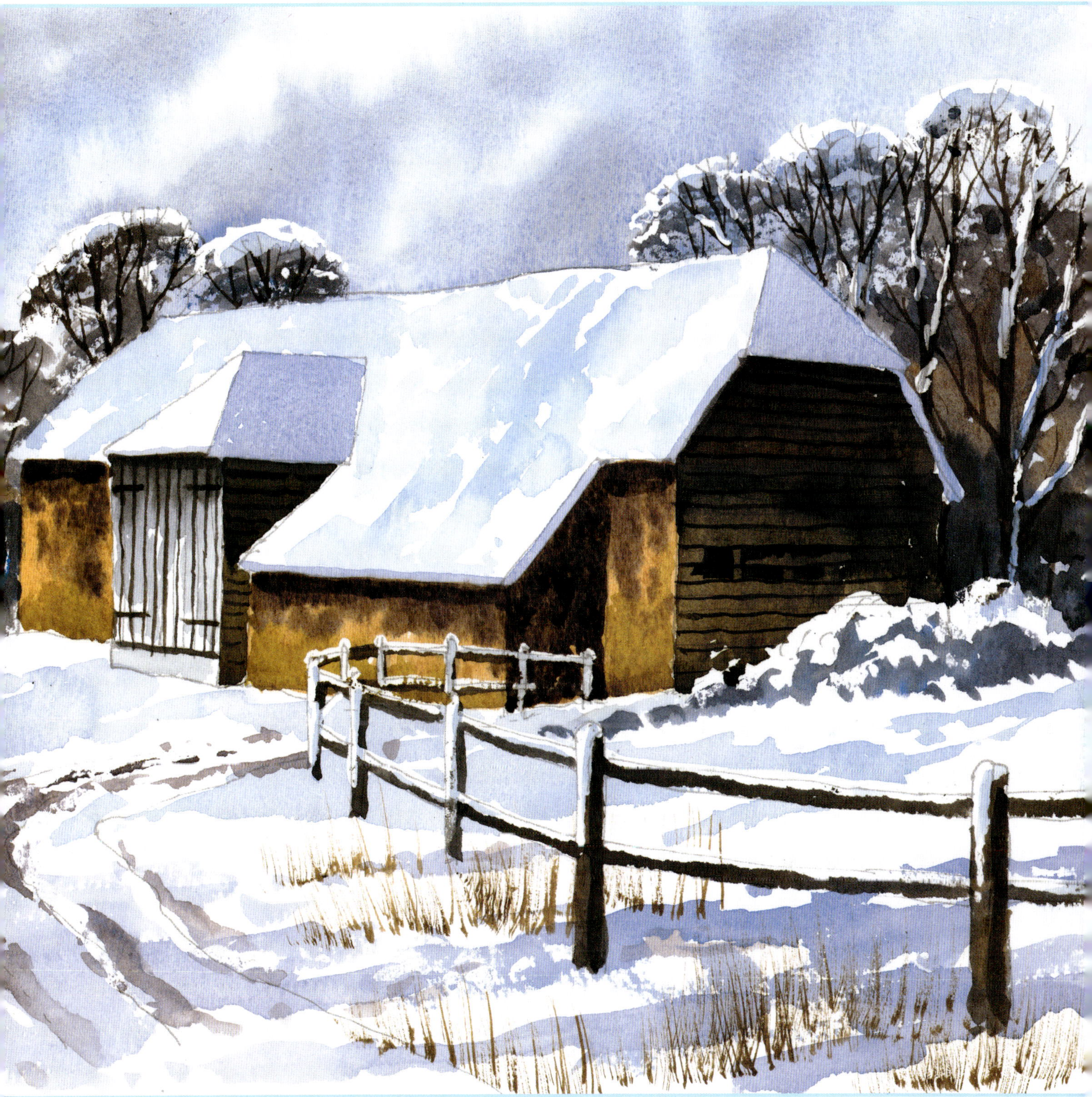

Gebäude

In diesem Abschnitt werden Sie eine Reihe von Gebäuden malen, von einer steinernen Burg bis zu einem rustikalen Hühnerstall, außerdem eine rustikale und eine elegante Tür, bei der viele Details mit Hilfe von Maskierflüssigkeit entstehen. Sie werden lernen, wie man mit der Nass-in-Nass-Technik Texturen in Gebäuden erzeugt und wie man nass auf trocken Details hinzufügt.

Nass-in-Nass-Textur

Indem Sie Ihre Farben auf dem Bild und nicht auf der Palette mischen und ineinander verlaufen lassen, können Sie ein rustikal wirkendes Gebäude gestalten. Die Lasuren werden nass in nass aufgetragen und nehmen beim Trocknen ein ungleichmäßiges, gesprenkeltes Aussehen an.

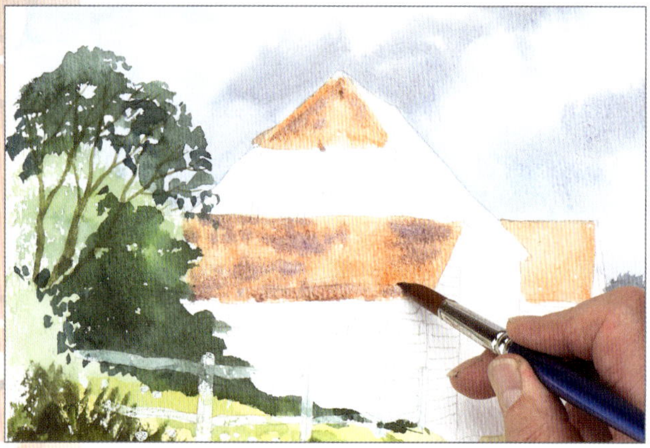

1 Legen Sie die dem Betrachter zugewandten Dächer mit einem hellen Lasur von Siena gebrannt an. Geben Sie nass in nass Ultramarinviolett hinein, um eine Struktur zu erzeugen.

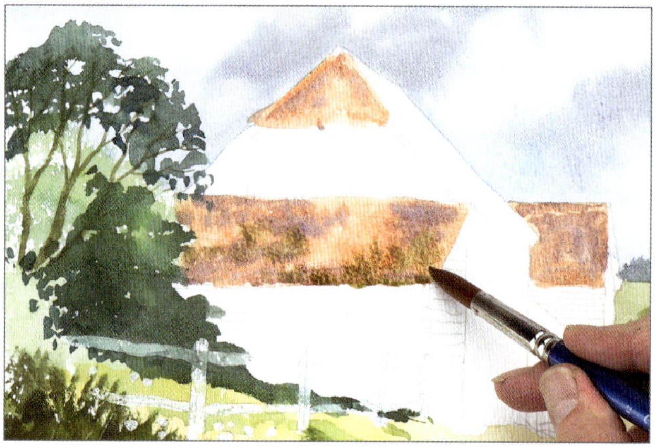

2 Während die Lasur nass ist, tropfen Sie Olivgrün hinein, um Moos auf dem Dach anzudeuten.

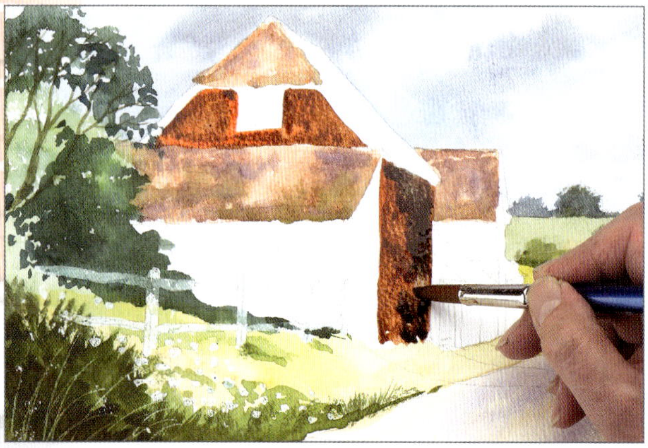

3 Malen Sie das Mauerwerk der Scheune mit Siena gebrannt und Umbra gebrannt. Während die Farbe noch nass ist, fügen Sie der Mischung Ultramarin hinzu und tupfen die neue Mischung in die Seitenwand.

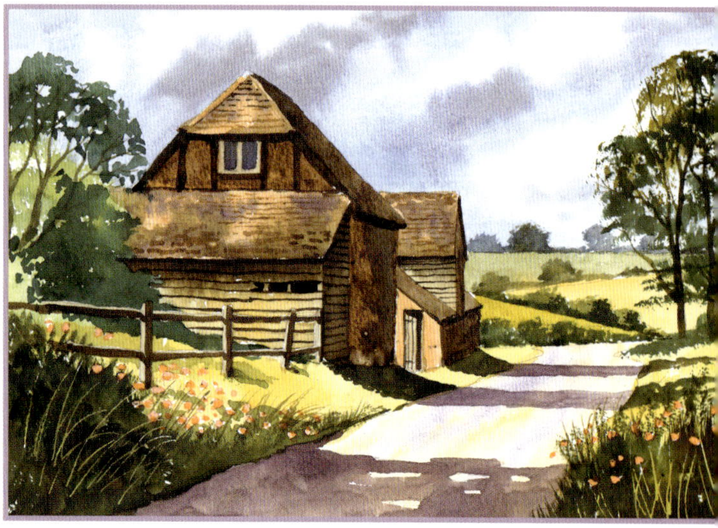

Das fertige Aquarell.

Eine rustikale Steinmauer malen

Malen Sie den Hintergrund, und lassen Sie ihn trocknen. Tupfen Sie mit dem kleinen Borstenpinsel eine Textur auf, und malen Sie dann mit dem Schlepper einen dunklen Schatten unter jeden Stein.

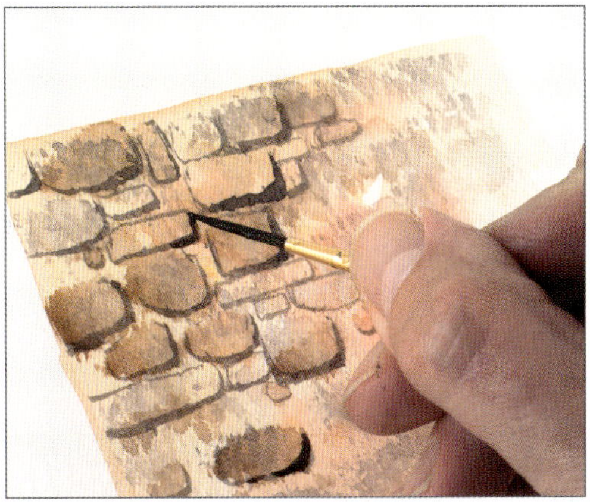

Detailliertes Mauerwerk malen

Damit die Ziegel dreidimensional erscheinen, malen Sie einen dünnen, dunklen Schatten an die Unterseite jedes Ziegels.

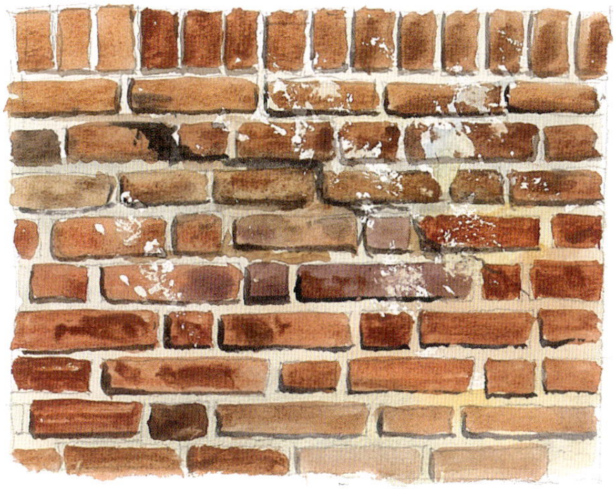

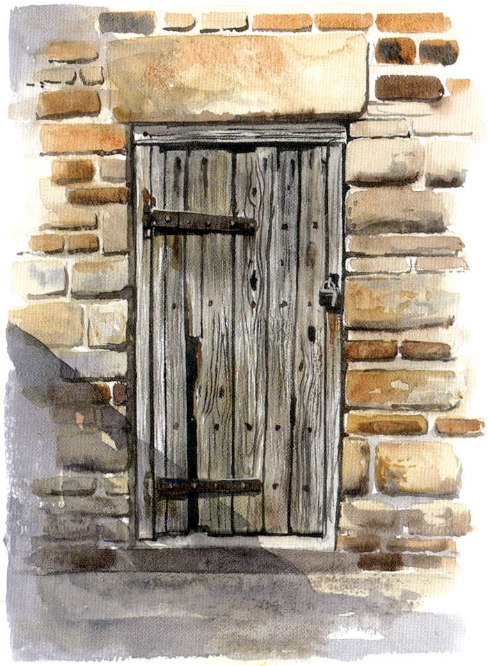

Eine rustikale Tür

Manchen Türen sieht man sofort an, dass sie sehr alt sind. Vielleicht stammen sie noch aus der Ursprungszeit des Gebäudes, und es ist schön zu sehen, dass sie nicht durch eine moderne Alternative ersetzt wurden. Damit diese Tür verwittert und alt aussieht, habe ich die Ober- und Unterseite uneben gemalt, einige der Holzbretter entfernt, um den dunklen Spalt freizugeben, und die Bretter der Tür mit einer ungleichmäßigen, gemaserten Textur bemalt. Die Maserung des Holzes wird mit dem Effektpinsel erzeugt. Das obere Scharnier wurde in einem leichten Winkel um die Metallteile herum mit Rostflecken gemalt.

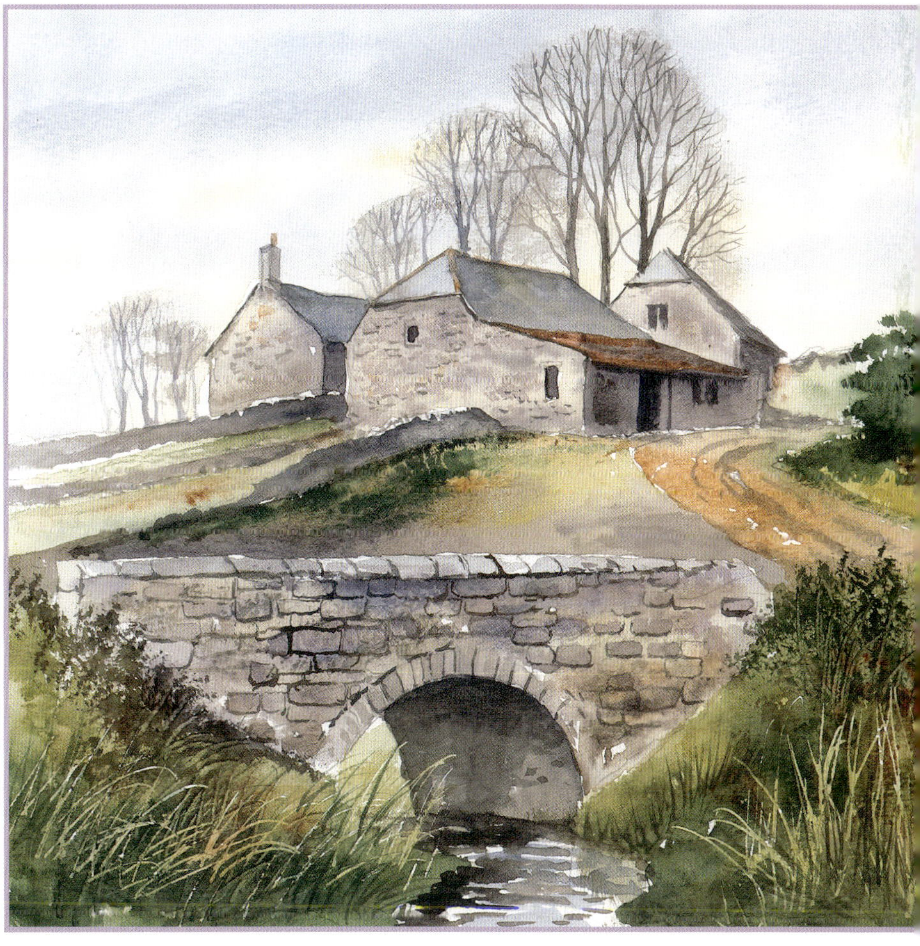

Ländliche Brücke

In dieser Szene kommen Nass-in-Nass-Techniken für das rostige Dach sowie die angedeutete Textur des Mauerwerks bei den Gebäuden in der mittleren Entfernung zum Einsatz. Das Mauerwerk der Brücke im Vordergrund ist detaillierterer ausgearbeitet.

Sommerliche Tür

VORLAGE 10

Die Schönheit dieses Motivs liegt in den leuchtenden Farben und dem warmen Sonnenlicht, das an heiße Sommertage erinnert. Es handelt sich um eine einfache Szene mit einer starken, positiven Ausstrahlung. Die Tür und das Mauerwerk wirken rustikal.

MATERIAL

Aquarellpapier, rau, 300 g/m^2

Farben: Siena natur, Siena gebrannt, Umbra gebrannt, Schattenfarbe, Grüngold, Olivgrün, Hookersgrün, Kobaltblau, Ultramarin, Permanent Rosa, Kadmiumrot

Mop-Pinsel aus Fehhaar, Rundpinsel Nr. 8 und 12, kleiner Borstenpinsel, Schlepperpinsel

Abdeckband

Maskierflüssigkeit, Maskierpinsel und Linierstift

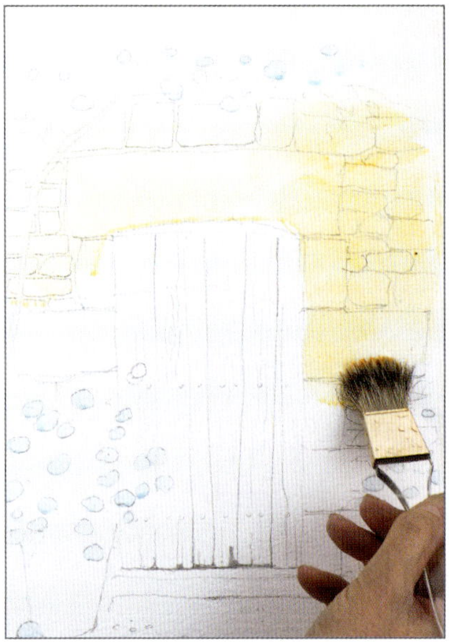

1 Übertragen Sie das Motiv von der Vorlage auf das Aquarellpapier. Kleben Sie die Ränder mit Abdeckband ab. Decken Sie die Blumen mit Maskierflüssigkeit ab. Legen Sie mit dem Mop-Pinsel eine helle Lasur von Siena natur über das Mauerwerk.

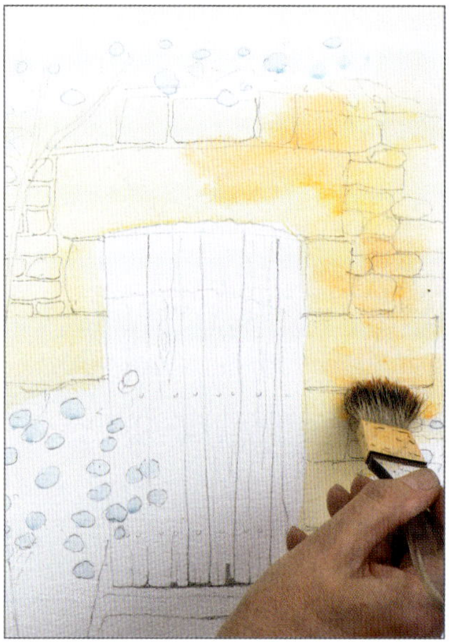

2 Während die Farbe noch feucht ist, tupfen Sie eine intensivere Mischung aus Siena natur und einem Hauch Siena gebrannt hinein, um einen marmorierten Effekt zu erzielen.

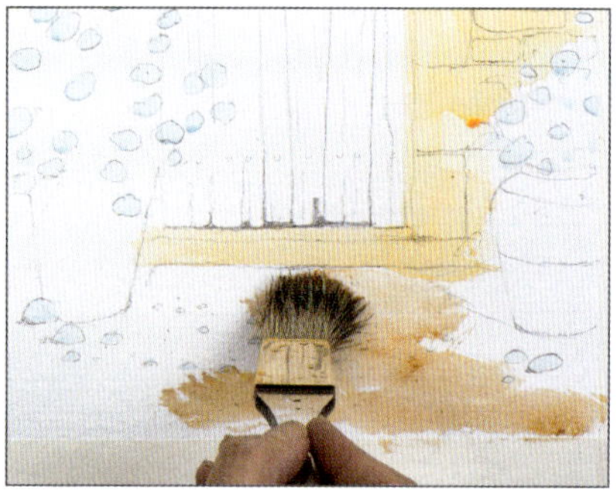

3 Malen Sie den Kies mit Siena natur und einem Hauch von Umbra gebrannt.

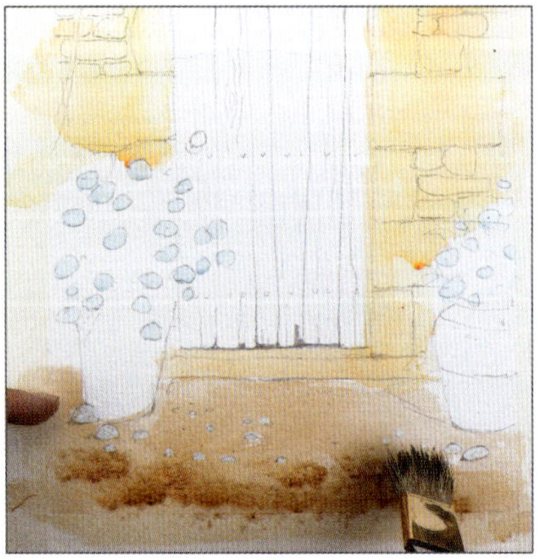

4 Mischen Sie Siena gebrannt und Umbra gebrannt und tupfen Sie nass in nass die untere Hälfte des Kieses.

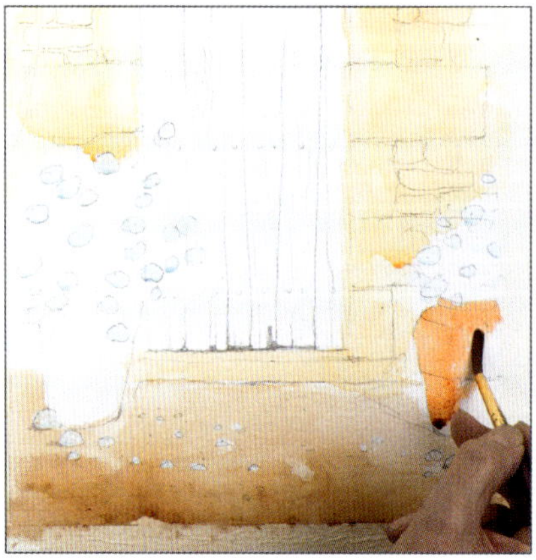

5 Malen Sie mit dem Pinsel Nr. 8 eine helle Lasur von Siena gebrannt in den rechten Pflanztopf.

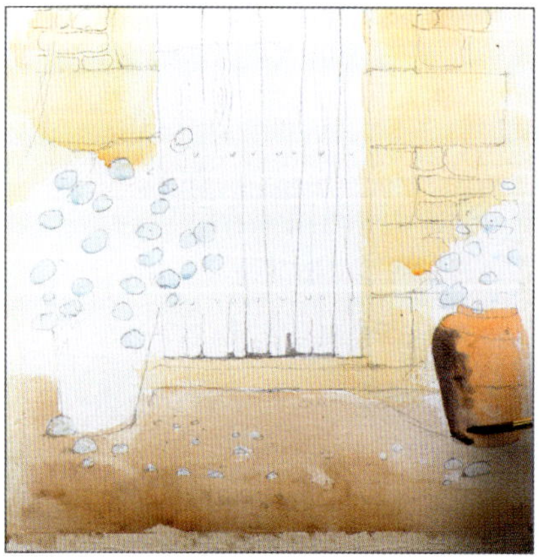

6 Schattieren Sie die linke Seite des Topfes nass in nass mit der Schattenfarbe.

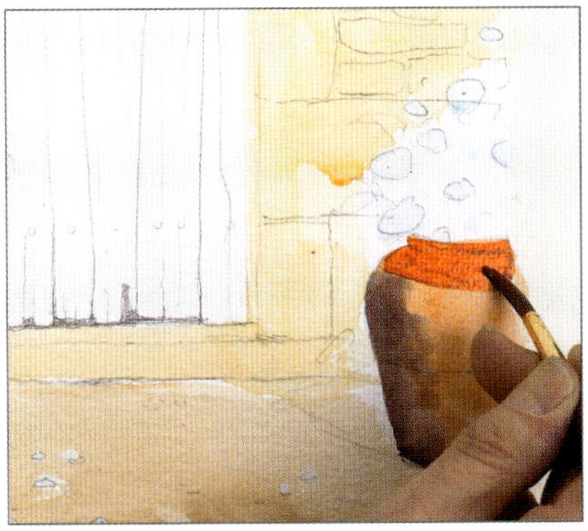

7 Malen Sie den glasierten Teil des Topfes mit einer intensiveren Mischung von Siena gebrannt. Trocknen lassen.

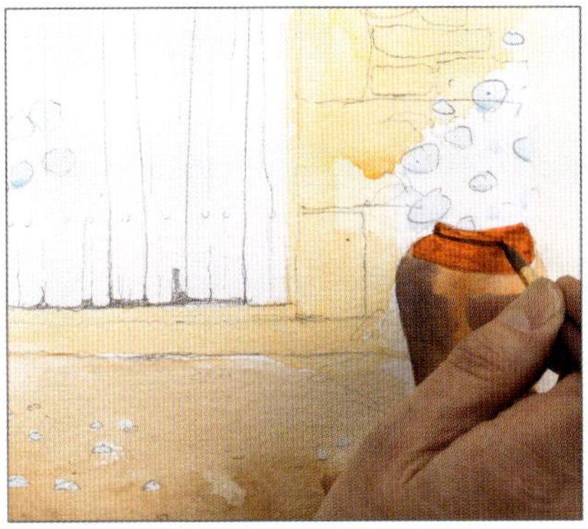

8 Malen Sie Schattenfarbe unter den Rand des Topfes.

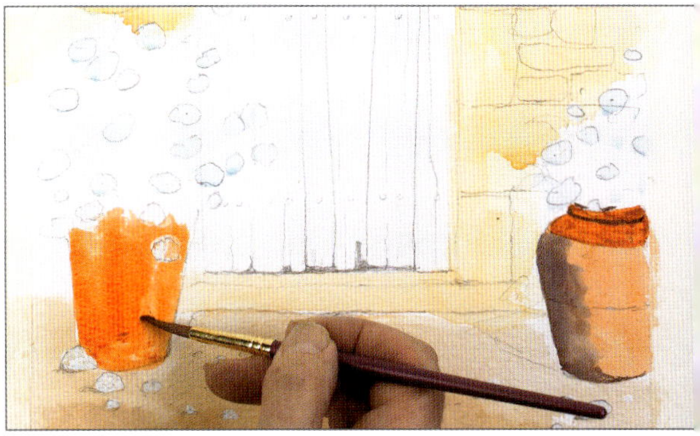

9 Immer noch mit dem Pinsel Nr. 8 malen Sie den zweiten Topf mit einer intensiveren Anmischung von Siena gebrannt als den ersten.

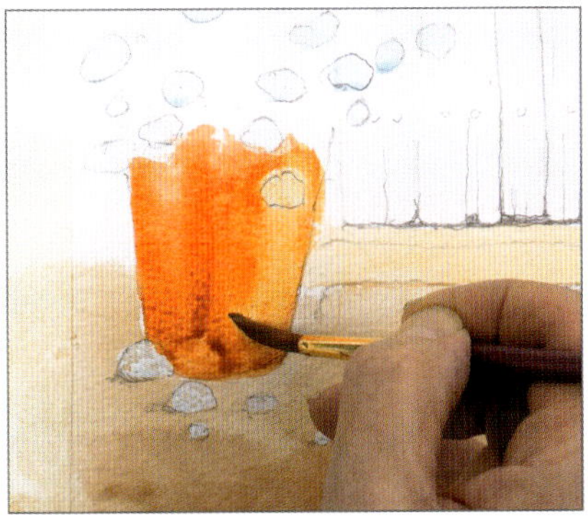

10 Tropfen Sie nass in nass Siena natur in die sonnenbeschienene Seite des Topfes. Dies wird die andere Farbe verdrängen, und ein interessanter Struktureffekt entsteht.

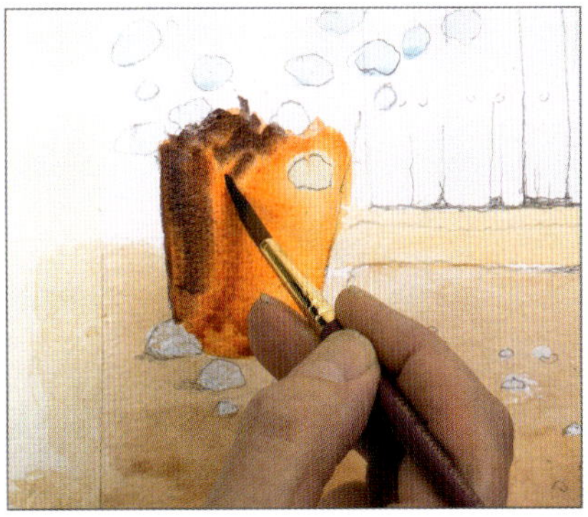

11 Geben Sie ebenfalls nass in nass Schattenfarbe in die linke Seite des Topfes.

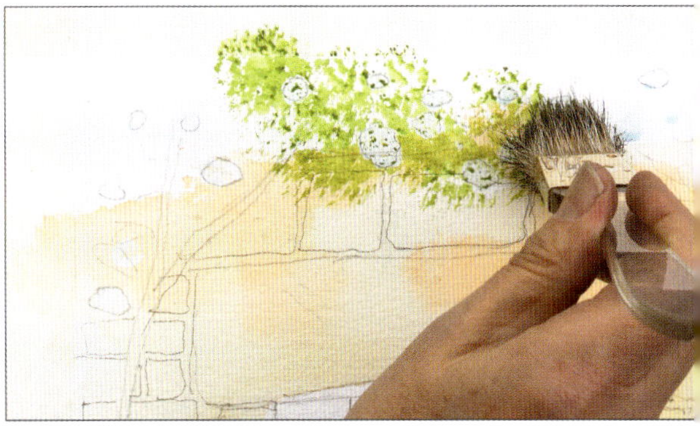

12 Beginnen Sie damit, das Blattwerk der Kletterpflanze zu malen, indem Sie mit dem Mop-Pinsel Grüngold auftupfen.

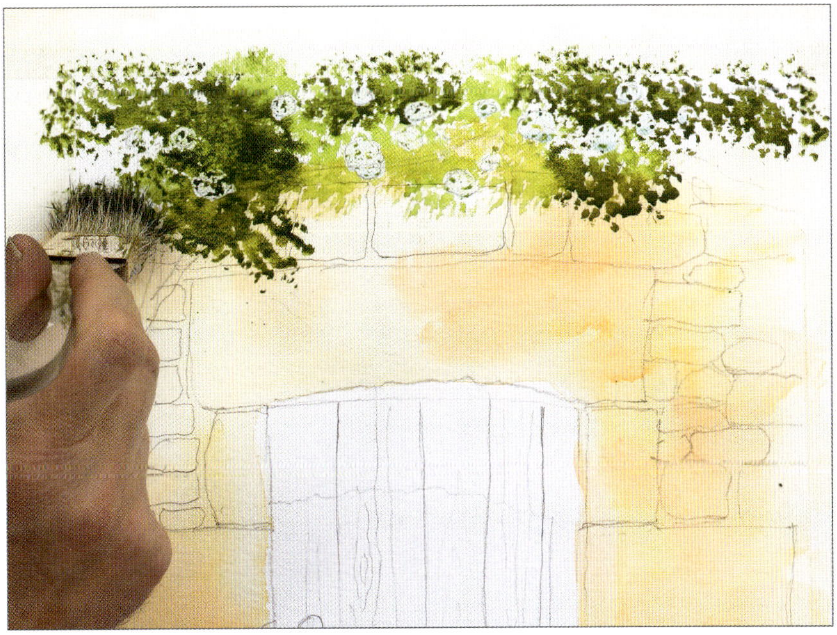

13 Fahren Sie damit fort, das Laub nass in nass aufzutupfen, und fügen Sie Olivgrün hinzu.

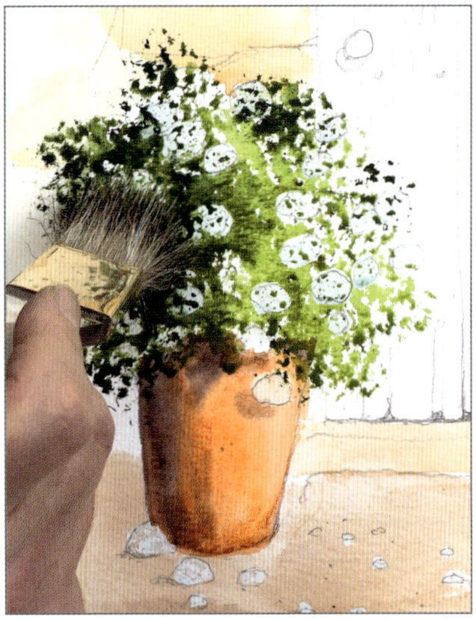

14 Malen Sie das Blattwerk der Pflanzen in den Töpfen auf dieselbe Weise. Beginnen Sie auf der rechten Seite mit Grüngold und fügen dann auf der linken Seite Hookersgrün hinzu.

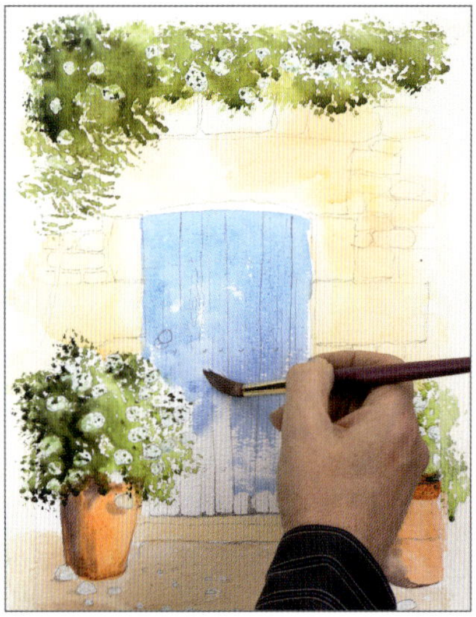

15 Legen Sie mit dem Pinsel Nr. 12 eine Lasur von Kobaltblau in die Tür. Malen Sie unregelmäßig, um die Oberfläche einer alten, rustikalen Tür anzudeuten.

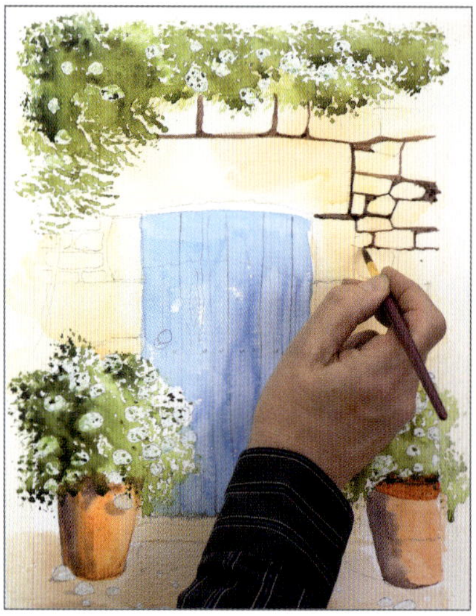

16 Wechseln Sie zum Pinsel Nr. 8, und malen Sie die Umrisse der Mauersteine mit einer Mischung aus Siena gebrannt und Schattenfarbe.

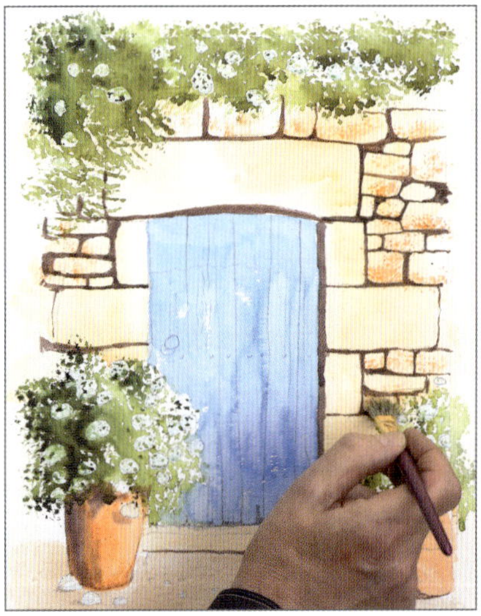

17 Tupfen Sie mit dem kleinen Borstenpinsel und Siena gebrannt Textur auf das Mauerwerk.

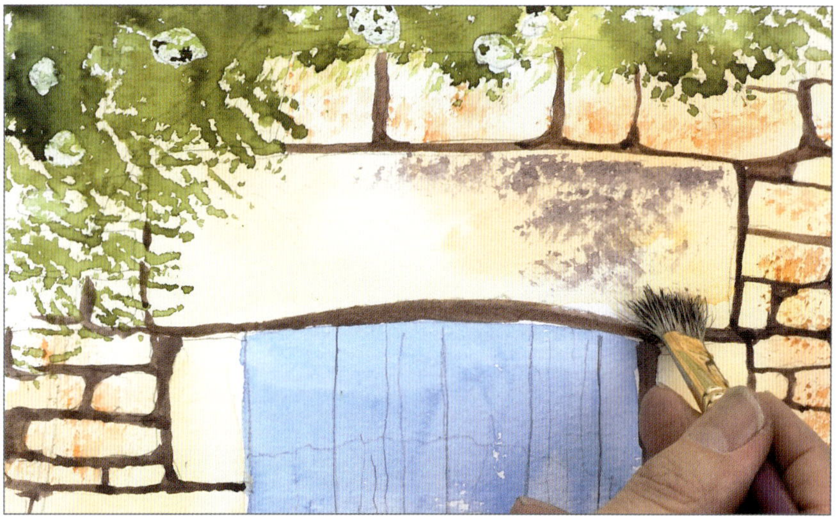

18 Tupfen Sie auf dieselbe Weise mit der Schattenfarbe Textur auf den großen Stein über der Tür.

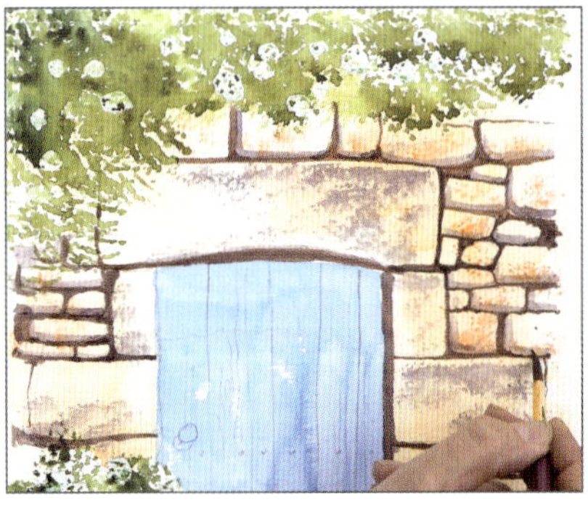

19 Schattieren Sie die Unter- und linken Seiten der Steine ebenfalls mit der Schattenfarbe.

20 Decken Sie den Boden vor der Türschwelle ab, und tupfen Sie die Textur auf die Stufe.

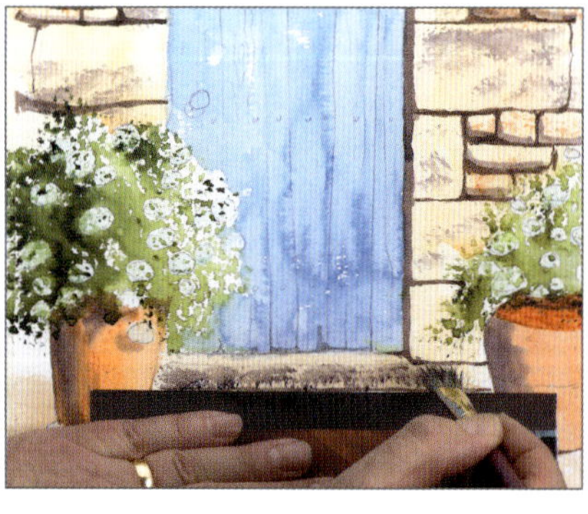

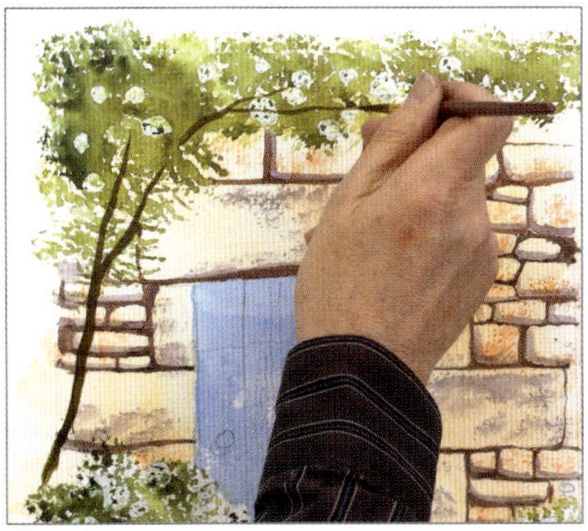

21 Malen Sie den Stamm der Weinrebe mit dem Pinsel Nr. 8 und einer kräftigen Mischung aus Olivgrün und Umbra gebrannt.

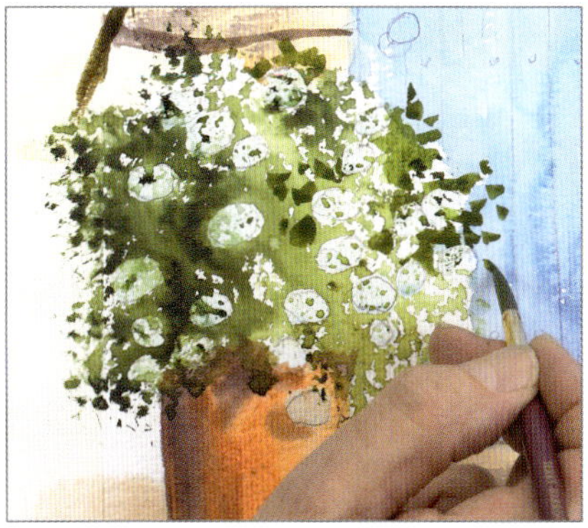

22 Fügen Sie den Topfpflanzen mit dem Pinsel Nr. 8 und Olivgrün mit ein paar Pinselstrichen Details für die äußeren Blätter hinzu.

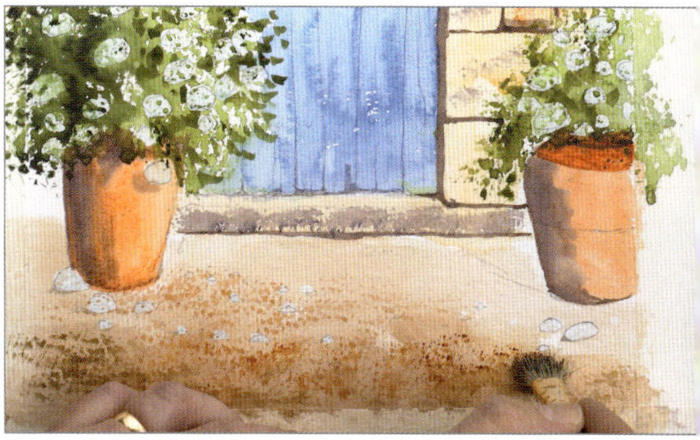

23 Tupfen Sie mit dem kleinen Borstenpinsel und Siena gebrannt Textur auf den Kies.

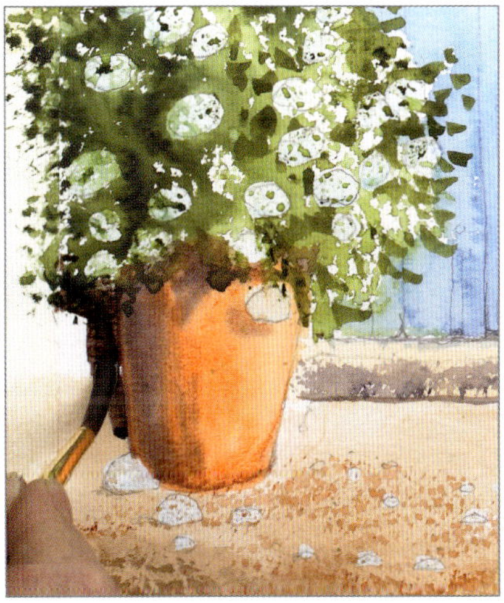

24 Legen Sie mit dem Pinsel Nr. 8 und einer Mischung aus Schattenfarbe und Siena gebrannt einen tiefen Schatten hinter den linken Topf.

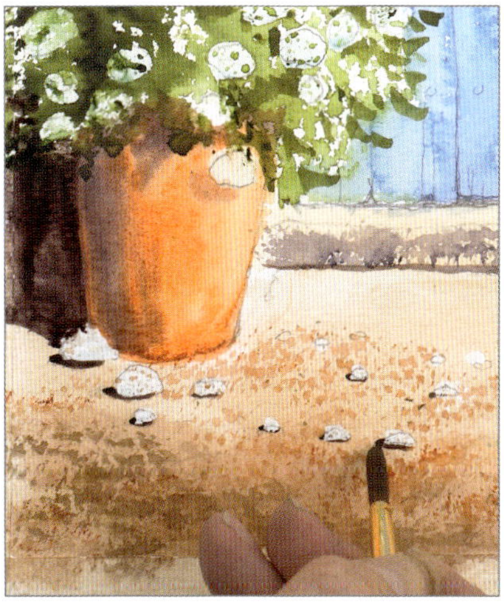

25 Setzen Sie mit derselben Mischung und der Pinselspitze Schatten unter die Steinchen.

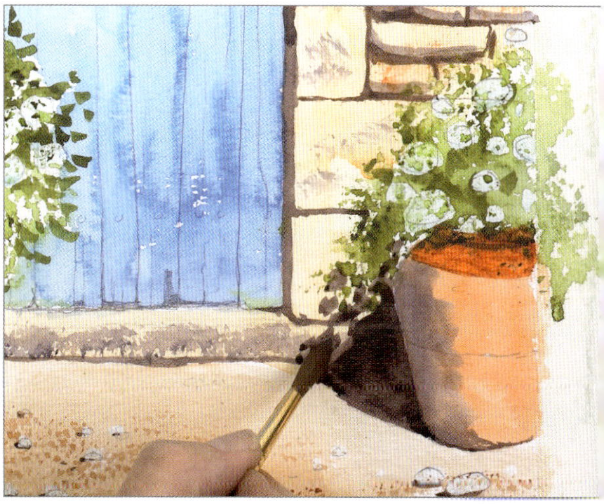

26 Malen Sie einen Schatten links neben dem rechten Topf.

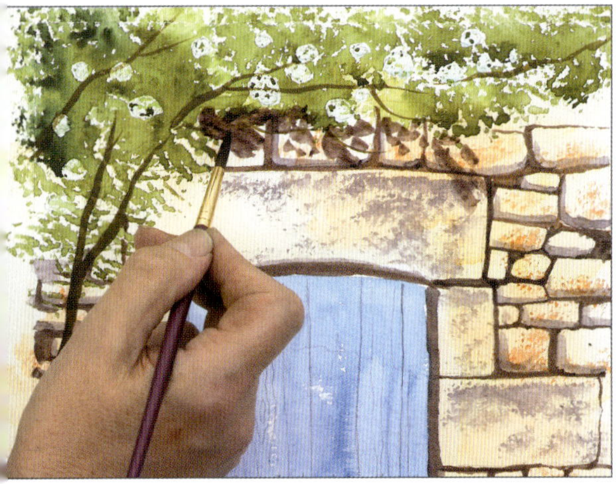

27 Malen Sie Schatten unter die Weinrebe, die die Formen des Laubes wiedergeben.

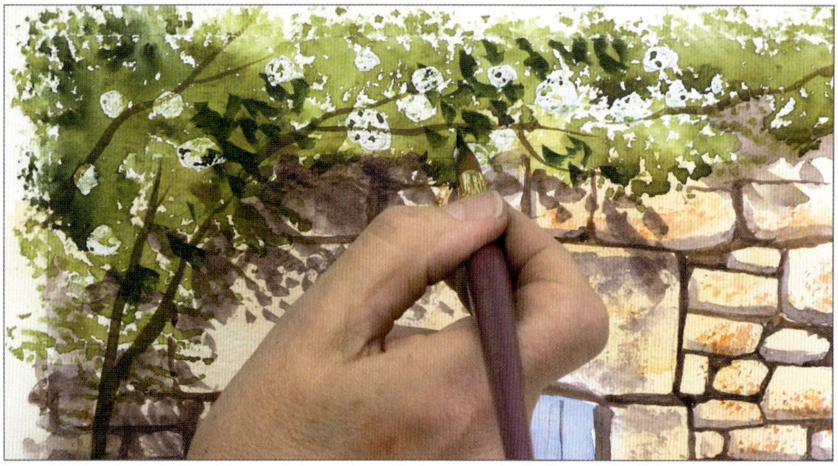

28 Verwenden Sie den Pinsel Nr. 12, um mit Hookersgrün Blattformen in das Blattwerk der Weinrebe zu malen.

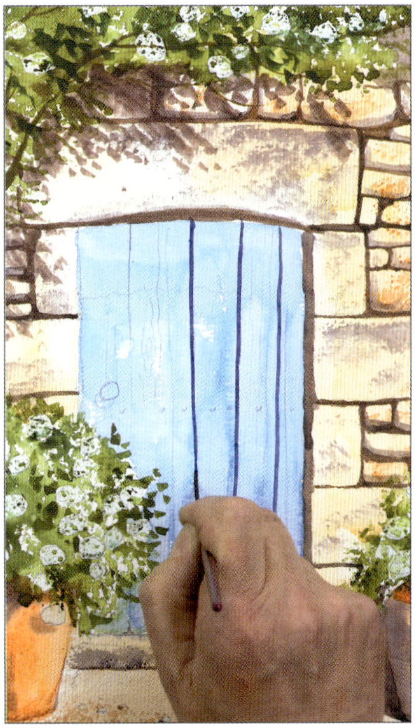

29 Malen Sie die Bretter der Tür mit dem Schlepperpinsel und mit einer Mischung aus Kobaltblau und Schattenfarbe.

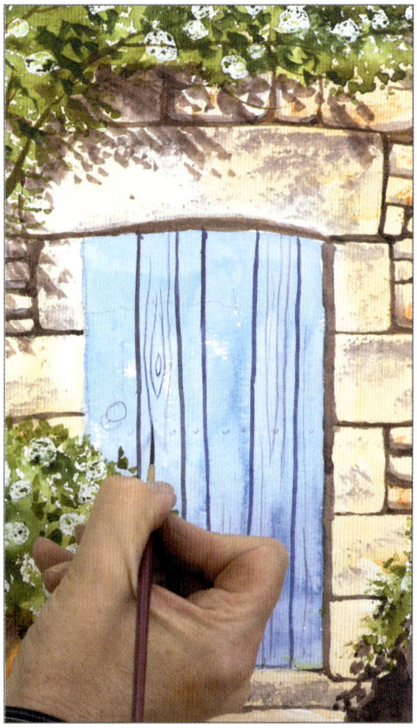

30 Malen Sie die Maserung des Holzes mit einer hellen Anmischung der Schattenfarbe.

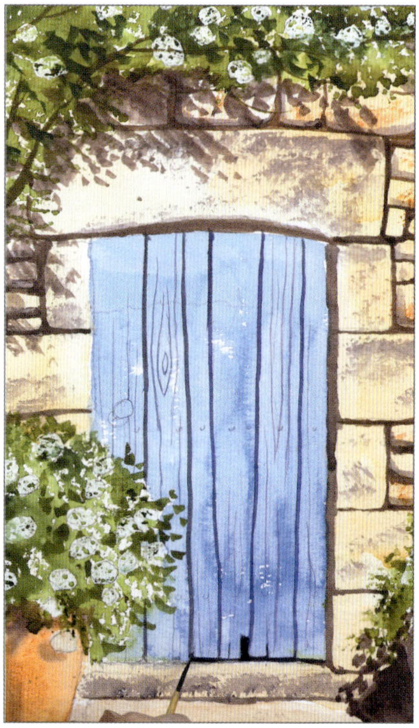

31 Mischen Sie Ultramarin und Umbra gebrannt, um die dunklen Details an der Unterseite der Tür zu malen.

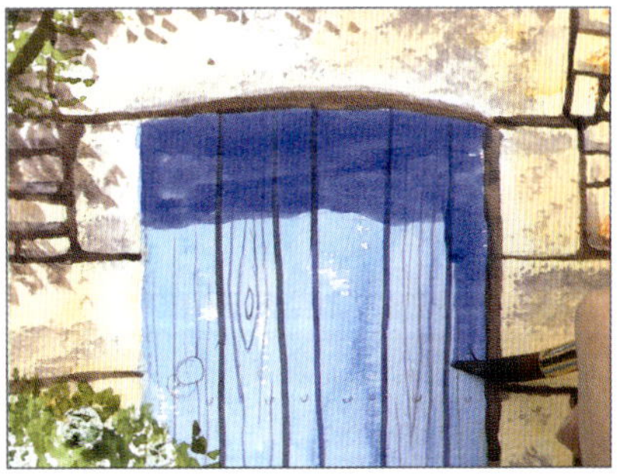

32 Malen Sie den Schatten oben auf der Tür mit der Kobaltblau-Schattenfarbe-Mischung und dem Pinsel Nr. 12.

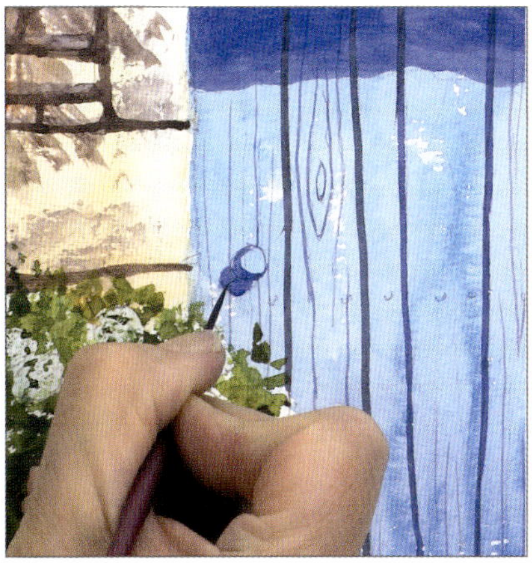

33 Mit derselben Farbe und dem Schlepper wird der Türknauf gemalt.

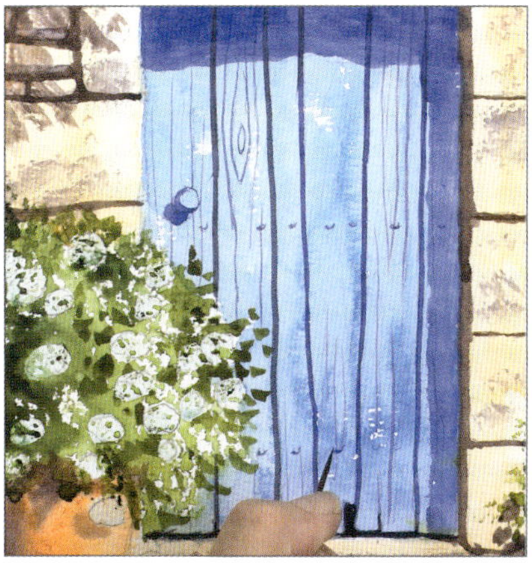

34 Malen Sie Reihen von Nagelköpfen auf.

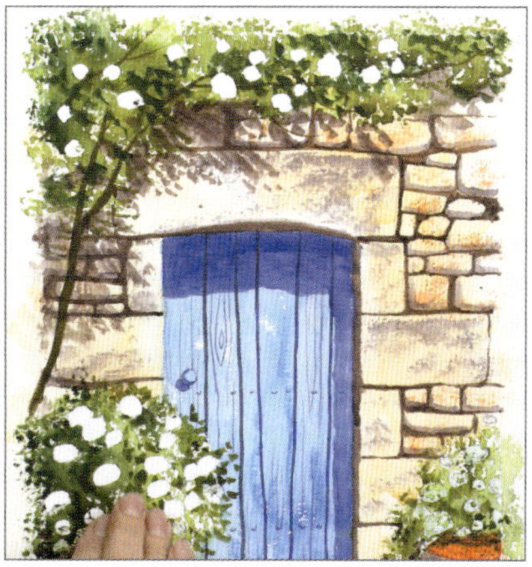

35 Wenn das Bild trocken ist, reiben Sie die gesamte Maskierflüssigkeit mit sauberen Fingern ab.

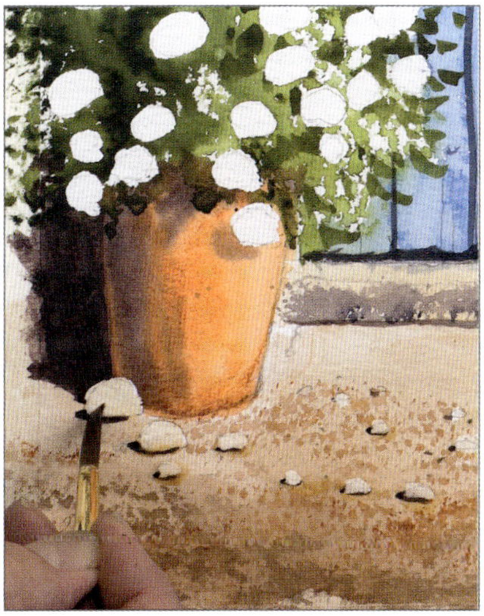

36 Malen Sie mit dem Pinsel Nr. 8 eine zarte Lavur von Siena natur über die Steine.

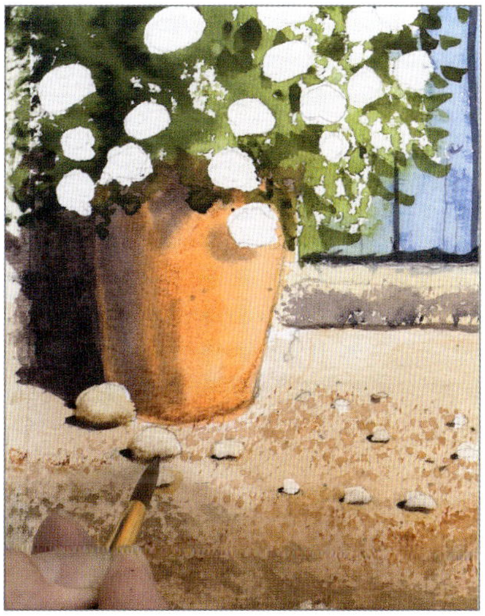

37 Setzen Sie mit einer kräftigeren Mischung aus Siena natur und Siena gebrannt Schatten an die Unter- und die linken Seiten der Steine.

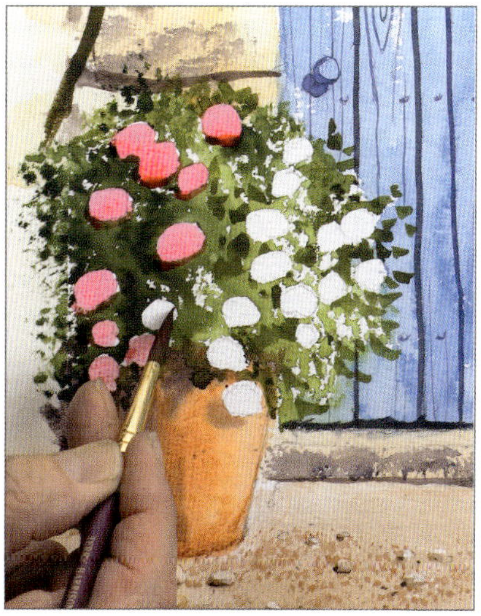

38 Malen Sie mit dem Pinsel Nr. 8 eine zarte Lasur von Permanent Rosa über die Blüten und lassen Sie den Auftrag trocknen.

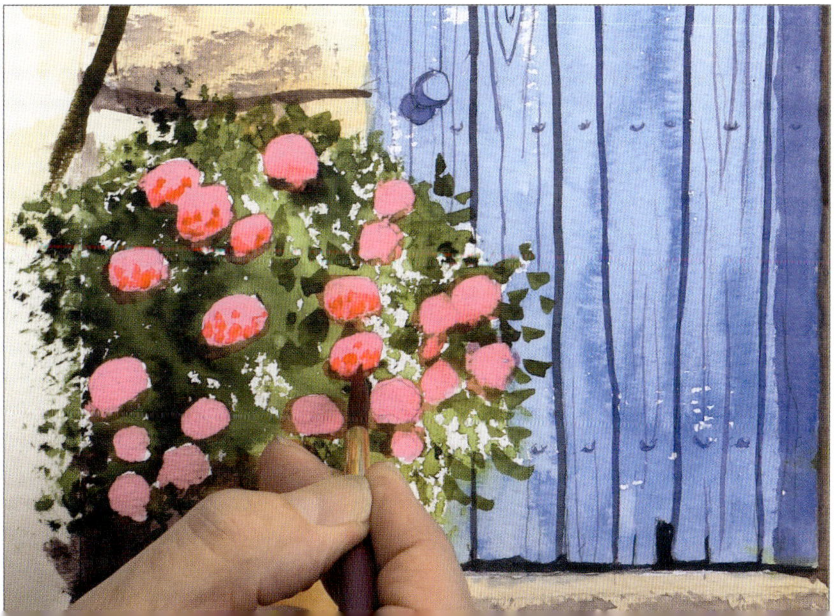

39 Stellen Sie eine kräftigere Anmischung von Permanent Rosa her, und setzen Sie nass auf trocken Schatten und Textur auf die unteren Hälften der Blütenköpfe.

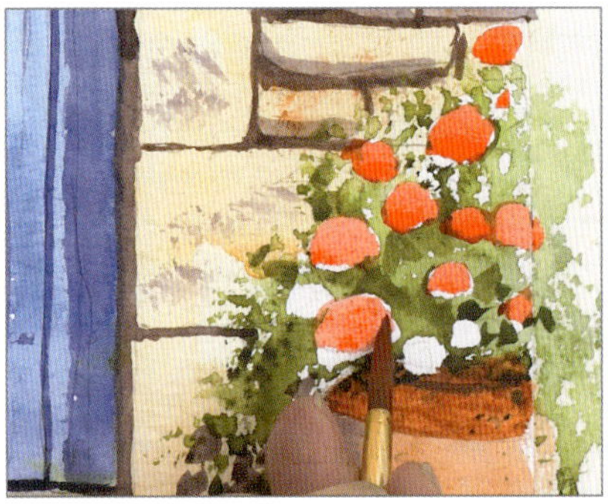

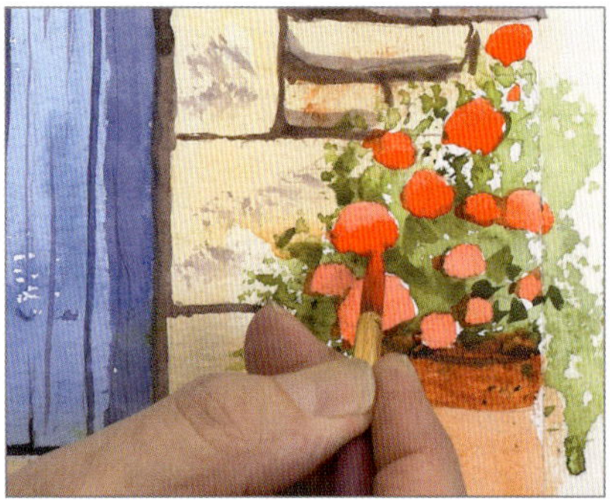

40 Legen Sie eine helle Lasur von Kadmiumrot über die Blumen im rechten Topf.

41 Tropfen Sie im unteren Bereich eine intensivere Anmischung hinein, diesmal nass in nass.

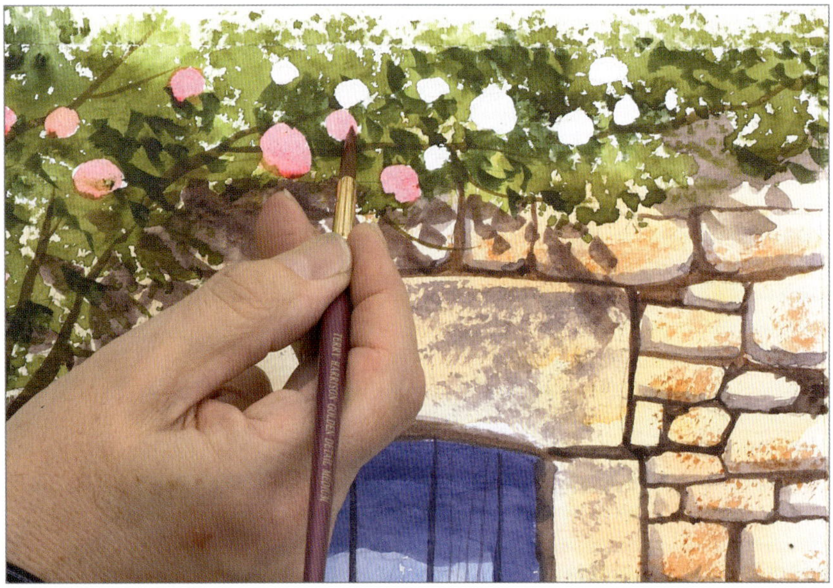

42 Malen Sie mit dem Pinsel Nr. 8 eine zarte Lasur von Permanent Rosa in die Blüten der Kletterpflanze.

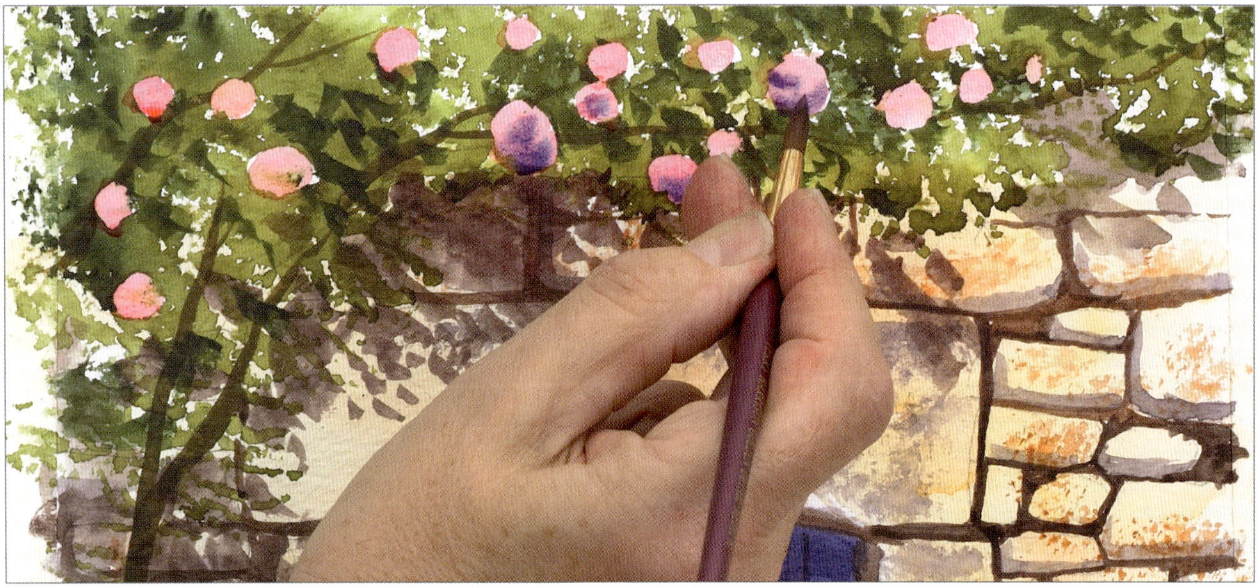

43 Geben Sie nass in nass eine Mischung aus Kobaltblau und Permanent Rosa auf die unteren Bereiche der Blüten.

Gegenüber

Das fertige Aquarell.

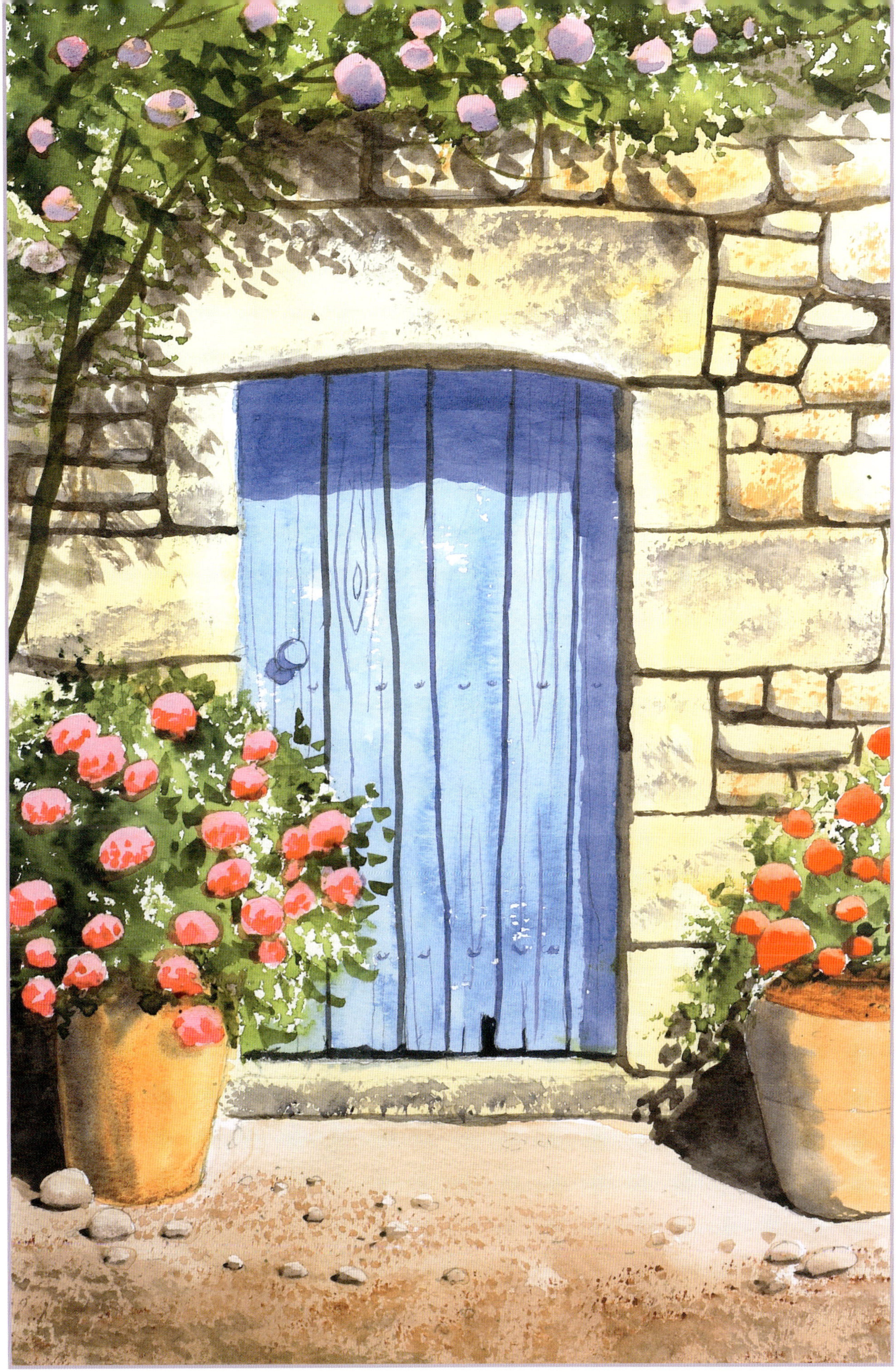

Dunguaire Castle

VORLAGE 11

MATERIAL

Aquarellpapier, rau, 300 g/m^2

Farben: Siena natur, Ultramarin, Umbra gebrannt, Hookersgrün, Kobaltblau, Grüngold, Olivgrün, Siena gebrannt, Permanent Rosa

Mop-Pinsel aus Fehhaar, Rundpinsel Nr. 4, 8 und Nr. 16, Flachpinsel 10 mm, Schlepperpinsel, Flachpinsel 13 mm mit durchsichtigem Acrylharzstiel

Maskierflüssigkeit, Maskierpinsel und Linierstift

Abdeckpapier

Dunguaire Castle ist wohl die meistfotografierte Burg Irlands. Dieser Wohnturm aus dem 16. Jahrhundert liegt an der Südostküste der Galway Bay in der Nähe von Kinvara. Ich habe den Turm als Brennpunkt verwendet, der auf dem Bild nicht ganz in der Mitte steht. Die Burg ist auf drei Seiten von Wasser umgeben, was eine gute Entschuldigung ist, im Vordergrund Spiegelungen zu verwenden.

Tipp

Die Felsen am Ufer des Burggrabens können Sie entweder mit dem durchsichtigen Acrylharzstiel Ihres Pinsels oder mit der Ecke einer Plastikkarte herauskratzen.

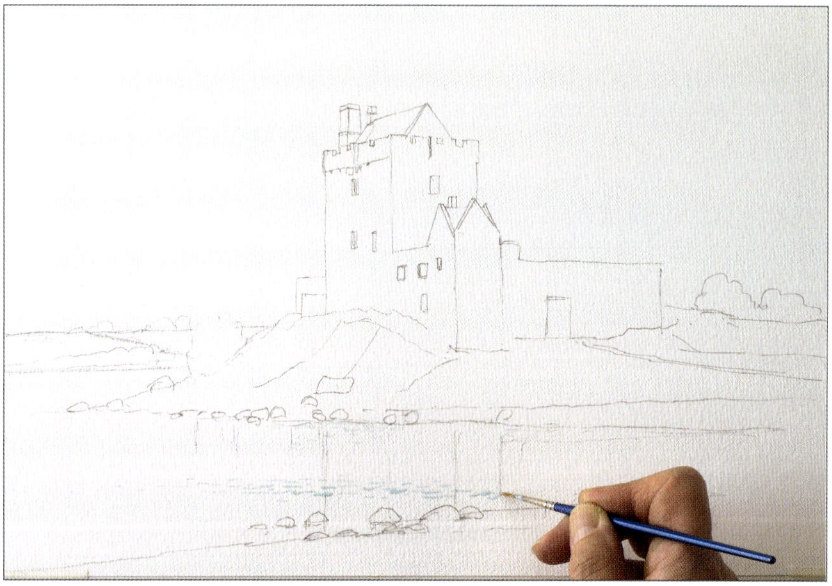

1 Übertragen Sie das Motiv auf Aquarellpapier. Decken Sie die Kräuselungen im Wasser mit Maskierflüssigkeit und einem Pinsel Nr. 4 ab.

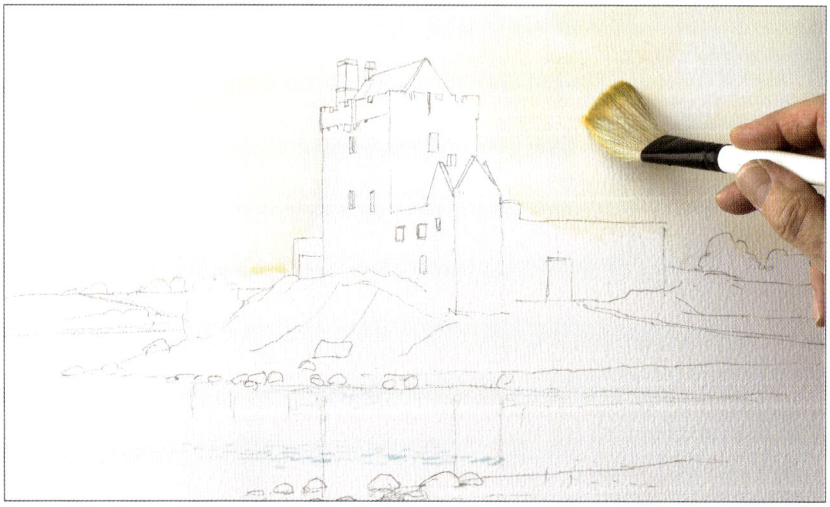

2 Feuchten Sie den Bereich des Himmels mit dem großen Mop-Pinsel an, und tropfen Sie Siena natur hinein.

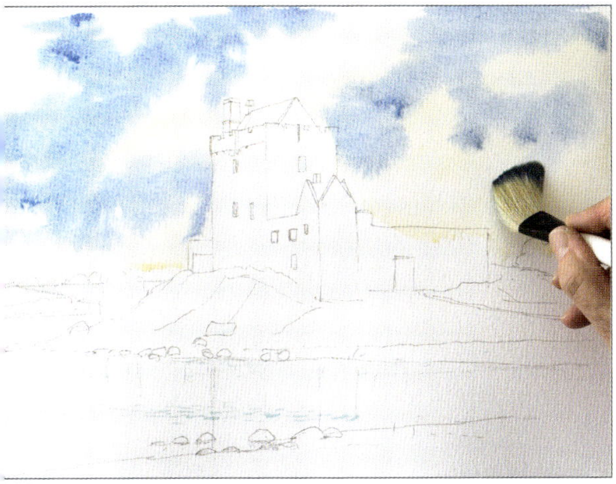

3 Malen Sie das Blau des Himmels mit Ultramarin, und lassen Sie einige Stellen für die Wolken frei.

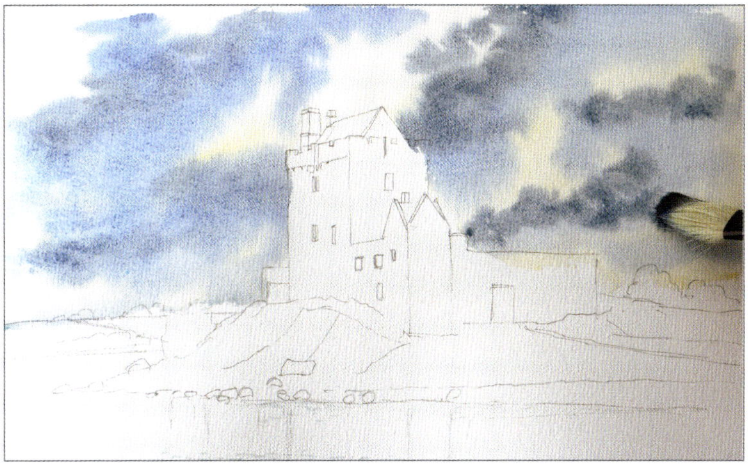

4 Arbeiten Sie weiter nass in nass, und tropfen Sie für die dunkleren Wolkenbereiche eine Mischung aus Umbra gebrannt und Ultramarin ein. Trocknen lassen.

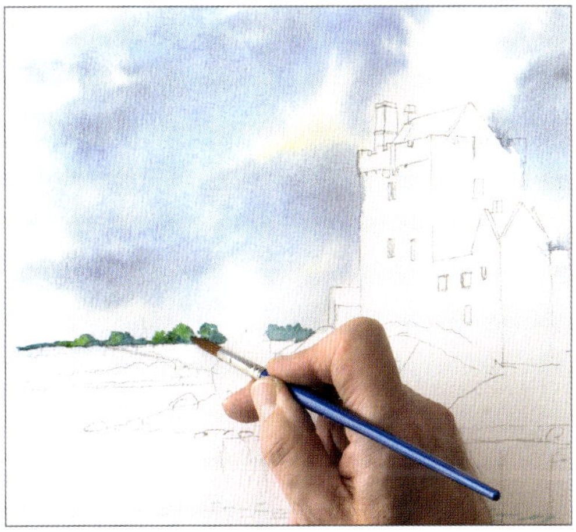

5 Malen Sie die Bäume im Hintergrund mit dem Rundpinsel Nr. 8 und einer Mischung aus Hookersgrün und Kobaltblau. Während dies noch feucht ist, geben Sie Grüngold hinzu.

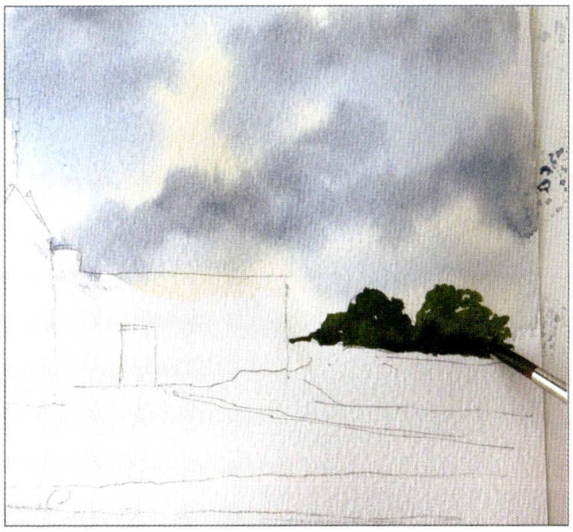

6 Malen Sie die Bäume auf der rechten Seite mit einer Mischung aus Olivgrün und Ultramarinblau.

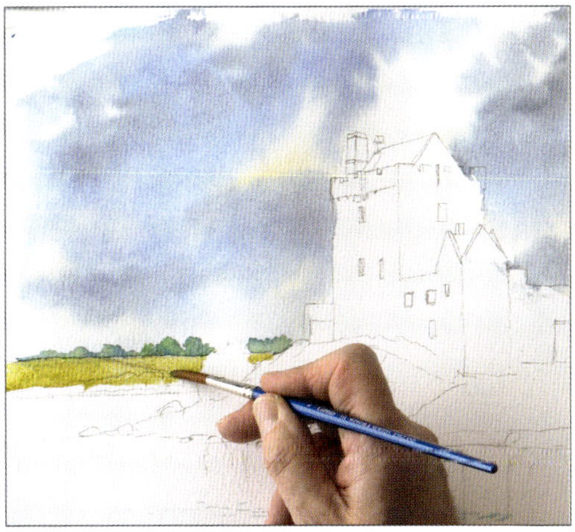

7 Setzen Sie Olivgrün und Siena natur unter die Bäume.

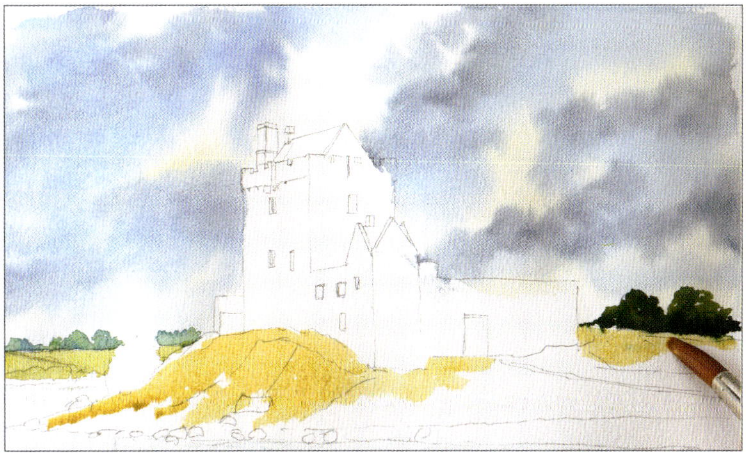

8 Malen Sie die Anhöhe mit dem Rundpinsel Nr. 16 und Olivgrün sowie Siena natur. Fahren Sie fort, indem Sie die Felder auf der rechten Seite malen.

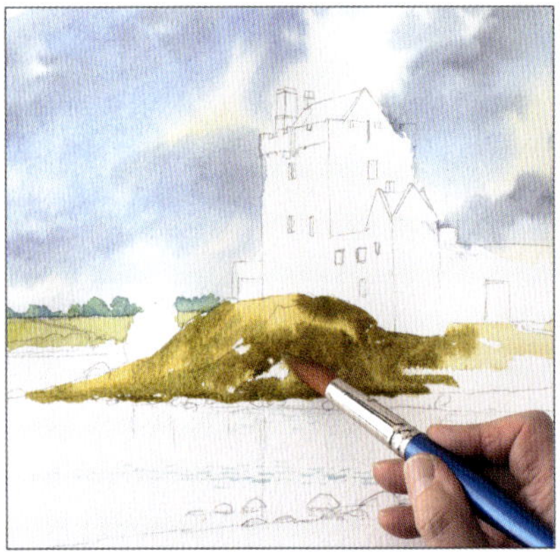

9 Während die Lasur noch nass ist, geben Sie eine Mischung aus Olivgrün und Umbra gebrannt hinein.

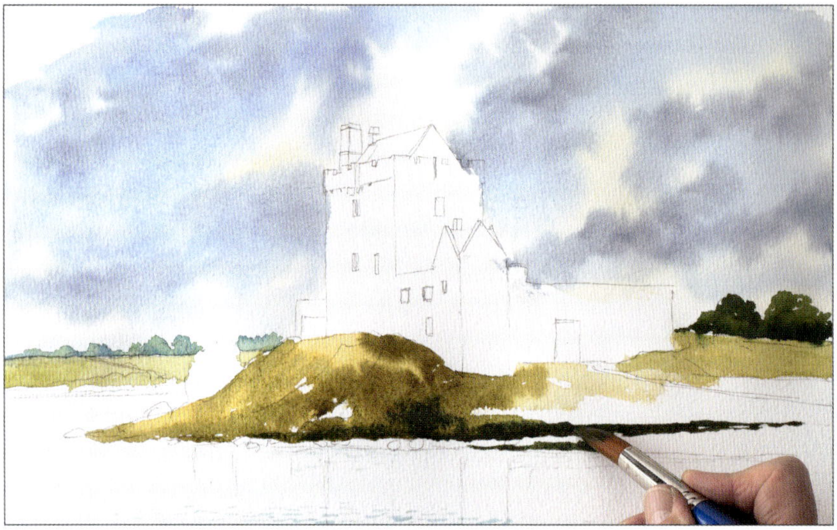

10 Arbeiten Sie weiter nass in nass. Mischen Sie Hookersgrün und Umbra gebrannt und tragen Sie dies am Fuß der Anhöhe auf.

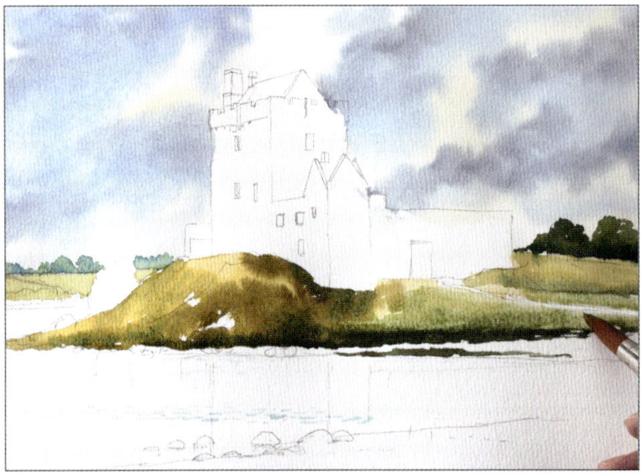

11 Malen Sie mit Olivgrün das Gras auf die Anhöhe.

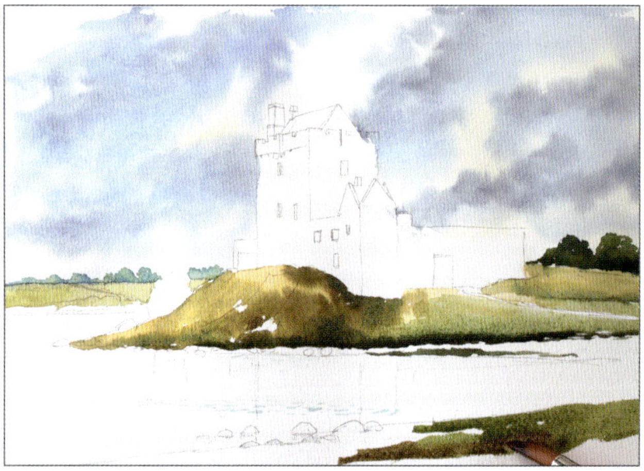

12 Malen Sie den Vordergrund mit Olivgrün, und tropfen Sie nass in nass Umbra gebrannt hinein.

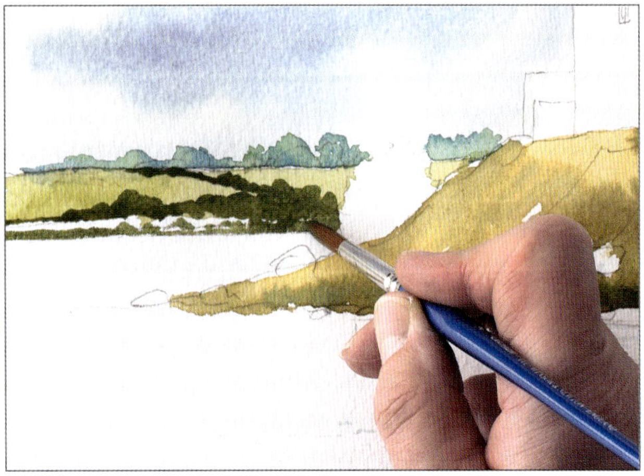

13 Nehmen Sie den Rundpinsel Nr. 8 und malen Sie mit Olivgrün und Ultramarin die Hecken im Hintergrund.

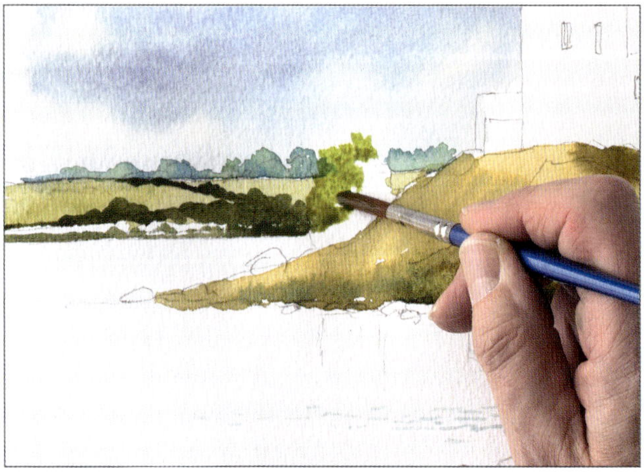

14 Malen Sie den Busch in der Ferne mit Grüngold.

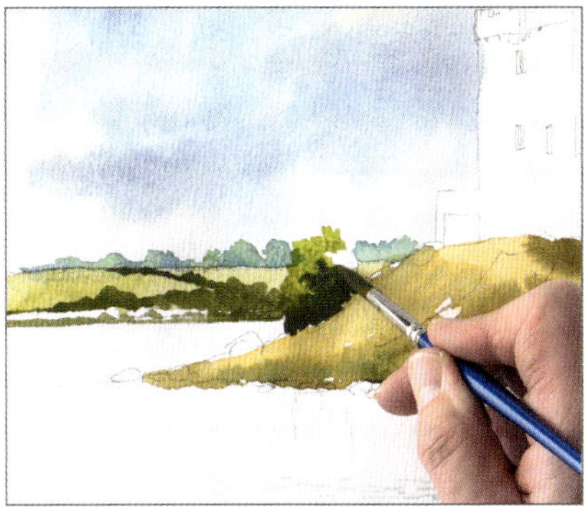

15 Malen Sie die rechte Seite des Busches mit einer dunkleren Mischung aus Hookersgrün und Umbra gebrannt. Trocknen lassen.

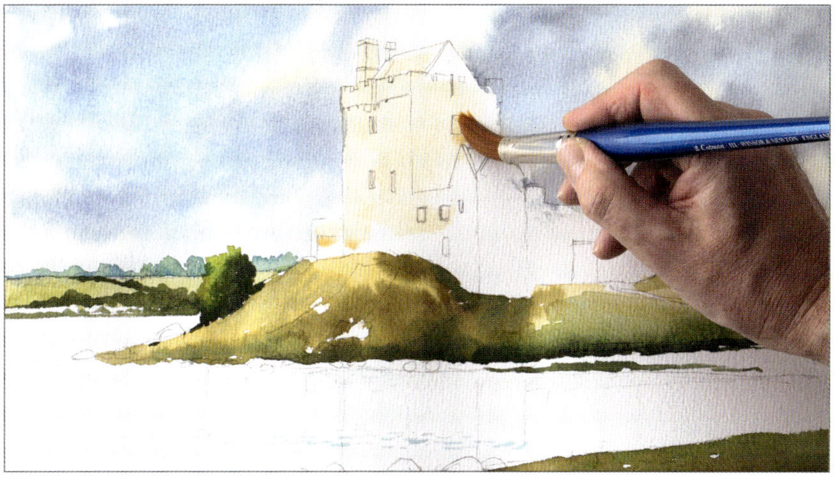

16 Wechseln Sie zum Pinsel Nr. 16, und legen eine zarte Lasur von Siena natur und Siena gebrannt über die Burg.

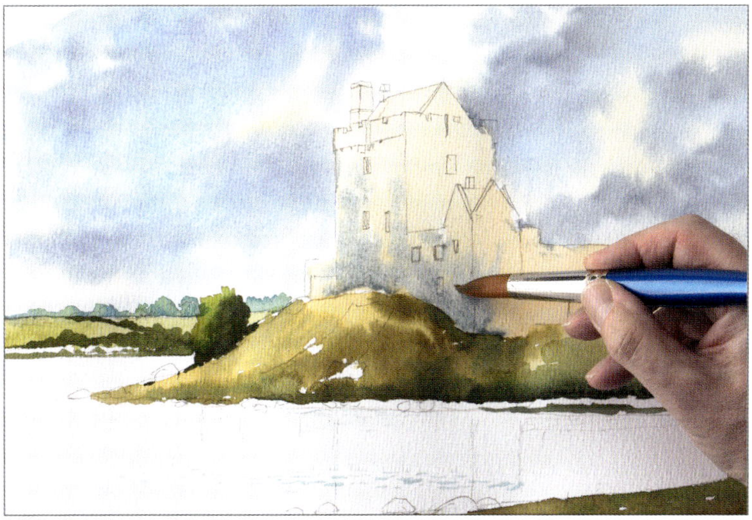

17 Während die Lasur noch nass ist, geben Sie eine Mischung aus Kobaltblau und Siena gebrannt hinein, um eine Struktur zu erhalten.

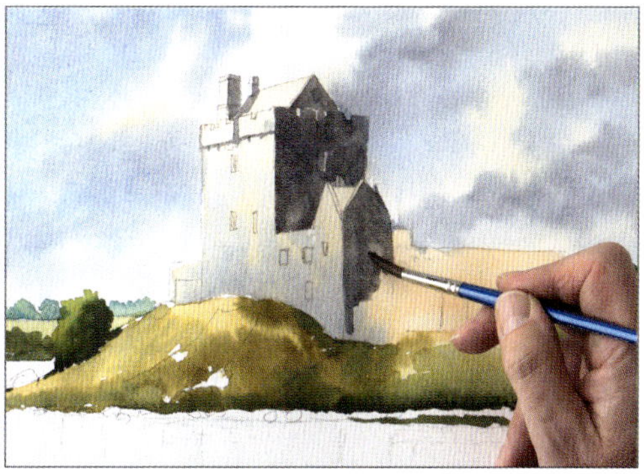

18 Wechseln Sie zum Pinsel Nr. 8, und malen Sie die im Schatten liegenden Teile des Schlosses mit Ultramarin, Siena gebrannt und Permanent Rosa.

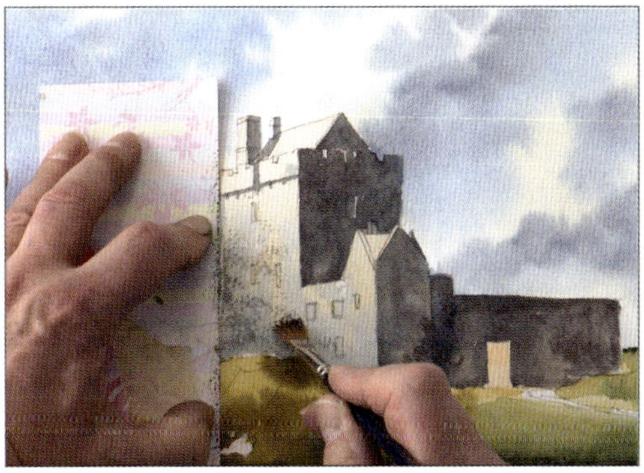

19 Nehmen Sie dieselbe Schattenmischung mit dem 10 mm-Flachpinsel auf. Legen Sie ein Abdeckpapier mit einer geraden Kante auf den Himmel, und tupfen Sie die Textur in der Burg.

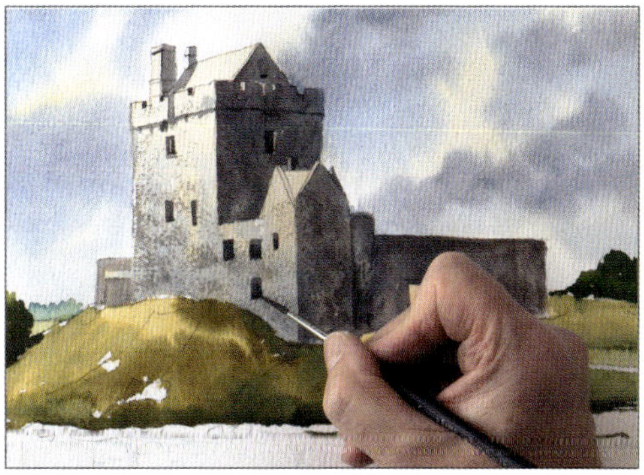

20 Malen Sie die Details der Burg mit dem Schlepperpinsel und einer Mischung aus Ultramarin und Umbra gebrannt.

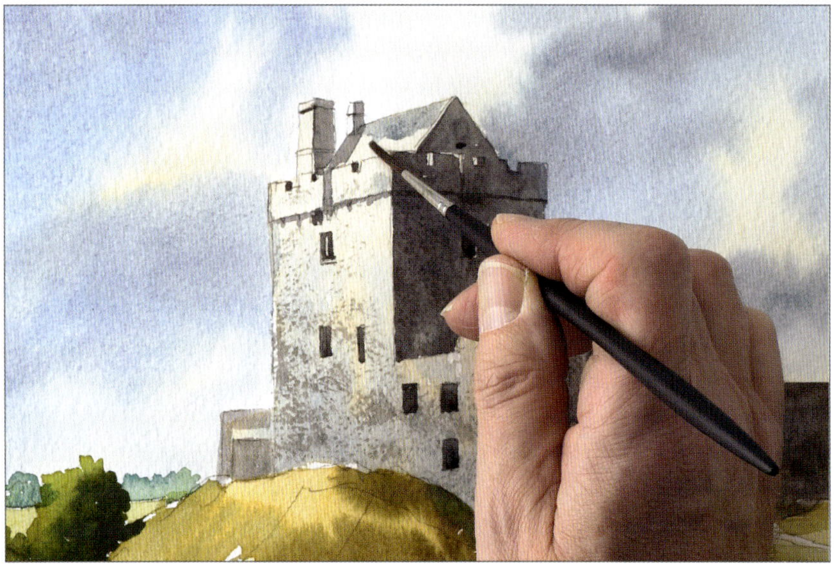

21 Dunkeln Sie die Seite des abfallenden Daches mit einer Mischung aus Kobaltblau und Siena natur ab.

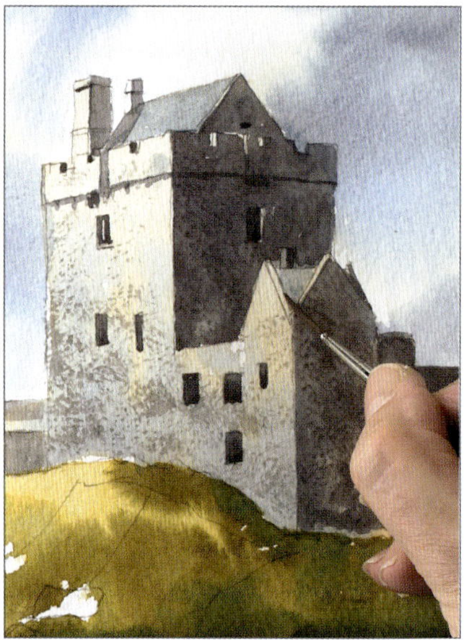

22 Verwenden Sie dieselbe Mischung für andere Schattendetails der Burg.

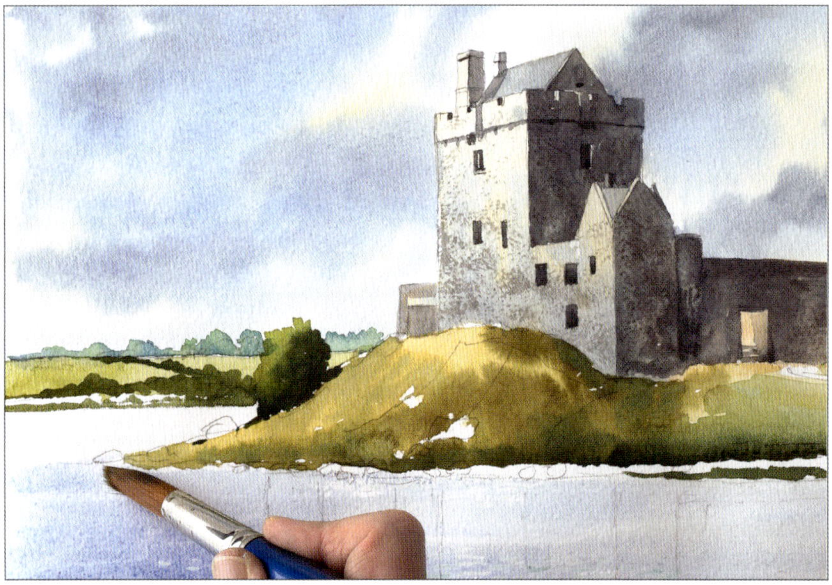

23 Feuchten Sie die Wasserfläche mit einem Pinsel Nr. 16 und sauberem Wasser an. Legen Sie dann von unten beginnend mit horizontalen Strichen eine Lasur von Ultramarin hinein. Nach oben hin wird die Lasur durch das Wasser verdünnt, und die Farbe wird blasser.

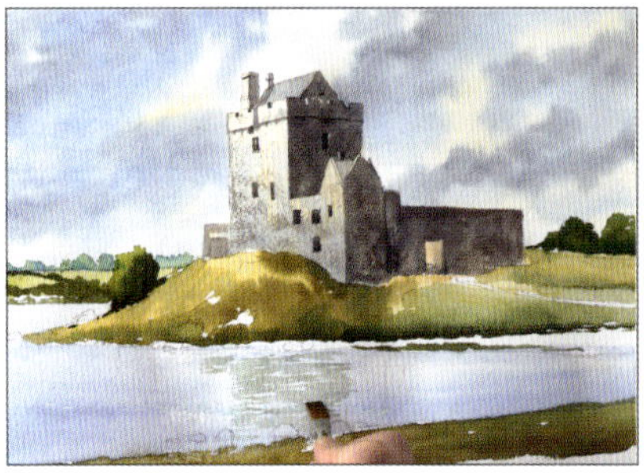

24 Mischen Sie Siena natur und Kobaltblau, und malen Sie die Spiegelung der Burg mit dem 10 mm-Flachpinsel in horizontalen Strichen.

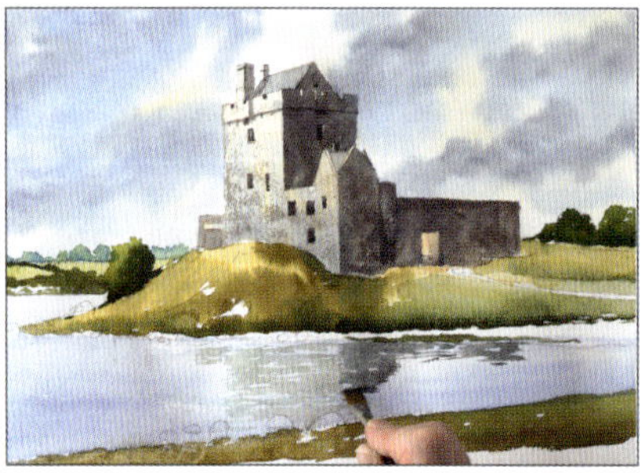

25 Stellen Sie eine dunklere Mischung derselben Farben her, und malen Sie auf dieselbe Weise die Spiegelung des schattierten Teils der Burg.

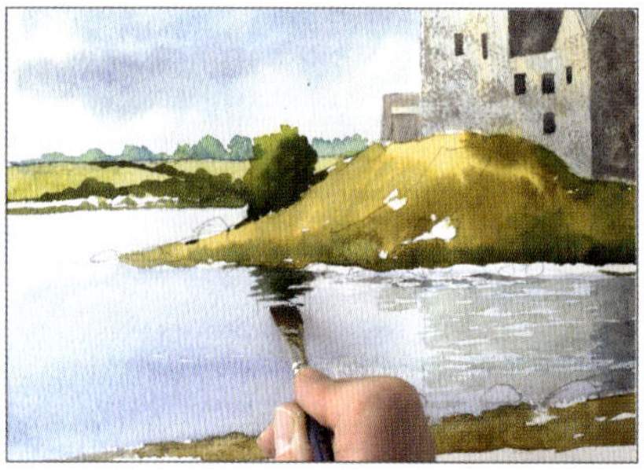

26 Mischen Sie Olivgrün und Ultramarin, und malen Sie die Spiegelung des Busches.

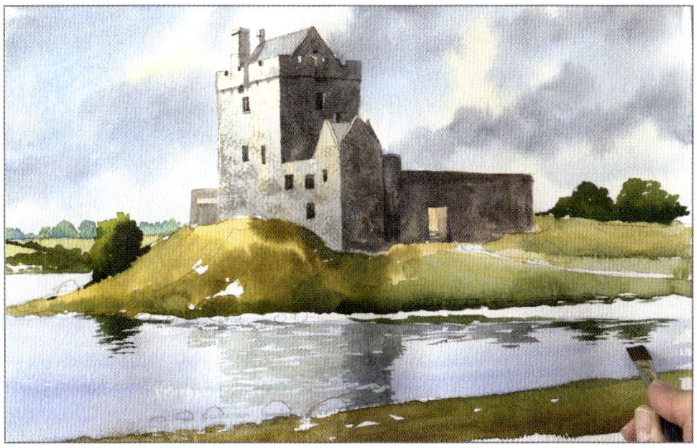

27 Malen Sie die Spiegelungen der dunkleren grünen Bereiche mit Hookersgrün.

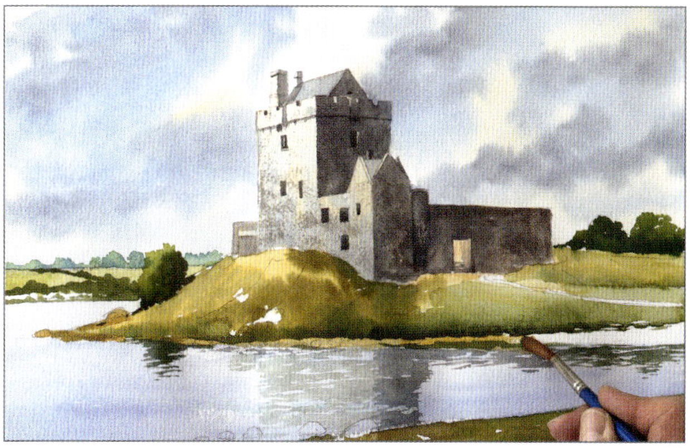

28 Malen Sie mit dem Pinsel Nr. 8 eine zarte Lasur von Siena natur entlang der Wasserlinie.

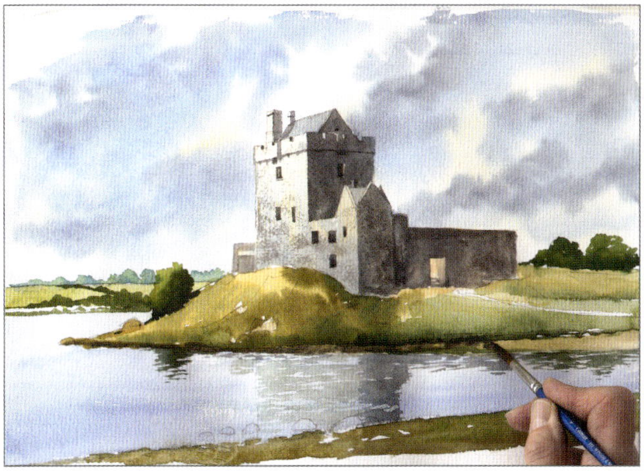

29 Während diese Lasur noch nass ist, tropfen Sie Ultramarin und Umbra gebrannt hinein.

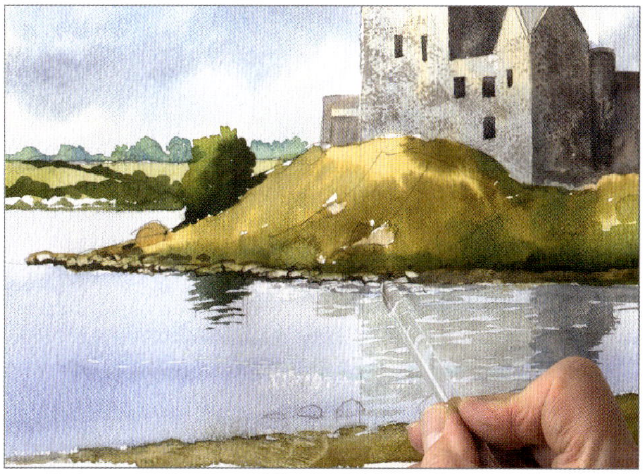

30 Verwenden Sie das Ende des Acrylharz-Pinselstiels, um entlang der Wasserlinie Felsformen aus der Farbe zu kratzen.

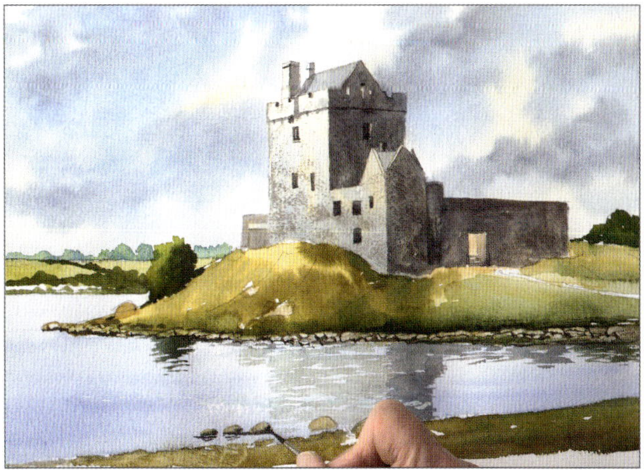

31 Malen Sie die Felsen im Vordergrund mit dem Rundpinsel Nr. 4 Rundpinsel und Siena natur. Fügen Sie mit Umbra gebrannt und Ultramarin Schatten und Wellen hinzu.

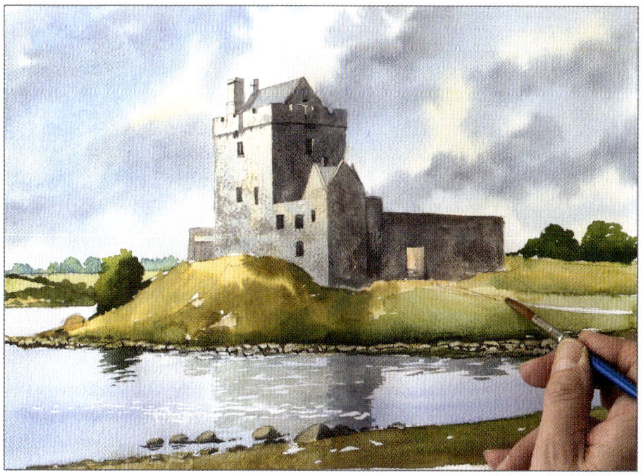

32 Malen Sie mit dem Pinsel Nr. 8 Siena natur in den Weg zur Burg. Lassen Sie das Bild an der Luft trocknen.

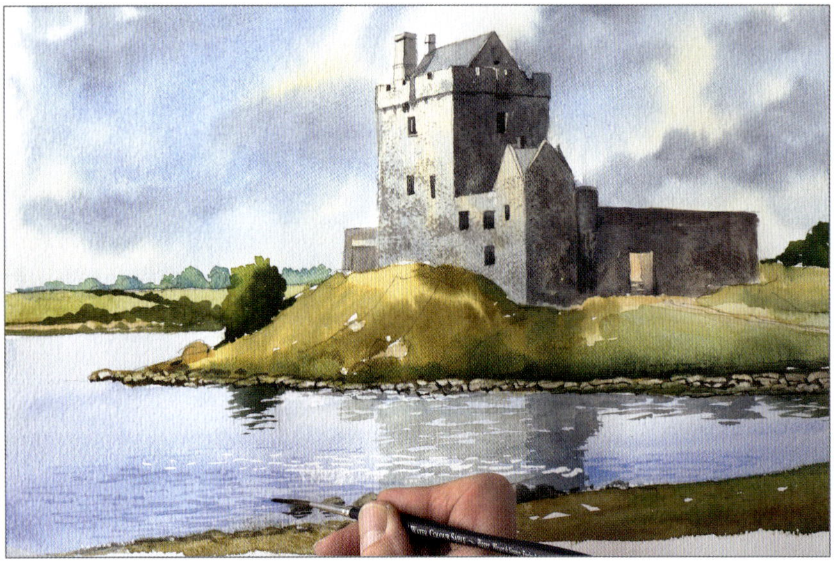

33 Reiben Sie die Maskierflüssigkeit mit einem sauberen Finger ab. Malen Sie mit dem Schlepper und Ultramarin Wellen auf dem Wasser im Vordergrund.

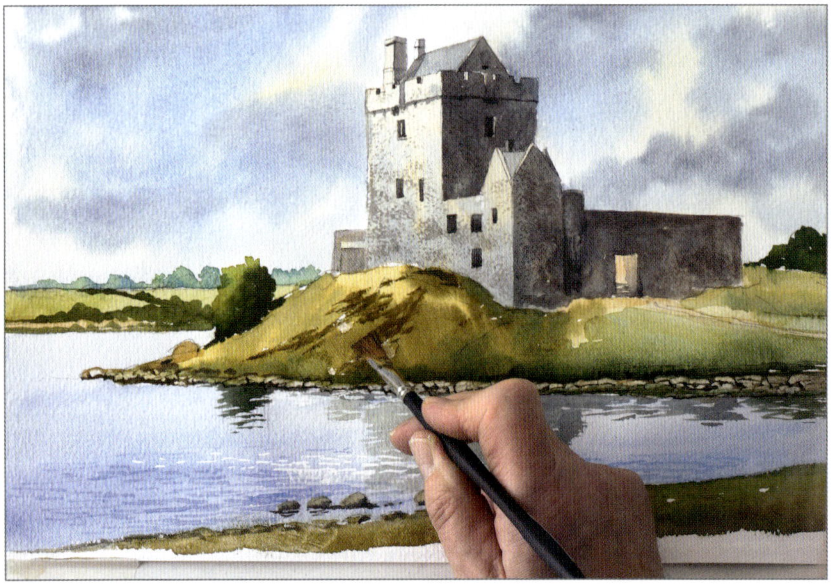

34 Setzen Sie mit dem 10 mm-Flachpinsel und einer recht trockenen Mischung aus Umbra gebrannt und Olivgrün einige Details auf die Anhöhe.

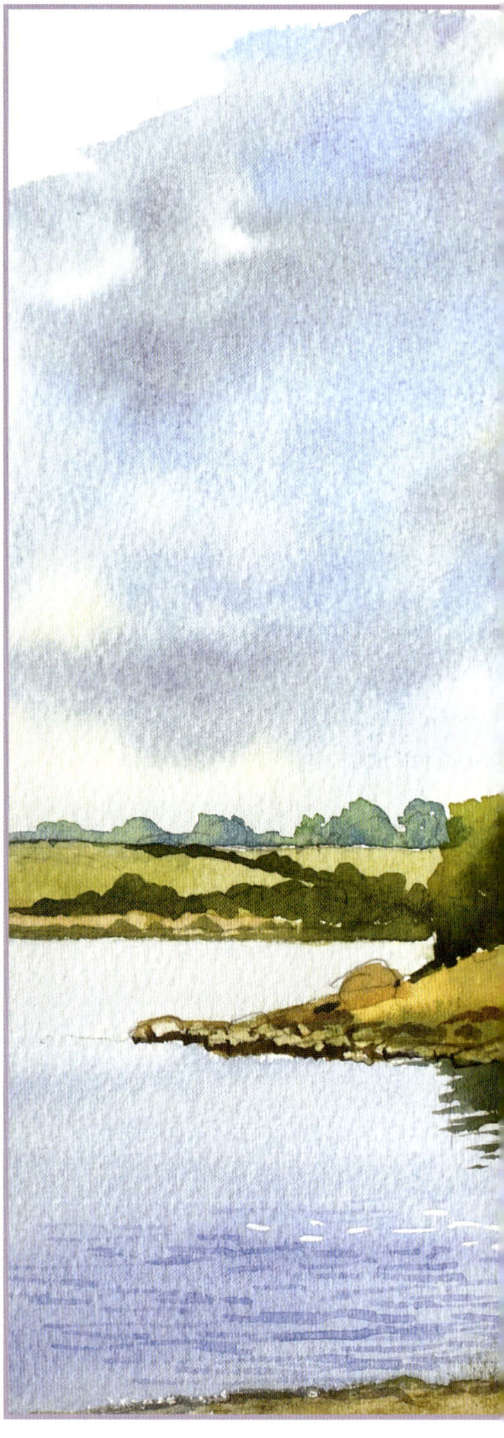

Das fertige Aquarell.

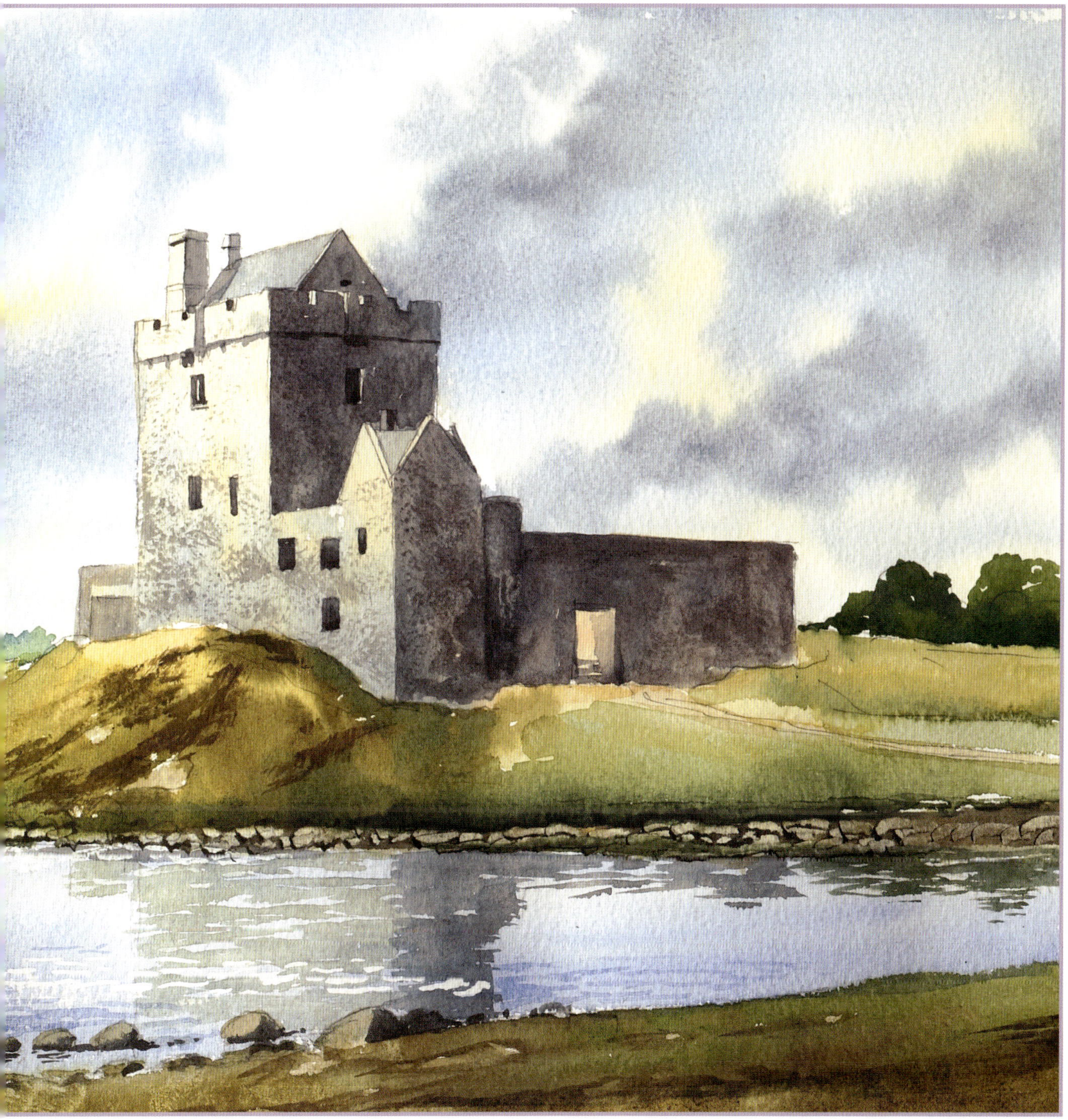

Haustür in Dublin

VORLAGE 12

»In Dublin's fair city, where the doors are so pretty«, bekommt man solche hübschen Haustüren häufig zu sehen. In der Tat sind die vielen prächtigen, zum Teil kunstvoll verzierten georgianischen Haustüren ein herausragendes Merkmal von Dublins Straßen. Dies stellt eine andere Herausforderung dar als das Malen von rustikalen Gebäuden, da sie zwar nicht ganz so viel Textur, dafür aber mehr architektonisches Detail aufweisen – sowie geradere Linien!

MATERIAL

Aquarellpapier, rau, 300 g/m²

Farben: Siena natur, Kobaltblau, Siena gebrannt, Ultramarin, Umbra gebrannt, Permanent Rosa, Grüngold, Permanent Saftgrün, Olivgrün, Hookersgrün, Kadmiumrot

Rundpinsel Nr. 4, 8, 12 und 16, Schlepperpinsel

Maskierflüssigkeit, Maskierpinsel und Linierstift

Lineal

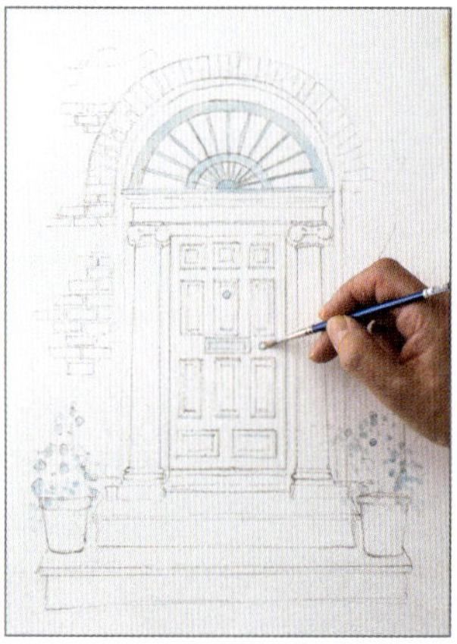

1 Übertragen Sie das Motiv auf Aquarellpapier, und decken Sie die Fenster- und Türdetails sowie die Blumen mit Maskierflüssigkeit ab.

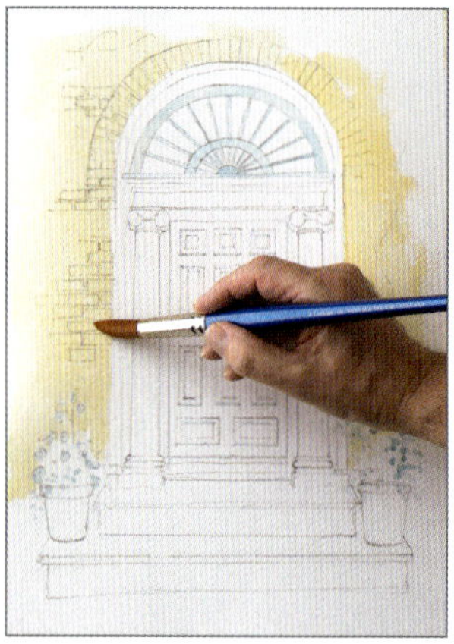

2 Legen Sie mit dem Rundpinsel Nr. 16 eine Lasur von Siena natur auf die Wände.

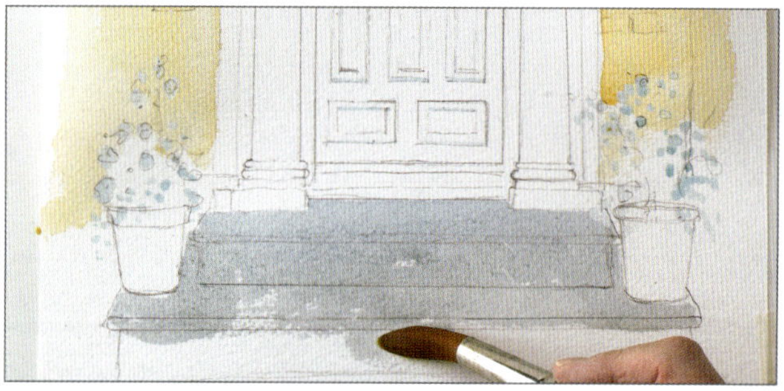

3 Stellen Sie einen hellen Grauton aus Kobaltblau und Siena gebrannt her, und lasieren Sie damit die Stufen.

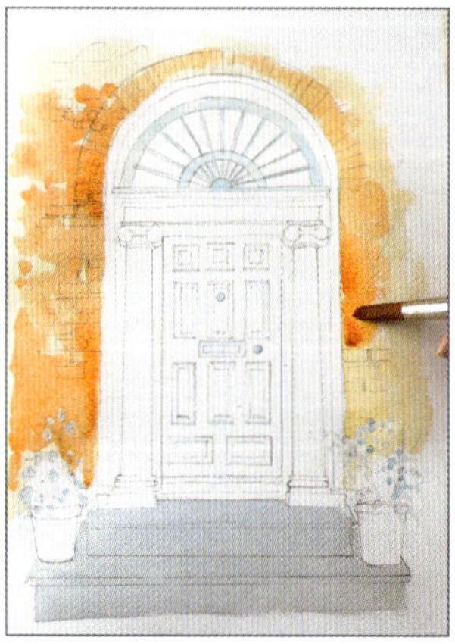

4 Legen Sie eine Lasur von Siena gebrannt über das Mauerwerk. Arbeiten Sie dabei locker, sodass etwas von der ersten Farbe hindurchscheint, um eine Struktur zu schaffen.

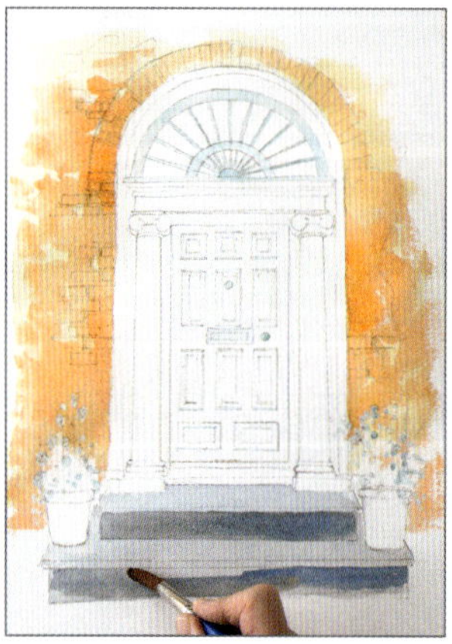

5 Malen Sie mit dem Rundpinsel Nr. 12 und einer Mischung aus Ultramarin und Umbra gebrannt die im Schatten liegenden Teile der Stufen.

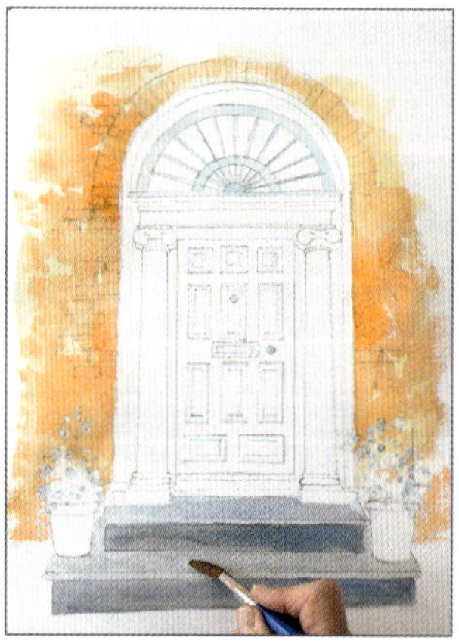

6 Legen Sie eine hellere Lasur derselben Farben auf die flachen Teile der Stufen. Lassen Sie am Rand jeder Stufe eine hellere Linie stehen.

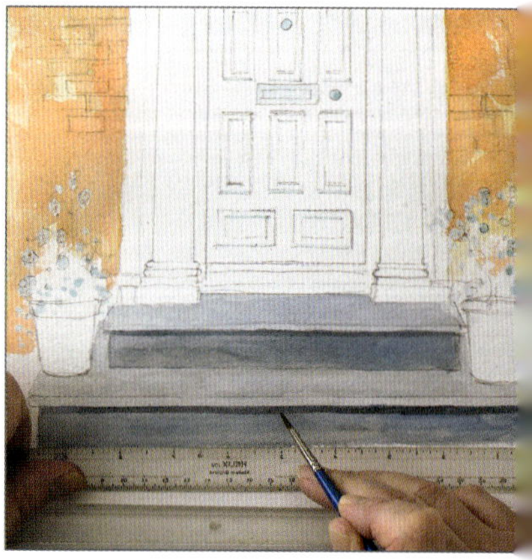

7 Benutzen Sie einen Nr. 4-Pinsel und ein Lineal, um mit einer Mischung aus Ultramarin und Umbra gebrannt Schatten unter den Rand jeder Stufe zu ziehen.

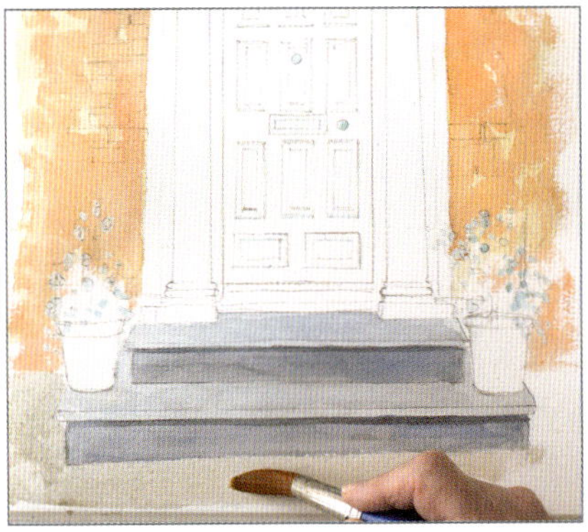

8 Malen Sie mit dem Pinsel Nr. 16 und Siena gebrannt mit Kobaltblau eine zarte Lasur auf das Pflaster.

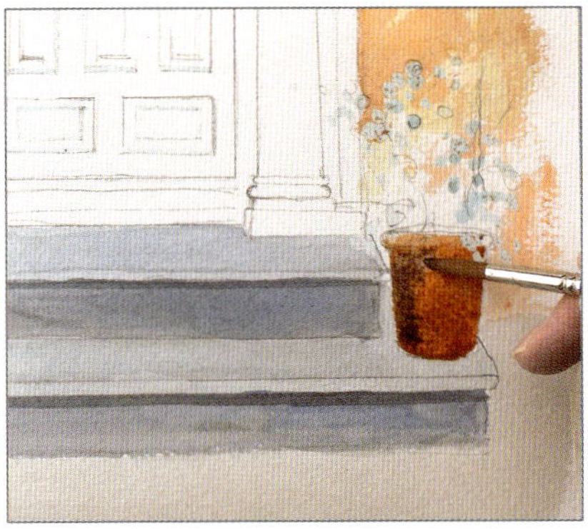

9 Malen Sie die Terrakotta-Töpfe mit dem Rundpinsel Nr. 8 und Siena gebrannt. Tupfen Sie Ultramarin und Permanent Rosa nass in nass auf die linke Seite.

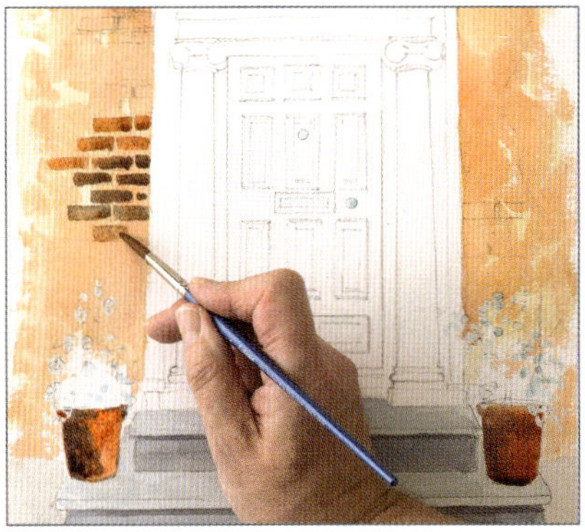

10 Malen Sie mit Siena gebrannt einige Ziegelsteine in die Wand. Für etwas Abwechslung wechseln Sie dann zu Siena gebrannt mit Kobaltblau.

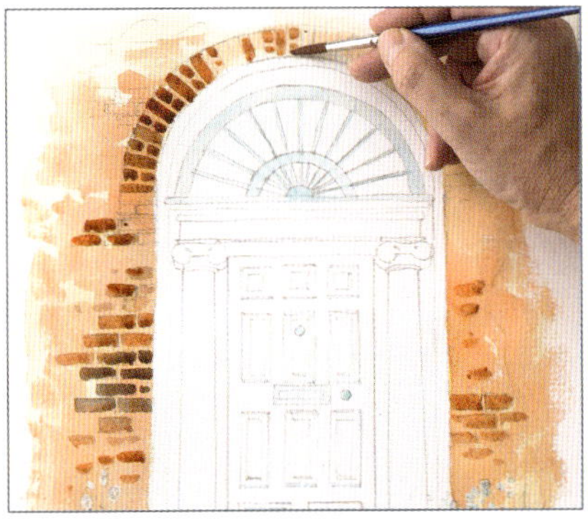

11 Malen Sie rechts von der Tür einige einzelne Ziegelsteine. Fahren Sie dann fort, Ziegelsteine in verschiedenen Farbtönen um das halbrunde Fenster über der Tür zu malen.

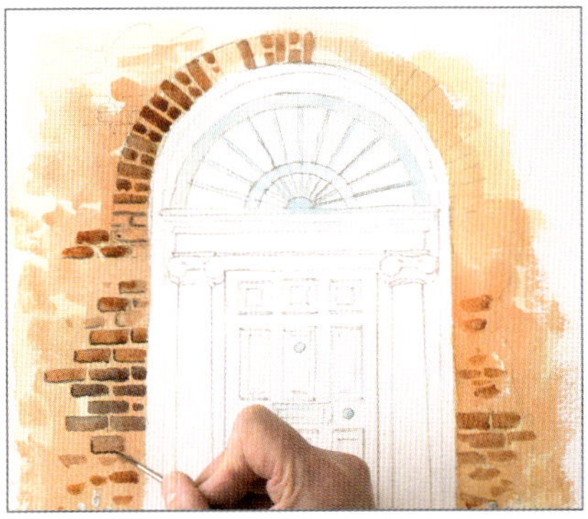

12 Malen Sie mit dem Schlepper und einer Mischung aus Umbra gebrannt und Ultramarin Schatten auf die linke und die Unterseite der Ziegelsteine, um sie dreidimensional wirken zu lassen.

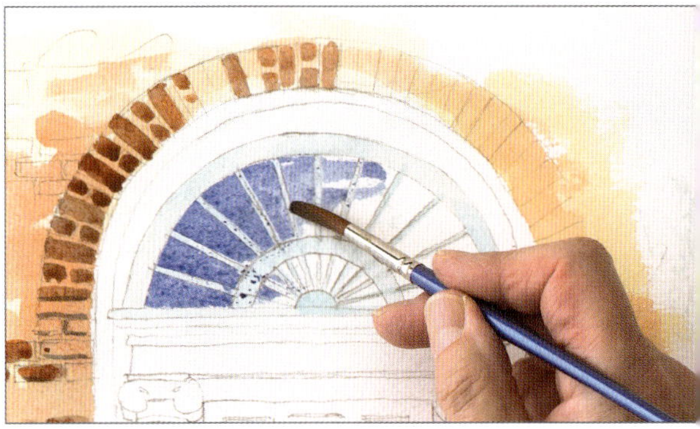

13 Übermalen Sie die maskierten Details des halbrunden Fensters mit dem Pinsel Nr. 8 und Ultramarin.

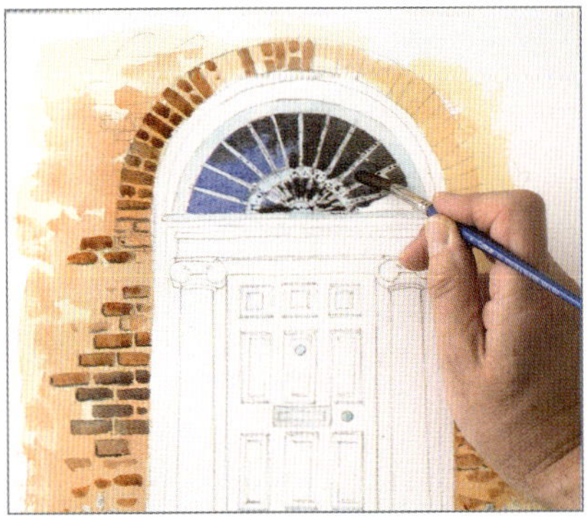

14 Während die Farbe noch nass ist, fügen Sie dem Ultramarin Umbra gebrannt hinzu, und malen Sie den Rest des Fensters.

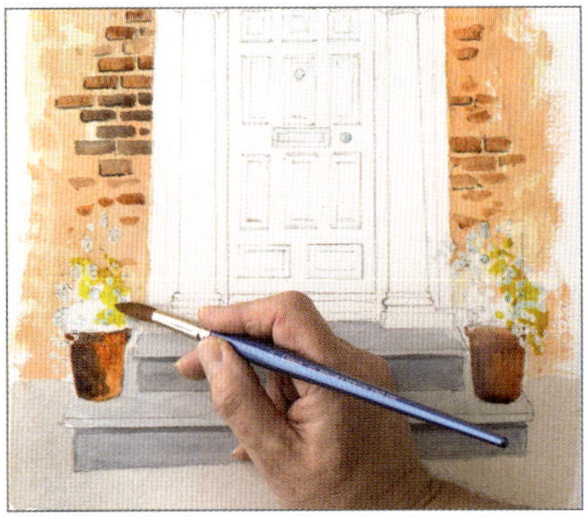

15 Malen Sie die Pflanzen in den Töpfen mit dem Pinsel Nr. 12 rund und Grüngold.

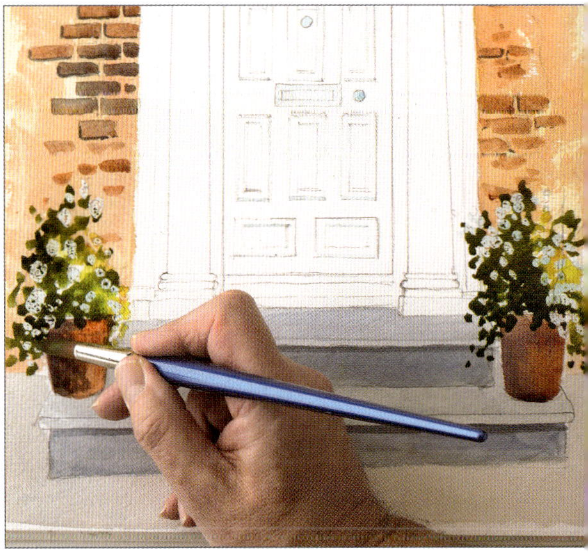

16 Mischen Sie ein dunkleres Grün aus Permanent Saftgrün und Siena gebrannt, und tupfen Sie es nass in nass in die erste Farbe.

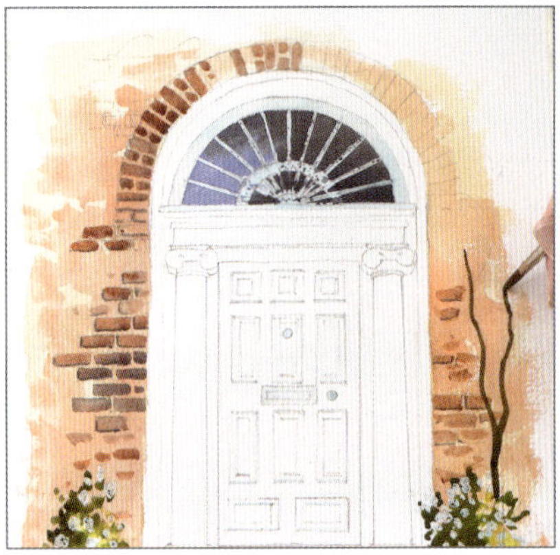

17 Malen Sie den Stamm des Efeus an der Wand mit Umbra gebrannt und Olivgrün.

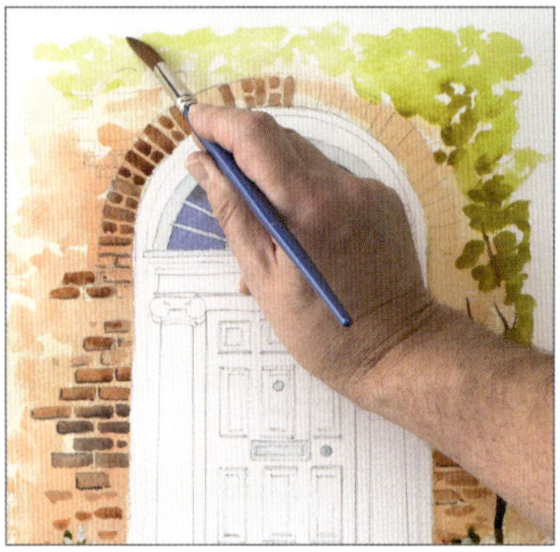

18 Beginnen Sie, das Efeulaub mit dem Pinsel Nr. 12 und Grüngold zu malen.

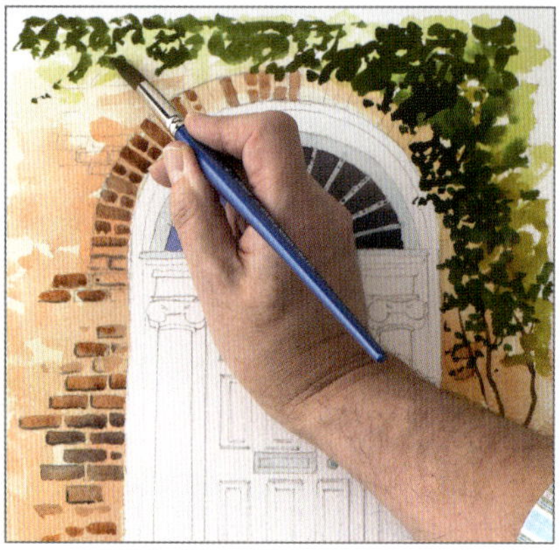

19 Malen Sie die dunkleren Bereiche des Laubes nass in nass mit Hookersgrün und Umbra gebrannt.

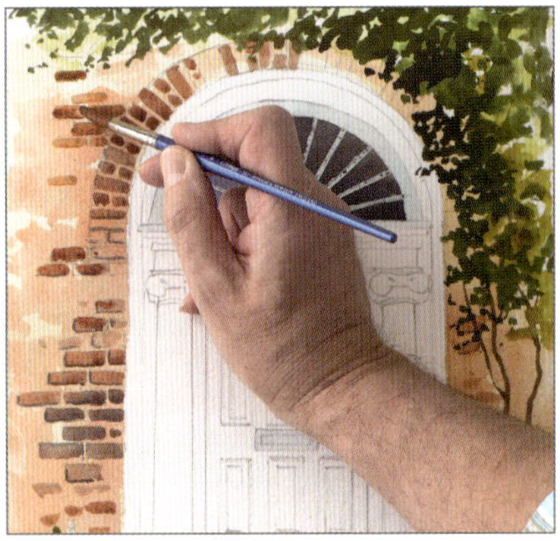

20 Fügen Sie mit Siena gebrannt einige weitere Ziegelsteine hinzu.

21 Malen Sie die beschatteten Teile der weißen Rahmung um das Fenster herum mit Kobaltblau und Siena gebrannt. Setzen Sie dann im oberen Teil des Bogens nass in nass eine dunklere Mischung hinein.

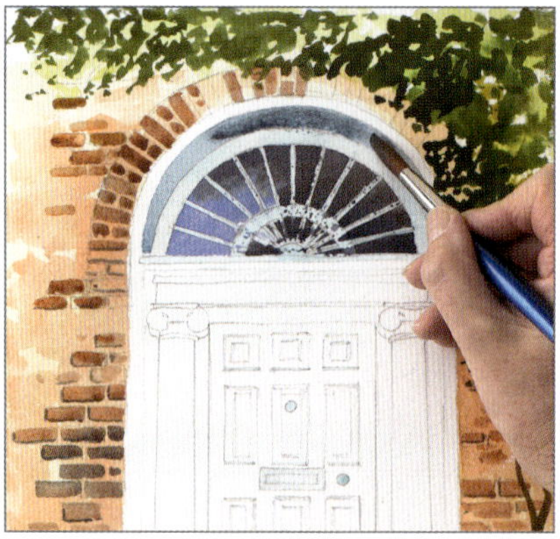

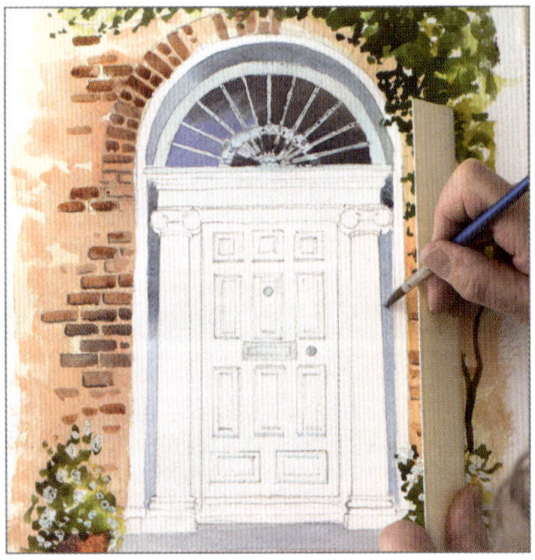

22 Verwenden Sie den Pinsel Nr. 8 und ein Lineal, um mit denselben Farben den weißen Anstrich an den Seiten der Säulen zu malen. Malen Sie zuerst die hellere Mischung auf, dann die dunklere.

23 Wiederholen Sie den Vorgang für die im Schatten liegenden Bereiche auf den anderen Seiten der Säulen. Trocknen lassen.

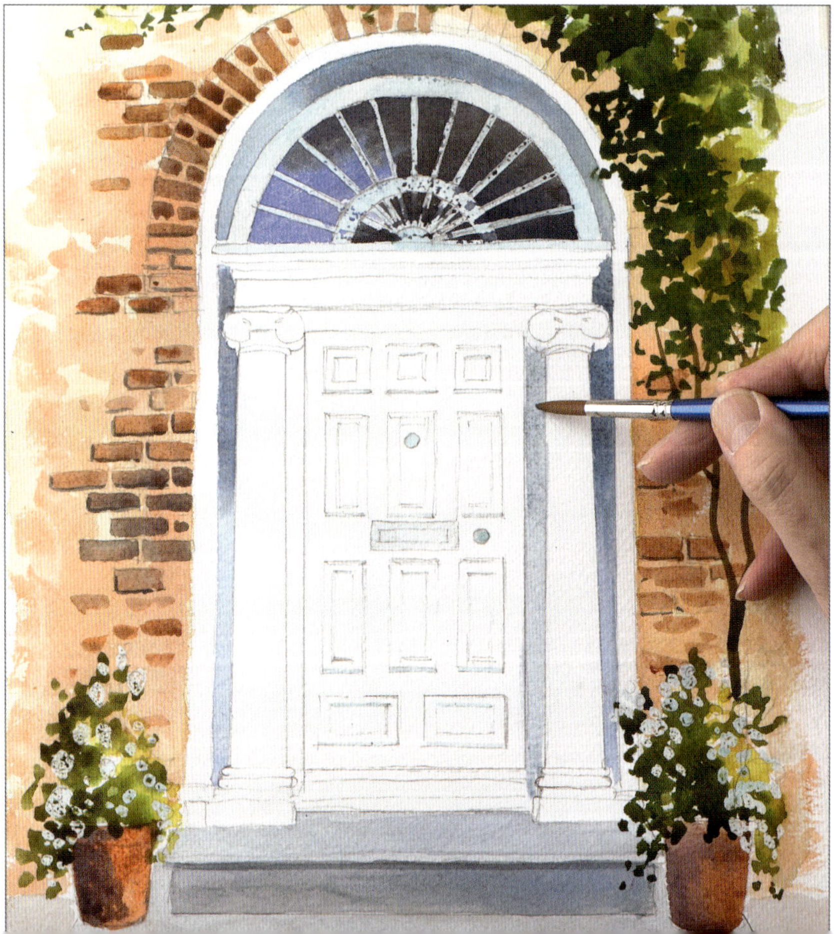

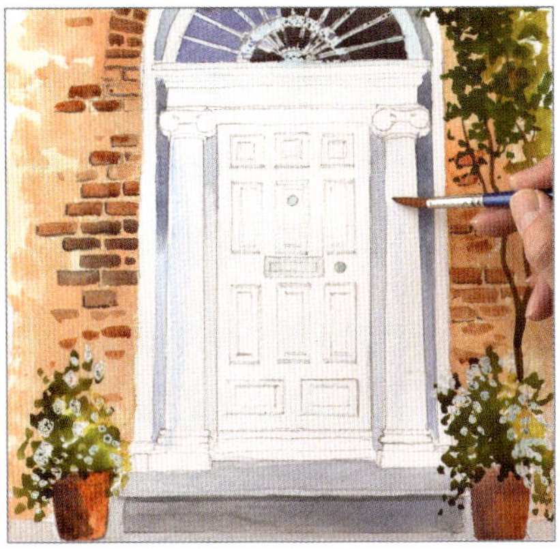

24 Feuchten Sie eine Säule mit dem Pinsel Nr. 8 und sauberem Wasser an, und tragen Sie auf der linken Seite eine dünne Lasur von Kobaltblau auf. Gehen Sie bei der anderen Säule ebenso vor. Trocknen lassen.

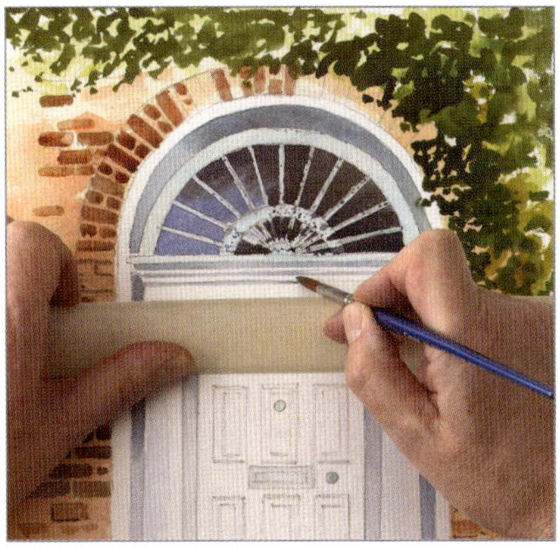

25 Malen Sie den Anstrich über der Tür mit derselben Farbe, und nehmen Sie dabei ein Lineal zu Hilfe.

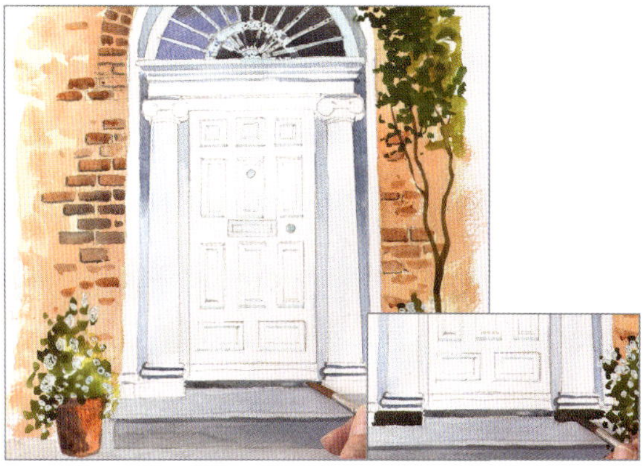

26 Malen Sie mit einer dunkleren Mischung derselben Farben die Details am unteren Ende der Säulen und die dunkle Linie unter der Tür. Malen Sie die schwarzen Sockel der Säulen mit Ultramarin und Umbra gebrannt.

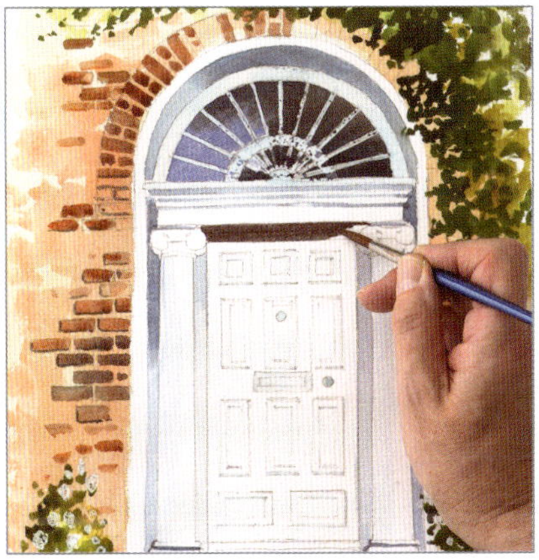

27 Gestalten Sie die Unterseite des Türüberstands mit Kobaltblau, Siena gebrannt und einem Hauch von Kadmiumrot. Trocknen lassen.

28 Malen Sie mit dem Pinsel Nr. 12 und Kadmiumrot die Tür. Nehmen Sie für gerade Kanten das Lineal zu Hilfe.

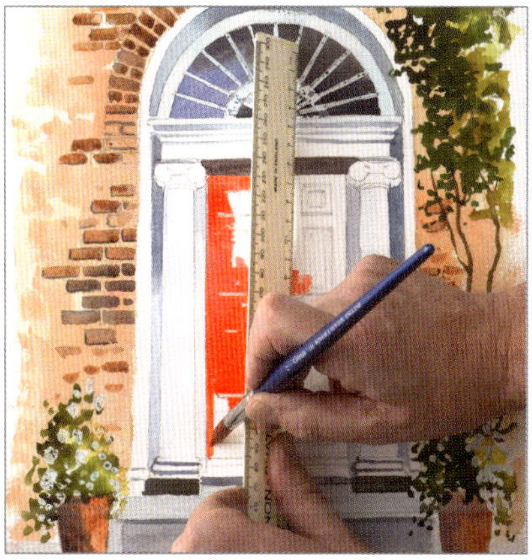

29 Während die erste Lasur noch nass ist, geben Sie im oberen Bereich der Tür Ultramarin hinein, um Schatten zu erzeugen. Trocknen lassen.

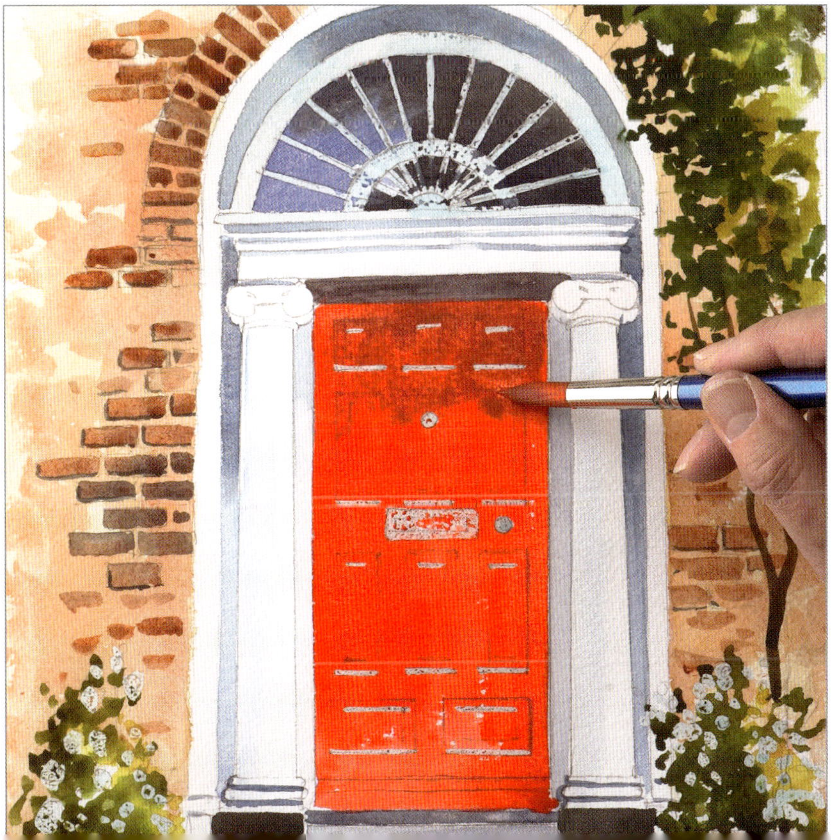

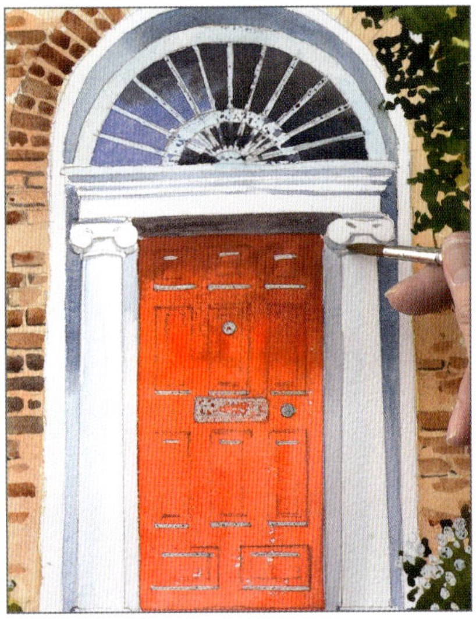

30 Malen Sie die Details am oberen Ende der Säulen mit dem Pinsel Nr. 8 und Siena gebrannt mit Ultramarin.

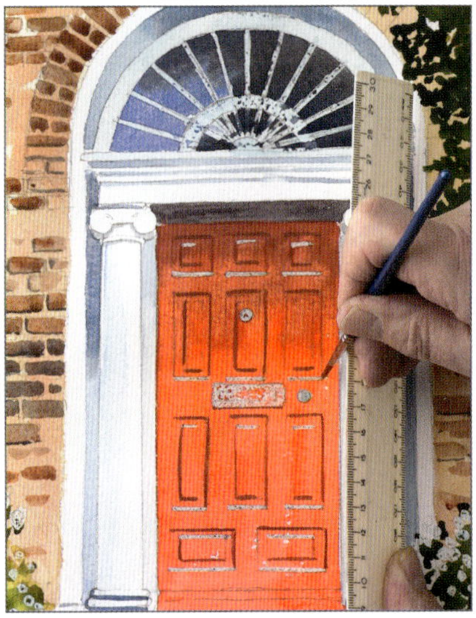

31 Malen Sie mit dem Pinsel Nr. 4 und dem Lineal sowie einer Mischung aus Ultramarin und Kadmiumrot die dunkleren Details auf die Tür.

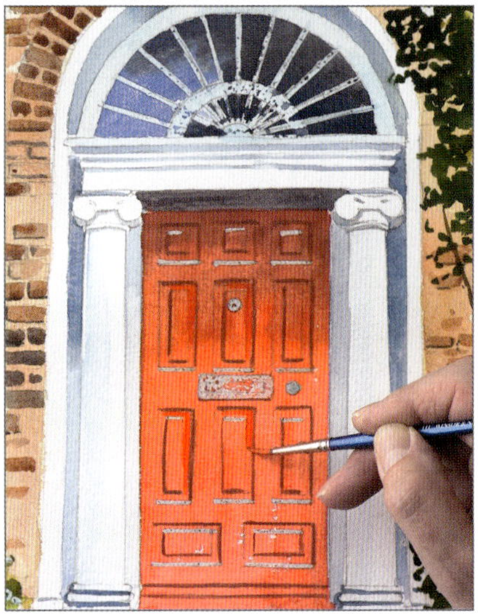

32 Geben Sie mit Kadmiumrot noch etwas Rot auf die Tür. Trocknen lassen.

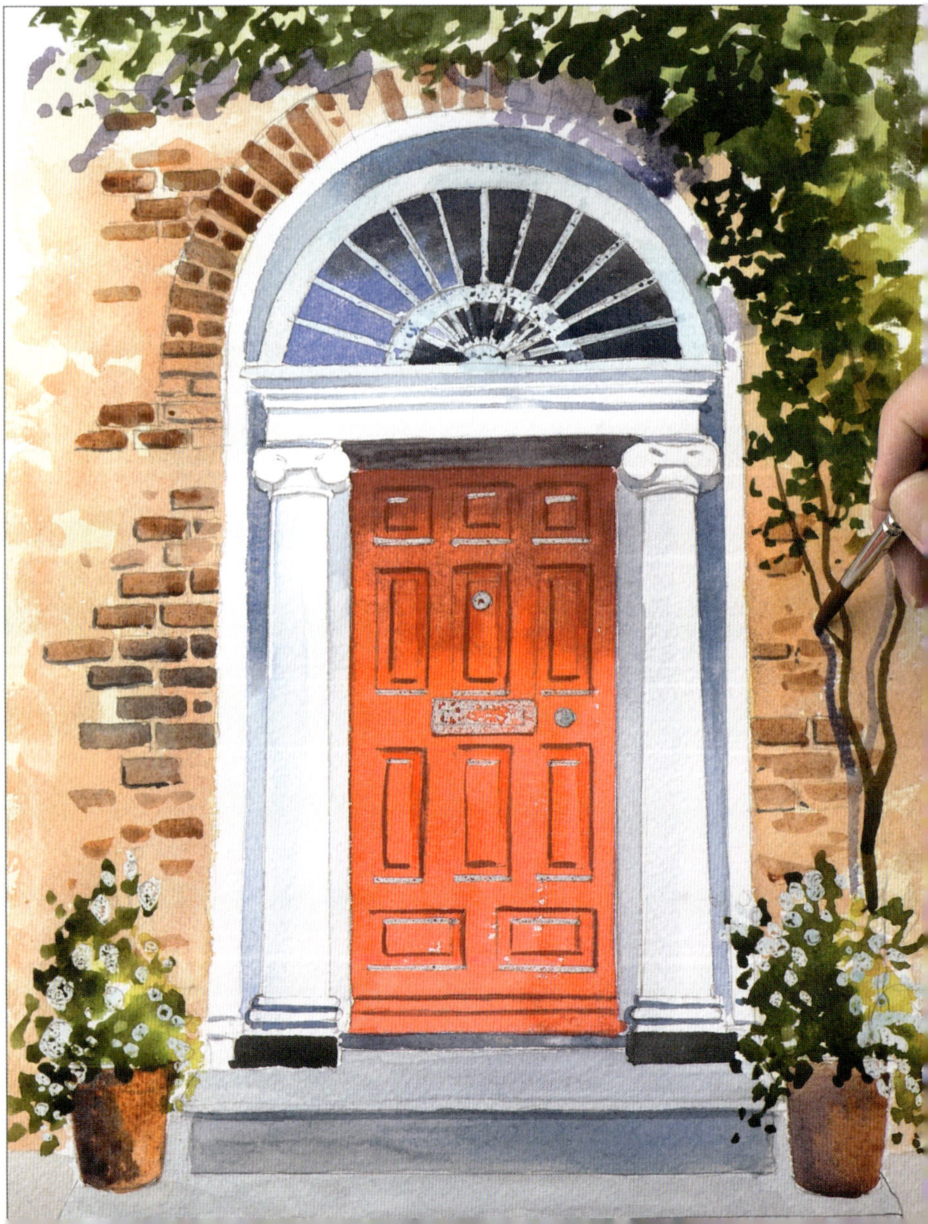

33 Legen Sie mit dem Pinsel Nr. 8 und einer Mischung aus Kobaltblau, Permanent Rosa und einem Hauch von Siena gebrannt einen Schatten unter das Efeu. Verwenden Sie dieselbe Mischung, um den Schatten des Efeustamms zu malen.

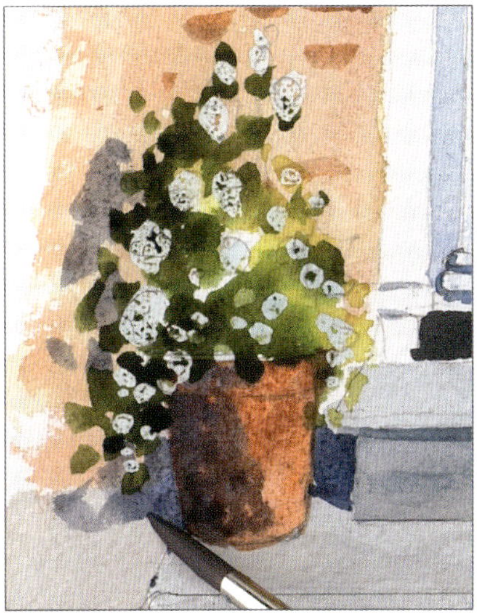

34 Malen Sie wieder mit derselben Mischung die Schatten um die Topfpflanzen. Trocknen lassen.

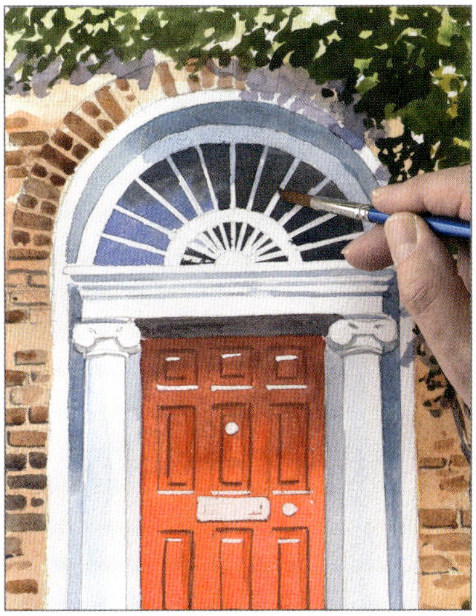

35 Reiben Sie mit sauberen Fingern die Maskierflüssigkeit ab. Schattieren Sie mit dem Pinsel Nr. 8 und Kobaltblau mit Siena gebrannt einige Bereiche des Fensterrahmens.

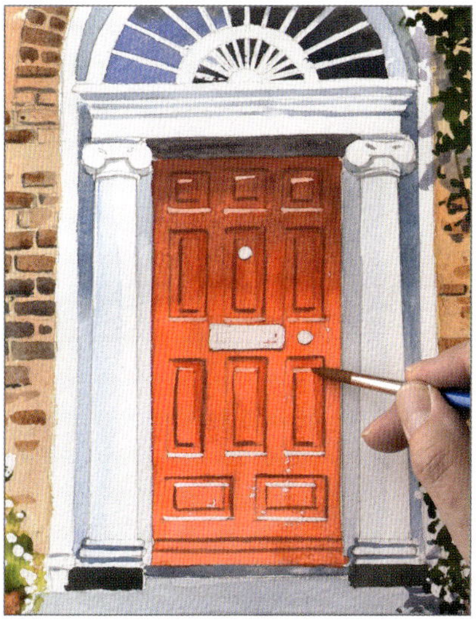

36 Legen Sie eine sehr zarte Lasur von Kadmiumrot über die weißen Bereiche, die durch die Maskierflüssigkeit entstanden sind.

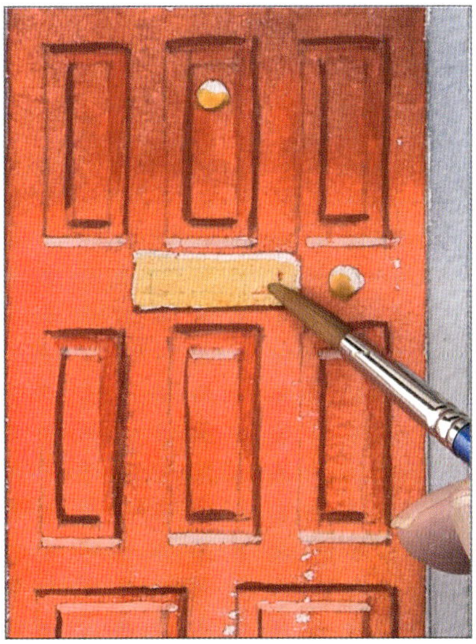

37 Malen Sie die Messing-Türknäufe und den Briefkasten mit Siena natur.

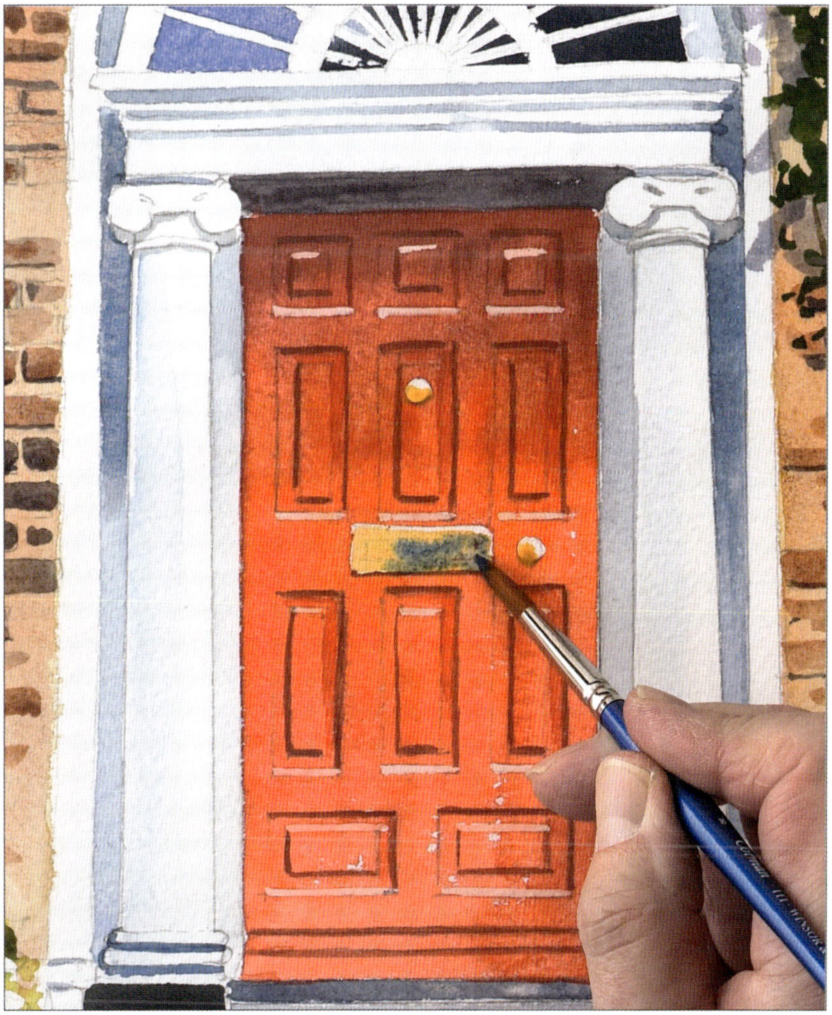

38 Während die Lasur von Siena natur noch nass ist, tropfen Sie Kobaltblau ein.

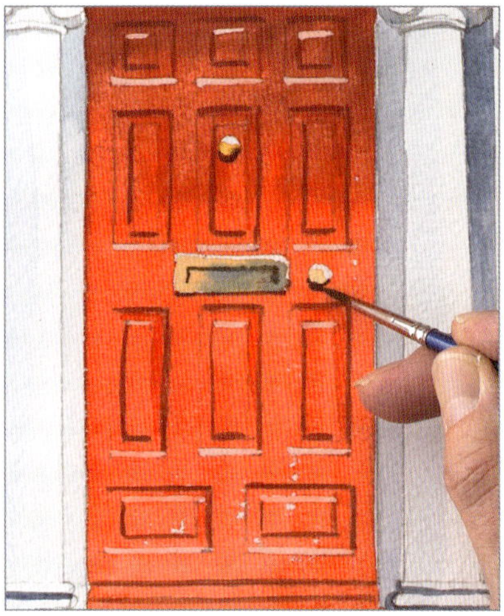

39 Malen Sie die dunklen Details auf den Messing-Türverzierungen mit dem Pinsel Nr. 4 und Ultramarin mit Umbra gebrannt.

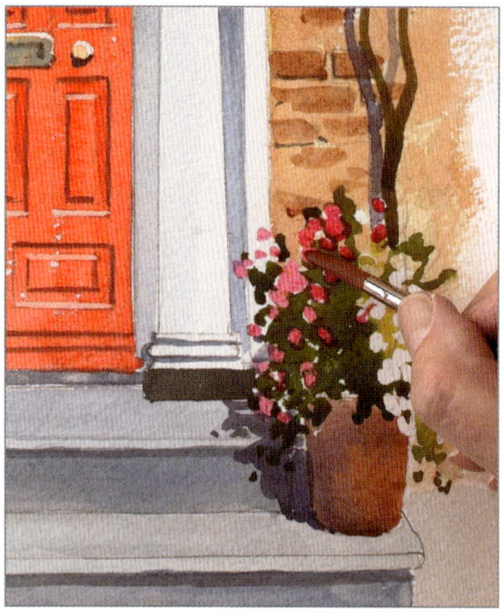

40 Malen Sie die Blumen auf der linken Seite des rechten Topfes mit dem Pinsel Nr. 8 und Permanent Rosa.

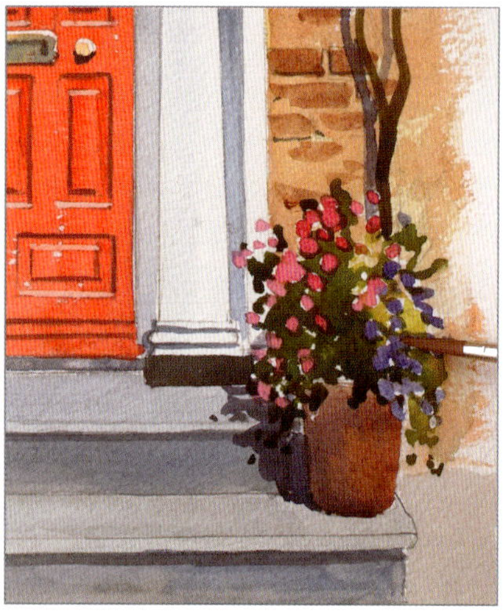

41 Fügen Sie der Mischung Kobaltblau hinzu, um die Blumen auf der rechten Seite zu malen.

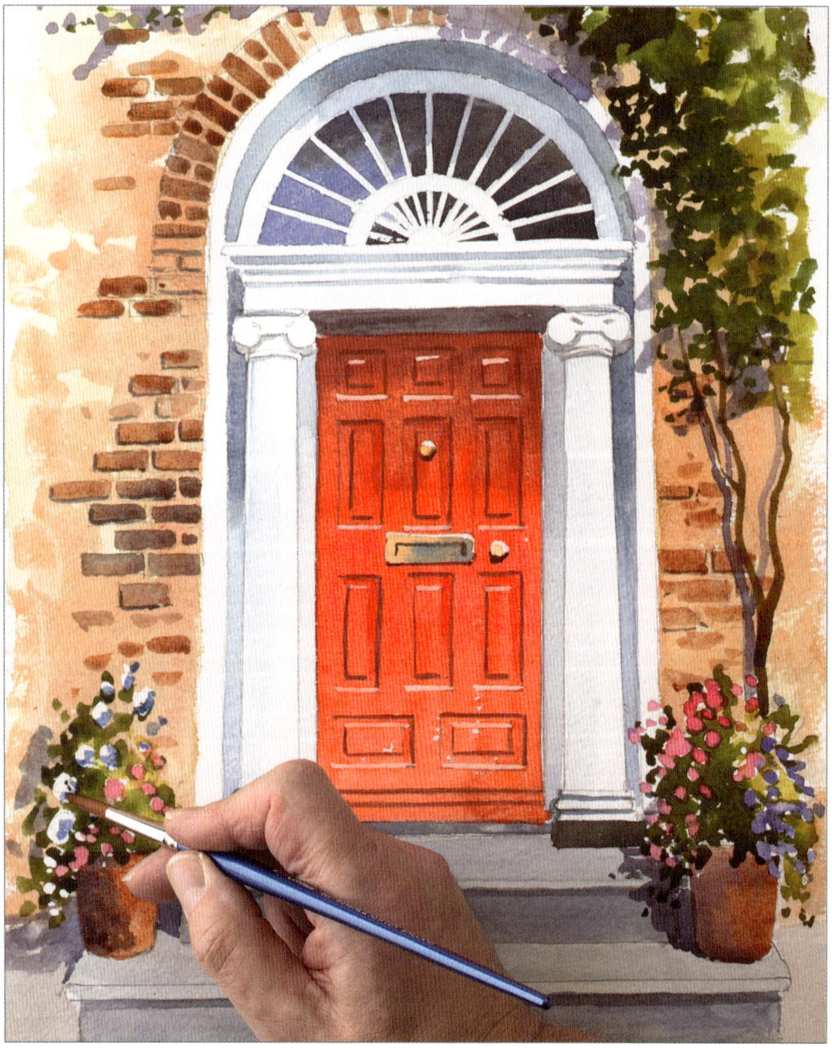

42 Malen Sie einige rosafarbene Blumen in den linken Topf und schattieren Sie dann die weißen Blumen mit einem Spritzer Kobaltblau.

Gegenüber

Das fertige Aquarell.

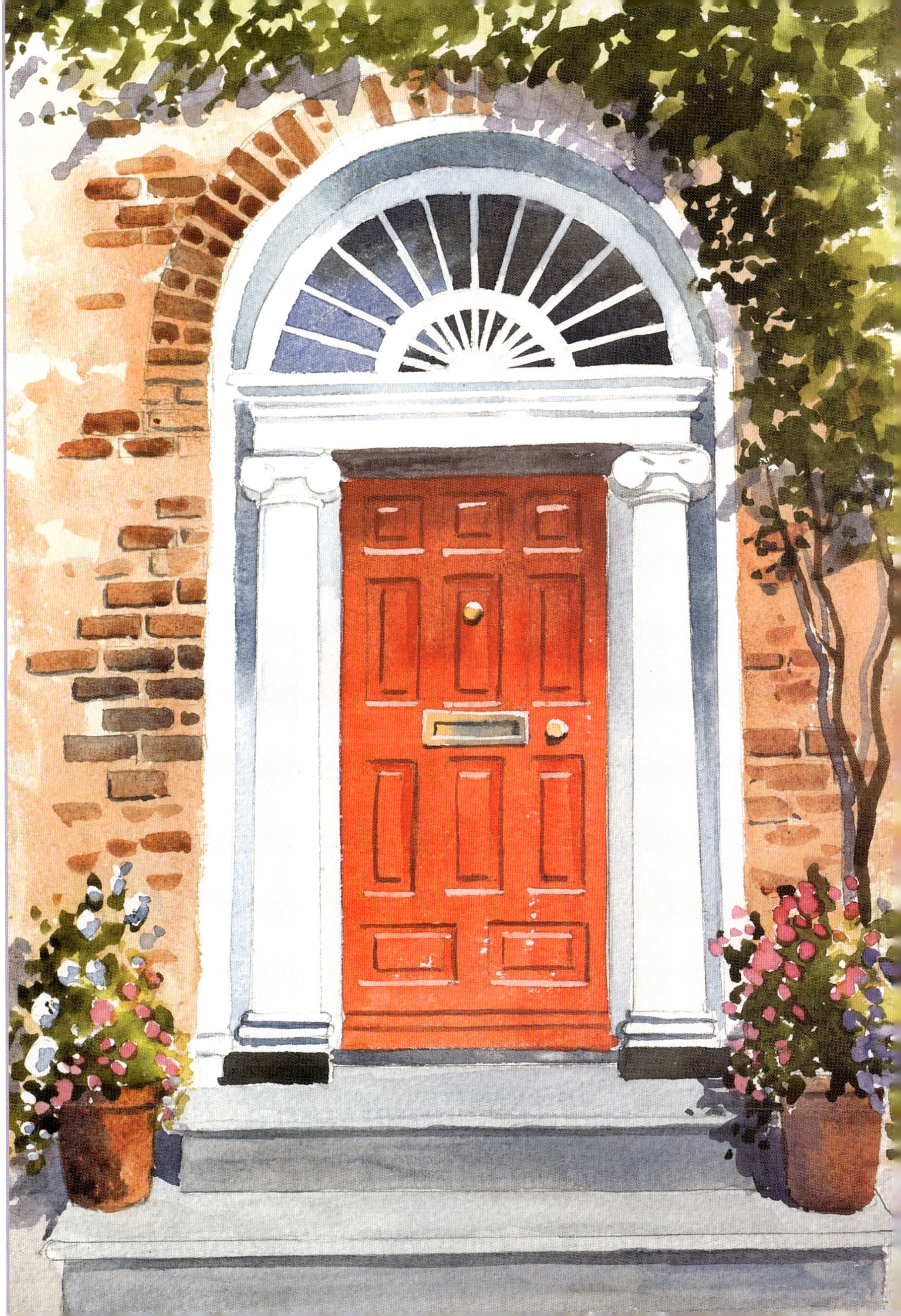

Hühnerstall

VORLAGE 13

Diese beiden baufälligen Scheunen sind ein fabelhaftes Malmotiv. Wenn es sich um einen vorbildlich gepflegten Bauernhof handeln würde, wäre das Motiv langweilig, aber durch das Entfernen einiger Fassadenbretter und das Hinzufügen eines ungleichmäßigen Ziegeldaches sowie einiger Hühner (natürlich nicht wortwörtlich) verleihen wir dem Bild einen gewissen Charakter und Reiz.

MATERIAL

Aquarellpapier, rau, 300 g/m²

Farben: Ultramarinblau, Umbra gebrannt, Siena natur, Siena gebrannt, Ultramarinviolett, Olivgrün, Grüngold, Permanent Saftgrün, Kobaltblau

Mop-Pinsel aus Fehhaar, Rundpinsel Nr. 8 und 12, Schlepperpinsel, Flachpinsel 10 mm

Maskierflüssigkeit, Maskierpinsel und Linierstift

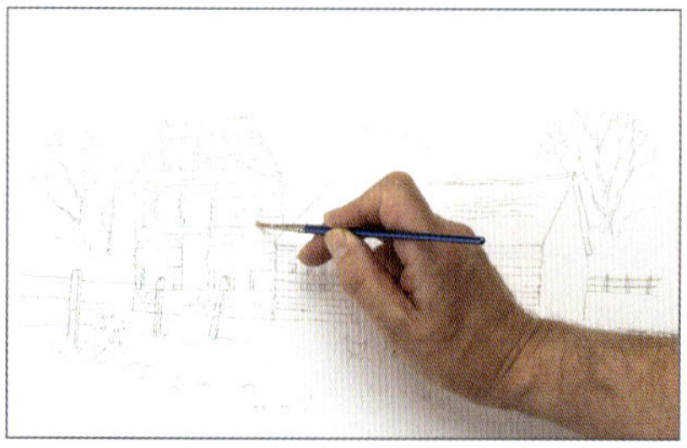

1 Übertragen Sie das Motiv auf das Aquarellpapier. Tragen Sie Maskierflüssigkeit auf die Zaunpfähle, die Blumen und die senkrechten Balken der Scheune auf.

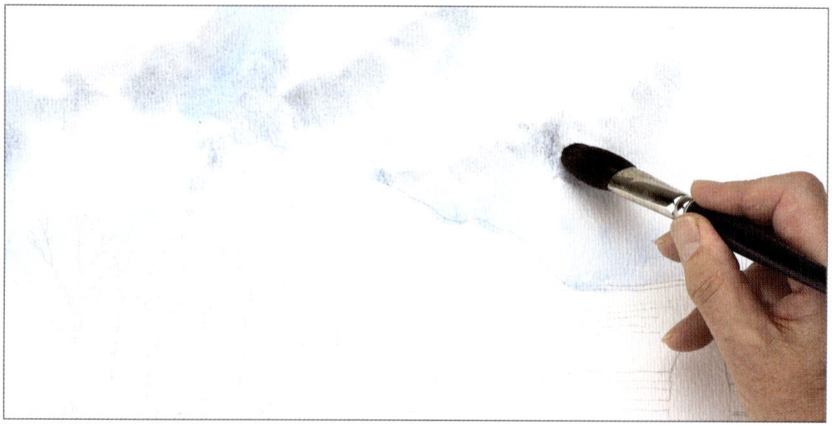

2 Feuchten Sie die Himmelsfläche mit sauberem Wasser und dem Mop-Pinsel aus Fehhaar an. Tragen Sie eine Lasur von Ultramarin auf, und lassen Sie dabei weißes Papier für die Wolken frei. Geben Sie nass in nass eine Mischung aus Ultramarin und Umbra gebrannt hinein.

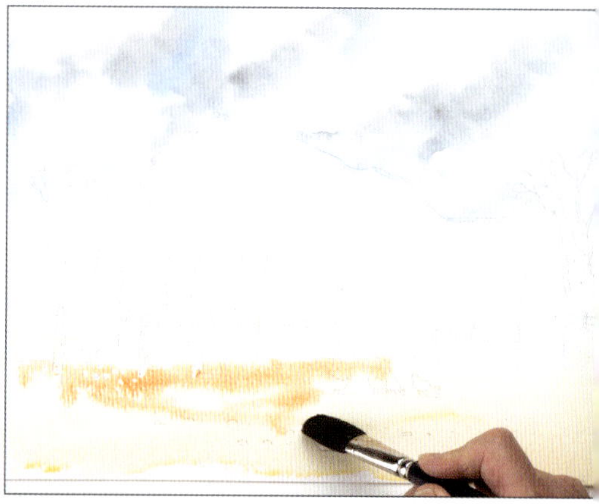

3 Malen Sie den Vordergrund mit sauberem Wasser, und legen Sie dann mit Siena natur eine Lasur darüber. Tropfen Sie Siena gebrannt hinein.

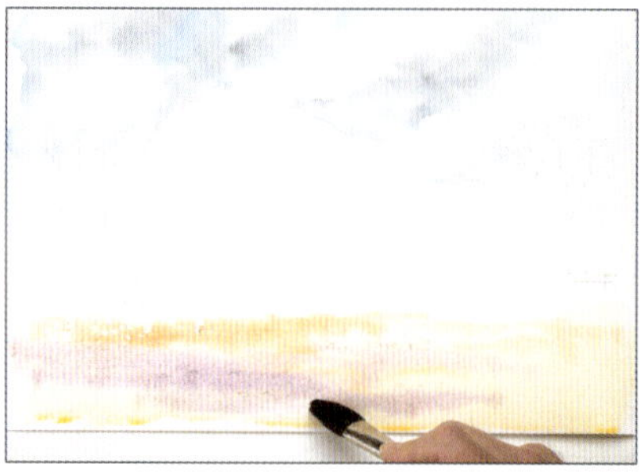

4 Während die vorhergehenden Lasuren nur nass sind, fügen Sie am unteren Bildrand Ultramarinviolett hinzu.

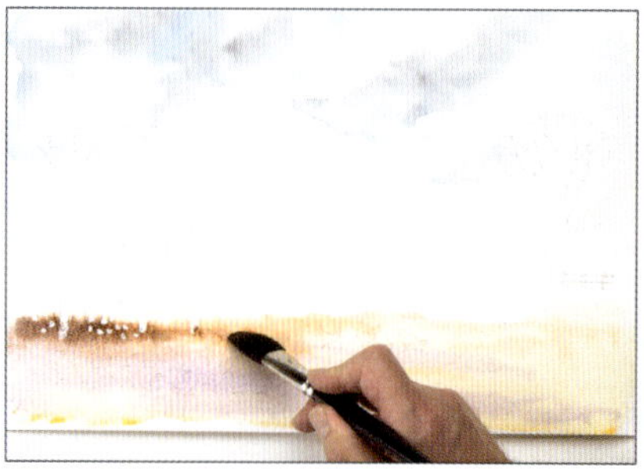

5 Mischen Sie Ultramarinviolett mit Umbra gebrannt, und ziehen Sie diese Mischung nass in nass an der Unterseite der Zaunpfähle entlang.

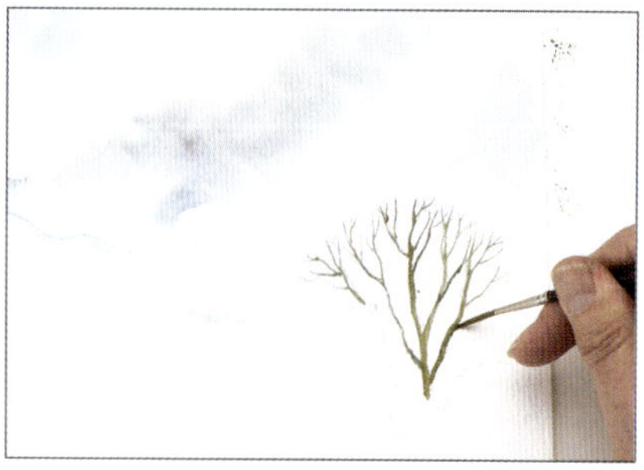

6 Malen Sie die Bäume mit dem Schlepperpinsel und einer Mischung aus Olivgrün und Umbra gebrannt.

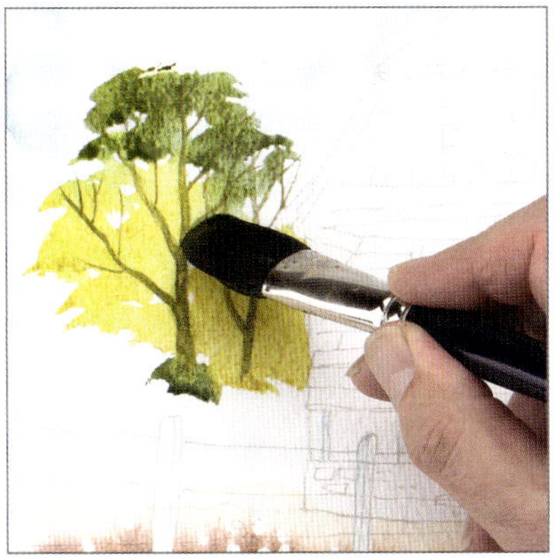

7 Mischen Sie Grüngold und Siena natur, und malen Sie eine Hintergrundlasur über die Bäume auf der linken Seite. Geben Sie nass in nass ein dunkleres Grün aus Olivgrün und Umbra gebrannt dazu.

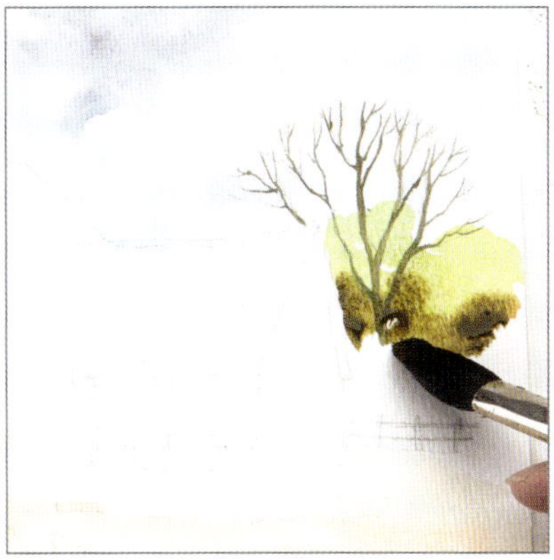

8 Tragen Sie auf der rechten Seite der Scheune zuerst Grüngold auf, und tropfen Sie dann weiter unten Permanent Saftgrün gemischt mit Siena gebrannt hinein.

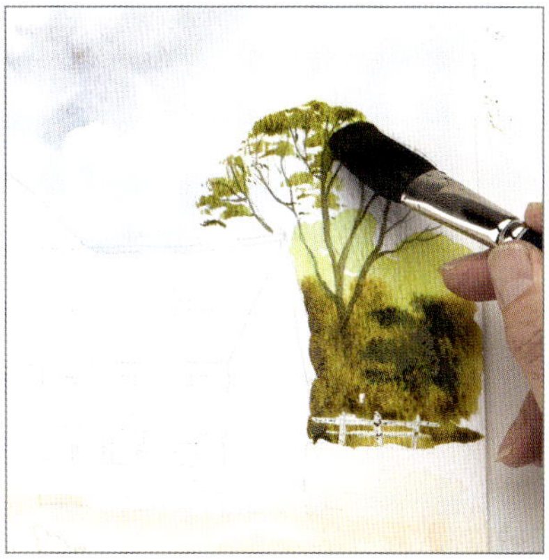

9 Tupfen Sie mit einer Mischung aus Permanent Saftgrün und Siena gebrannt das Laub in die Spitze des Baumes auf der rechten Seite.

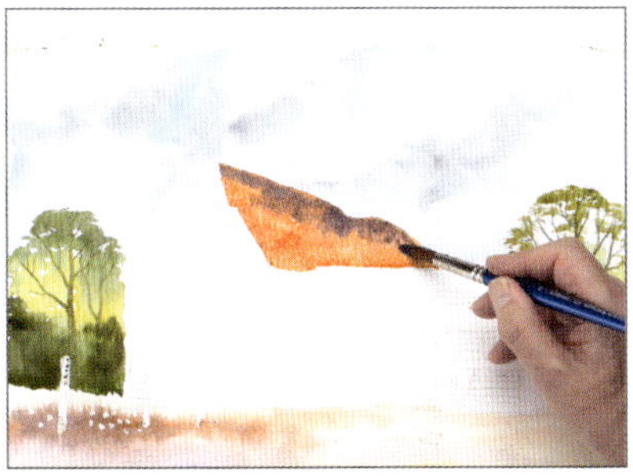

10 Malen Sie das Dach der Scheune mit dem Rundpinsel Nr. 12 und Siena gebrannt. Während dies noch nass ist, tropfen Sie oben Ultramarinviolett ein und lassen es in die erste Farbe verlaufen.

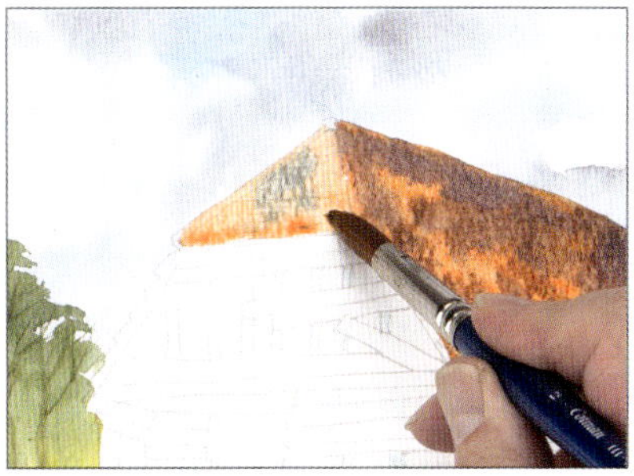

11 Malen Sie ein helle Lasur von Siena gebrannt auf den gewalmten Teil des Daches, und geben Sie etwas Kobaltblau hinein, um eine Struktur zu erzeugen. Trocknen lassen.

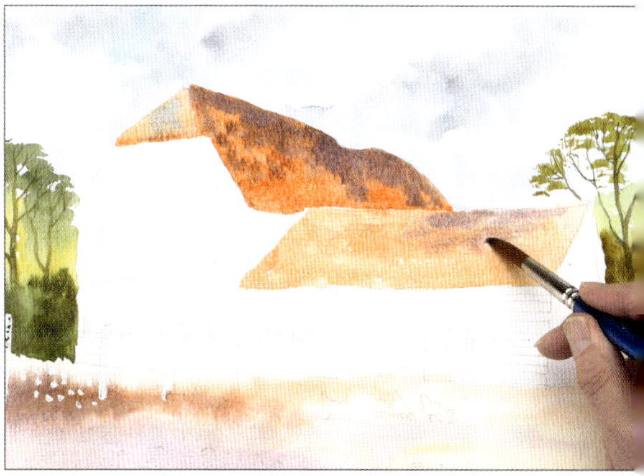

12 Legen Sie eine zarte Lasur von Siena gebrannt auf das Dach der kleinen Scheune, und tupfen dann Ultramarinviolett hinein.

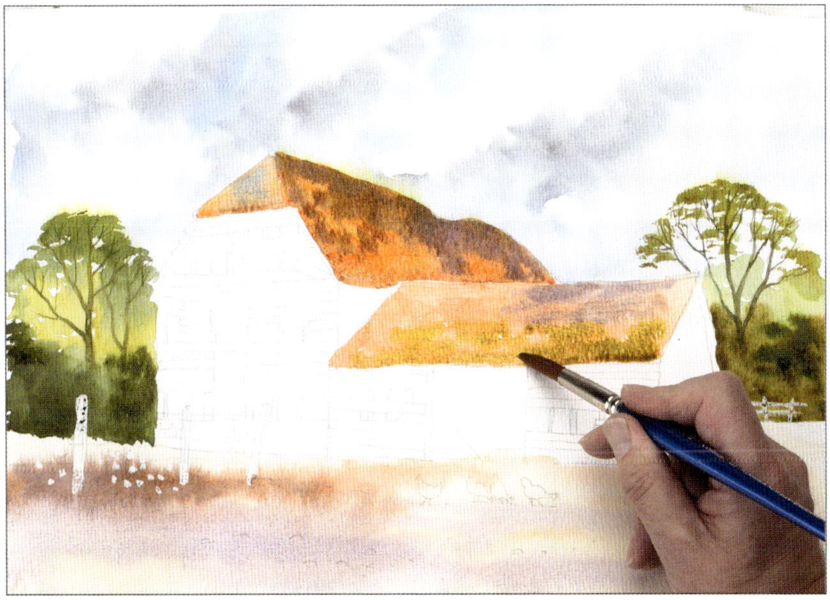

13 Geben Sie am unteren Ende des Daches Grüngold nass in nass dazu.

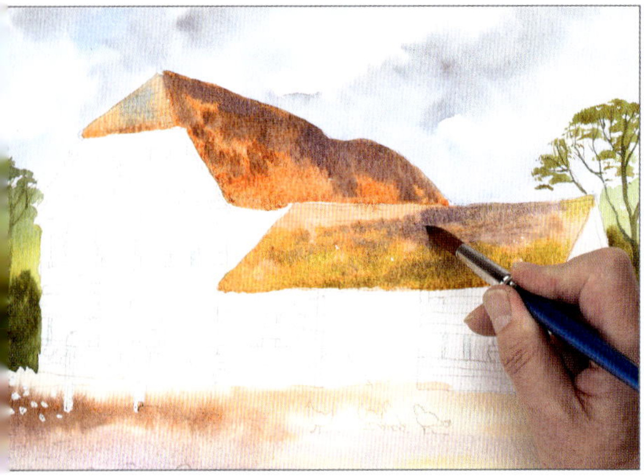

14 Tropfen Sie nass in nass mehr Ultramarinviolett ein.

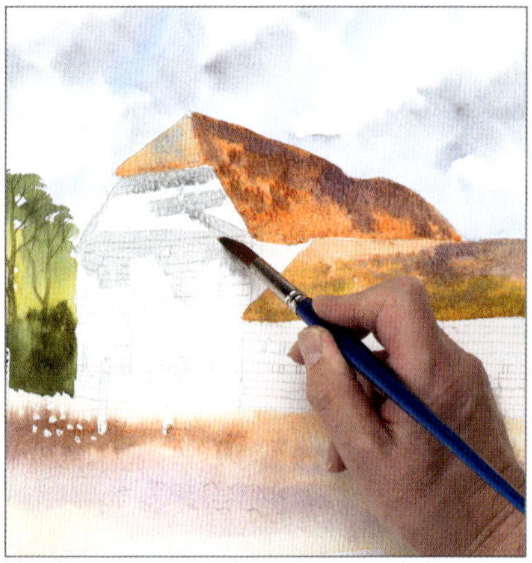

15 Malen Sie die Vorderseite der Scheune mit einer hellen Mischung aus Kobaltblau und Umbra gebrannt.

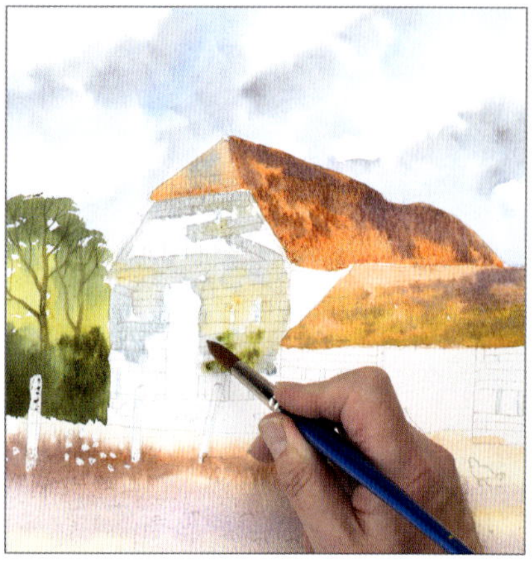

16 Während dies noch nass ist, tupfen Sie erst Siena natur, dann Grüngold hinein.

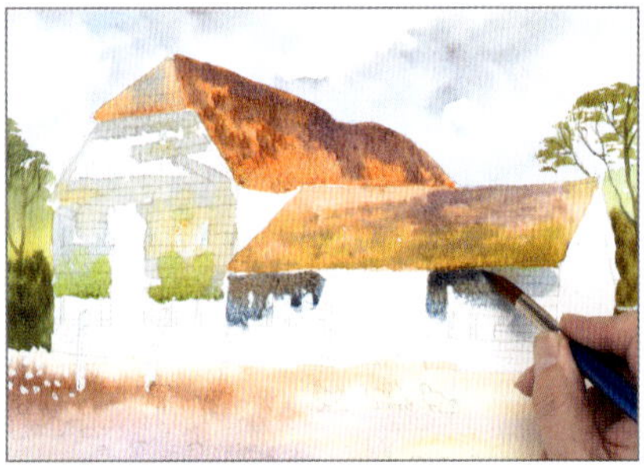

17 Malen Sie die zweite Scheune mit Kobaltblau und Umbra gebrannt, dann tragen Sie eine kräftigere Mischung derselben Farben auf.

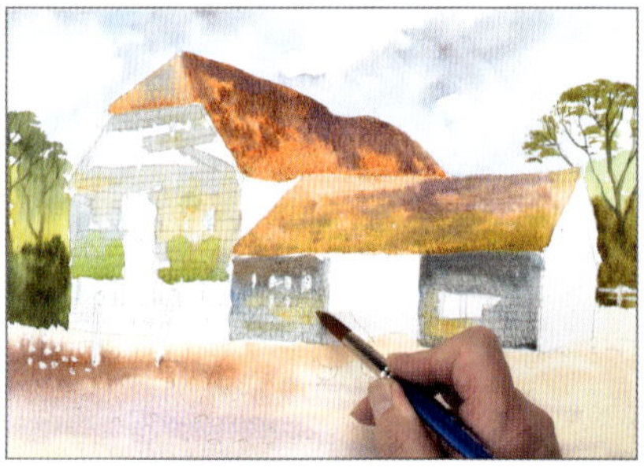

18 Ziehen Sie die Farben nach unten bis zum Sockel der Scheune, und geben Sie Siena natur hinzu, um eine Struktur zu schaffen.

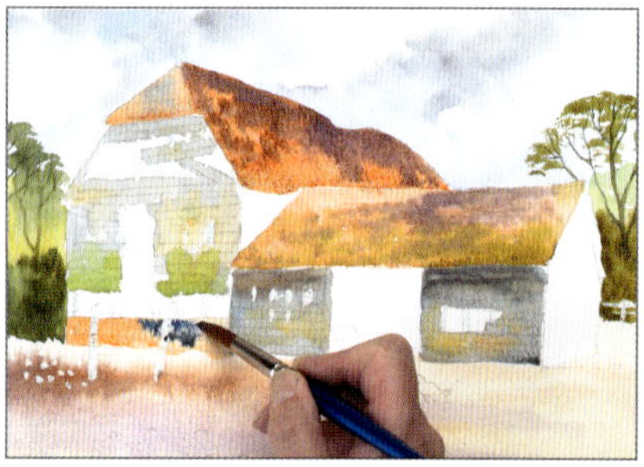

19 Malen Sie den Ziegelsockel der größeren Scheune mit Siena gebrannt, und geben Sie dann Kobaltblau hinein. Trocknen lassen.

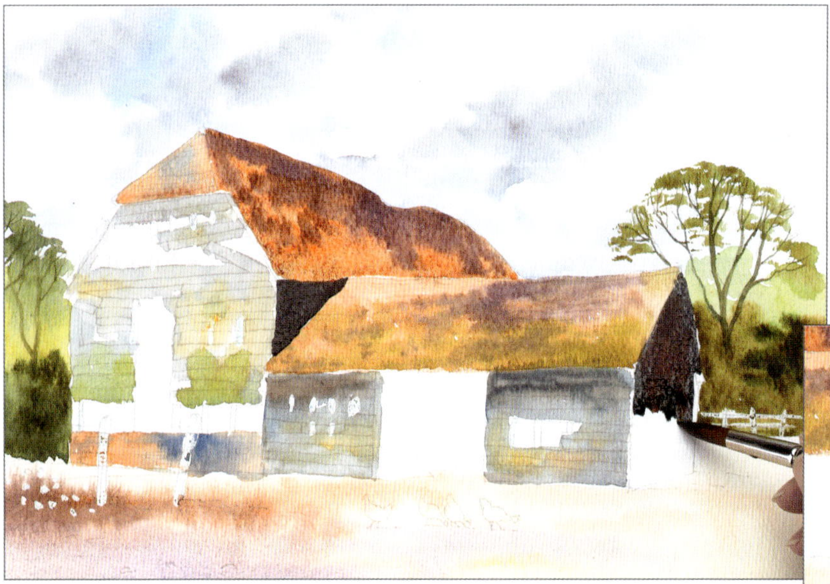

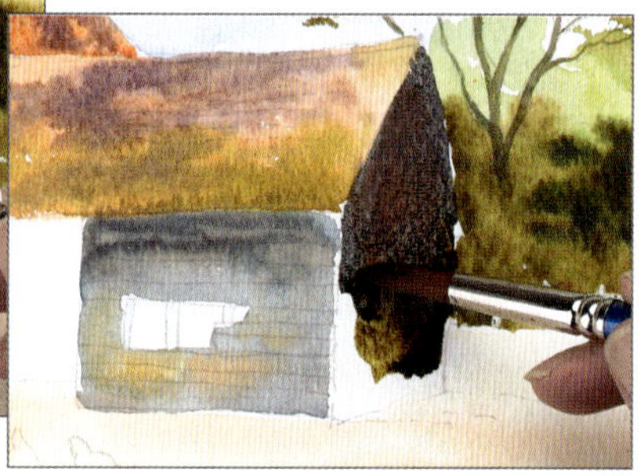

20 Malen Sie eine dunkle Mischung aus Ultramarin und Umbra gebrannt auf die Seitenwand der großen Scheune und die obere Giebelseite der kleineren Scheune. Fügen Sie Grüngold zu der Mischung hinzu, und stellen Sie die Abschlusswand nach unten hin fertig.

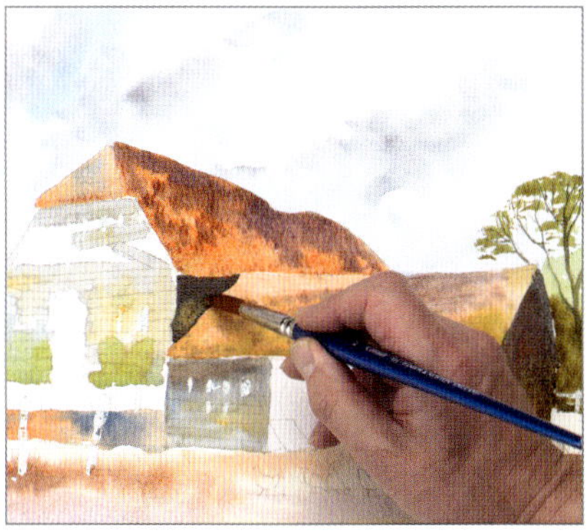

21 Solange die Farbe noch nass ist, geben Sie Siena natur in das dunkle Dreieck der ersten Scheune, um es aufzuhellen und um ihm Struktur zu geben.

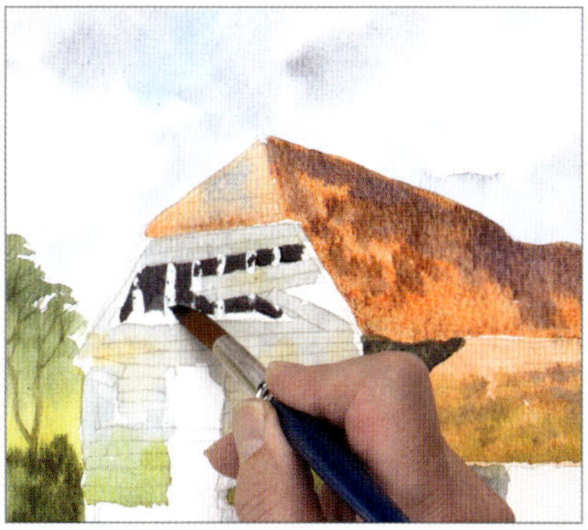

22 Malen Sie mit Ultramarin und Umbra gebrannt die dunklen Stellen, an denen die Holzverschalung beschädigt ist. Übermalen Sie die maskierten vertikalen Balken.

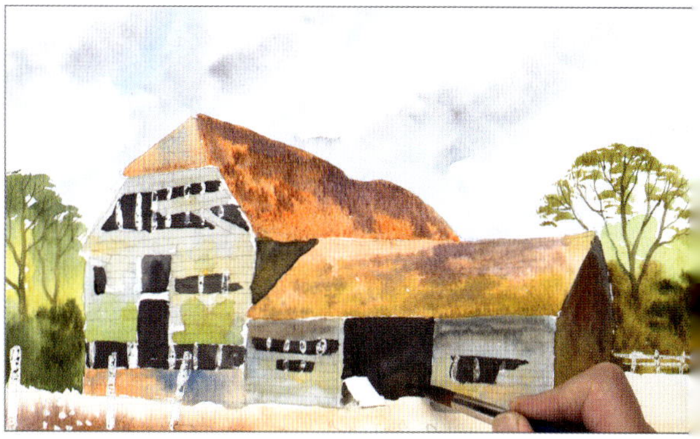

23 Malen Sie die dunklen Innenräume der beiden Scheunen mit derselben Mischung. Trocknen lassen.

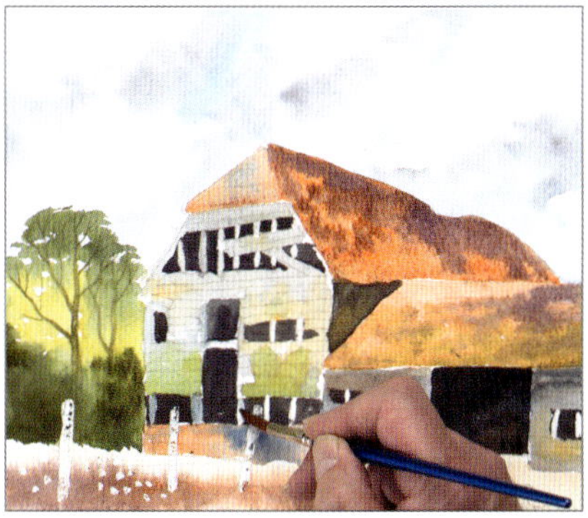

24 Entfernen Sie die Maskierflüssigkeit. Malen Sie die Holzteile mit einer sehr hellen Lasur von Kobaltblau und Umbra gebrannt.

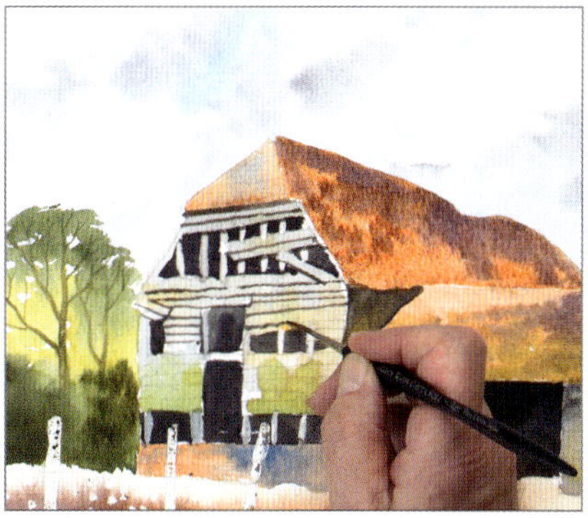

25 Malen Sie die Details der Holzteile an der Hauptscheune mit dem Schlepper sowie Umbra gebrannt mit Ultramarin.

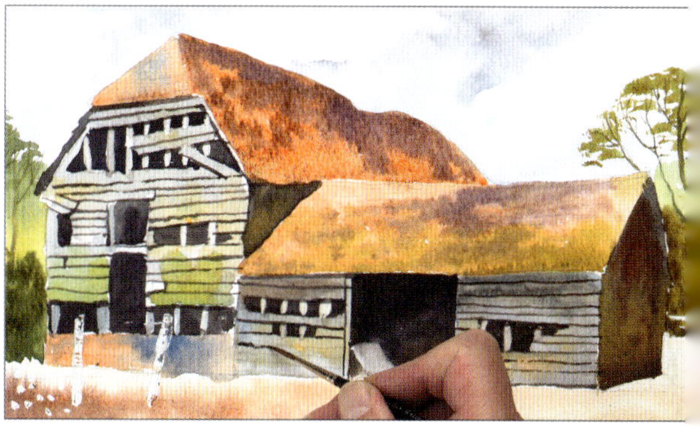

26 Malen Sie die Details der rechten Scheune auf dieselbe Weise.

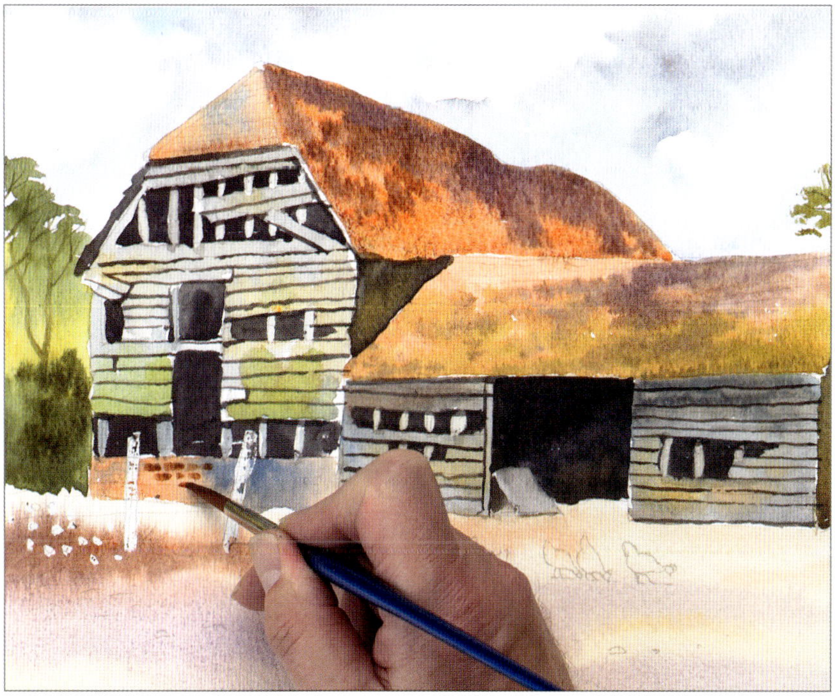

27 Wechseln Sie zum Rundpinsel Nr. 8 und deuten Sie mit einer Mischung aus Siena gebrannt und Umbra gebrannt das Mauerwerk am Sockel der großen Scheune an.

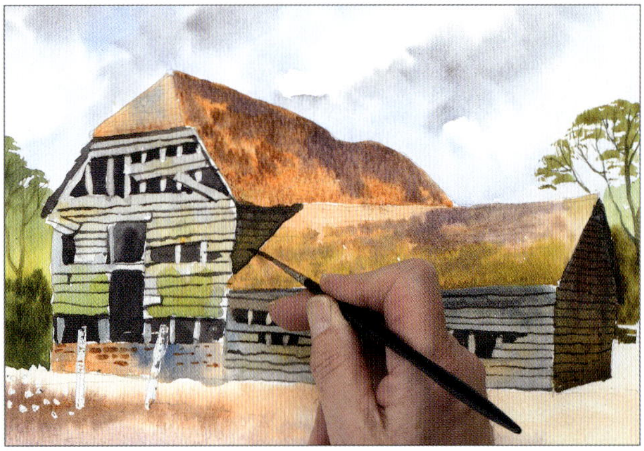

28 Malen Sie mit dem Schlepper und derselben Mischung aus Siena gebrannt und Umbra gebrannt die Holzverschalung am Ende der zweiten Scheune und an der Seite der großen Scheune.

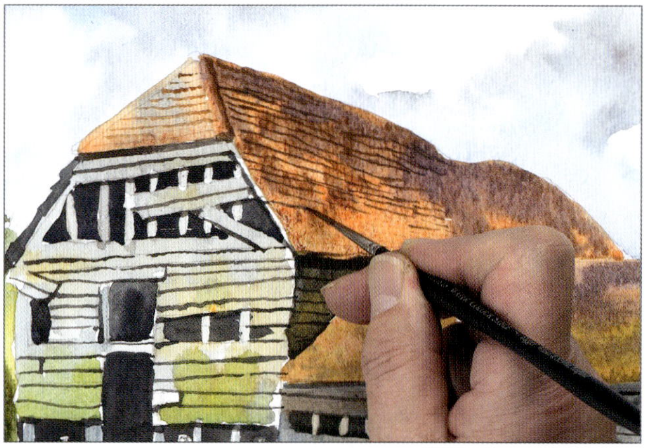

29 Arbeiten Sie weiter mit demselben Pinsel und derselben Mischung, und deuten Sie damit die Ziegel auf dem Dach der großen Scheune an.

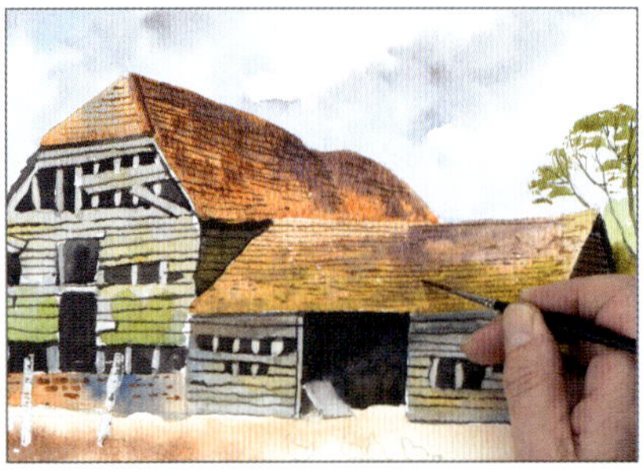

30 Fahren Sie fort, indem Sie die Details auf dem Dach der zweiten Scheune malen.

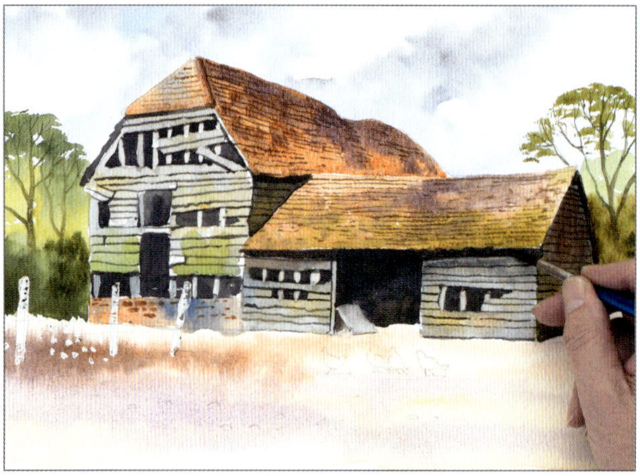

31 Malen Sie mit dem Rundpinsel Nr. 8 und einer Mischung aus Ultramarin und Umbra gebrannt einen dunklen Schatten unter den Dachvorsprung.

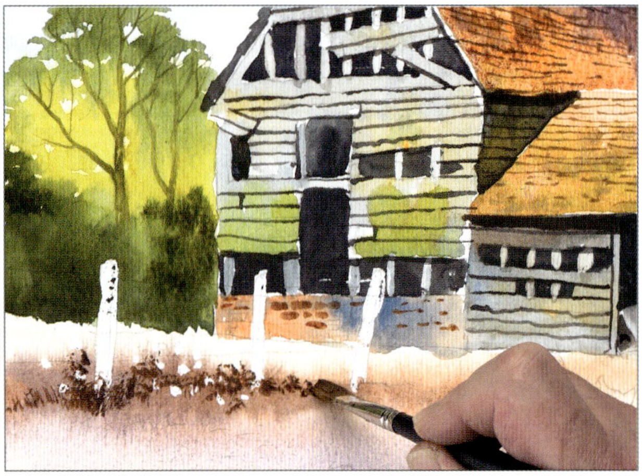

32 Nehmen Sie mit dem 10 mm-Flachpinsel trockenes Umbra gebrannt auf. Schnicken und tupfen Sie dieses entlang der Zaunlinie.

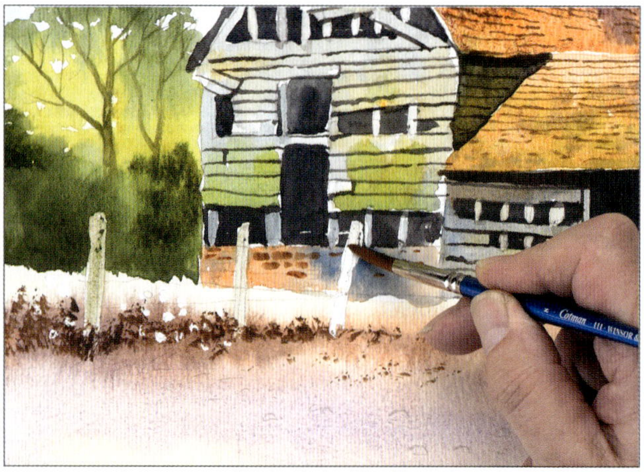

33 Malen Sie die Zaunpfähle mit dem Rundpinsel Nr. 8 und einer zarten Lasur von Olivgrün und Umbra gebrannt. Trocknen lassen.

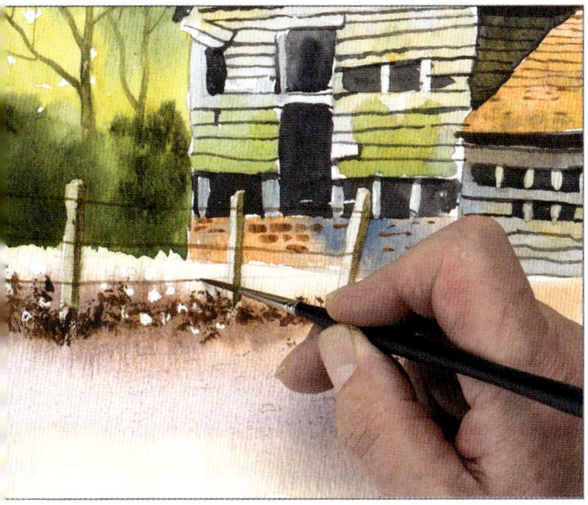

34 Malen Sie mit dem Schlepper eine intensivere Mischung derselben Farben auf die Schattenseiten der Zaunpfähle. Ziehen Sie die Drähte.

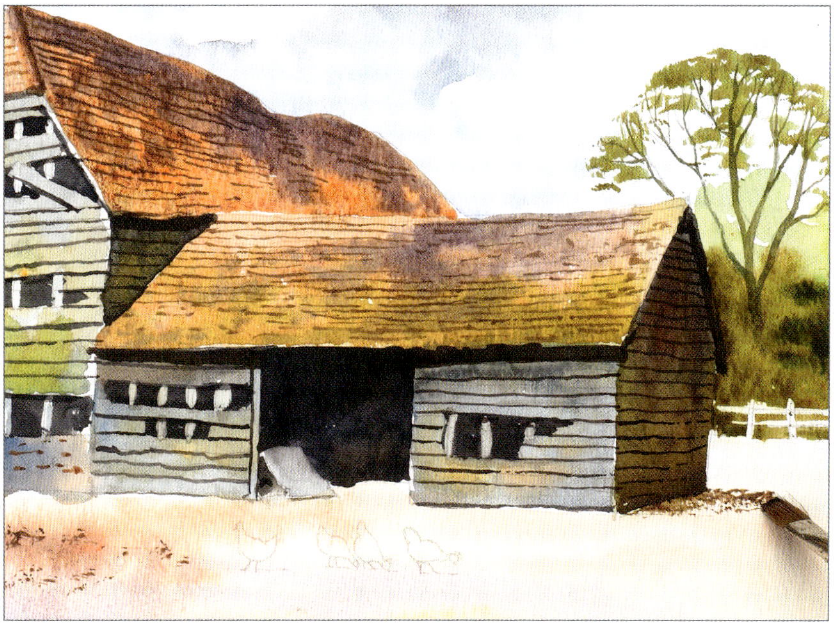

35 Tupfen Sie mit dem 10 mm-Flachpinsel sowie Umbra gebrannt und Olivgrün einen dunklen Schatten an den Fuß der rechten Scheune.

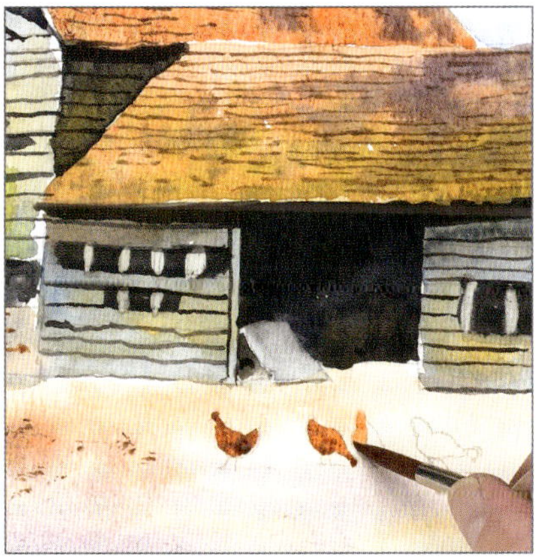

36 Malen Sie mit Siena gebrannt und dem Pinsel Nr. 8 die Hühner.

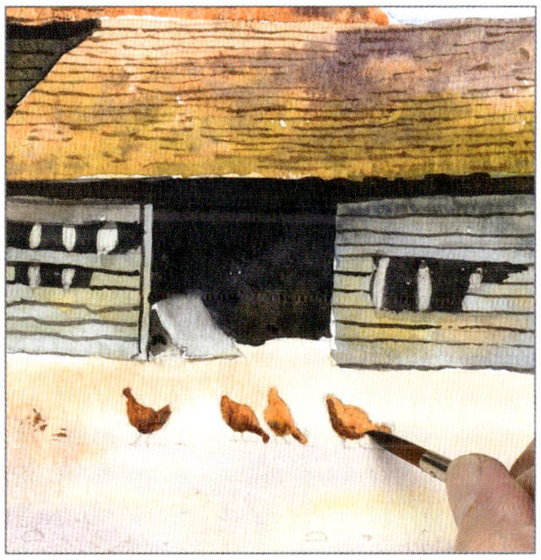

37 Fügen Sie dem Siena gebrannt Umbra gebrannt hinzu, und malen Sie damit die beschatteten Teile der Hühner.

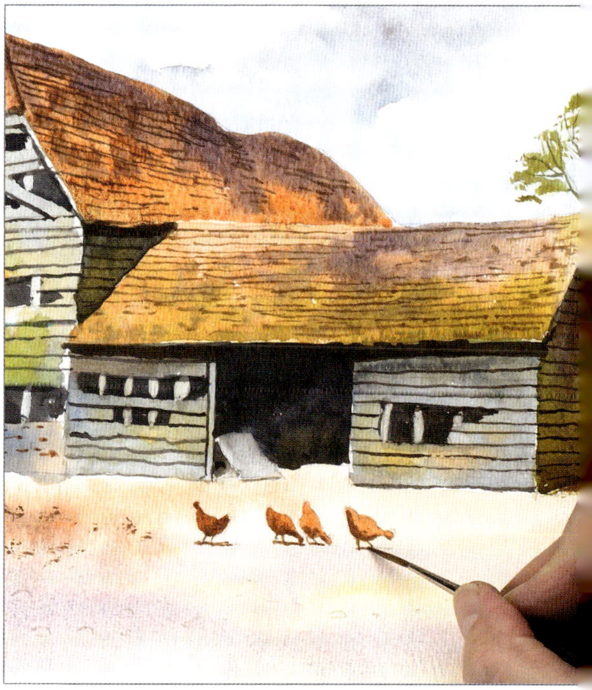

38 Malen Sie mit dem Schlepper und derselben Mischung die Beine und den Schatten unter die Hühner.

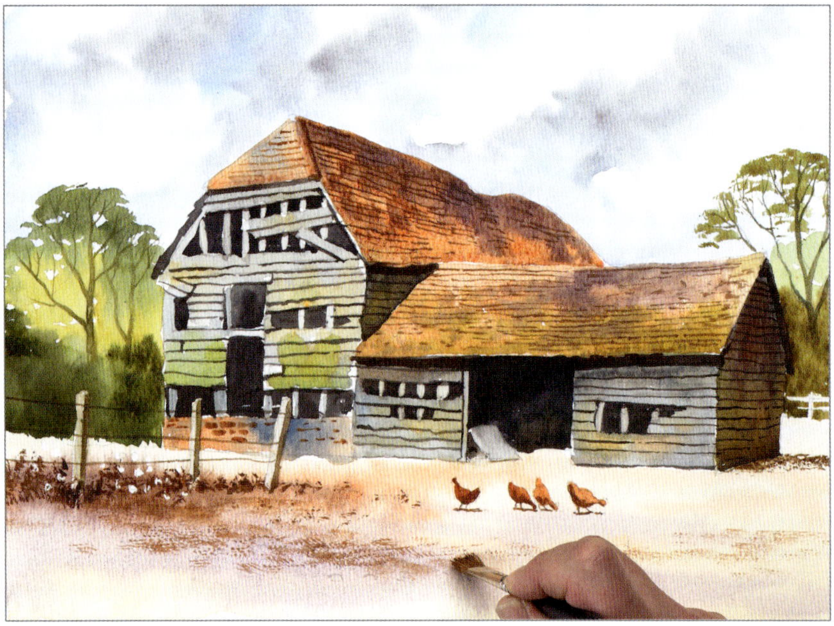

39 Tupfen Sie mit dem 10 mm-Flachpinsel und Umbra gebrannt die Textur im Vordergrund.

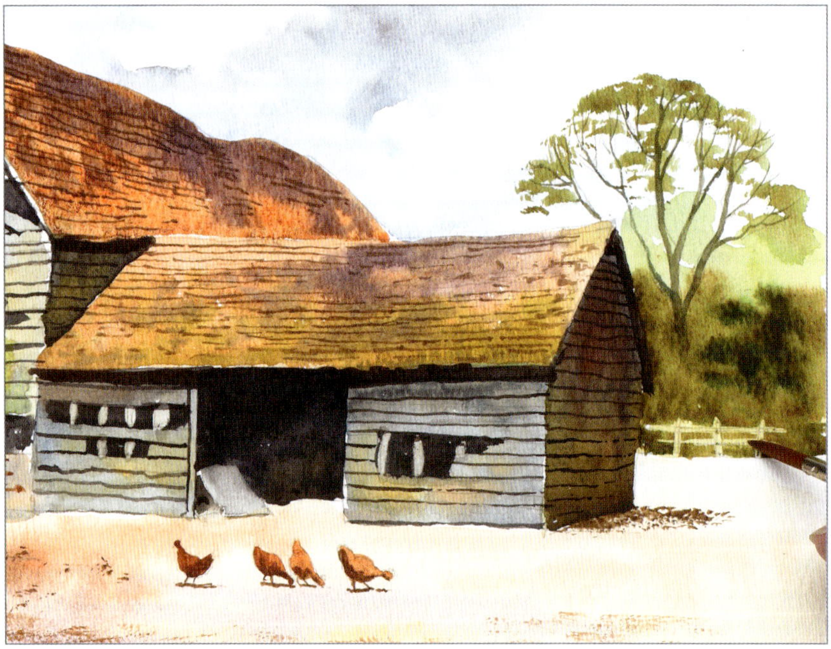

40 Malen Sie den Zaun im Hintergrund mit dem Pinsel Nr. 8 und einer hellen Mischung aus Umbra gebrannt und Grüngold.

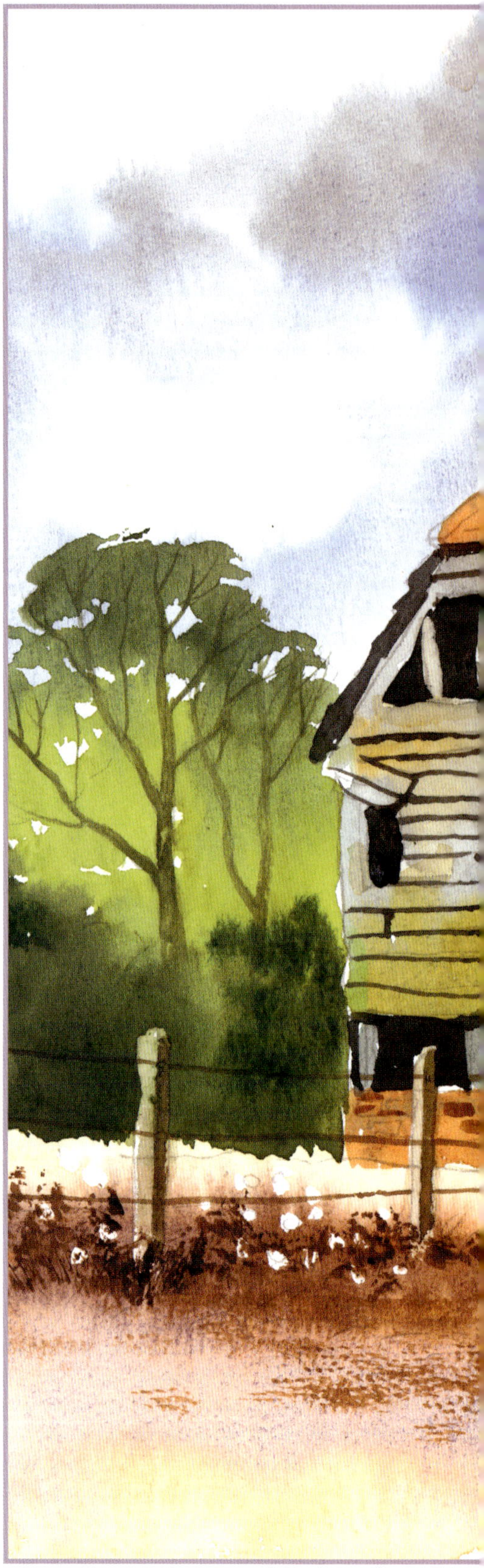

Das fertige Aquarell.

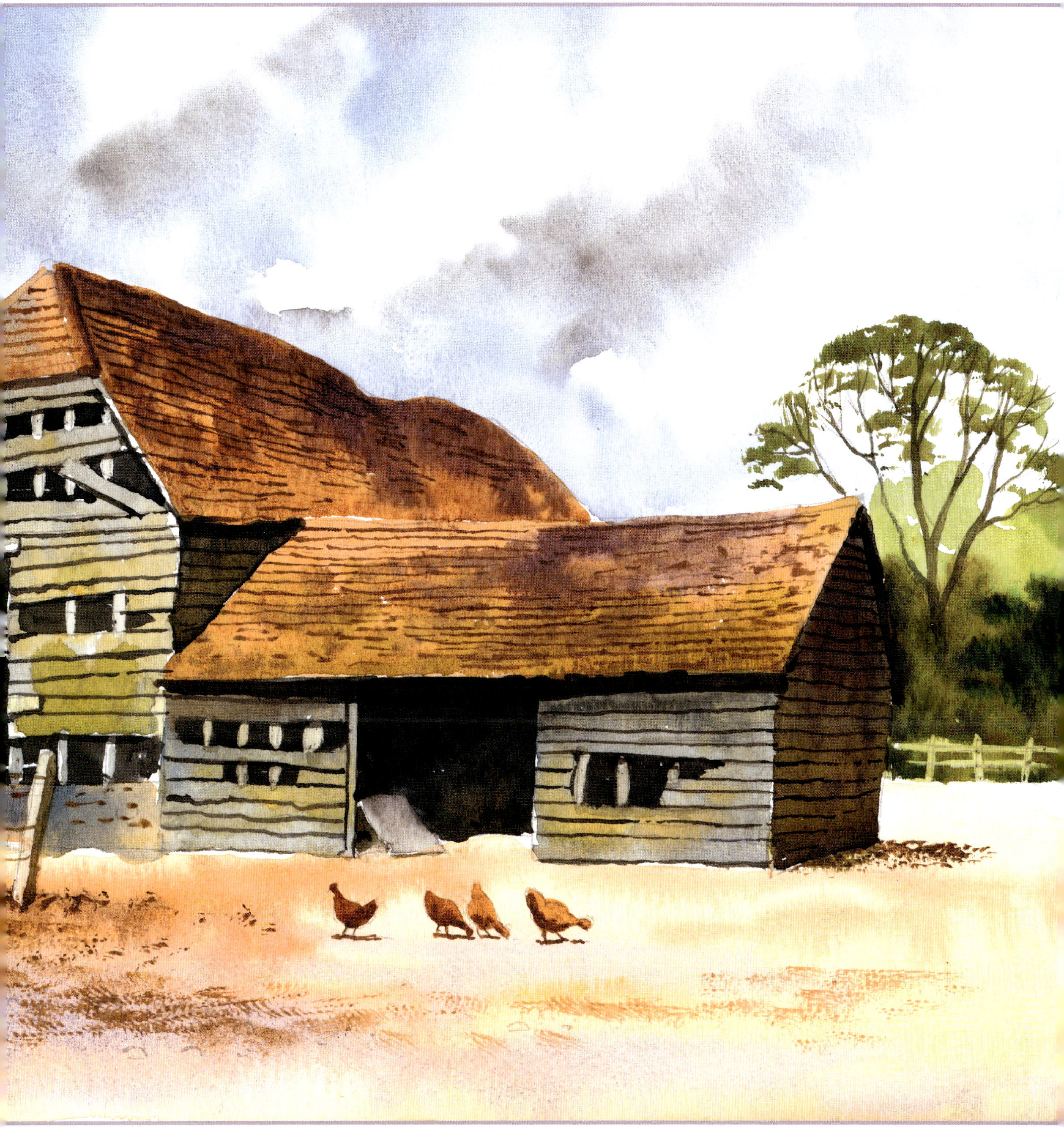

Meeresland-schaften

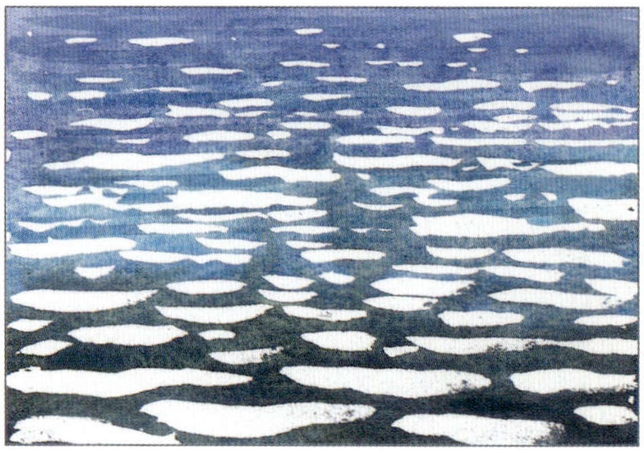

Diese beiden Meereslandschaften zeigen, wie man Brandung mit Maskierflüssigkeit abdeckt und dann das Meer mit horizontalen Strichen in verschiedenen Blau- und Grüntönen gestaltet. Wellen lassen sich auf verschiedene Arten malen: mit Maskierflüssigkeit abgedeckt, durch vorsichtige Pinselführung ausgespart oder nass auf trocken gemalt. Schaumige Brandung entsteht durch einen blassblauen Schatten unterhalb des ausgesparten Papierweiß. Sie werden lernen, wie man die verschiedenen Farben und Texturen von Klippen gestaltet, Tiefenwirkung erzielt und überzeugende Felsen und Strände malt.

Wellen mit Maskierflüssigkeit

Das Sonnenlicht auf dem Wasser wird mit Maskierflüssigkeit eingefangen. Die Kräuselungen in der Ferne werden zunächst mit kleinen horizontalen Pinselstrichen gemalt. Zum Vordergrund hin werden diese breiter und größer.

Felsen mit Plastikkarten

Die Oberfläche des Papiers sorgt für den Struktureffekt, daher ist es wichtig, das richtige Papier auszuwählen. Nehmen Sie raues Papier für diese Technik.

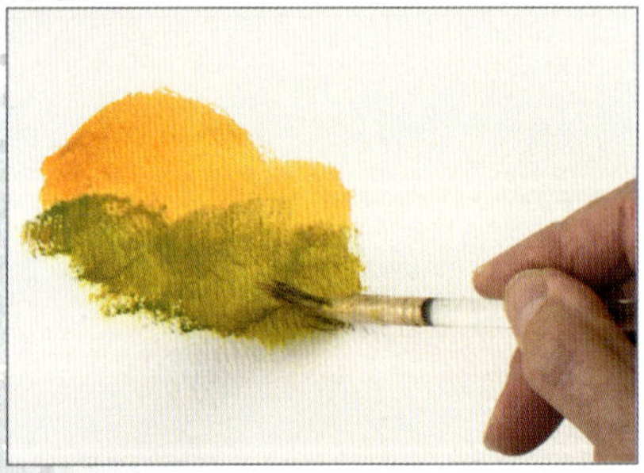

1 Nehmen Sie einen Pinsel mit festen Haaren, z. B. den Fächerpinsel, und tragen Sie zunächst die hellste Farbe, Siena natur, auf. Mischen Sie die Farbe sehr dickflüssig an. Fügen Sie Olivgrün für Moos hinzu.

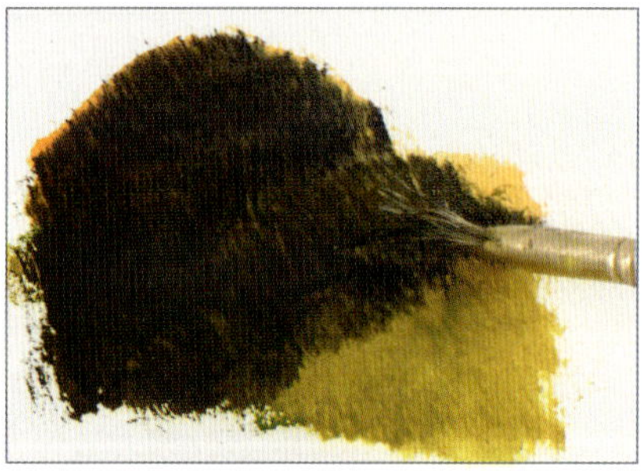

2 Malen Sie eine dickflüssige Mischung aus Ultramarin und Umbra gebrannt darüber.

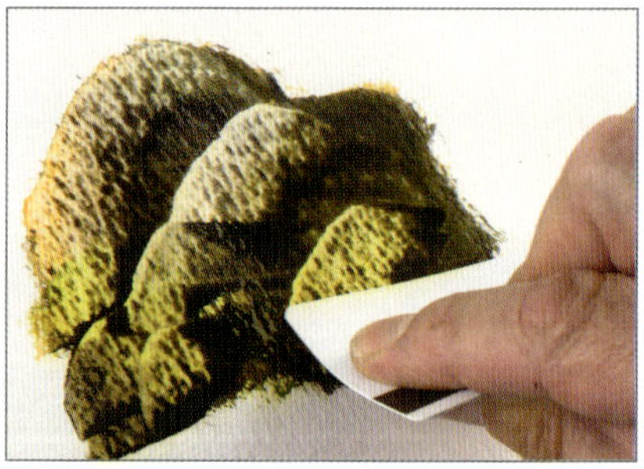

3 Kratzen Sie mit einer alten Kredit- oder einer anderen Plastikkarte über die Oberfläche, um Farbe zu entfernen und Felsen zu formen. Beginnen Sie mit den am weitesten entfernten Felsen und arbeiten Sie sich nach vorne vor.

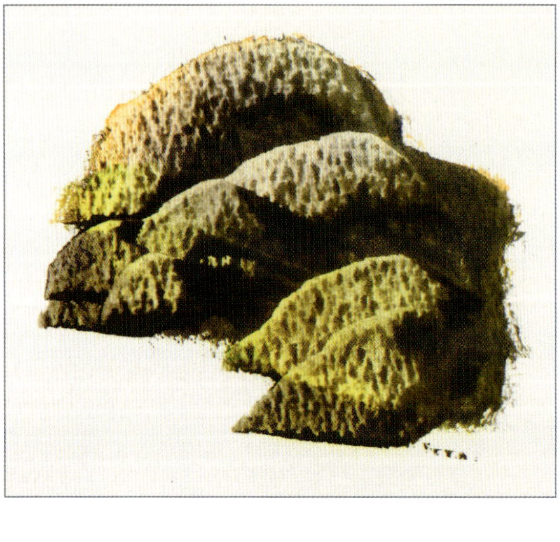

Die fertigen Felsen.

Klippen mit Plastikkarten

Für die besten Ergebnisse beim Malen von Klippen sollten Sie raues Papier verwenden. Außerdem sollte die Farbe nicht zu nass sein. Kratzen Sie die Farbe mit einer kurzen, abrupten Abwärtsbewegung der Plastikkarte ab.

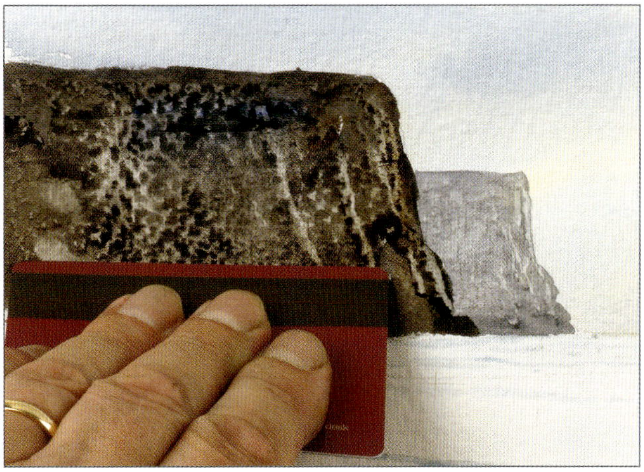

1 Zeichnen Sie das Motiv, und maskieren Sie die Brandung am Fuß der Klippen mit einem Pinsel und Maskierflüssigkeit. Feuchten Sie den Himmel mit dem Effektpinsel an, und bemalen Sie ihn dann mit Siena natur. Malen Sie die Wolken nass in nass mit Ultramarin. Trocknen lassen. Malen Sie die entfernte Klippe mit dem Pinsel Nr. 12 und einer hellen Mischung aus Ultramarin und Umbra gebrannt. Kratzen Sie dann mit einer Plastikkarte Struktur heraus. Malen Sie die nahe Klippe mit einer kräftigeren Mischung, und kratzen Sie dann ebenfalls mit einer Karte die Textur heraus.

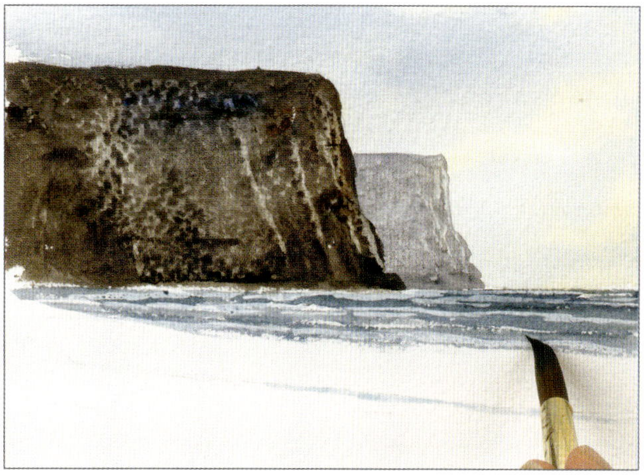

2 Malen Sie das Meer mit einer Mischung aus Ultramarin und Hookersgrün. Führen Sie dabei den Pinsel von einer Seite zur anderen.

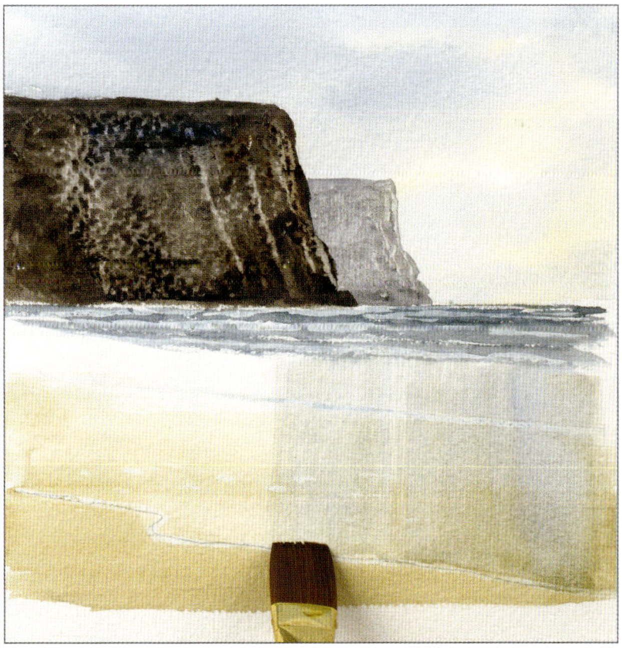

3 Legen Sie den Strand im Vordergrund mit Siena natur und ein wenig Siena gebrannt an. Feuchten Sie den Bereich zwischen diesem Strandabschnitt und dem Meer an, und deuten Sie dann mit dem 19 mm-Flachpinsel und einer hellen Ultramarin-Mischung den nassen Sand an.

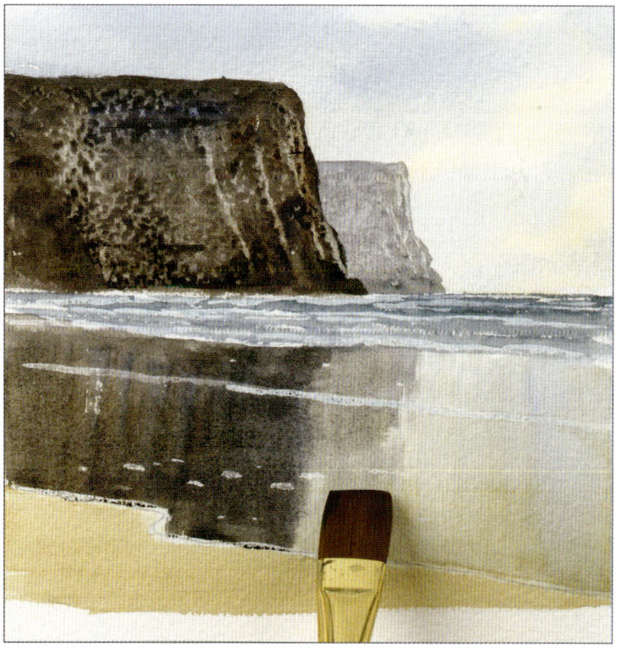

4 Streichen Sie eine kräftige Mischung aus Ultramarin und Umbra gebrannt von unterhalb der Klippe nach unten, und um Spiegelungen im nassen Sand zu erzeugen. Gehen Sie bei der entfernten Klippe mit einer helleren Mischung genauso vor. Lassen Sie die Farbe trocknen, und entfernen Sie die Maskierflüssigkeit.

Keem Bay

VORLAGE 14

Die Keem Bay in der Grafschaft Mayo liegt im Westen von Achill Island, der größten Insel Irlands. Das alte Häuschen, das geschützt in der Bucht liegt, ist ein wunderschönes Malmotiv. Die Versuchung ist groß, das Blechdach gegen ein traditionelles Strohdach auszutauschen, aber vielleicht können Sie sich dies als Projekt für die Zukunft vornehmen. Zu dieser Szene gehören ein Bach sowie das Meer selbst und ein Strand in mittlerer Entfernung. Sie benötigen eine Plastikkarte, um die Klippen auf der Landzunge und die Felsen im Vordergrund zu gestalten. Ich weiß, dass diese Technik zu Anfang schwierig sein kann, daher rate ich Ihnen, vorher ein wenig zu üben.

MATERIAL

Aquarellpapier, rau, 300 g/m²

Farben: Siena natur, Ultramarin, Permanent Rosa, Siena gebrannt, Umbra gebrannt, Kobaltblau, Grüngold, Olivgrün, Permanent Saftgrün, Hookersgrün

Rundpinsel Nr. 4, 8 und 16, Flachpinsel 10 mm, Fächerpinsel

Maskierflüssigkeit, Maskierpinsel und Linierstift

Plastikkarte

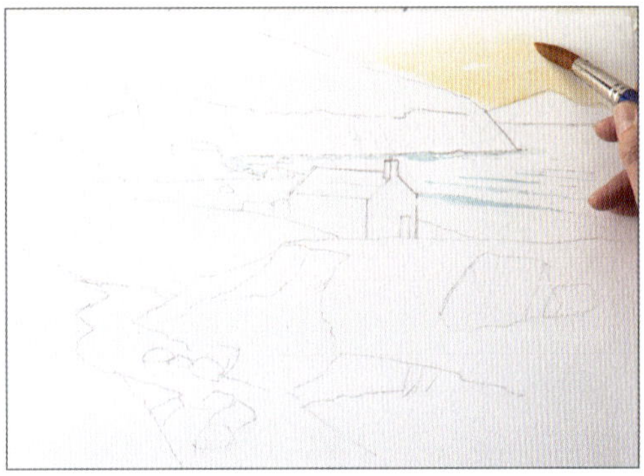

1 Übertragen Sie das Motiv auf Aquarellpapier. Decken Sie die Küstenlinie unter den Klippen und die Wellenkämme mit einem Nr. 4-Pinsel und Maskierflüssigkeit ab. Feuchten Sie den Himmel an, und malen Sie mit dem Pinsel Nr. 16 Siena natur in den unteren Bereich.

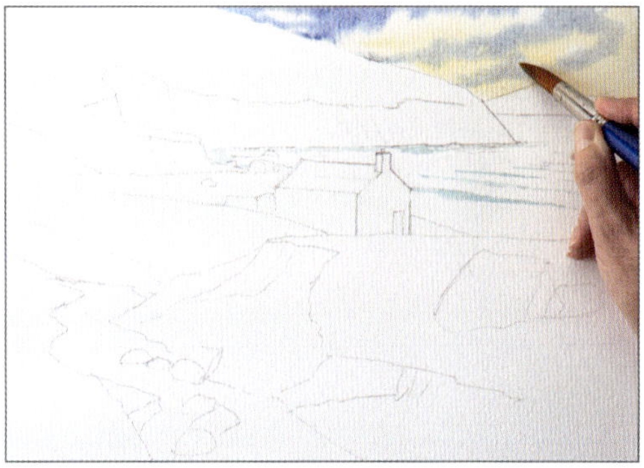

2 Während das Siena natur nass ist, tropfen Sie Ultramarin hinein, und lassen Sie dabei ein einigen Stellen Papier für die Wolkenformen frei. Trocknen lassen.

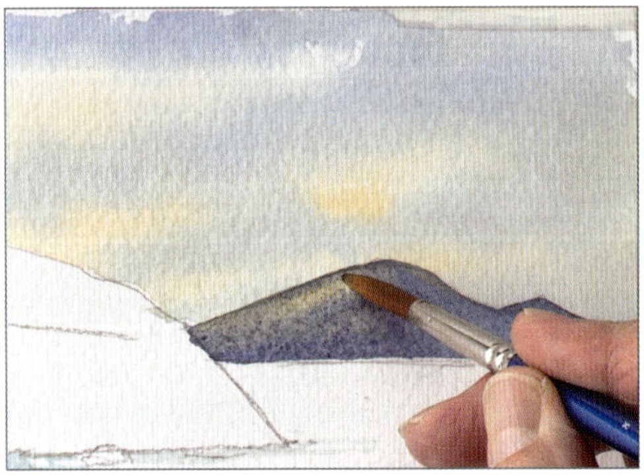

3 Mischen Sie Ultramarin, Permanent Rosa und einen Hauch von Siena gebrannt, und malen Sie mit dem Pinsel Nr. 8 die entfernte Landzunge. Während die Farbe noch nass ist, fügen Sie Siena natur hinzu, um sonnenbeschienene Bereiche anzudeuten.

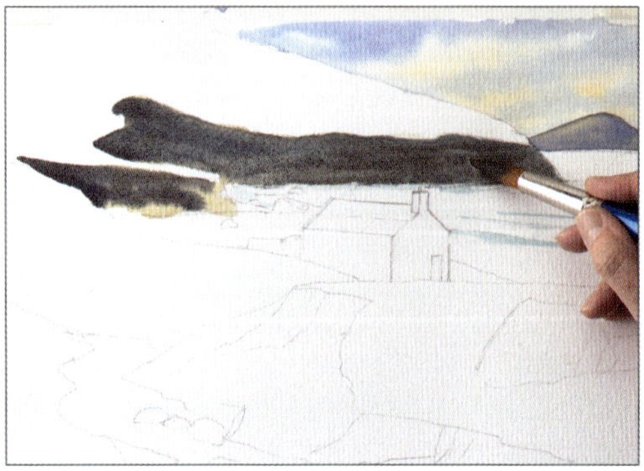

4 Malen Sie die Felswand der Klippe mit dem Pinsel Nr. 16 und einer dickflüssigen Anmischung von Siena natur. Während diese noch feucht ist, malen Sie eine dickflüssige Mischung aus Umbra gebrannt und Ultramarin darüber.

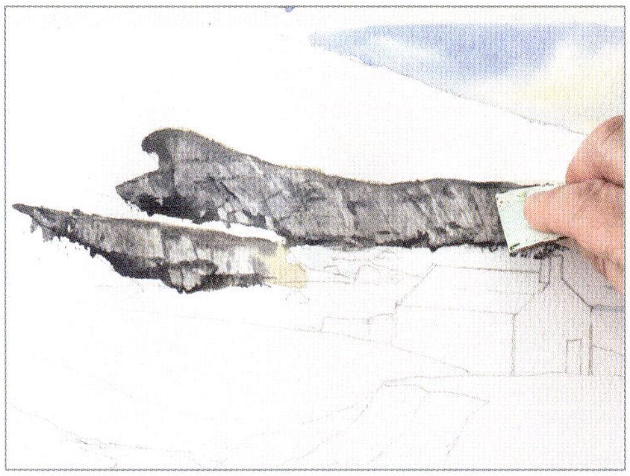

5 Verwenden Sie die Kante einer Plastikkarte, um Farbe herauszukratzen und so die felsige Struktur der Klippen zu gestalten.

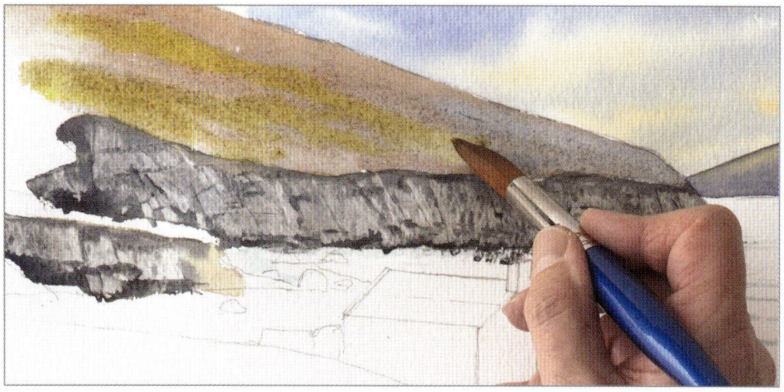

6 Malen Sie die Oberseite der Landzunge mit dem Pinsel Nr. 16 sowie Kobaltblau und Siena gebrannt. Geben Sie Grüngold nass in nass hinein.

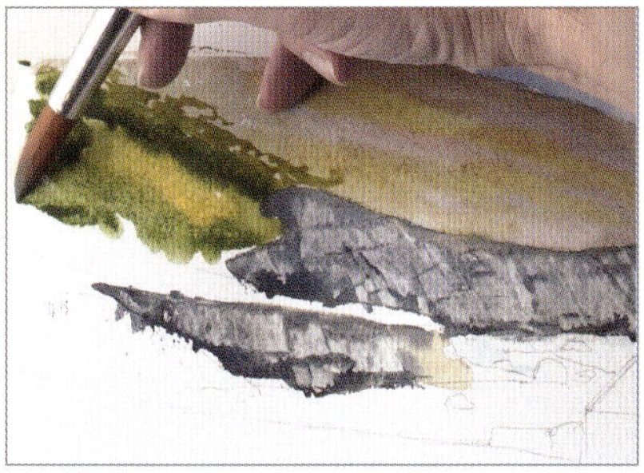

7 Malen Sie die grasbewachsene Fläche nach vorn hin mit Olivgrün. Solange dies noch nass ist, geben Sie ein dunkleres Grün aus Olivgrün und Siena natur hinzu.

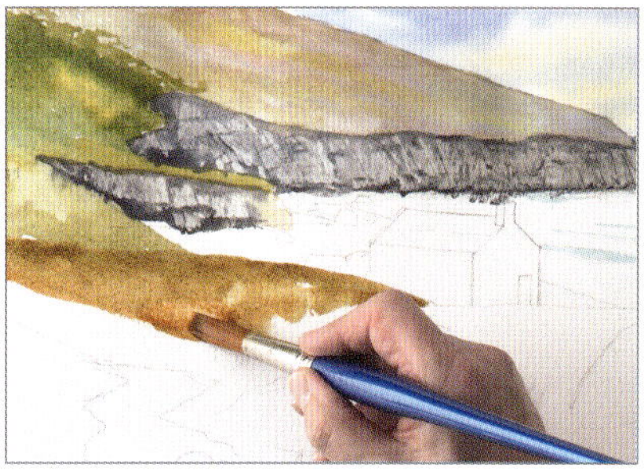

8 Tragen Sie nach vorn, zum Häuschen hin, eine Mischung aus Permanent Saftgrün und Siena gebrannt auf.

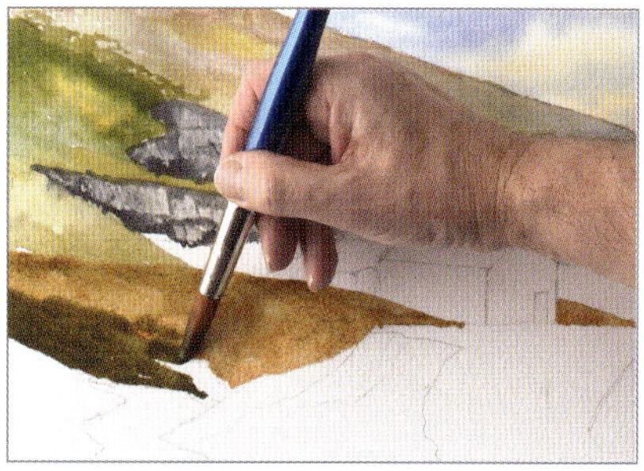

9 Dunkeln Sie den Bereich ganz vorn mit einer Mischung aus Permanent Saftgrün und Umbra gebrannt ab. Trocknen lassen.

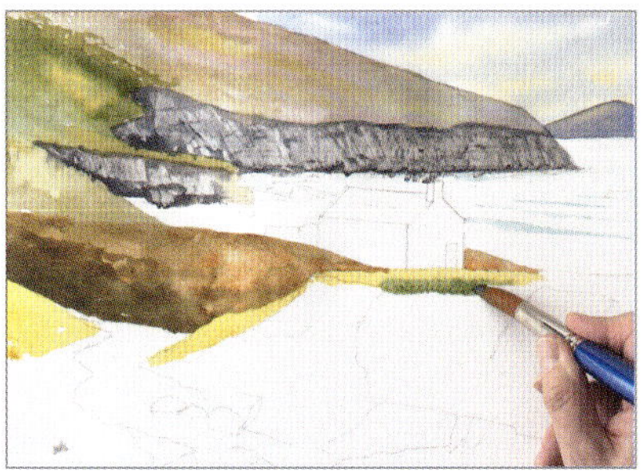

10 Malen Sie den oberen Rand der grünen Fläche weiter vorne mit Siena natur und Grüngold, dann tropfen Sie Olivgrün nass in nass ein.

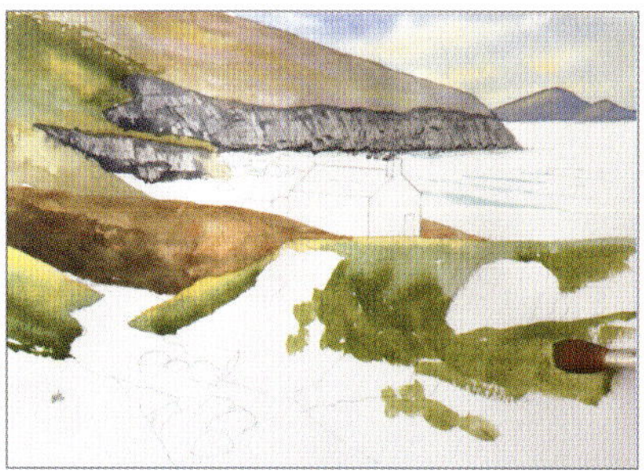

11 Setzen Sie die grasbewachsene Fläche mit einer Mischung aus Olivgrün und Umbra gebrannt fort.

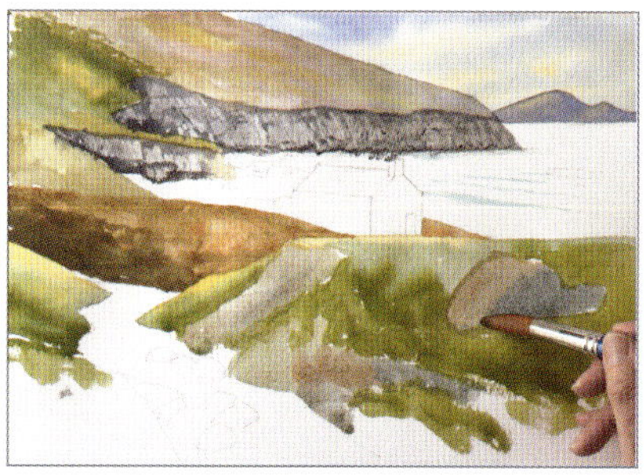

12 Mischen Sie einen Grauton aus Kobaltblau und Siena gebrannt, und lasieren Sie diesen über die weißen Bereiche, um Felsen darzustellen.

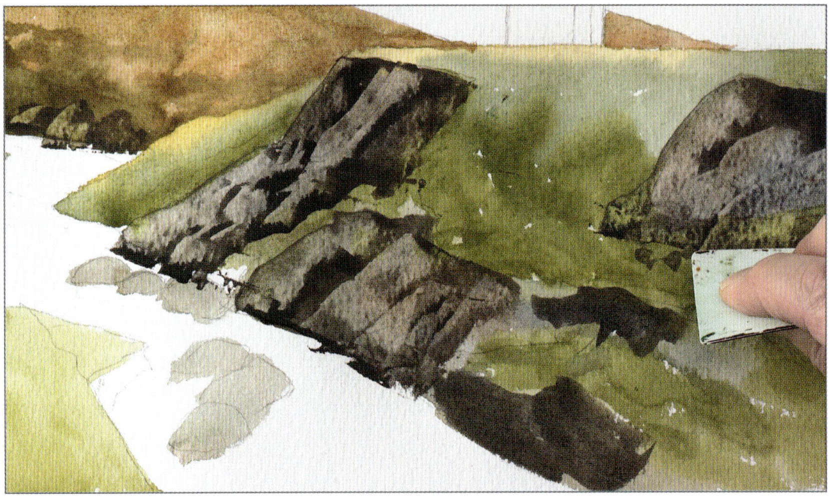

13 Malen Sie die Felsen im Bach mit derselben Mischung. Dann malen Sie eine dickflüssige Mischung aus Umbra gebrannt und Ultramarin über die hellere Felsenfarbe. Bevor diese trocknet, kratzen Sie die Felsenstruktur mit einer Plastikkarte heraus.

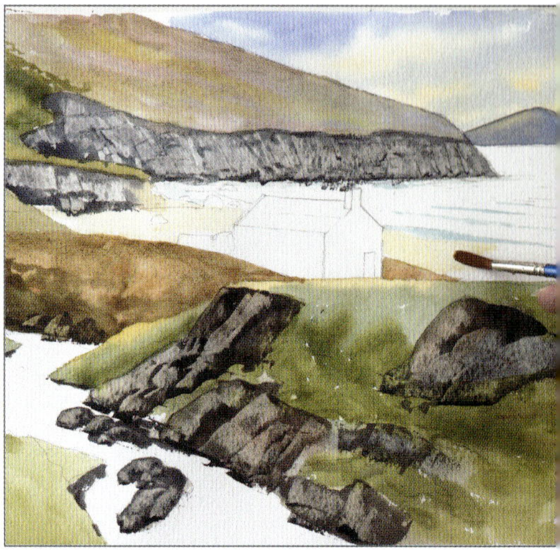

14 Malen Sie den Sand des Strandes mit Siena natur. Trocknen lassen.

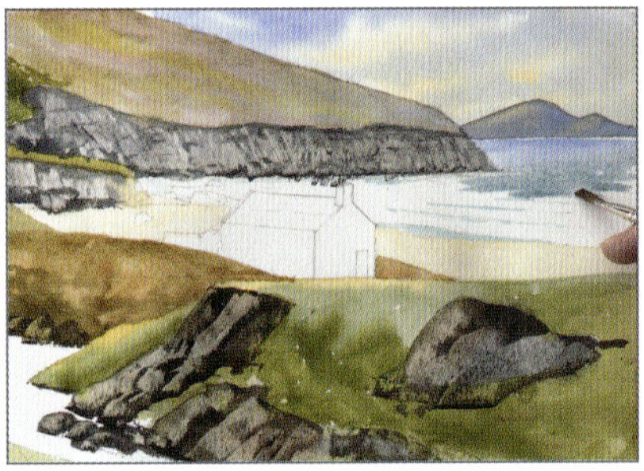

15 Wechseln Sie zum 10 mm-Flachpinsel, und malen Sie das Meer mit horizontalen Strichen in Ultramarin. Geben Sie nach vorne hin einen Hauch von Permanent Saftgrün zu der Mischung.

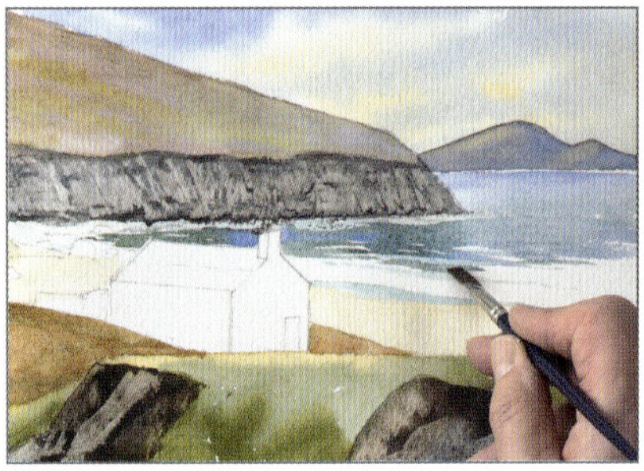

16 Arbeiten Sie sich mit horizontalen Strichen weiter nach vorn. Malen Sie dabei über den maskierten Bereich und lassen auch etwas weißes Papier frei.

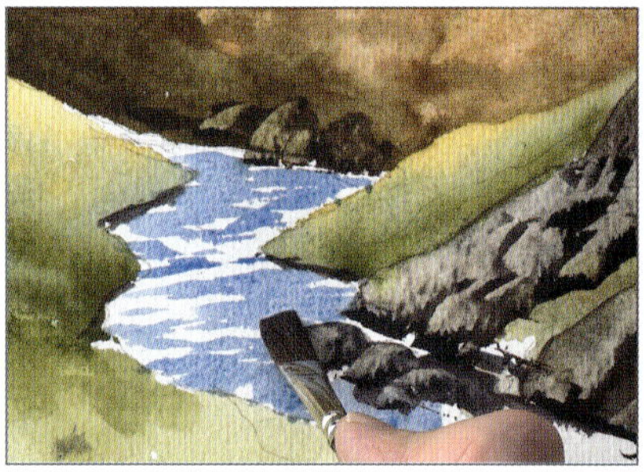

17 Malen Sie den Bach mit demselben Pinsel und Ultramarin, und sparen Sie etwas Weiß für die Wellen aus. Trocknen lassen.

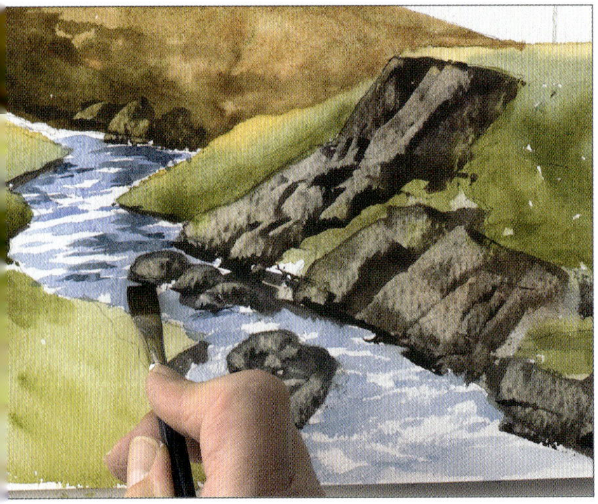

18 Malen Sie mit einer Mischung aus Ultramarin und Umbra gebrannt dunklere Pinselstriche in das Wasser.

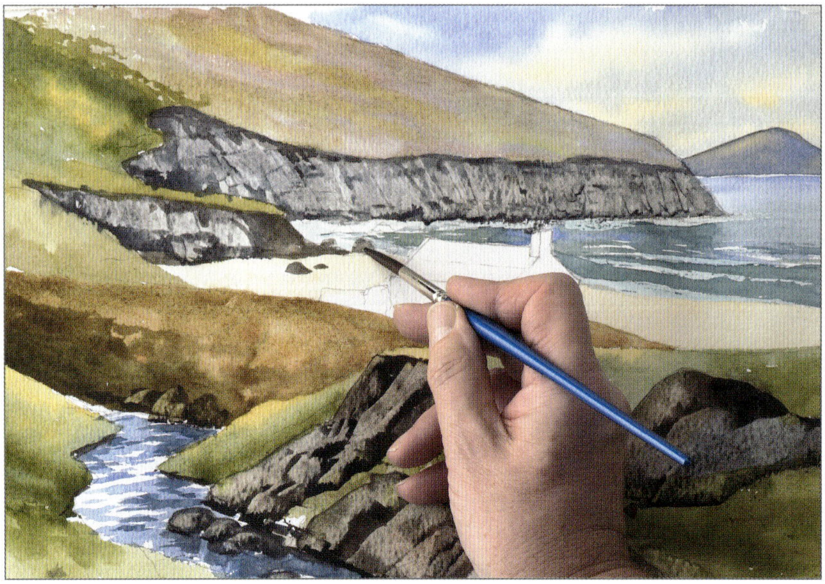

19 Malen Sie mit dem Pinsel Nr. 8 die Details der Klippen und Felsen in einer dunklen Mischung aus Ultramarin und Umbra gebrannt.

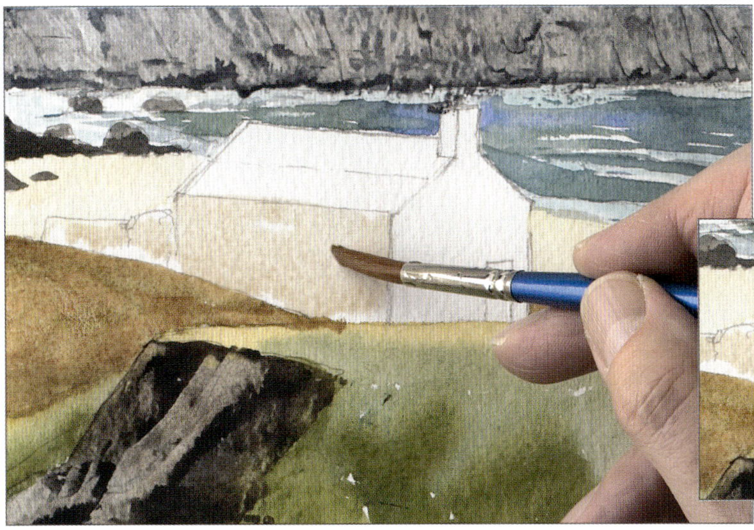

20 Malen Sie die hellere Seite des Hauses mit einer zarten Mischung aus Siena natur und Kobaltblau. Während diese Mischung noch feucht ist, geben Sie am unteren Rand der Wand Kobaltblau hinein und lassen es nach oben auslaufen, sodass ein ungleichmäßiger Farbauftrag entsteht. Trocknen lassen.

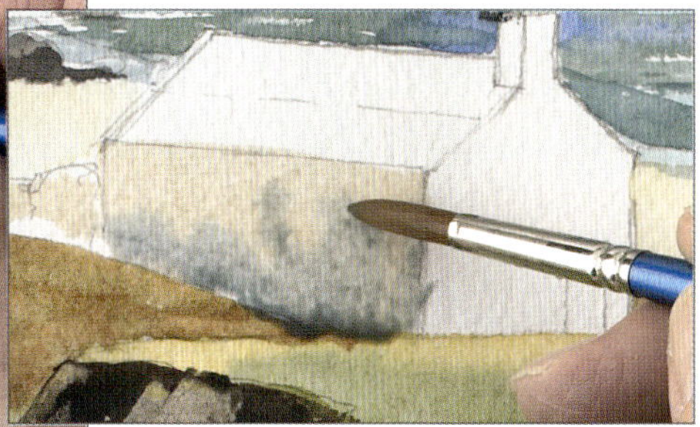

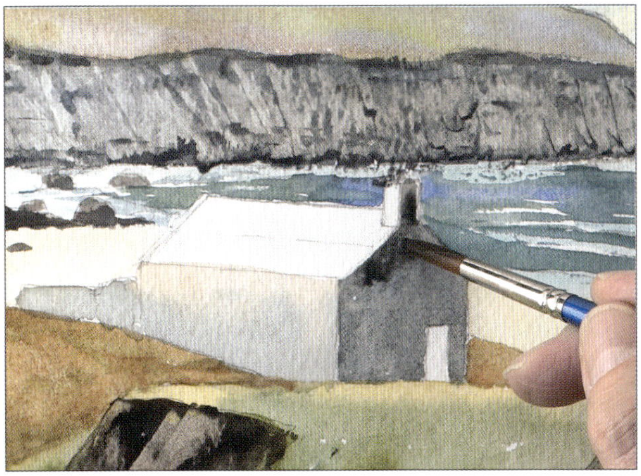

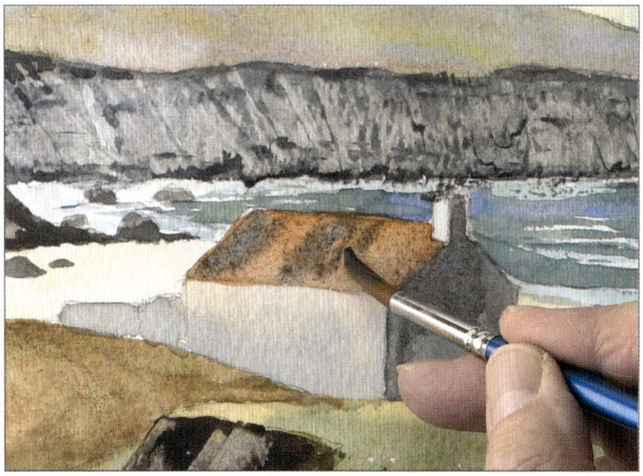

21 Mischen Sie Kobaltblau und Siena gebrannt, und malen Sie mit dem Pinsel Nr. 8 das beschattete Ende des Häuschens. Während diese Farbe noch nass ist, geben Sie oben eine dunklere Mischung derselben Farben hinein und lassen sie nach unten auslaufen.

22 Malen Sie die linke Seite des Daches mit Siena gebrannt. Während diese Farbe noch nass ist, fügen Sie einen Hauch von Kobaltblau hinzu.

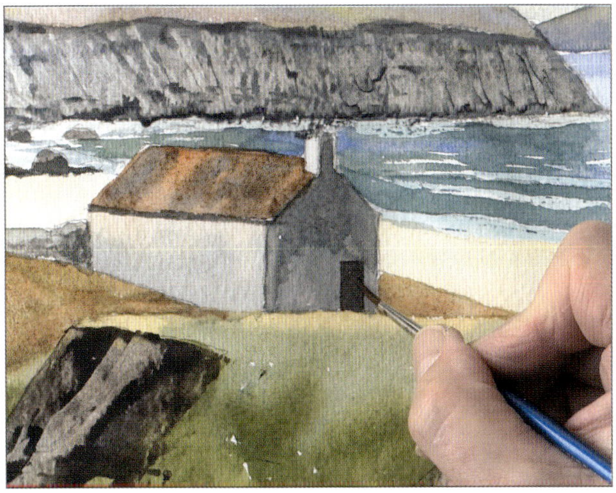

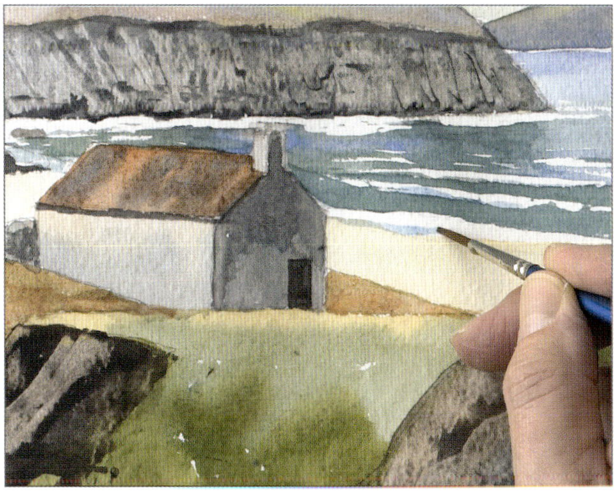

23 Verwenden Sie den Rundpinsel Nr. 4 und Ultramarin mit Umbra gebrannt, um die dunklen Bereiche der Tür und die Details des Daches zu malen. Lassen Sie das Bild trocknen.

24 Entfernen Sie die Maskierflüssigkeit mit einem sauberen Finger. Malen Sie mit dem Pinsel Nr. 4 und einer hellen Lasur von Kobaltblau die Schatten unter die Brandungswellen. Dadurch erhält die Brandung eine schaumige, dreidimensionale Anmutung.

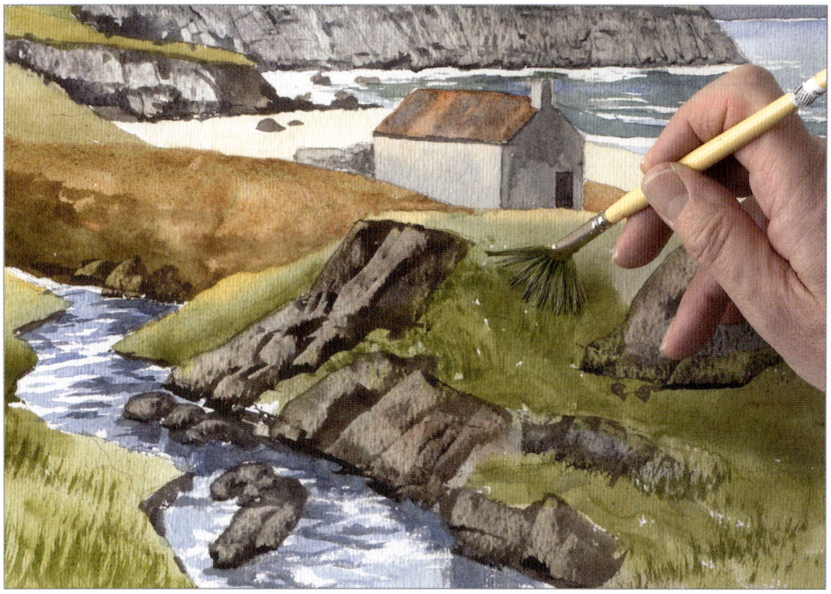

25 Verwenden Sie den Fächerpinsel mit Hookersgrün und Umbra gebrannt, um die Gräser im Vordergrund aufzuschnicken.

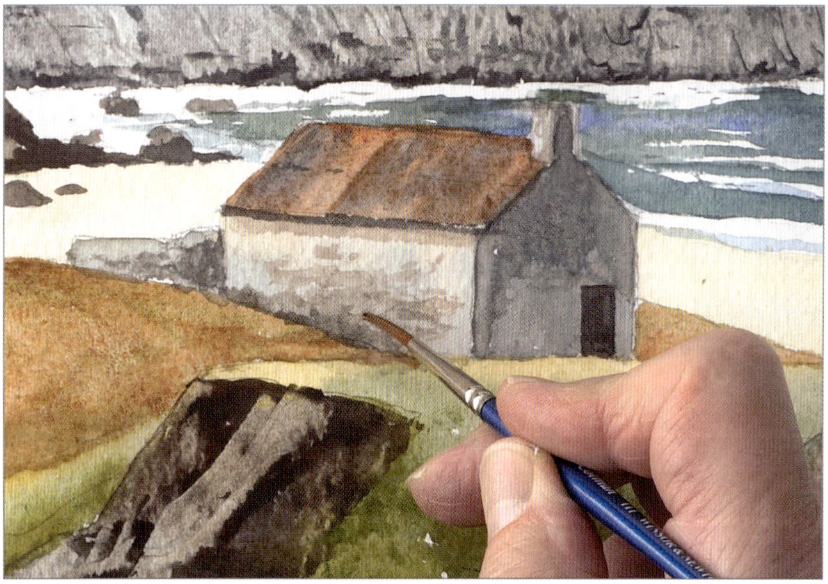

26 Verwenden Sie den Pinsel Nr. 4 und eine Mischung aus Ultramarin und Umbra gebrannt, um der Seite des Häuschens Struktur zu geben.

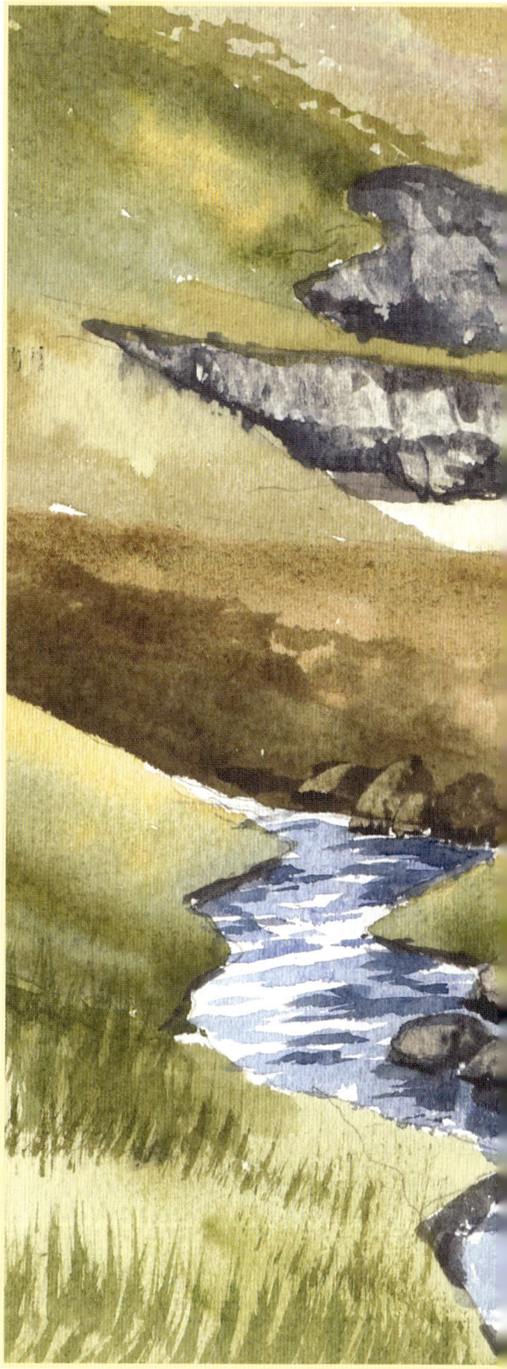

Das fertige Aquarell.

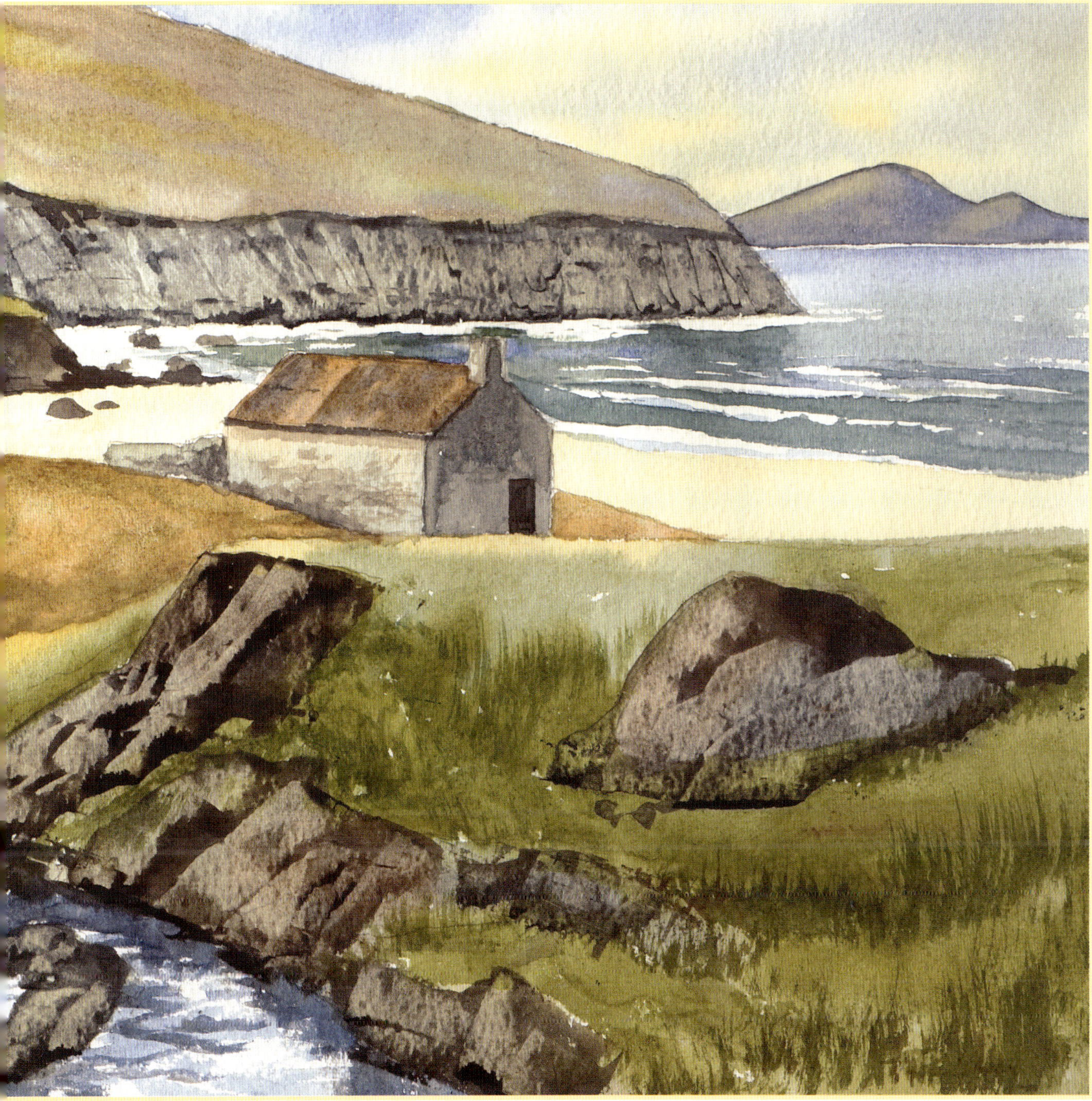

Cliffs of Moher

VORLAGE 15

Diese Klippen befinden sich in der Nähe von Doolin in der Grafschaft Clare an der Westküste Irlands und sind eine der größten Besucherattraktionen des Landes. Die Klippen sind an ihrem höchsten Punkt 214 m hoch und erstrecken sich über eine Länge von 8 km.

Diese Ansicht ist eine recht einfache Komposition: Die Klippen erstrecken sich entlang der Küste, werden allmählich kleiner und heller und bläulicher, wodurch sie den Eindruck von Weite vermitteln.

MATERIAL

Aquarellpapier, rau, 300 g/m^2

Farben: Siena natur, Ultramarin, Umbra gebrannt, Kobaltblau, Siena gebrannt, Olivgrün, Permanent Saftgrün, Grüngold, Permanent Rosa

Rundpinsel Nr. 4, 8 und 16, Mop-Pinsel aus Fehhaar, Flachpinsel 10 mm und 19 mm, Fächerpinsel, Schlepperpinsel

Maskierflüssigkeit, Maskierpinsel und Linierstift

Plastikkarte

Lineal

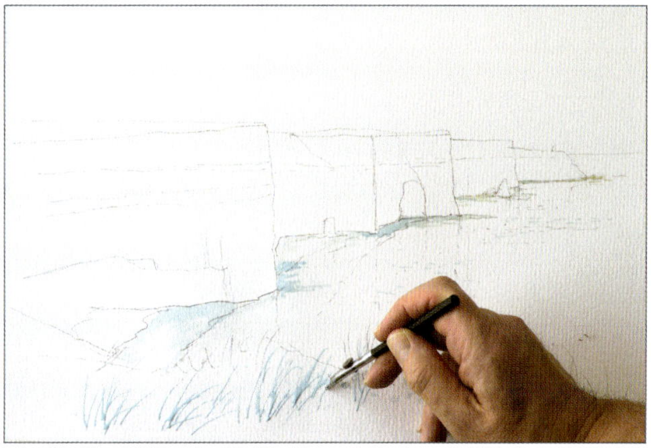

1 Übertragen Sie das Motiv auf Aquarellpapier. Decken Sie die Brandung am Fuß der Klippen mit Maskierflüssigkeit und dem Pinsel Nr. 4 ab. Verwenden Sie einen Linierstift, um die Gräser im Vordergrund abzudecken.

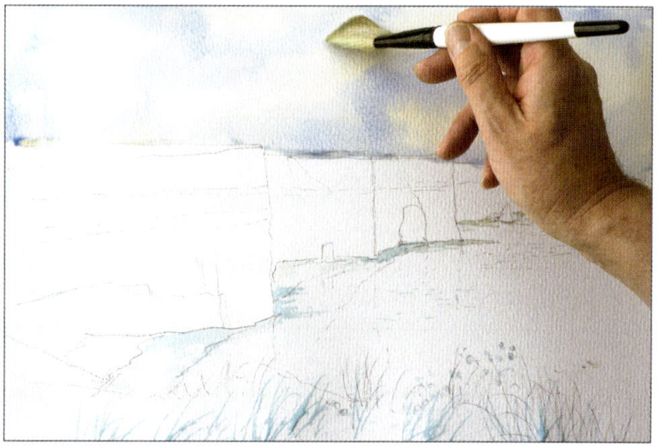

2 Feuchten Sie den Himmel mit einem großen Mop-Pinsel und klarem Wasser an. Legen Sie eine zarte Lasur Siena natur hinein. Während diese noch nass ist, geben Sie Ultramarin hinein, und lassen Sie dabei einige Stellen für die Wolkenformen frei.

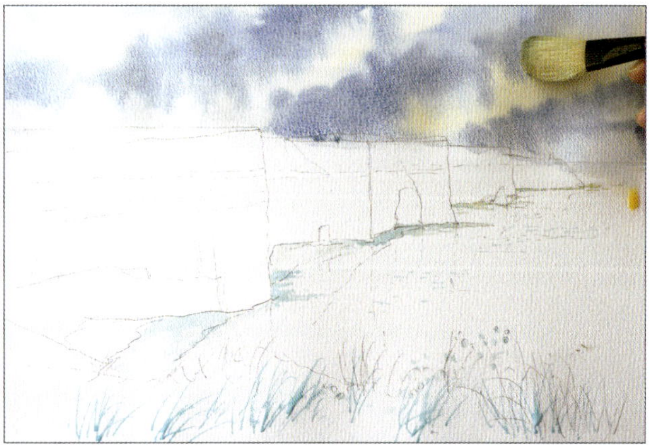

3 Mischen Sie Ultramarin und Umbra gebrannt, und malen Sie nass in nass die dunkleren Wolkenbereiche. Trocknen lassen.

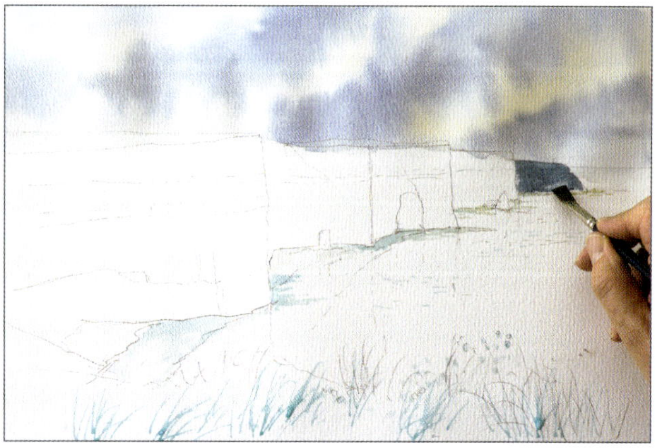

4 Malen Sie die am weitesten entfernten Klippen mit dem 10 mm-Flachpinsel und einer Mischung aus Kobaltblau und einem Hauch von Siena gebrannt.

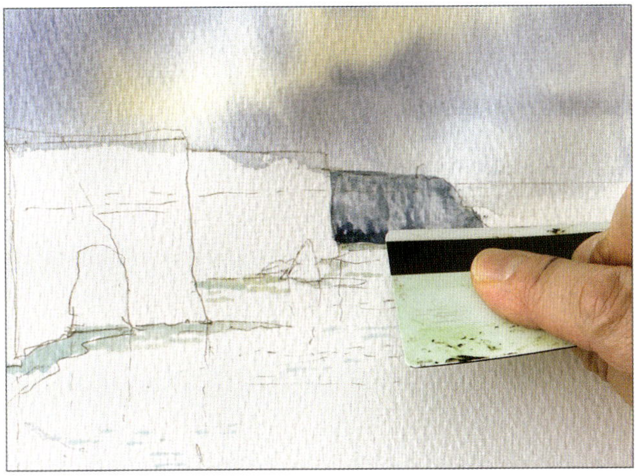

5 Während die Farbe noch nass ist, kratzen Sie mit einer Plastikkarte Struktur heraus.

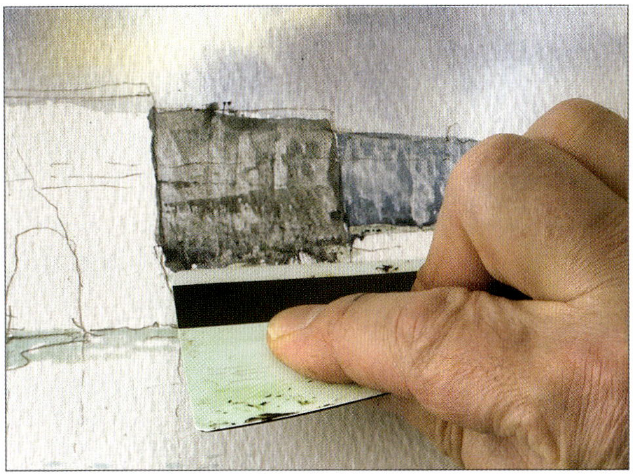

6 Verwenden Sie eine etwas dunklere Mischung derselben Farben, um nach vorn hin den nächsten Klippenabschnitt zu malen. Kratzen Sie die Struktur wie zuvor mit einer Plastikkarte aus.

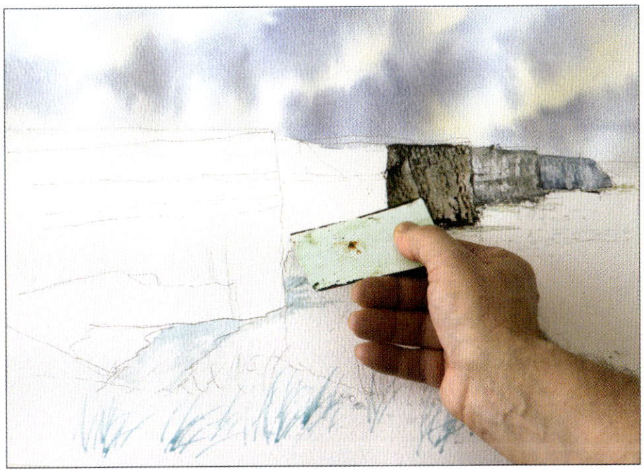

7 Arbeiten Sie sich weiter nach vorn, und verwenden eine immer etwas dunklere, bräunlichere Mischung derselben Farben. Kratzen Sie wieder Struktur heraus.

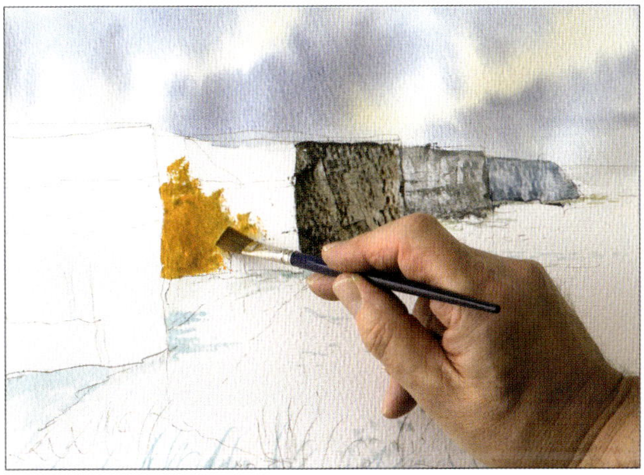

8 Malen Sie den nächsten Abschnitt mit einem dickflüssigen Auftrag von Siena natur.

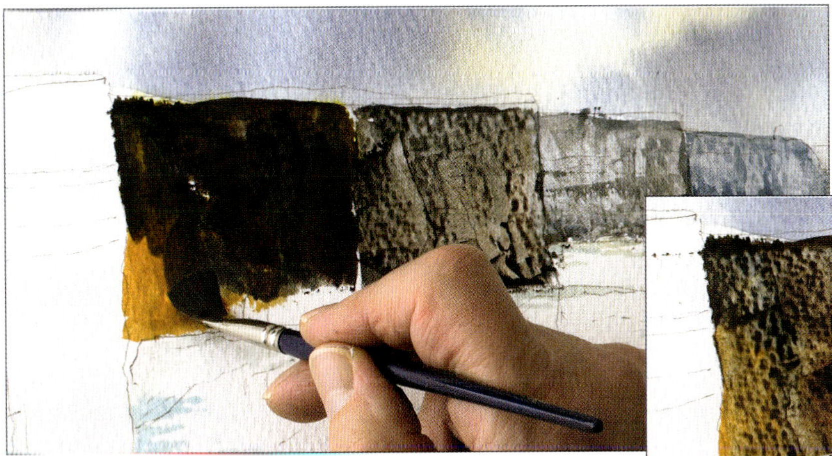

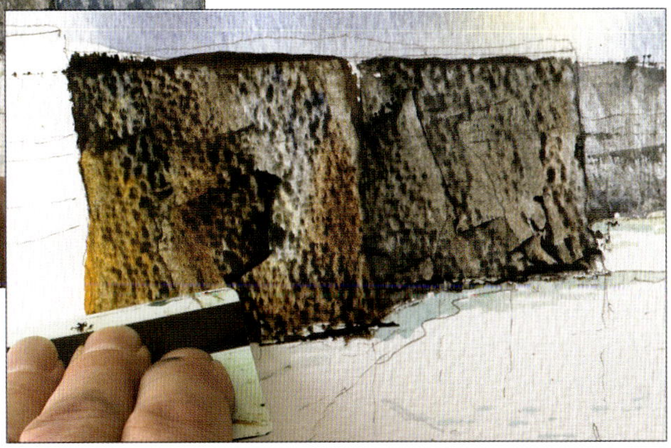

9 Malen Sie eine dunkle, dickflüssige Mischung aus Ultramarin und Umbra gebrannt darüber, und kratzen Sie sie mit einer Plastikkarte ab.

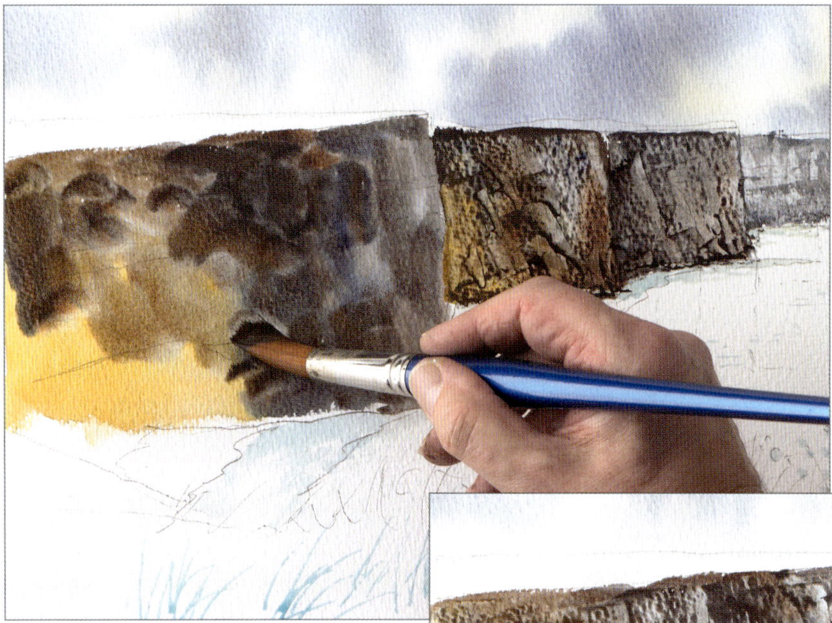

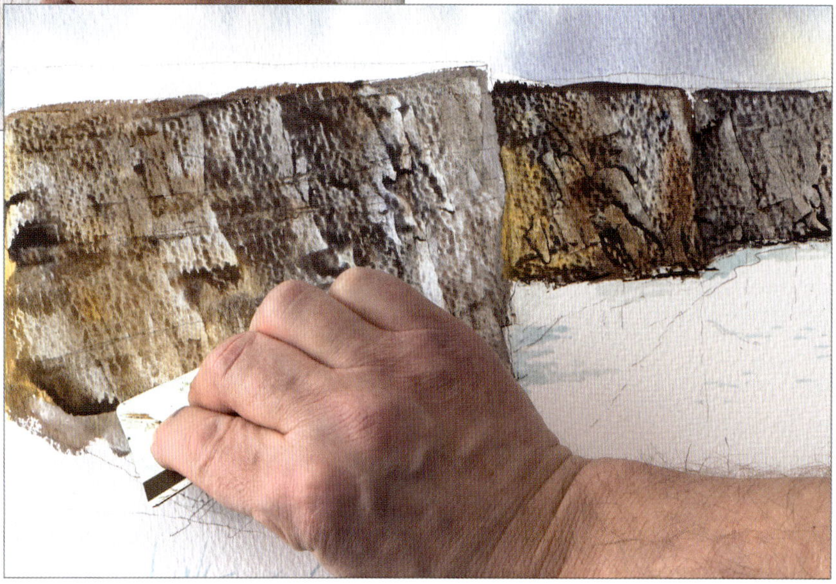

10 Malen Sie mit dem Pinsel Nr. 16 Siena natur auf die nächstgelegenen Felsen. Fügen Sie dann eine dunkle Mischung aus Siena gebrannt und Kobaltblau hinzu. Mischen Sie die beiden Farben auf dem Blatt, und kratzen Sie den Bereich mit einer Plastikkarte aus.

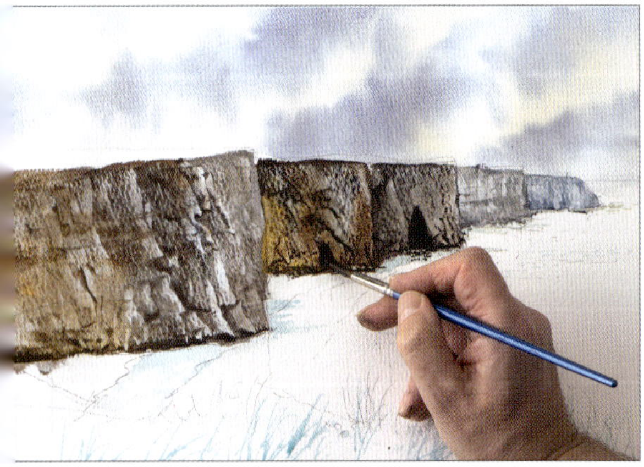

11 Malen Sie mit dem Rundpinsel Nr. 8 und einer Mischung aus Ultramarin und Umbra gebrannt die Höhlen in den Klippen.

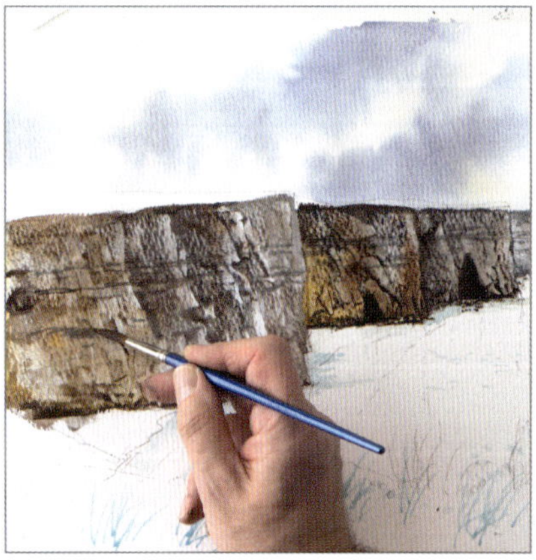

12 Malen Sie horizontale Linien, um die verschiedenen Gesteinsschichten in der Felswand der Klippen anzudeuten.

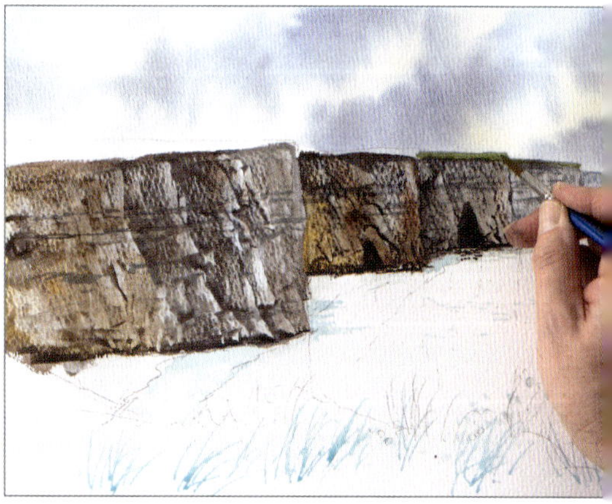

13 Malen Sie die Oberseiten der entfernten Klippen mit einer Mischung aus Olivgrün und Kobaltblau.

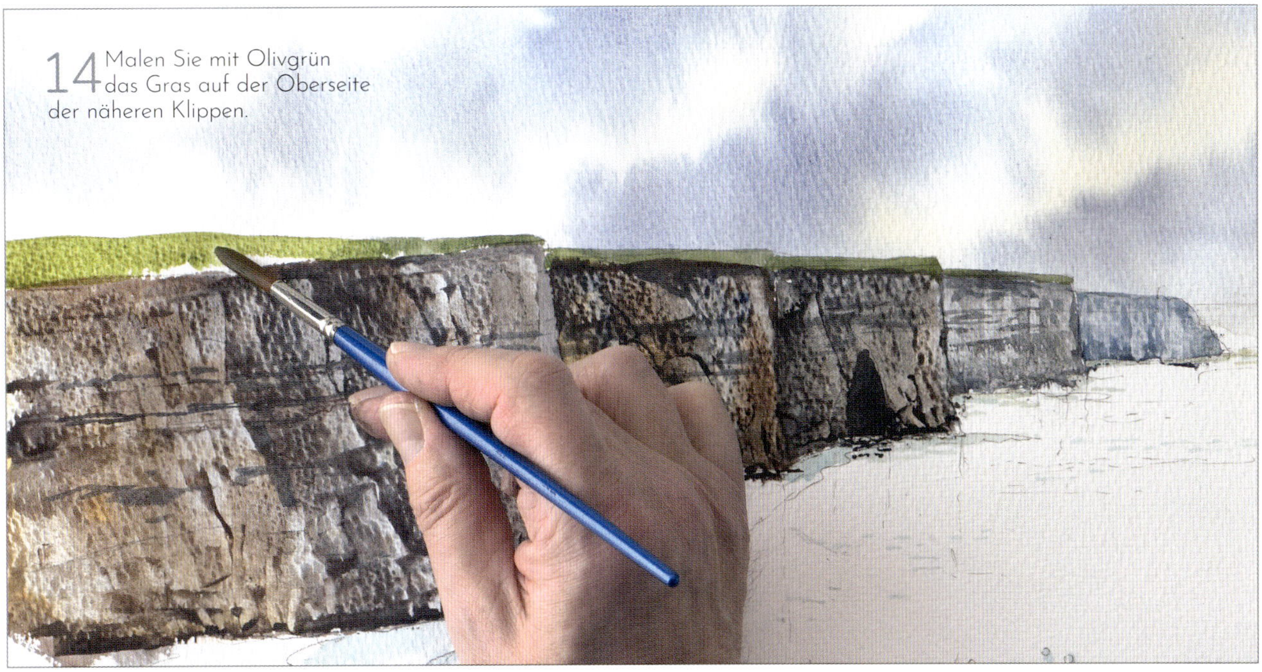

14 Malen Sie mit Olivgrün das Gras auf der Oberseite der näheren Klippen.

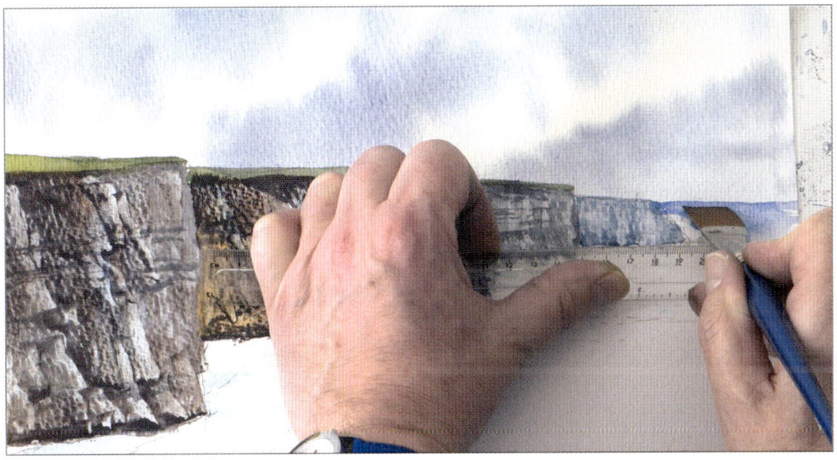

15 Feuchten Sie den Bereich des Meeres mit sauberem Wasser an. Malen Sie das Wasser mit dem 19-mm-Flachpinsel und einer hellen Anmischung von Ultramarin. Beginnen Sie dabei am Horizont. Verwenden Sie ein Lineal, um wie gezeigt eine gerade Linie zu malen.

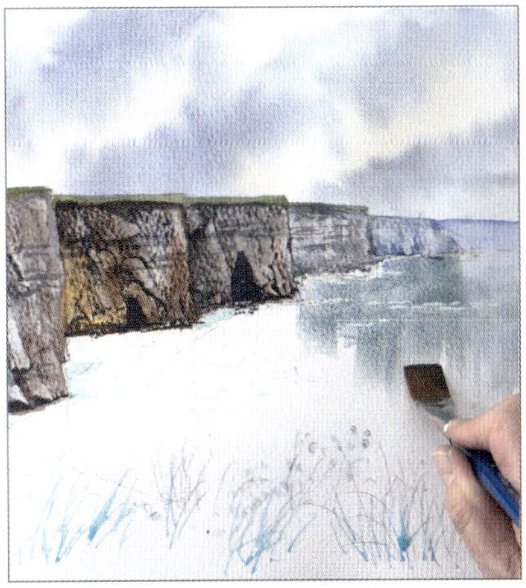

16 Fügen Sie einen Hauch von Permanent Saftgrün zum Ultramarin hinzu, und streichen Sie die Lasur nach unten.

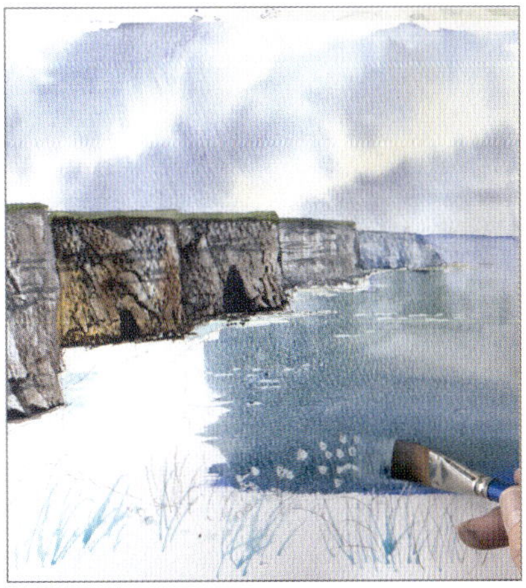

17 Malen Sie das Meer nach vorne hin mit horizontalen Pinselstrichen, und verstärken Sie die Mischung, je weiter Sie in den Vordergrund kommen.

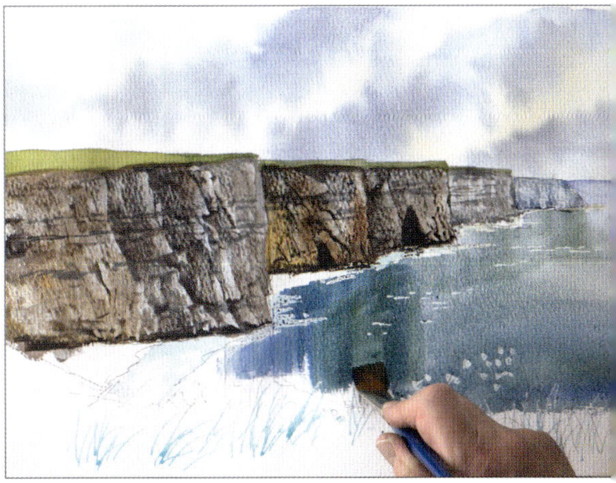

18 Verstärken Sie die Mischung noch weiter, wenn Sie bis zur Klippenwand im Vordergrund malen.

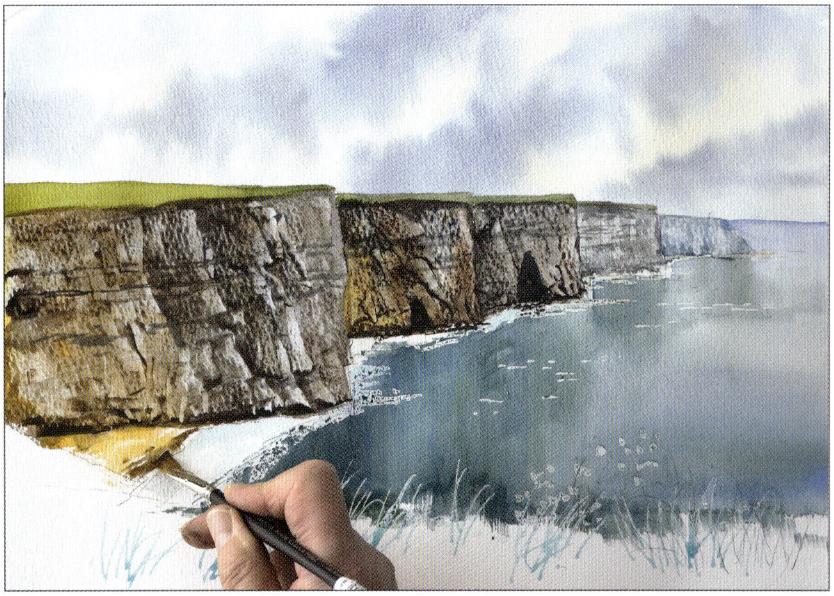

19 Malen Sie mit demselben Pinsel den Strand unterhalb der Klippen mit einer Lasur von Siena natur. Setzen Sie Umbra gebrannt und Ultramarin in den noch nassen Farbauftrag.

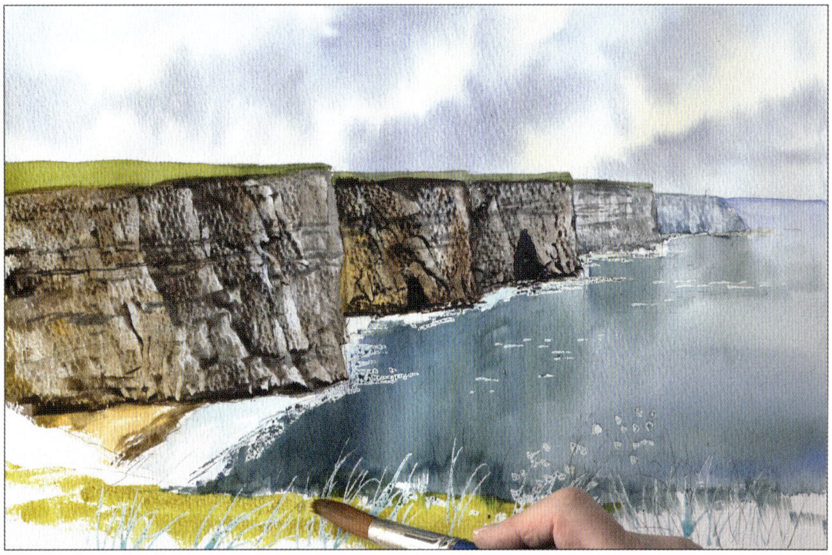

20 Malen Sie die Oberseiten der Klippen im Vordergrund mit dem Rundpinsel Nr. 16 und Grüngold.

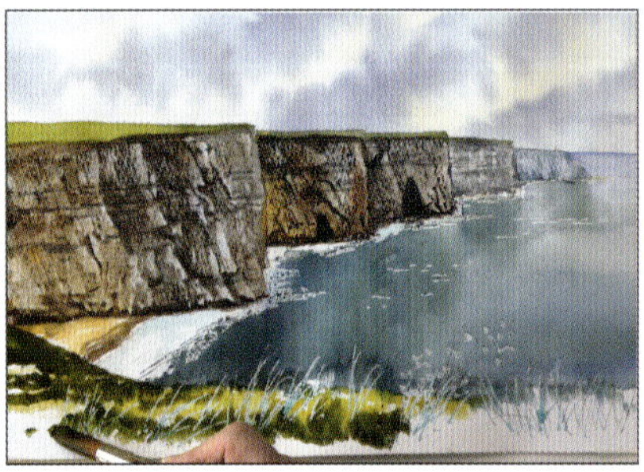

21 Mischen Sie ein dunkleres Grün aus Permanent Saftgrün und Umbra gebrannt, und malen Sie dieses nass in nass ein.

22 Verwenden Sie den Fächerpinsel und dasselbe Grün, um die Gräser über die maskierte Fläche aufzuschnicken. Trocknen lassen.

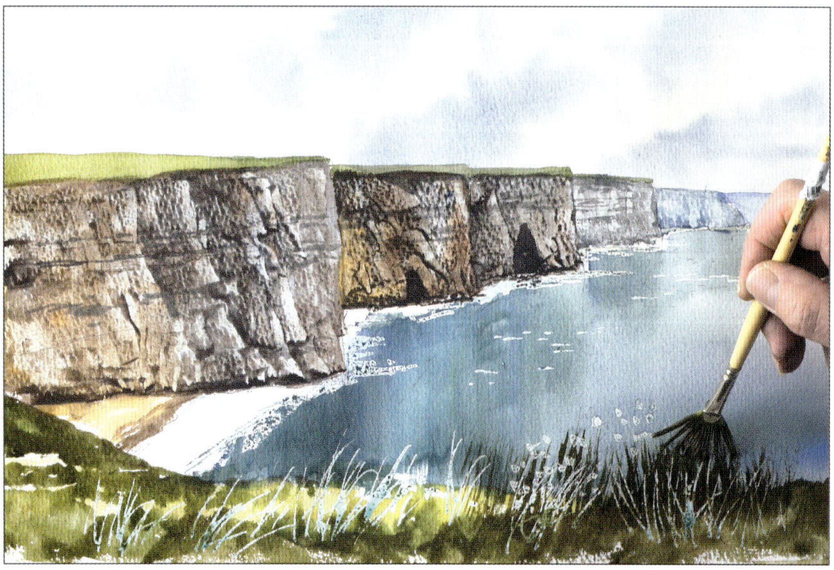

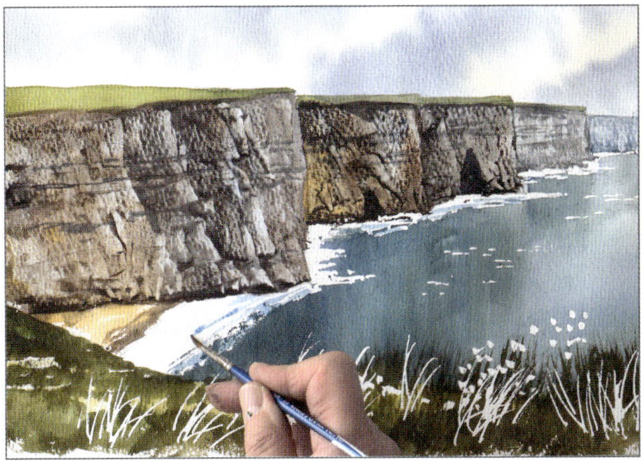

23 Reiben Sie die Maskierflüssigkeit mit sauberen Fingern ab. Schattieren Sie mit dem Rundpinsel Nr. 4 und einer Mischung aus Kobaltblau und Permanent Saftgrün die Brandung.

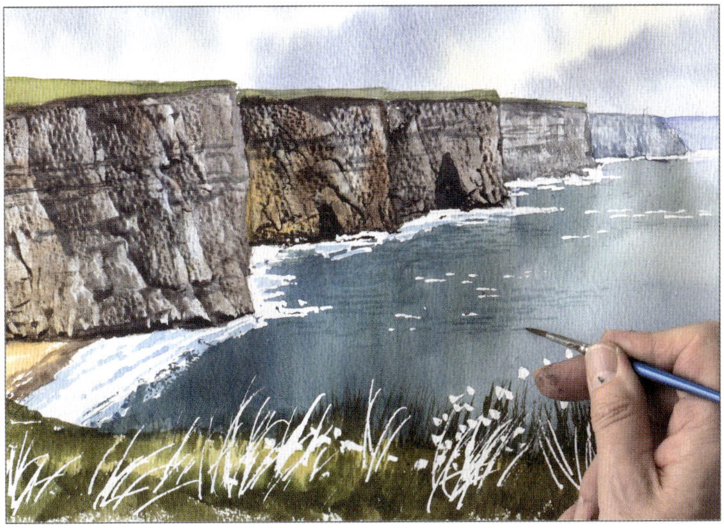

24 Malen Sie mit demselben Pinsel und derselben Farbe einige Wellen auf das Meer.

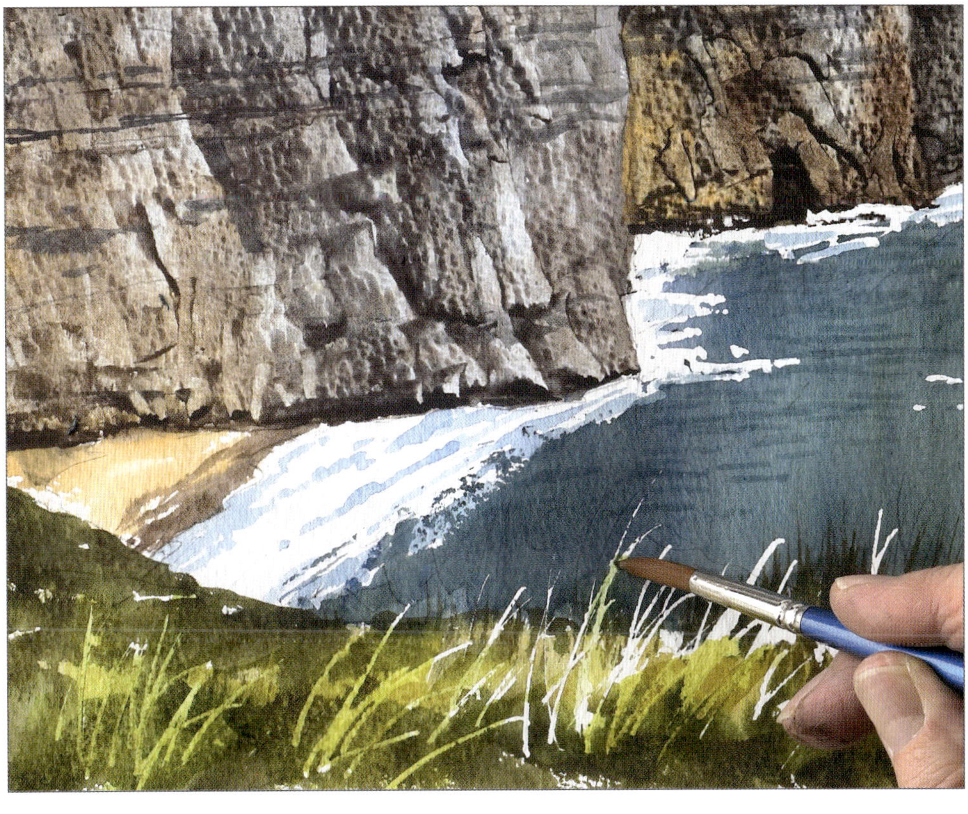

25 Malen Sie mit dem Rundpinsel Nr. 8 Grüngold auf die Gräser im Vordergrund.

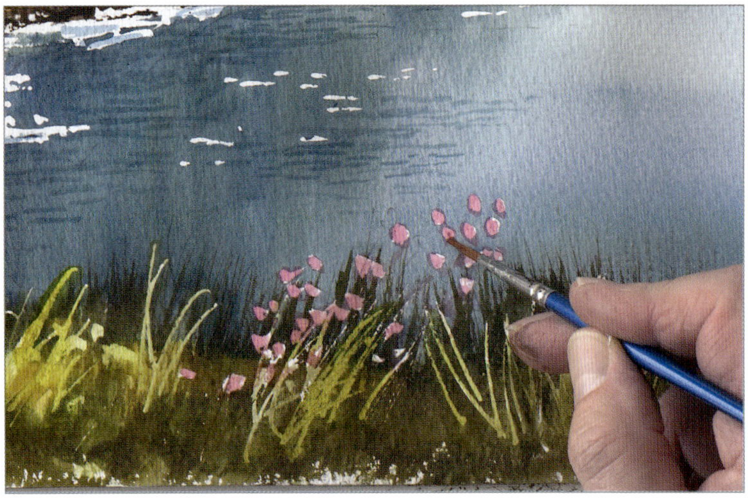

26 Malen Sie die Blütenköpfe im Vordergrund mit Permanent Rosa.

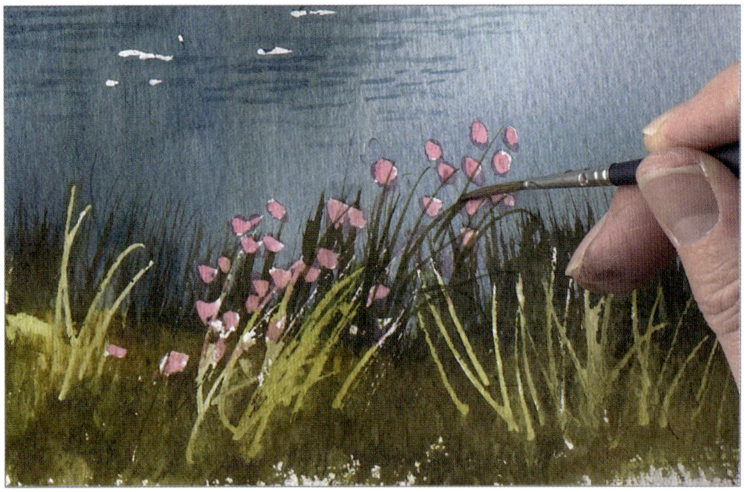

27 Malen Sie mit dem Schlepper sowie mit Permanent Saftgrün und Umbra gebrannt dunklere Gräser zwischen die Blütenköpfe.

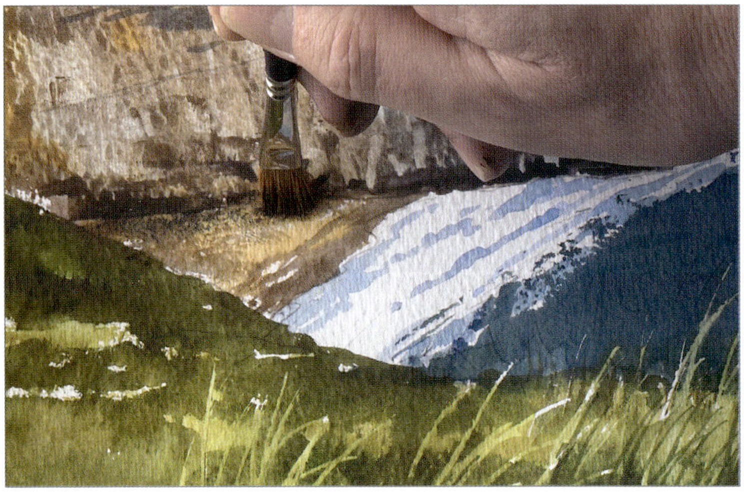

28 Tupfen Sie mit dem 10 mm-Flachpinsel und Umbra gebrannt mit Ultramarin die Details auf den Strand.

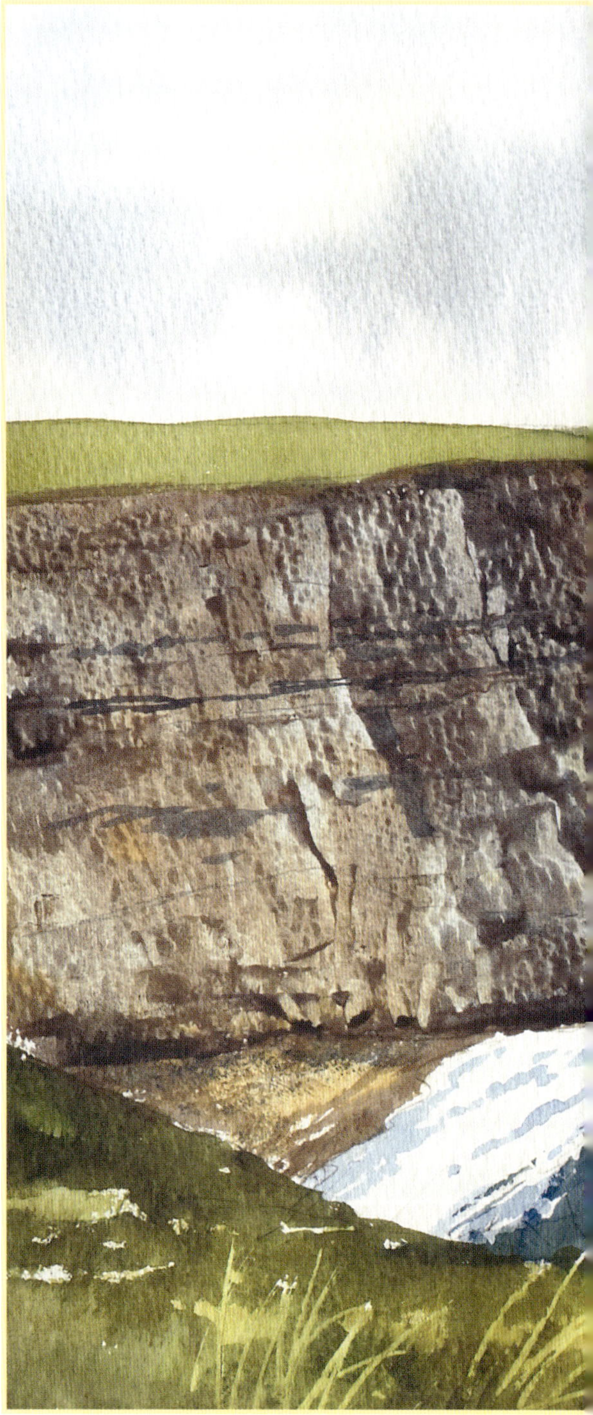

Das fertige Aquarell.

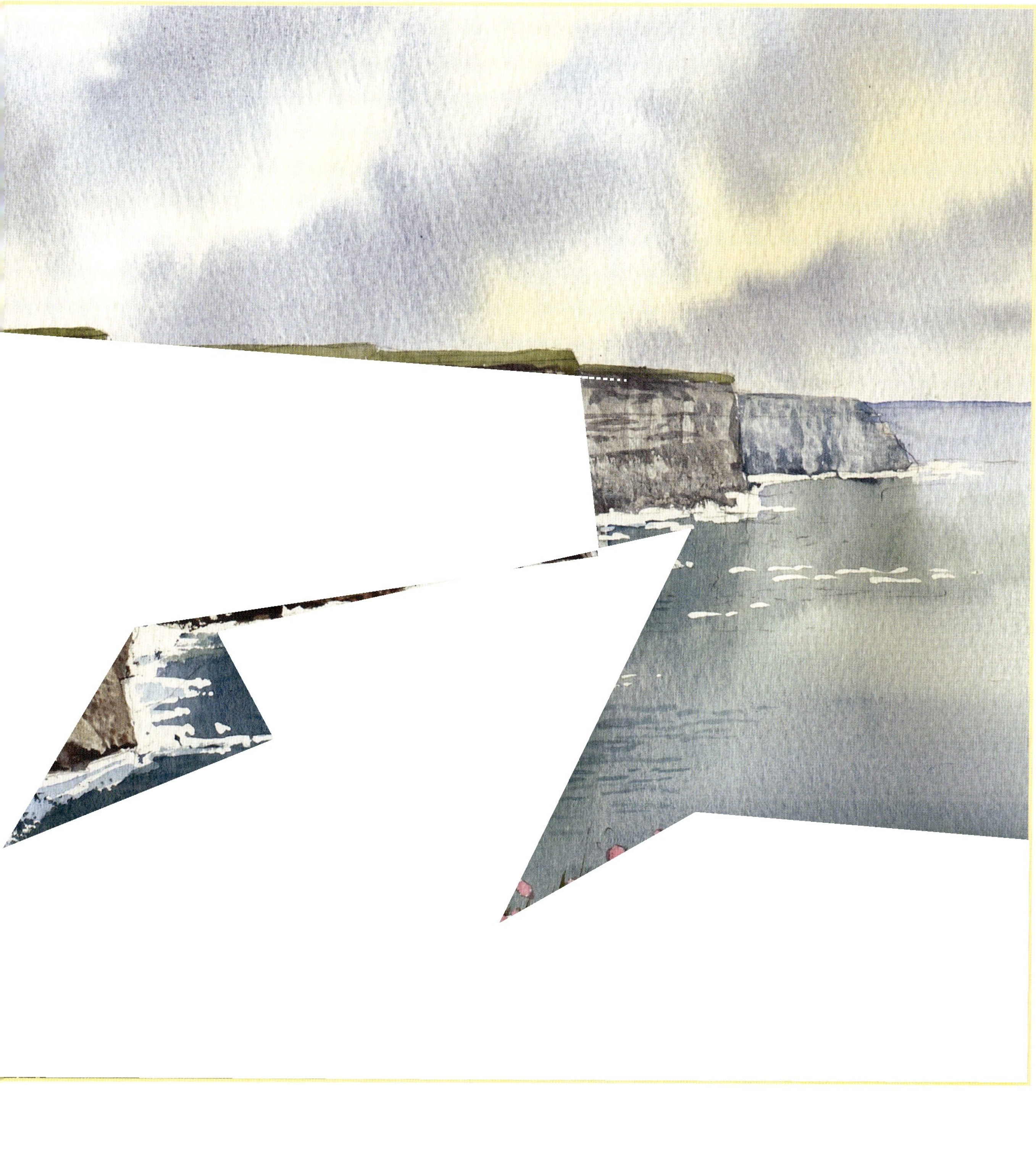

Index

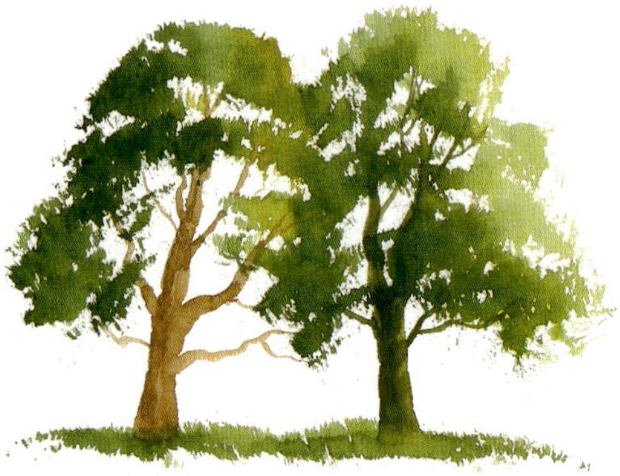

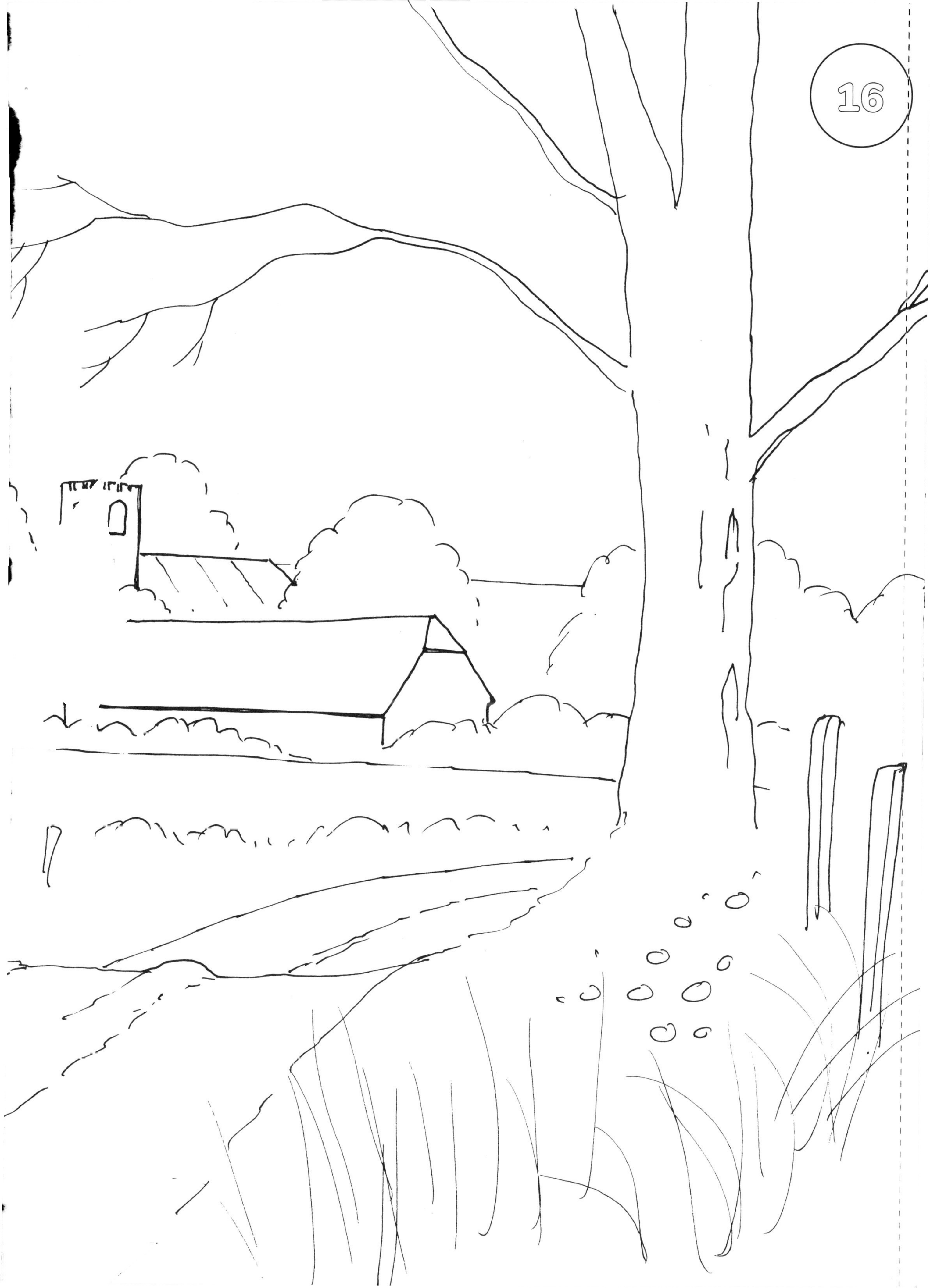

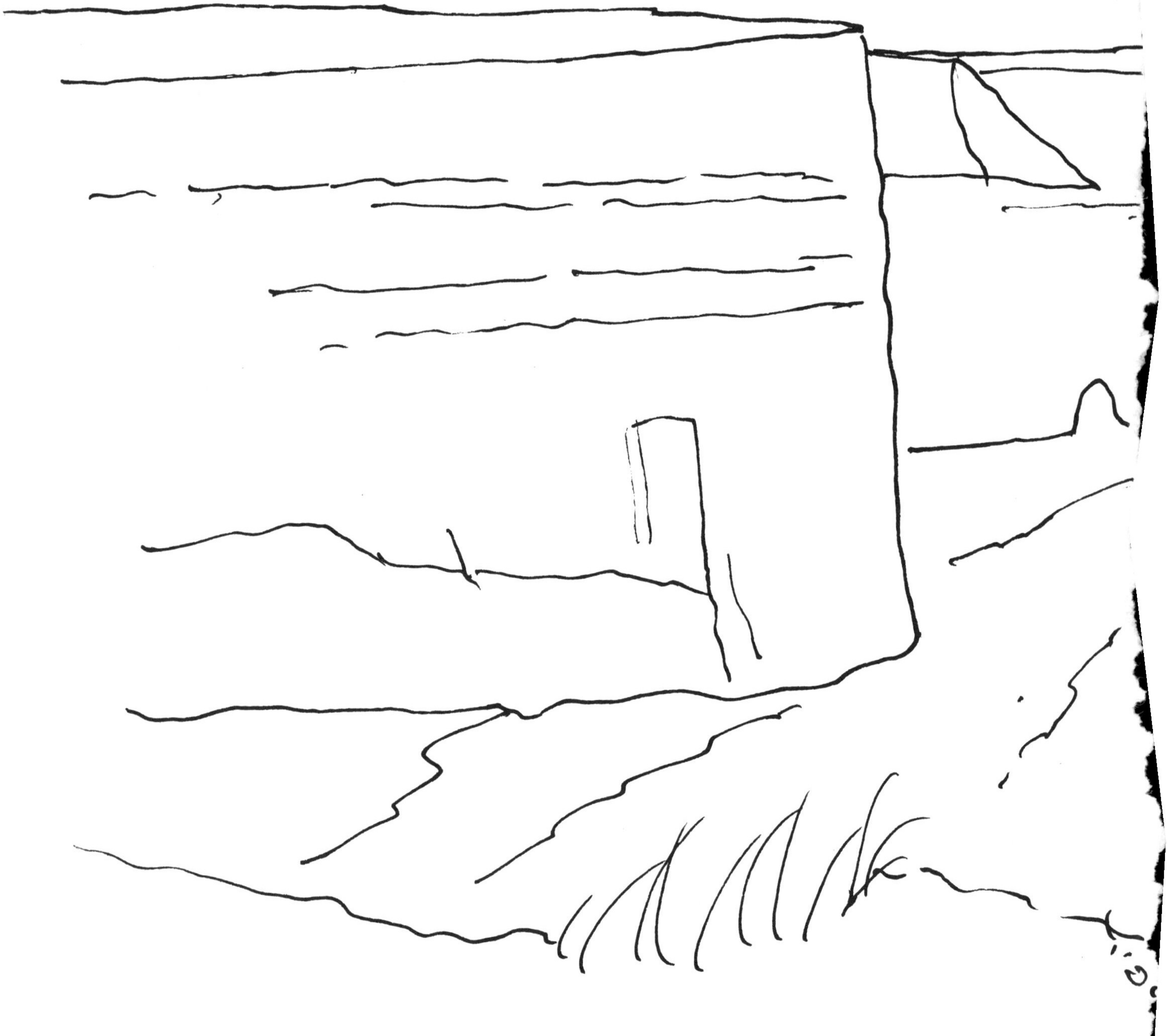

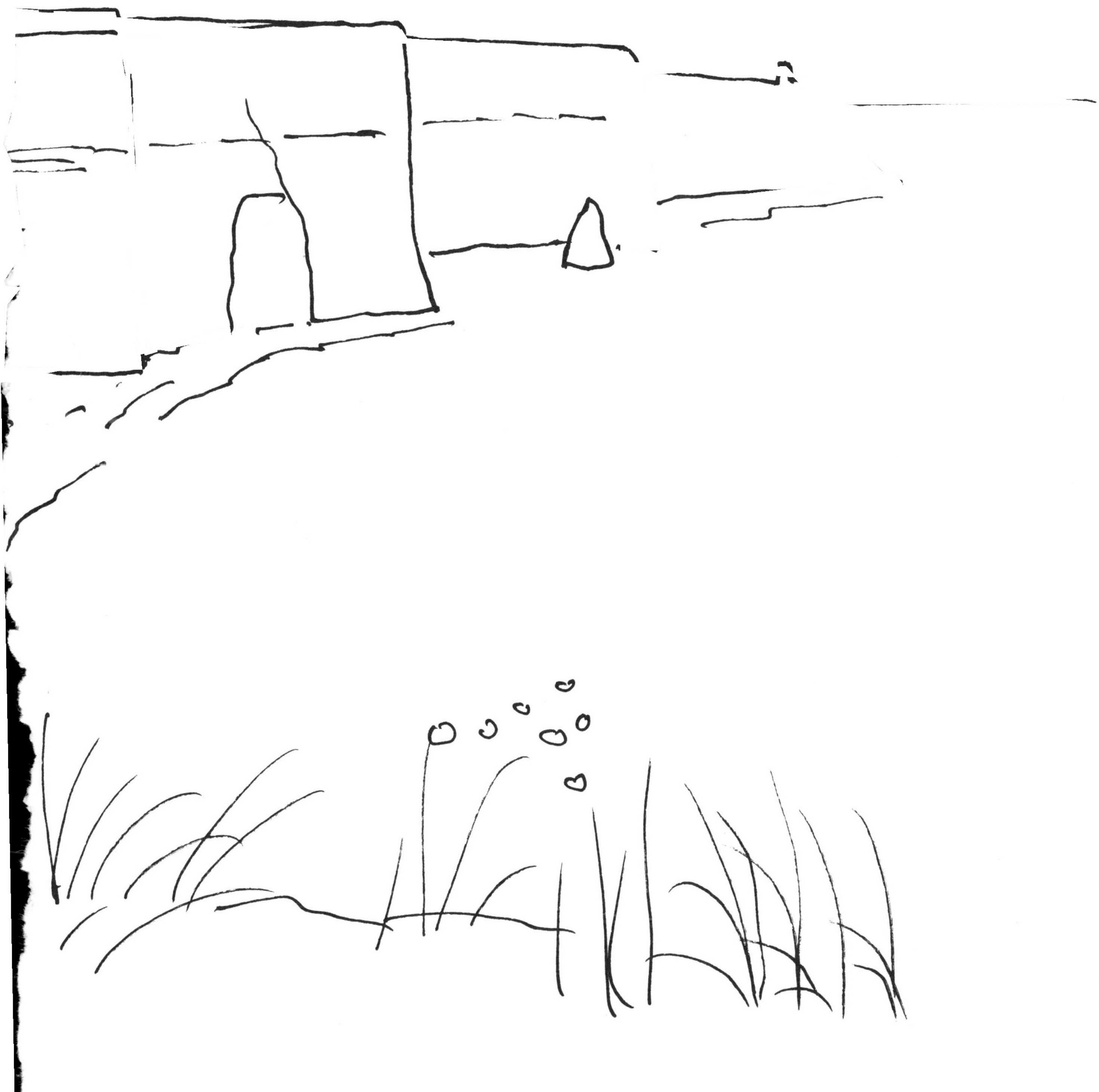

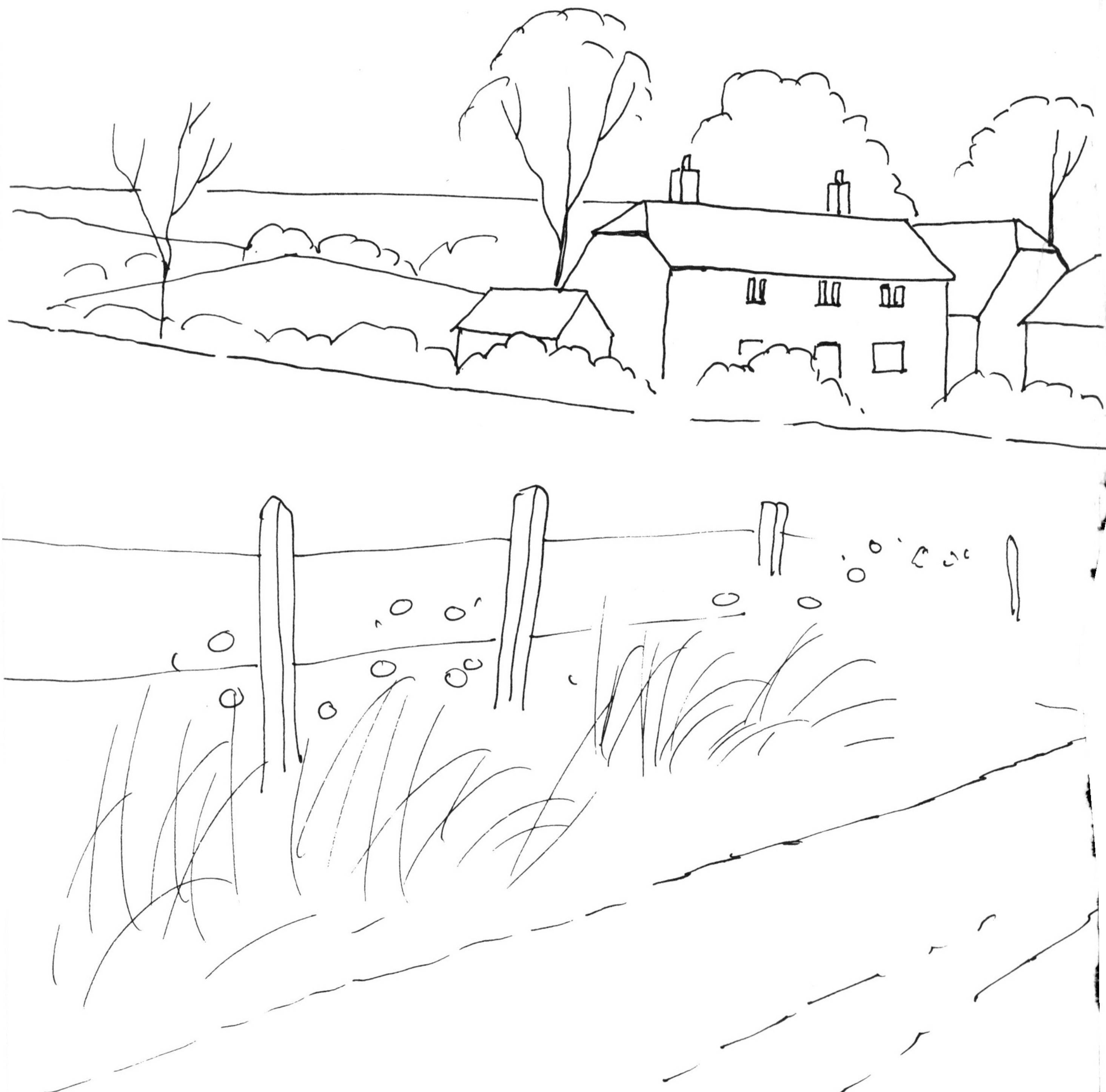

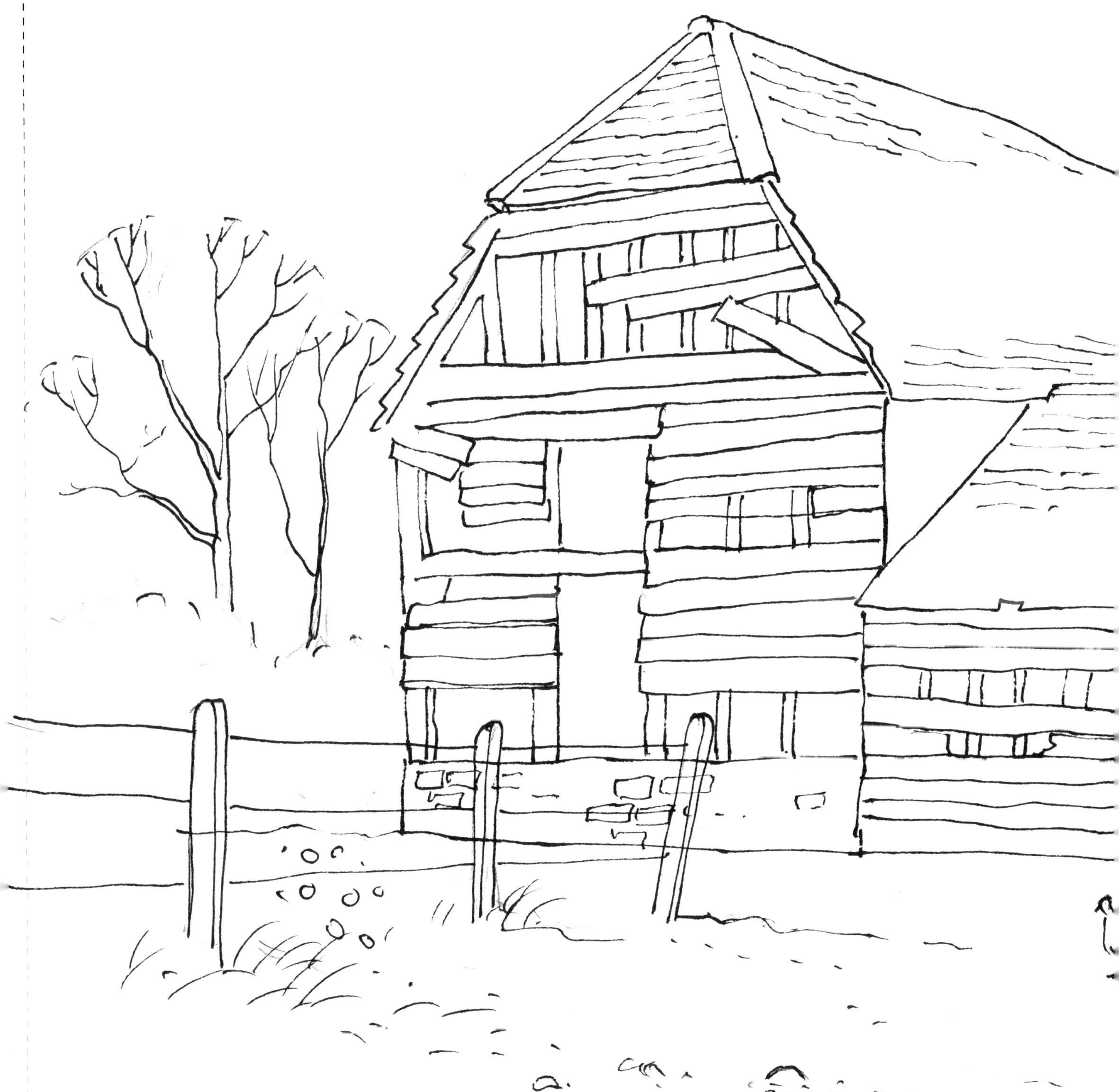

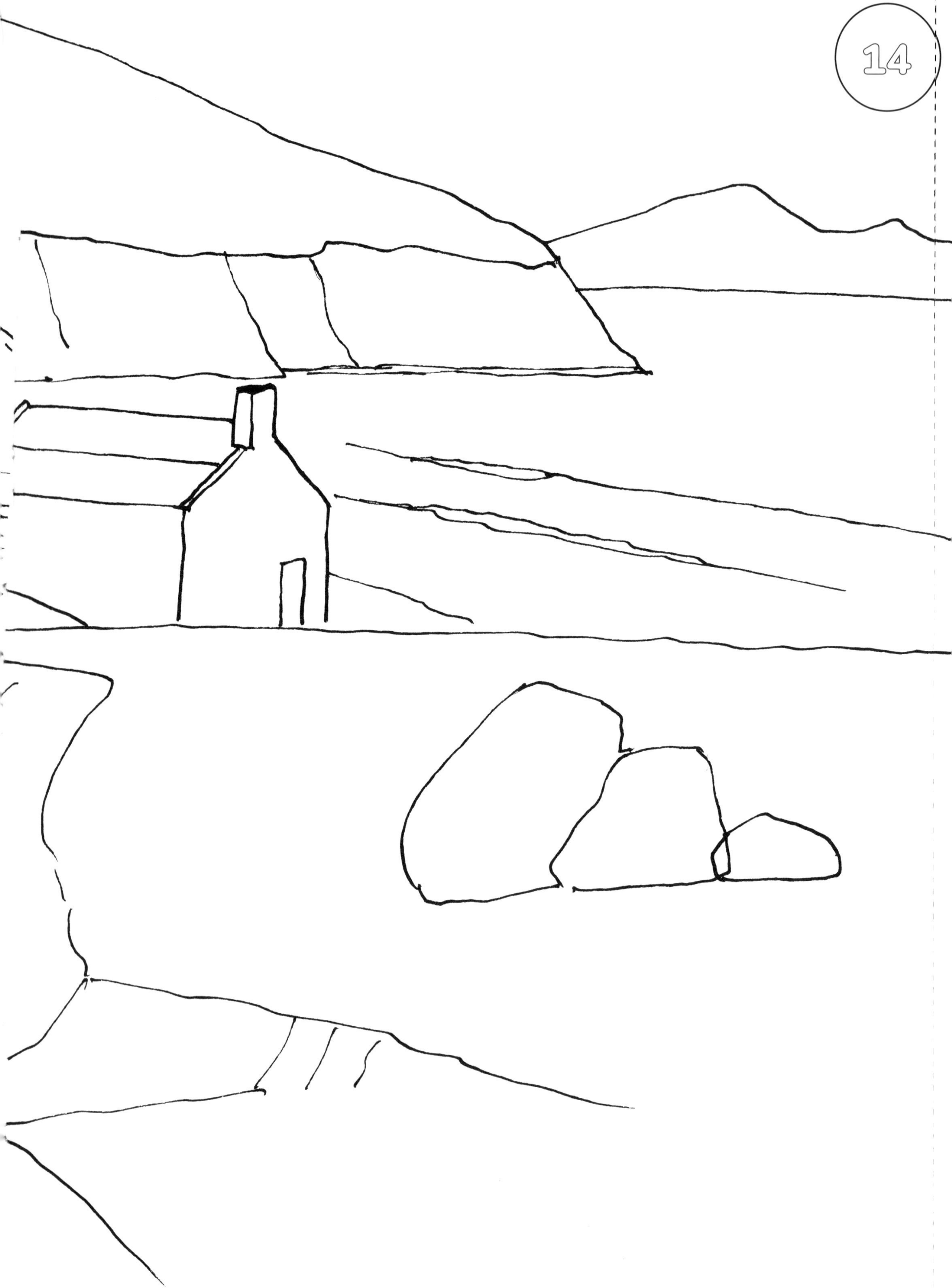

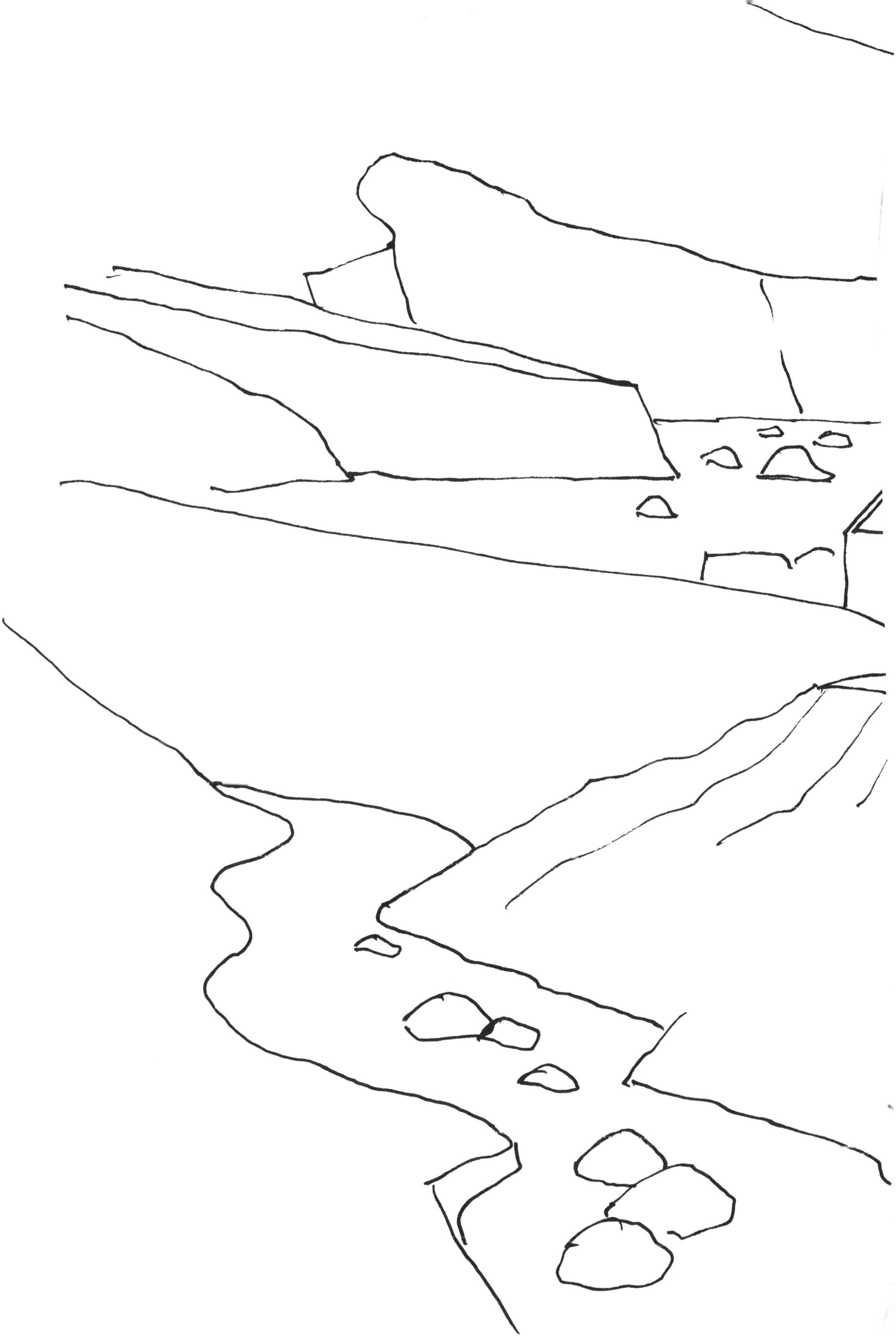

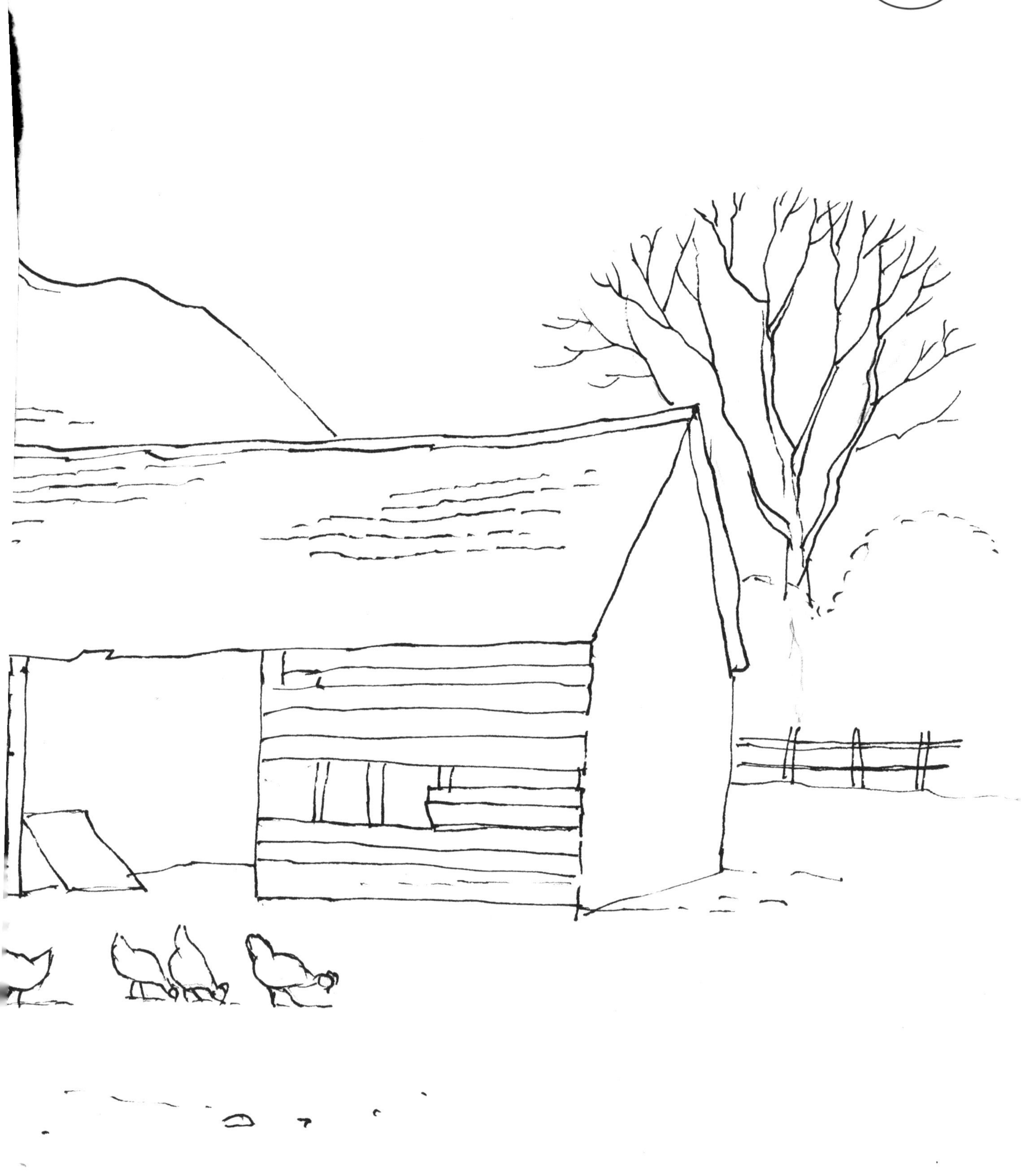

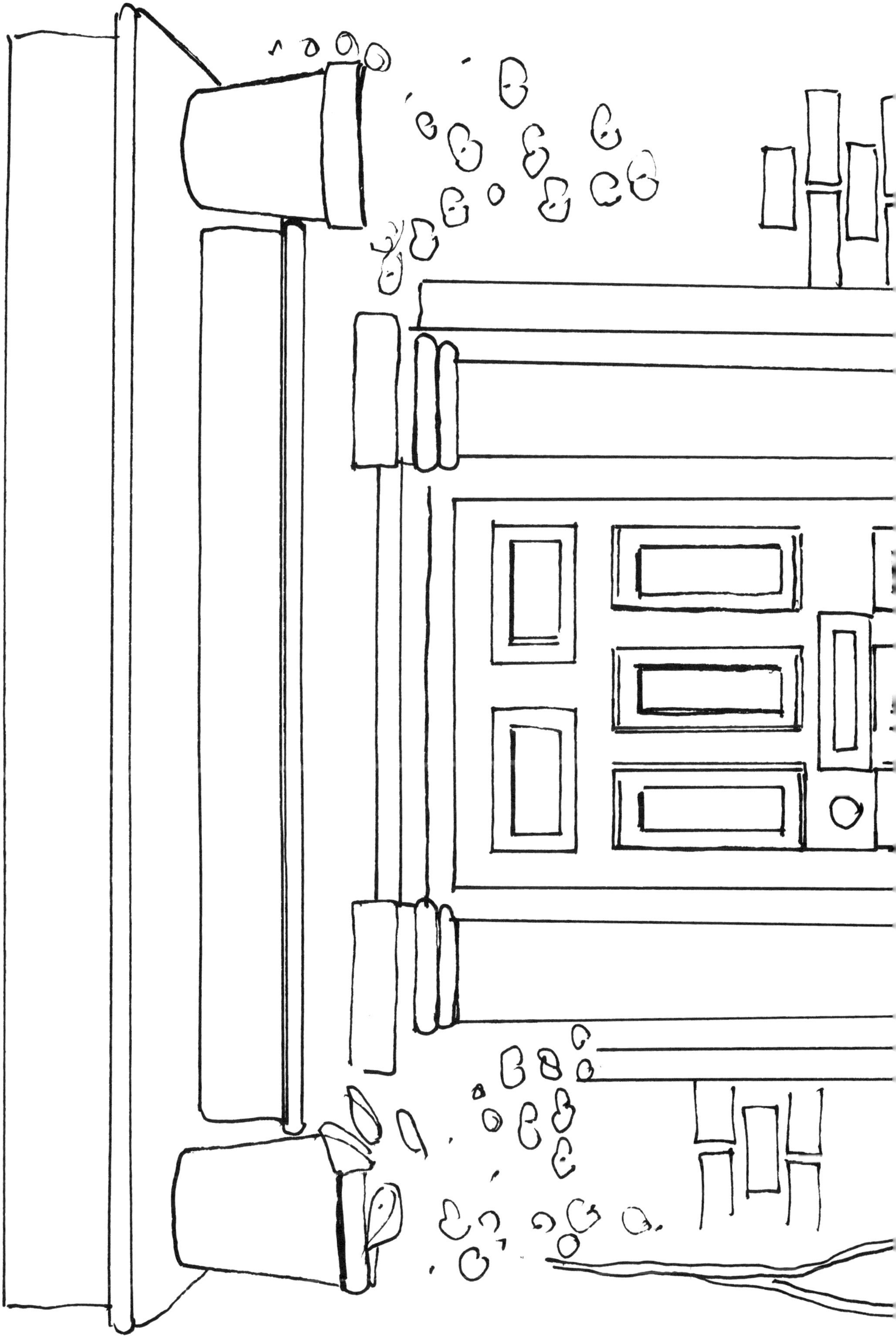

11

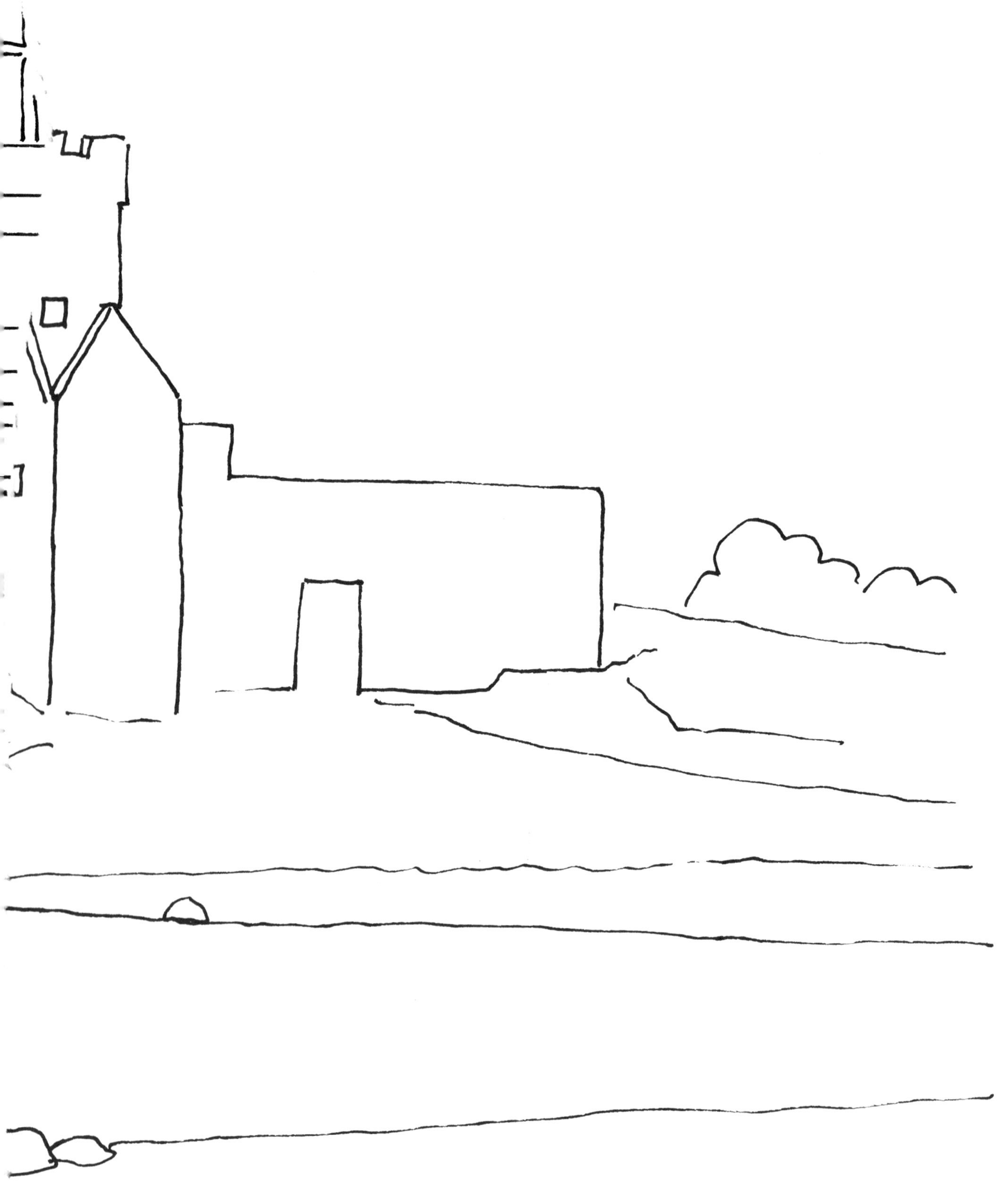

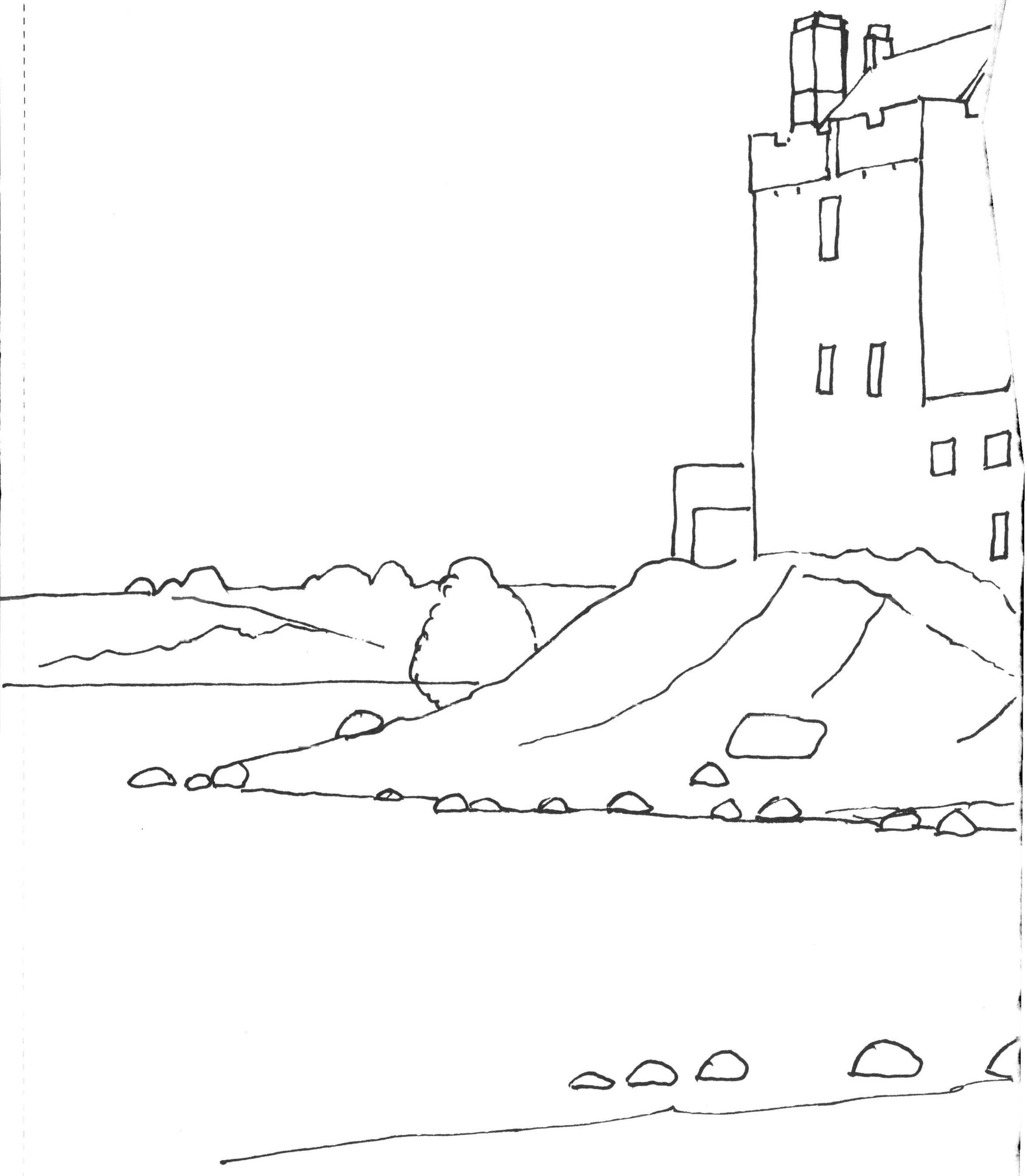

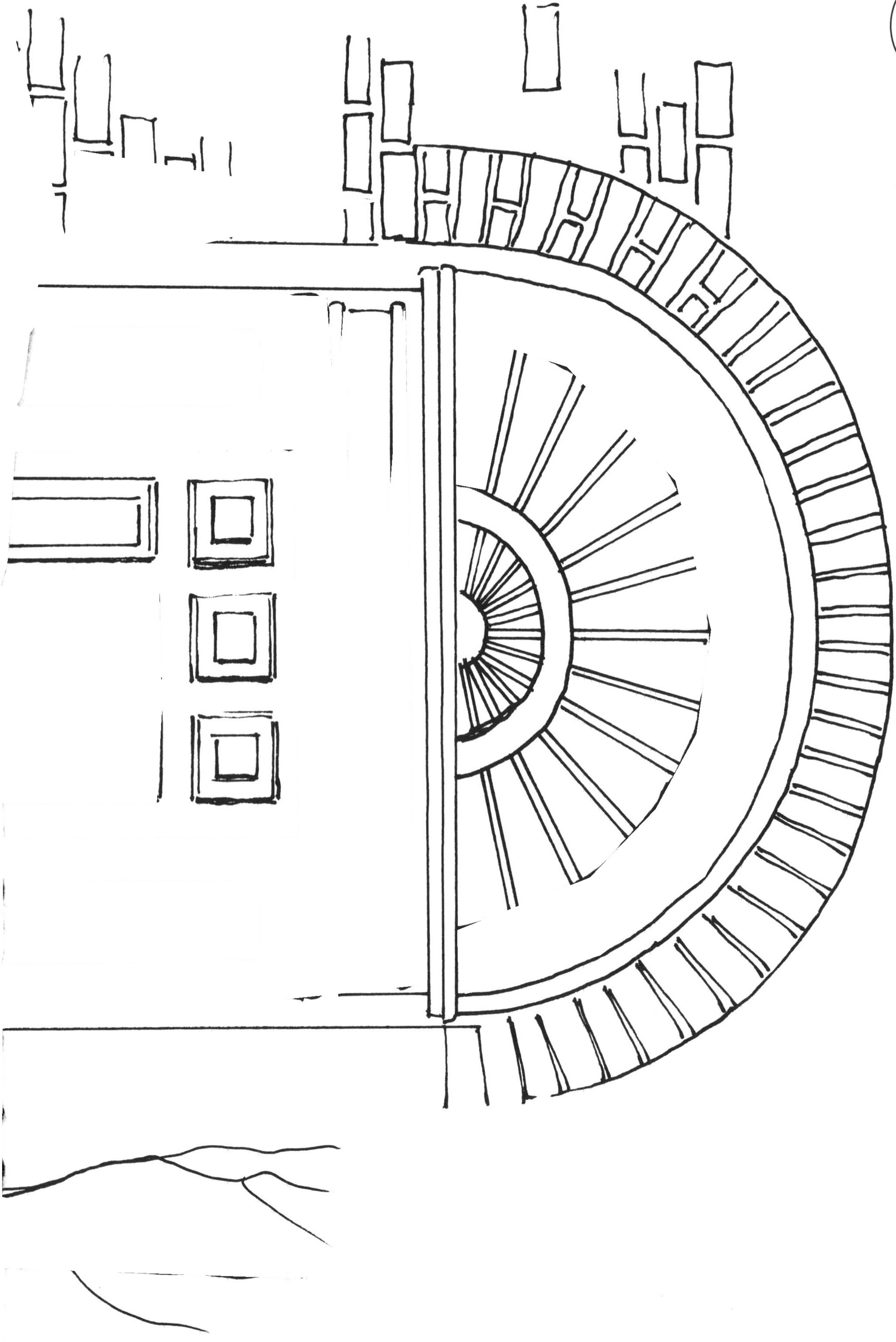